JN441452

역사지리로 보는 성경

구약편 2 | 여호수아-사무엘하

# 역사지리로 보는 성경

지은이 | 이문범
초판 발행 | 2017. 12. 4
13쇄 | 2025. 3. 14
등록번호 | 제1988-000080호
등록된 곳 | 서울특별시 용산구 서빙고로65길 38
발행처 | 사단법인 두란노서원
영업부 | 2078-3333　　FAX | 080-749-3705
출판부 | 2078-3331

책 값은 뒤표지에 있습니다.
ISBN 978-89-531-3018-0　04230
ISBN 978-89-531-2810-1　04230(세트)

독자의 의견을 기다립니다.
tpress@duranno.com　www.duranno.com



두란노서원은 바울 사도가 3차 전도여행 때 에베소에서 성령 받은 제자들을 따로 세워 하나님의 말씀으로 양육하던 장소입니다. 사도행전 19장 8~20절의 정신에 따라 첫째 목회자를 돕는 사역과 평신도를 훈련시키는 사역, 둘째 세계선교(TIM)와 문서선교(단행본·잡지) 사역, 셋째 예수문화 및 경배와 찬양 사역, 그리고 가정·상담 사역 등을 감당하고 있습니다. 1980년 12월 22일에 창립된 두란노서원은 주님 오실 때까지 이 사역들을 계속할 것입니다.

# 역사 지리로 보는

구약편 2

# 성경

여호수아
-
사무엘하

이문범 지음

GEO-HISTORICAL PANORAMA BIBLE

두란노

목차

## 2권 | 여호수아-사무엘하

part 2 역사서 1 | 가나안 정착기(철기시대)

# 여호수아, 사사기, 룻기

part 3 **역사서 2 | 통일왕국시대**

# 사무엘상·하, 역대상 / 시편

## 가나안 정착기(철기시대)

하나님은 이스라엘을 그 땅으로 보내 복의 통로로 삼기 원하셨다. 우리는 여호수아서를 통해 세상을 어떻게 정복하고 하나님이 주신 은사를 어떻게 나누며 섬길 것인가를 배우게 된다. 또한 사사기와 룻기를 통해 그 땅이 하나님이 우리의 믿음을 시험하는 땅임을 배우게 된다. 왕이신 하나님을 거부했을 때 인간은 어떤 비극을 맞게 되는가.

PART 2

# 역사서 I

여호수아 · 사사기 · 룻기

# 여호수아

## 개관

광야에서 생활한 백성이 믿음의 1세대라면 여호수아 시대는 2세대라고 볼 수 있다. 모세를 이은 지도자는 그와 항상 함께했던 여호수아로서 '예수아'나 '호세아'와 같이 '구원'이라는 뜻을 가지고 있다. 여호수아는 새로운 세대의 수장이며 새로운 환경의 신앙생활을 책임진 지도자다. 여호수아서는 의미 있는 동사를 사용하여 크게 네 부분으로 나눌 수 있다.

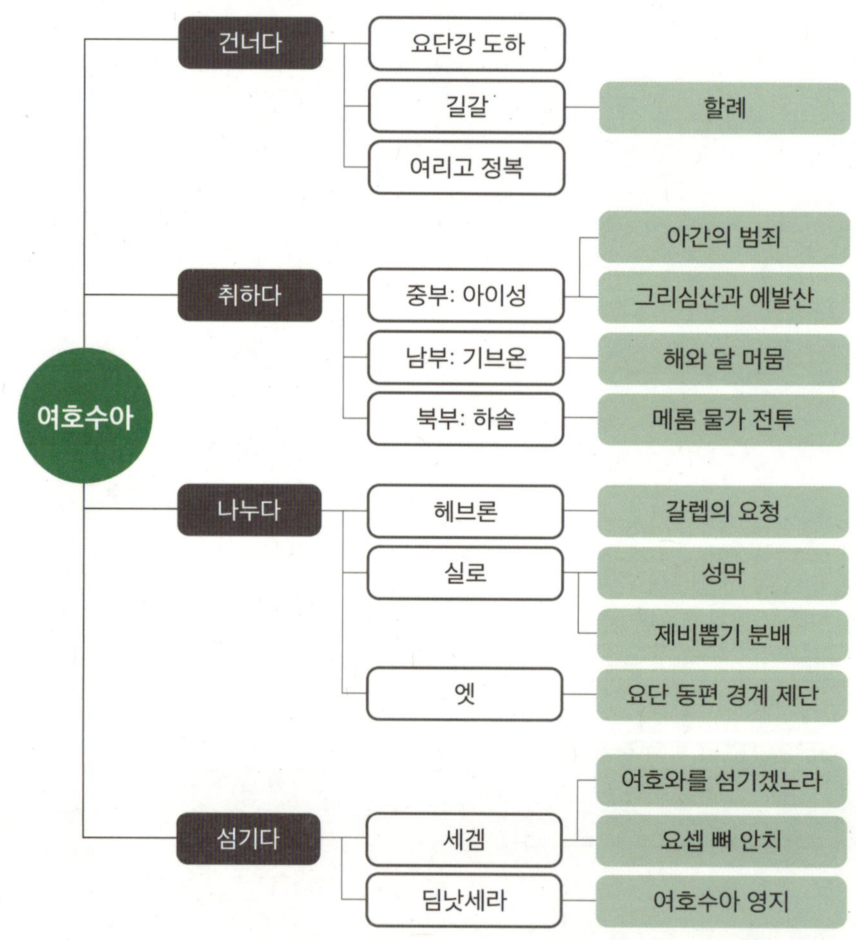

- 건너다(עבר 아바르, 1:1-5:12)
- 취하다(לקח 라카흐, 5:13-12:24)
- 나누다(חלק 할라크, 13:1-21:45)
- 섬기다(עבד 아바드, 22-24장)

건너다(아바르)와 섬기다(아바드)가 비슷하고, 취하다(라카흐)와 나누다(하라크)가 글자 하나씩 치환되어 암기하기 쉽다. 여호수아서를 더 압축한다면 '정복과 분배'로 나눌 수 있다. 5장 12절까지 요단강 도하 방법이 기록되어 있고 나머지는 정복 활동을 다룬다. 정복 활동은 지리적으로 3개 권역, 즉 중부, 남부, 북부로 나누어 소개하고 있다. 정복 활동만큼 많은 분량을 할애하여 강조한 부분이 땅의 분배다. 성장도 중요하지만 분배가 제대로 이루어져야 선진국이 되듯이, 여호수아서의 반 이상은 땅 분배 후에 하나님을 섬기는 공동체로 가는 일에 관심을 기울인다. 교회는 부흥하는 것만큼 성숙 발전이 중요하다.

우리는 여호수아서를 통해 세상을 어떻게 정복하고 하나님이 주신 은사를 어떻게 나누며 섬길 것인가를 배우게 된다. 지금부터 펼쳐질 여호수아서는 성경 중 가장 많은 지리 정보를 제공한다.

|  | | | | | | | | | | | |
|---|---|---|---|---|---|---|---|---|---|---|---|
| 역사 | 연대 | **애굽 신왕조 시대**: BC 15세기(애굽 바로 투트모세 3세, 1479-1425) 혹은 BC 13세기(람세스 2세, 1279-1213, 메르넵타 1213-1203) | | | | | | | | | |
| | 사건 | BC 15세기설-투트모세 4세(1401-1391)가 스핑크스 꿈의 비석 세움, 아크나톤(1353-1336)이 유일신을 섬기고 아마르나 문서에 가나안 갈등 기록.<br>BC 13세기설-람세스2세와 헷과의 평화조약(1258), 메르넵타 비문에 이스라엘 언급, 블레셋 침략과 가나안 유입(람세스3세, 1184-1153). | | | | | | | | | |
| 지리 | | 모압 평지 | 요단 강 | 아이-세겜 | 기브온 | 메롬 물가 | 실로 | | | | 세겜 |
| 성경 | 장 | 1 | 3 | 8 | 10 | 11 | 13 | 14 | 20 | 21 | 22-24 |
| | 주제 | 입성 준비 정탐 | 요단 도하 여리고 정복 | 중부 정복 아이 전투 축복 저주 | 남부 정복 5 연합군 | 북부 정복 하솔왕 | 요단 동편 분할 | 가나안 분할 | 도피성 | 레위 지파 성읍 | 고별설교 |

여호수아 개요

강으로 번역되는 나할(Nahar)
요단강은 이스라엘의 몇 안 되는 항상 흐르는 강이다.

## 나할Nahal과 나할Nahar

이스라엘은 산지에서 저지대로 내려오면서 골짜기가 많다. 이 골짜기 바닥은 평상시는 말라 있다가 겨울에 비가 내리면 하천이 되는 간헐천 혹은 계절천이다. 이런 계절천을 아랍어로 와디(wadi), 히브리어로 '나할 nahal נַחַל'이라고 부른다. 그러나 와디 디르사같이 언제나 물이 흐르는 천(川)도 있다. 주의할 점은 요단강같이 항상 흐르는 강도 '나할 nahar נָהָר'이라고 부르나 정확한 발음이 다르다.

와디=나할(Nahal)
브엘세바 앞의 나할은 비가 올 때만 흐르는 계절천이다.

| 가나안왕들 간의 관계 |

# 아마르나 시대와 세겜왕

**성경** 여호수아 배경 **연대** BC 1400-1350년

**역사적 배경** 이집트 아크나톤 왕조, 아마르나 시대, 세겜의 라바유왕

**핵심 본문** 가나안 입성 전 상황

**지도** 신명기 2

이스라엘이 가나안에 입성할 즈음 가나안의 상황은 어땠을까? 이 또한 출애굽을 BC 15세기로 보는가 아니면 BC 13세기로 보느냐에 따라 많이 다르다. 이미 보수적인 입장에서 15세기설을 기초로 설명했으나 출애굽을 단회적인 사건으로 볼 것인가 아니면 지속적인 출애굽 중에 결정적인 출애굽이 있었다는 가설을 기초하느냐에 따라도 많이 달라진다. 고고학적으로는 BC 13세기설이 유력하나 최근 BC 13세기 이전의 이스라엘인 정착지가 발견되면서 지속적인 출애굽설도 힘을 얻고 있다. BC 15세기설에 기초해 설명한다면 아마르나 시대가 가나안의 정치 상황을 이해하는 데 큰 도움을 줄 것이다.

여기서 출애굽 당시 주변 상황을 알아보기 위해 애굽의 연대기를 잠시 다시 꺼내 보자.

| 제18왕조 | 아흐모세 1세(BC 1540-1515): 새 왕(가 1:8) |
|---|---|
| (BC 1550-1295) | 아멘호텝 1세(BC 1515-1494) |
| | 투트모세 1세(BC 1494-1482) |
| | 투트모세 2세(BC 1482-1479) |
| | 하셉수트 여왕(BC 1479-1457): **모세를 건진 공주** |
| | 투트모세 3세(BC 1479-1425): **모세 도망, 므깃도 전투** |

아멘호텝 2세(BC 1427-1401): **모세와 싸운 왕, 출애굽(BC 1446)**[1]
투트모세 4세(BC 1401-1391): 스핑크스의 꿈의 비문: 장자가 죽고 차자가 왕이 됨
아멘호텝 3세(BC 1391-1353)
아크나톤(아멘호텝 4세 BC 1353-1336): 아마르나 문서와 유일신 사상
네페르네페루아텐(BC 1338-1336)
투탕카멘(BC 1336-1327): 소년 황금관 주인공

이미 살펴본 바와 같이 보수적인 학자들은 BC 15세기설(BC 1446년)을 주장하지만 다수의 학자들은 BC 13세기설을 받아들인다.[2] 15세기설을 주장하는 학자들은 솔로몬의 통치와 관련된 열왕기상 6:1을 연대 기준으로 삼는다. 솔로몬이 통치한 지 4년이 되는 때는 BC 966년으로 이 해에 480년을 더하면 출애굽 연대가 BC 1446년이 되기 때문이다. 그러나 BC 13세기설을 주장하는 사람들은 40이라는 숫자가 한 세대를 상징하므로 480년은 12세대가 지났다는 표현으로 보고, 출애굽기 1:11에서 국고성 라암셋(Raamses)을 짓고 있었다는 언급을 통해 람세스 2세(Raamses II)가 통치하던 시기인 BC 1279-1213년에 출애굽이 일어났다고 주장한다.[3]

고고학적인 면에서는 메르넵타가 BC 1207년경 그의 비문에서 이집트 역사 기록 중 최초로 이스라엘을 언급하였고, BC 13세기 중반에 라기스, 벧엘, 하솔 같은 곳의 파괴 지층이 나타나는 것으로 보아 BC 13세기설이 유력하다고 주장한다.[4] 위 연대표는 고고학을 언급할 때 학자들이 많이 참고하는 키친의 이집트 연대 기

■

1 위 연대 기준은 키친의 연구를 기초로 하였으나 출애굽 해석을 할 때는 Wente-Van Siclen의 연대 결정법을 따르는 Clayton은 투트모세 3세를 BC 1504-1450으로 본다. 이후 아멘호텝 2세 때인 1446년에 출애굽이 일어났다고 볼 수 있다. Aidan Dodson and Dyan Hilton, *The Complete Royal Families of Ancient Egypt* (London; New York: Thames & Hudson, 2004), 290; M. L. Bierbrier, *Historical Dictionary of Ancient Egypt* (Lanham, Md.: Scarecrow, 1999), xiv

2 BC 15세기설을 주장하는 학자들은 L. Wood, J. Devis, M. Unger, G. Archer과 J. Free, S. Shultz이고 BC 13세기설을 주장하는 학자로는 R. L, Harrson, G. E. Wright, K. A. Kitchen, W. F. Albright와 A. Alt, M. Noth, C. Gordon, H. H. Rowley가 있다. John H. Walton, *Chronological and Background Charts of the Old Testament*(Grand Rapids, Mich.: Zondervan, 1978), 25. "이스라엘 자손이 애굽 땅에서 나온 지 사백팔십 년이요 솔로몬이 이스라엘 왕이 된 지 사 년 시브월 곧 둘째 달에 솔로몬이 여호와를 위하여 성전 건축하기를 시작하였더라"(왕상 6:1).

3 480년은 40년을 한 세대로 한 12세대를 의미한다고 본다. Kitchen은 솔로몬이 말한 480년은 실제 300년 정도를 말하고 있다면서 13세기설을 지지한다. K. A. Kitchen, "Exodus, The," ed. David Noel Freedman,*The Anchor, Bible Dictionary*(New York: Doubleday, 1992), 702. 출애굽기 12:37에서는 이스라엘이 라암셋을 떠났다고 하고 창세기 47:11에서는 요셉이 형제들에게 좋은 땅 라암셋을 주었다고 한다.

4 민수기 20:14-21, 21:21-35에서 언급된 요단 동쪽의 모압, 암몬, 에돔 왕국은 BC 13세기 전에는 존재하지 않았다. Sarna, "Ancient Israel," 38-40. 람세스 2세의 후계자 메르넵타의 비문은 BC 13세기설을 지지하기보다 BC 15세기설의 자료로 더 유익하다. 이스라엘이 BC 13세기에 출애굽해서 BC 13세기 말에 이스라엘이라는 민족 이름을 얻기 힘들기 때문에 그 이전에 출애굽했다는 표지가 될 수 있다.

준이다. 그러나 보수적인 학자들의 기준인 마이어의 연대표(18왕조 BC 1580-1320)를 사용하면 아멘호텝 2세 시대에 출애굽이 일어난다. 보수적인 기준에 의하면, 이스라엘이 40년 광야 생활 후 가나안에 입성한 때는 아멘호텝 3세나 아크나톤이 통치하던 시기다.

아크나톤(Akh-en-Aton)으로 알려진 아멘호텝 4세는 애굽의 종교개혁을 시도한 왕이다. 최고의 신이자 유일신으로 태양 디스크(solar disc) '아톤(Aton)'을 제안하였다. 이와 함께 이집트의 정치, 종교 수도를 오늘날 엘 아마르나(El-Amarna)라 부르는 아크엔아톤(Akh-en-Aton)으로 옮겼다. 어떤 이는 이런 이집트의 종교적 반전이 정치력을 약화시켰다고 추정하나, 이집트의 군사 원정이 뜸해진 이유는 이집트 북쪽 지방의 상황이 안정되었기 때문이다. 이집트는 그때까지도 가나안에 강한 통제권을 행사하는 한편 위협이 되지 않는다면 자치를 용인했다. 이런 불간섭주의가 군소 세력 간의 사소한 충돌을 야기했고 어떤 지방 지도자에게는 큰 위협이 되기도 했다. 그래서 어떤 이들은 상황을 호소하는 편지를 바로에게 보냈고 그 문서가 엘 아마르나에서 발견되었다.

고대 이집트 문서 보관소에 보존되어 있다가 나일강 제방 위 엘 아마르나에서 발견된 약 350개의 토판은 당시 통용어인 아카드어로 쓰였다. 이 편지의 절반은 가나안왕들이 아멘호텝 3세와 4세에게 보낸 것이다. 편지의 주인공은 세겜왕 라바유(Labayu)라고 할 수 있다. 아마르나 문서는 출애굽 당시 가나안의 지리와 문화, 정치 상황을 이해하는 데 중요한 자료다.

### 세겜왕 라바유(Labayu): 친이스라엘 정책을 쓰다

엘 아마르나 문서는 BC 14세기 초 가나안 주요 도시, 지방의 정치 상황, 이집트의 영향력을 연구하는 데 풍부한 자료를 제공한다. 면밀한 번역과 연구를 통하여 학자들은 이 매혹적인 지방의 역사에 관한 지식을 잘 소개했다. 여기서는 성경과 관련된 몇 가지 사실만 다루도록 한다.

세겜은 최고의 중흥기였던 중기 청동기 시대 이후 신왕조의 시작과 맞추어 멸망이라고 해도 좋을 만한 공격을 받았다. 그러나 투트모세 3세 이후 북방의 방어선으로서 세겜의 중요성이 다시 부각되면서 세겜을 재건축하였고,

아마르나 시대에는 가나안의 중심 세력으로 회복되었다. 아마르나 문서에 의하면, 세겜이 예루살렘과 이스르엘 골짜기, 사론 평야 주변을 지배했다는 것을

**아마르나 문서**
라바유는 "개미가 맞을 때 뒤돌아서 자기를 친 사람의 손을 물고 싸우지 않겠는가?"라는 속담을 인용하면서 하비루 용납을 합리화했다. 라바유는 하비루의 힘을 기초로 산지 중심 도시 세겜의 지도자가 되었음이 분명하다.

알 수 있다. 특히 세겜왕 라바유는 예루살렘과 게셀, 사론 평야 쪽 도시들을 공격하고 이스르엘 골짜기 수넴 등으로 세력을 확장하다가 이집트의 제재를 받았다. 그는 이집트 관리들에게 사로잡혀 악고로 압송되다 도망쳐 세겜으로 돌아가는 도중 기나에서 살해당한다. 라바유의 가장 큰 죄는 하비루(Hapiru)를 자신의 땅에 살도록 허락했을 뿐 아니라 그들의 힘을 빌려 상대 지역을 공격한 것이다. 이집트의 적인 하비루를 돕는다는 것은 막중한 책임 추궁이 따르는 문제였고, 이 사실을 가나안왕들은 아마르나 문서에서 계속 고소했다.

몇몇 학자들은 이 '하비루'가 여호수아 지도 아래 가나안으로 들어오는 이스라엘 족속일 것이라고 추정한다. 그러나 '하비루'를 '히브리'로 이해할 수는 없다. 하비루는 당시 셈족에게 '정착지나 안정된 지역 없이 떠도는 외국인'으로 사용된 용어이기 때문이다. 다른 학자들은 이스라엘이 아마르나 문서에 언급되지 않은 사실에 주목하며 하비루가 나중에 이스라엘과 아람인의 거대한 유입과 합

**신명기 2**
아마르나 시대
가나안왕들과의 관계

### 세겜 발굴 결과 요약

| 기간 | 지층 | 연대(BC) | 형태(*-동 시대 주요사건*) |
|---|---|---|---|
| 헬라 | 1 | 150-128/107 | 침식됨, 쪼개진 토기와 동전-그리심산 정복(107) |
| 헬라 | 2 | 190-150/128 | *- 셀류쿠스 침략, 힐카누스 사마리아 정복(128)* |
| 헬라 | 3A-B | 250-190 | MB II 라인에 재요새화; 집, 들판 I, II, VII, IX |
| 헬라 | 4-B | 331-250<br>(버려짐 475-331) | *- 헬라 알렉산더 침입*, 그리심산 성전 확장 |
| 페르시아 | 5 | 600-475 | 빈약한 구조물과 아테네 도기-유다 멸망(587) |
| 철기IIC | 6A-B | 724-600 | *- 살만에셀 5세*-사르곤 2세 침공(724-721),<br>요시야 개혁(628-620) |
| 철기IIB | 7II | 750-724 | *- 디글랏빌레셀 3세의 정복(733/732)* |
| 철기IIB | 8 | 810-750 | 도처 거주 흔적, MB II라인의 요새화; 성벽 E |
| 철기IIA | 9A-B | 920-810 | - 재건축 시작, V구역에 곡물 창고<br>*- 벤하닷 침공(860-855), 카르카르 전투(853), 하사엘의 침략(810)* |
| 철기II | 10A-B | 975-920<br>(버려짐, 1150/<br>1125-975) | *- 여로보암의 분열 왕국(922), 시삭의 침공(926-925)*<br>*- 블레셋 침공(1175-1150), 세겜과 므깃도 멸망(1130-1100),*<br>*블레셋에 의한 실로 멸망(1050)* |
| 철기 IA | 11 | 1200-1150/<br>1125 | - MBII 요새 재사용; 새로운 동문, 망대<br>*- 이스라엘의 가나안 정복*, 아비멜렉 멸망 |
| 후기 청동기 IIB | 12 | 1350-1200 | - 조잡한 집의 발전; 신전 2A, 2B<br>*- 이집트와 히타이트의 평화조약, 메르넵타 비문(BC 1220)* |
| 후기 청동기 IIA | 13 | 1400-1350 | IIA 멸망*- 아마르나 문서(1376-50),*<br>*세티 1세, 출애굽* |
| 후기 청동기 IB | 14 | 1450-1400 | *- 투트모세 3세 므깃도 점령(1468)* |
| 후기 청동기 IA | | (버려짐 1540-1450) | *- 신왕국 이집트 점령기* |
| 중기 청동기 IIC | 15 | 1600-1540 | 성벽 B, 동문, 신전 |
| 중기 청동기 IIC | 16 | 1650-1600 | 성벽 A. 북서문, 신전 IA - *힉소스 시대* |
| 중기 청동기 IIB | 17 | 1675-1650 | 성벽 C, 흙 제방, VI구역의 안뜰 |
| 중기 청동기 IIB | 18 | 1700-1675 | 복합물 909-910, 901, 902 |
| 중기 청동기 IIB | 19 | 1715-1700 | *- 마리-함무라비 시대* |
| 중기 청동기 IIB | 20 | 1750-1715 | 성벽 D, 안뜰 복합체 939 |
| 중기 청동기 IIA | 21 | 1800-1750 | 집, VI구역과 IX구역 |
| 중기 청동기 IIA | 22 | 1900-1800 | 968, 977(?), VI 구역-*이집트 저주 문서(1873-1843)* |
| 중기 청동기 I | | (버려짐 3300-1900) | *- 아모리 족속 침략* |
| 초기 청동기 I | 23 | 3500-3300(?) | V-VI 구역의 기저, 채워진 토기들 |
| 석동기 | 24 | 4000-3500(?) | IX 구역의 기저 |

캠벨의 도표에 라이트의 설명(이탤릭)을 더하였다. 설명 중 이탤릭이 아닌 부분은 툼스 설명을 더하였다. 세 학자 간에 시대를 나누는 연도가 정확히 일치하지는 않지만 시대를 세밀하게 나눈 캠벨을 기준하여 작성했다. Wright, *Shechem*, 142-143; Campbell, "Shechem: Tell Balatah," 1348-1349; Toombs, "Shechem(Place)," 1178. 도표에 언급된 구역, 구획의 자세한 정보는 이후에 따르는 지형도를 참고하라.

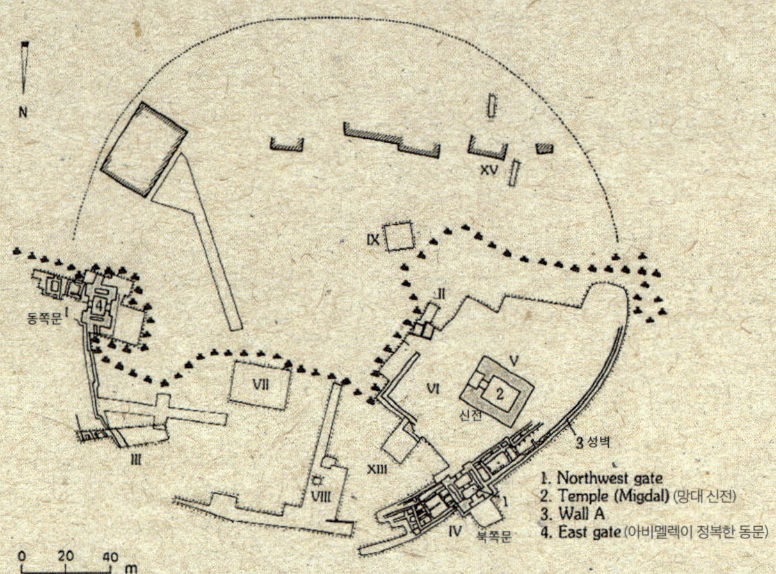


**세겜 고고학 발굴 계획 지도**
캠벨이 만든 텔 발라타의 발굴 계획 지도다. Campbell, "Shechem: Tell Balatah," 1346. 북쪽이 아래임을 숙지하라. 각 구역은 로마자로 기록되고 세부적인 트렌치(구획)는 아라비아 숫자로 표기하였다.

쳐진 셈족의 이주 물결이라고 주장한다. 그러나 확실히 말할 수 있는 것은, 세겜 왕 라바유 시절에 많은 외부인이 유입되었고 그중 한 무리가 히브리인인 이스라엘일 가능성은 충분해 보인다.

## 아마르나 문서와 후기 청동기 유적(BC 1450-1200)[5]

후기 청동기 I 시대(지층 XIV-XI)의 세겜성은 한 세기 정도 휴지기를 가진다. 올브라이트는 이 시기에 속한 세겜의 토기를 보며 자신이 발견한 후기 청동기 유물 중 가장 보잘것없는 토기들이라고 말했다.[6] 이 시기는 이집트 신왕조 아흐모세, 아멘호텝, 투트모세 1-3세, 하셉수트 여왕과 아멘호텝 2세와 관련되어 있다. 특히 투트모세 3세는 가나안의 므깃도 전투로 유명하며 그의 전적을 카르낙 신전에 남겼다.[7] BC 15세기 출애굽을 주장하는 보수적 학자들에 의하면 이때가 출애굽 시기다.

5 아마르나(Tell el Amarna)는 BC 14세기 초 아크나톤(Akh-en-Aton)이라 불리는 아멘호텝 4세(BC 1353-1336)가 수도로 삼았던 도시다. James B. Pritchard, *Ancient Near Eastern Texts: Relating to the Old Testament*(3rd ed.; Princeton University, 1969), 485-489; Anson F Rainey and R. Steven Notley, *The Sacred Bridge: Carta's Atlas of the Biblical World* (Jerusalem: Carta, 2006), 88. 후기 청동기 세겜은 BC 1465년에 재건되어 아마르나 시대에 라바유가 죽자 BC 1350년경 폐허가 되었다. 2부 1.2.3 발굴역사표를 보라.

6 이때 좋은 토기들도 발견되었지만 대부분이 수입품이었고 토기의 수준 차이가 매우 컸다. Wright, *Shechem*, 77.

7 분손의 연대표를 참고하였다. Bunson, *A Dictionary of Ancient Egypt*, 71. 하셉수트는 투트모세 3세가 어릴 동안 그를 대신하여 섭정하였기 때문에 투트모세 3세와 하셉수트의 통치기간이 겹친다.

BC 1540년 세겜은 철저히 파괴되었고, 이집트의 여왕 하셉수트(BC 1473-1458) 통치[8] 이후 BC 1450년이 돼서야 서서히 복구된다. 북서문과 동쪽 문은 재건되었고 후에 중기 청동기 IIC 망대 안쪽에 경비 탑까지 세워졌다. 망대 역할까지 했던 미그달 신전도 재건되었다. 두 단계로 사용된 큰 방과 함께, 제단과 거대한 마쩨바는 앞마당에 세워졌다. 세겜은 땅 고르기 작업과 벽돌 가마 축조부터 시작하였고 일관된 계획 하에 건물들이 들어섰다. 지층 XIII은 이 발전의 단계가 정점에 이른 시점인데 BC 14세기 아마르나 시대다.[9]

이렇게 세겜이 다시 세워지게 된 데는 이집트의 전략이 주요했다. 힉소스를 몰아낸 바로는 자신의 힘이 약해지자 북쪽에서 다시 밀고 들어올 적들을 염려했다. 그래서 팔레스타인 지방에 있는 해변길은 물론 산지까지 요새화하여 가나안을 완충 지대로 삼으려 했다. 이런 일환으로 투트모세 3세(BC 1479-1425)는 북쪽 미타니의[10] 지원을 받은 케데쉬(Qedesh)왕의 지도하에 모인 가나안 군대를 므깃도에서 물리치고 아시아를 지배하고자 가나안 산지 도시들을 요새화했다. 이때 세겜도 BC 1465년경 재건되었다. 그러나 이집트의 힘이 약화되면서 이 같은 정책은 큰 효과를 거두지 못했고, 결국 세겜의 라바유왕이 작은 제국의 왕으로 떠오르게 됐다.[11] 세겜 근처 83개 장소 중 20개가 이때의 유적인데 그중 5개는 세겜의 위성 마을이다. 이로 보건대 세겜이 더욱 발전했음을 알 수 있다.[12]

■

8 신왕조의 각 파라오 연대 결정은 M. B. Rowton과 Wente-Van Siclen의 방법이 20년 이상의 차이를 보인다. Rowton의 방식을 따른 학자 Dodson과 Hilton, Bierbrier는 섭정왕 하셉수트의 통치기간을 BC 1472-1457년으로 잡았고 투트모세 3세는 BC 1479-1424년으로 보았다. Aidan Dodson and Dyan Hilton, *The Complete Royal Families of Ancient Egypt* (London; New York: Thames & Hudson, 2004), 290; M. L. Bierbrier, *Historical Dictionary of Ancient Egypt* (Lanham, Md.: Scarecrow, 1999), xiv; Wente-Van Siclen의 연대 결정법을 따르는 Clayton은 투트모세 3세는 BC 1504-1450으로 보고 섭정했던 하셉수트 여왕은 BC 1583-1498으로 보았다. Peter A Clayton, *Chronicle of the Pharaohs: The Reign-by-Reign Record of the Rulers and Dynasties of Ancient Egypt* (New York, N.Y.: Thames and Hudson, 1994), 98; 주후 3세기 마네토(Manetho)가 이집트 왕조를 잘 정리하였다. 그러나 자세한 연대는 여러 조건에 따라 학자 간에 차이를 보인다. 고대의 연대 차이는 BC 663년(Psametik I)에 가서야 모두가 합의한 동일한 연대계산이 나올 뿐이다. Dodson and Hilton, *The Complete Royal Families of Ancient Egypt*, 287. 본 논문은 현대 학자들 다수가 따르는 Rowton 연대 결정법을 따랐다.

9 Campbell, "Shechem: Tell Balatah," 1351-1352; 세겜의 후기 청동기시대의 유일한 왕은 라바유(Labayu)였고 초기 철기시대는 아비멜렉이 왕으로 다스렸다. Wright, *Shechem*, 76.

10 미타니 왕국은 BC 1600-1350의 왕국으로 후리안이라 불리는 인도-아리안족이 메소포타미아 북쪽으로 들어와서 아모리족과 연합하여 세운 왕국이다. BC 1250년에 앗수르에 의하여 멸망당했다. Grabbe, *Ancient Israel*,61; Wintle와 Van Siclen에 의하면 투트모세 3세를 BC 1504-1450년간 통치하였다고 한다. 그들은 그를 기준으로 신왕조 연대를 계산하였다. Lee W. Casperson, *Patterns of Biblical Chronology* (Bloomington, IN: WestBow, 2013), 145.

11 투트모세 3세 이후 세겜이 요새화되었다. Toombs, "Shechem(Place)," 1182; Rainey and Notley, *The Sacred Bridge: Carta's Atlas of the Biblical World*(Jerusalem: Carta, 2006), 65; Aharoni, The Land of the Bible, 175.

12 Campbell, *Shechem II*, 95.

아마르나 문서들
1번 하솔왕이 보낸 편지
2번 라기스왕의 편지
3번 게셀왕의 편지
4번 므깃도왕의 편지
5번 세겜왕 라바유의 편지

편지들은 하비루에 의한 고통을 호소하고, 그 앞잡이가 된 세겜왕 라바유를 고발한다. 특히 므깃도왕이 쓴 글에는 체포되어 호송되는 라바유를 풀어준 악고왕을 고소하는 내용이 있다. 라바유는 할 수 없이 하비루를 용납했음을 변명한다. (대영박물관)

아마르나 문서는 BC 1376-1350년에 기록되었는데[13] 이 문서에 등장하는 하비루를 출애굽한 히브리인이라고 보는 견해도 있다. 키친(K. A. Kitchen)은 히브리인이 하비루이지만 하비루 모두가 히브리인은 아니라고 주장한다.[14] 아마르나 문서에서 세겜왕 라바유가 하비루와 평화조약을 맺고 자신의 땅을 내주었다는 언급이 있는데, 이를 히브리인과 연결시키면 여호수아서 8:30-35의 이스라엘의 세겜 무혈입성과 잘 연결된다.

캠벨은 세겜 지역을 지표 조사하여 그리심산의 텔 엘 라스(Tell er-Ras)에서 후기 청동기 II 시대의 토기들을 발견했다. 사마리아 지방을 지표 조사한 핑켈스타인은 후기 청동기 시대에 5개의 주요 주거지만 존재하다가 초기 철기시대(BC 1200-1000)에 115개의 주거지가 폭발적으로 늘어났음을 발견했다.[15] 제르탈은 사마리아 북쪽 므낫세 지파 영역을 조금 더 세밀하게 분류하여 조사했는데, 그 결과 후기 청동기 II 시대(BC 1400-1300)에 21개 마을이 후기 청동기 III 시대(BC 1300-1200)에 36개로 갑자기 증가하였고, BC 13-12세기인 철기 I 시대에 51개로 늘어났음을 발견했다. 이는 BC 13세기 출애굽설보다 그 이전을 지지하는 듯하다.[16] 특히 이때 형성된 많은 마을에서는 레위기 11장이 언급한 부정한 동물의 뼈가 나타나지 않는다.[17]

## 여호수아와 이스라엘 입성 시대 세겜(BC 1350-1200)

라바유 이후 세겜이 또 한 번 파괴된 흔적이 지층 XIII(LB IIA BC 1400-1350)에서 나타난다. 지층 XIII의 파괴는 라바유의 반대 세력과 이집트 군대가 연합한 작

13 Wright, *Shechem*, viii; Sarna는 아크나톤 통치기간을 BC 1353-1335로 보았다. 그러므로 아마르나 문서 기간은 BC 1335년까지가 제일 후대의 편지가 된다. Sarna, "Ancient Israel," 39. 세겜의 하비루 사건은 결국 1335년 이전에 일어난 일임을 알 수 있다.

14 키친 자신은 아마르나 문서의 하비루가 히브리인이 아니라고 주장한다. Kitchen, "Exodus, The," 703.

15 사마리아 남부의 초기 철기시대 거주지는 115개로 26개는 큰 마을이고, 32개는 작은 마을이며 나머지는 동떨어진 장소나 특정 계절에만 거주하는 장소였다. Finkelstein, "The Southern Samarian Hill Survey," 1313; 초기 철기시대 사마리아 북쪽 므낫세 지파 영역에는 51개의 거주지가 발견되었다. 주로 와디 파라 중심으로 발달하였다. 핑켈스타인은 세겜 지역 지표조사에서 후기 청동기 IIB시대와 철기 IA시대는 자연스럽게 연결됨을 지적했다. Campbell, *Shechem II*, 93-95.

16 초기 철기시대 사마리아 북쪽 므낫세 지파 영역에는 51개의 거주지가 발견되었다. 주로 와디 파라를 중심으로 발달하였다. Zertal, "The Mount Manasseh(Northern Samarian Hill) Survey," 1312. 므낫세 지파 영역은 후기 청동기 I 시대에는 23개, II시대에는 21개, III시대에는 36개, 초기철기 I 시대(BC 1200-1000)에는 51개, II 시대에는 81개가 되었다. 후기 청동기 말에서부터 급속도로 많아진 주거지는 13세기 이전의 민족 유입 가능성을 보여 준다.

17 에발산 초기 철기시대 주거지에서 3000개의 뼈를 분석한 결과 대부분이 양, 염소, 소, 사슴 등의 정결한 짐승의 뼈로 구성되어 있었다. 개나 나귀, 돼지 같은 부정한 짐승의 뼈는 하나도 발견되지 않았다. Zertal, "Ebal, Mount," 257.

품인 것으로 보인다. 불로 파괴한 흔적이 도시 전체에 남아 있다.[18] 그러나 지층 XII(LB IIB BC 1350-1200)에서 세겜의 빠른 회복이 나타난다. 방어 시스템, 아크로폴리스의 신전, VII 구역의 집들이 재건되었다. 도시가 재건되었어도 생활은 매우 빈곤했다. 이때 발견된 바알 신의 형상은 청동에 은을 입혔고 머리에는 원뿔형 관을 쓰고 있으며 왼발을 앞으로 내딛고 양손에 무엇인가를 잡고 있는 모습이다.[19] 후기 청동기에 발견된 바알 신상은 이곳에 있을 바알-브릿 신전을 생각나게 한다(삿 8:33, 9:4). 지층 XII은 큰 파괴의 흔적 없이 지층 XI(철기 IA BC 1200-1150)으로 이동하였는데, 지층 XII의 건물이 대부분 그대로 사용되었다. 그러나 이 시대는 분명한 공백기에 해당한다.[20]

후기 청동기에서 초기 철기까지는 이스라엘의 가나안 입성 후 그리심산과 에발산의 언약을 맺는 때와 관계가 있다. 성경 기록과 같이 세겜은 큰 전쟁 없이 그들의 땅을 이스라엘에게 내주었다(수 8:30-35). 마틴 노트는 세겜의 연합은 시내산 언약의 세대와 가나안에서 자리 잡았던 야곱이 언급한 세대 간의 연합의식이었기에 전쟁이 일어나지 않았다고 보지만[21] 위에서 언급하였듯이 출애굽의 시기에 따라 상황이 많이 달라진다.

먼저 BC 15세기설처럼 BC 1446년에 출애굽하여 40년 후에 가나안으로 들어와 BC 14세기경에 세겜에 들어왔다면, 투트모세 3세(BC 1479-1425)가 세겜을 세운 BC 1465년경 이후 가나안에서 이집트의 영향력이 약화된 뒤 라바유가 세겜을 다스리다가 실각하여 세겜이 파괴된 때다. 이때 이스라엘이 세겜에 들어왔다면 아마르나 문서 252번의 언급을 주목할 필요가 있다. 라바유는 이 문서에서 고백하기를 자신이 하비루와 평화조약을 맺었다고 한다. 이 하비루가 여호수아의 이스라엘과 연관이 있다면 이때를 여호수아가 세겜에 입성한 시기로 잡을 수 있다.[22]

여호수아가 평화조약을 맺고 세겜에 무혈입성했다면, 모세의 말대로 에발산에 제단을 쌓은 후 세겜의 좌우에 있던 그리심산과 에발산에서

**세겜 에발산의 여호수아 제단**
이 제단 아래서 3000개의 뼈가 발견되었는데 그중 부정한 동물의 뼈는 하나도 발견되지 않았다.

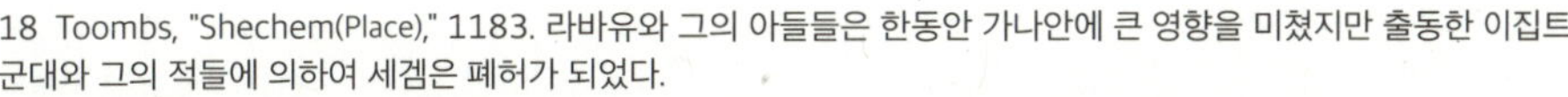

18 Toombs, "Shechem(Place)," 1183. 라바유와 그의 아들들은 한동안 가나안에 큰 영향을 미쳤지만 출동한 이집트 군대와 그의 적들에 의하여 세겜은 폐허가 되었다.

19 Ibid., 1183. 몇 집에서 발견된 풍요의 여신은 바알 신보다 배우자가 더 인기 있었음을 보여 준다.

20 Campbell, "Shechem: Tell Balatah," 1352.

21 Martin Noth, *The History of Israel* (New York: Harper, 1960), 85-97.

22 Pritchard, *Ancient Near Eastern Texts: Relating to the Old Testament*, 486; Mazar, *Biblical Israel*, 43-44.

의식을 행했을 것이다(신 27:4-13; 수 8:30-35). 그리심산의 텔 엘 라스의 후기 청동기II 유적이나 제르탈이 말한 에발산의 철기I의 유적은 이런 사건의 메아리라고 할 수 있다.

언급한 대로 BC 15세기 출애굽설을 받아들이면 지층 XIII(LB IIA BC 1400-1350) 시기에 이스라엘이 세겜에 들어왔다고 볼 수 있다. 이 시기는 세겜왕 라바유 사건으로 인해 이집트 군대와 연합한 가나안인들에 의해 세겜이 완전히 파괴되어 공동화된 상태였으므로 이스라엘은 아무 저항 없이 세겜에 입성할 수 있었다.[23]

BC 13세기설(지층 XII, LB IIB BC 1350-1200 이후)을 받아들이면,[24] 이때 세겜은 폐허에서 빠르게 회복하고 있던 상태였다. 어떤 요인이 세겜을 회복하게 하였는지는 모르나 만약 이때 세겜 지역 사람들의 힘으로 회복되었다면 세겜 입성은 이스라엘과 모종의 합의와 언약하에 이루어졌다고 볼 수 있다. 이 경우 노트의 견해처럼 이스라엘은 세겜에 있던 사람들과 그리심산과 에발산 사이에서 언약을 맺었다고 볼 수 있다.

이 시기에 있었던 여호수아서 24장의 여호수아의 마지막 유언과 여호와 신앙에 대한 결단 촉구는 세겜성 안의 돌기둥이 있는 제단에서 있었거나 그 근처에서 있었다(수 24:26).[25] 라이트는 여호수아서 24:1에서 사람들이 여호와 앞에 나와 섰다는 말은 세겜의 아크로폴리스 신전을 말한다고 지적한다.[26]

■

23 불로 파괴된 흔적이 도시 전체에 남아 있다. Toombs, "Shechem(Place)," 1183. BC 15세기 출애굽설이 세겜을 무혈 입성할 수 있는 최고의 적기라고 할 수 있다.

24 BC 13세기 출애굽설은 람세스 2세에 출애굽이 있었다는 주장으로 출애굽기 1:11의 도시 이름과 당시 건축물들을 참고하여 추정하는 연대다. Hawkins, "Propositions for Evangelical Acceptance of a Late-Date Exodus-Conquest," 31.

25 "여호수아가 이 모든 말씀을 하나님의 율법책에 기록하고 큰 돌을 가져다가 거기 여호와의 성소 곁에 있는 상수리나무 아래에 세우고"(수 24:26)

26 Wright, *Shechem*, 134-136..

| 가나안 입성 |

# 새로운 삶이 펼쳐지다

**성경** 여호수아 1-5장 **연대** BC 1400년경
(많은 학자가 13세기를 선호한다)

**역사적 배경** 이집트 아크나톤 왕조의 아마르나 문서(세겜왕에 대한 고소고발 사건)

**핵심 본문** 요단강 도하, 라합과 여리고 정탐꾼, 할례

**지도** 여호수아 1

## 건너다: 정복의 발걸음을 내딛다 수 1-2장

모세는 요단 동편을 정복하였고 이제 여호수아는 요단강을 넘어 서쪽 가나안을 정복해야 한다. 이스라엘은 애굽에서 남자 장정만 60만 명이 되면서 민족을 이루었고, 출애굽을 하면서 자주권을 얻었다. 또한 시내산에서 율법을 받으면서 '성문법'을 가진 '제사장 나라'가 되었다(출 19:6). 이스라엘은 국가의 3요소인 국민, 영토, 주권 중 동쪽 땅을 차지하면서 이미 국가를 이룬 상태였지만 그들의 궁극적인 영토는 요단강 넘어 가나안 땅이었다.

여호수아는 1장에서 모세로부터 지도권을 이양받고 지도력을 확고히 했다. 이스라엘 2세대는 여호수아의 지도력을 인정하는 데 그리 큰 문제가 없었다. 출애굽 때 20세 이상의 성인은 정탐꾼 사건 후 광야에서 모두 죽었다. 모세의 말대로 살아남은 사람은 여호수아와 갈렙뿐이었다. 여호수아가 가나안 정탐꾼으로 갔을 때가 40세였으므로 2세대와는 20세 이상 차이가 났다. 원로에 해당하는 여호수아는 이스라엘 최초의 전쟁이던 르비딤 전투에서 앞장서 싸웠으며, 모세가 십계명을 받을 때

/
**여리고 서쪽 산지에서 바라본 여리고성과 여리고 들판**
지평선 끝 요단강 지역에서 이스라엘이 입성했다.

//
**여리고성에서 바라본 서쪽 산지**
라합은 정탐꾼들에게 예수님이 시험받았던 시험산으로 피신해 있다가 수색대가 돌아오는 것을 보고 돌아가라고 충고했다.

시내산까지 올라갔던 인물이다. 모세의 영광을 함께 보고 수종을 들던 그를 누구도 지도자로 여기지 않을 수 없었다. 다만 너무 크게 보였던 모세라는 인물에 비하면 여호수아의 위상은 약할 수밖에 없었다. 그렇기에 하나님은 그에게 이렇게 힘을 주셨다.

> 8 이 율법책을 네 입에서 떠나지 말게 하며 주야로 그것을 묵상하여 그 안에
> 기록된 대로 다 지켜 행하라 그리하면 네 길이 평탄하게 될 것이며 네가 형통
> 하리라 9 내가 네게 명령한 것이 아니냐 강하고 담대하라 두려워하지 말며 놀
> 라지 말라 네가 어디로 가든지 네 하나님 여호와가 너와 함께하느니라 하시
> 니라 수 1:8-9

여호수아는 요단강 가까이에 접근한 뒤 3일 후에 요단을 건너가라고 말한다. 선두로 서는 지파는 미리 요단 동편에서 땅을 차지한 르우벤, 갓, 므낫세 반 지파다. 이들 지파는 남자들만 요단강을 건너므로 사실상 군인들로만 구성되었다.

가나안 입성에 앞서 여호수아는 모세처럼 정탐꾼을 보낸다. 그러나 12명이 아니라 2명을 보낸다. 믿음의 눈으로 바라볼 수 있는 여호수아와 갈렙 같은 사람 둘만 보낸 것이다. 그들이 귀환하여 "진실로 여호와께서 그 온 땅을 우리 손에 주셨으므로 그 땅의 모든 주민이 우리 앞에서 간담이 녹더이다"(수 2:24)라고 보고한 것을 보면 그들의 믿음이 어떠했는지 알 수 있다.

정탐꾼이 만난 기생 라합과 관련된 이야기는 여리고 주변 환경을 잘 보여 준다. 여리고왕이 정탐꾼을 잡으려 할 때 라합은 그들을 지붕의 삼대에 잠시 숨긴 후 군사들이 잡으러 간 반대편으로 피신시킨다. 정탐꾼은 틀림없이 여리고의 서

쪽 어느 곳, 깊이 침식되고 외딴 연석회암 산지 혹은 석회암 절벽으로 이루어진 계곡 어디에 숨었을 것이다(수 2:16). 지금은 이곳 한 부분을 예수님이 시험받으신 '시험산'이라고 부른다.

여리고 군사는 정탐꾼이 돌아가야 하는 동쪽, 요단강 나루터로 달려가 3일 동안 찾았지만 발견하지 못했다. 정탐꾼은 여리고 군사들이 갔던 반대쪽인 여리고보다 높은 고도에 위치한 산으로 피신하여 병사들을 주시하고 있었다. 그렇게 모든 상황을 파악한 정탐꾼은 안전하게 이스라엘 진영인 요단 동편으로 돌아갈 수 있었다.

여기서, 묵상

### 생명을 건 거래

기생 라합은 정탐꾼들에게 이스라엘의 하나님을 "너희의 하나님 여호와는 위로는 하늘에서도 아래로는 땅에서도 하나님이시니라"(수 2:11) 한다. 이 정도의 지식과 말이라면 그냥 기생이 아니라 여리고('달'이라는 뜻) 신전에서 일하는 여자 사제였을 가능성이 있다. 그녀는 정탐꾼들과 생명을 건 거래를 했다. 이스라엘이 여리고를 점령할 때 창에 붉은 줄을 매달고 부모형제와 가족이 라합의 집에 있으면 이스라엘이 그들을 구원하겠다는 약속을 한 것이다. 이 약속은 유월절의 약속과 비슷하지 않은가! 라합은 후에 유다 지파의 살몬과 결혼하여 보아스를 낳는다. 하나님의 축복을 사모했던 여인 라합은 축복의 자손과 연합하였고, 갈렙처럼 유다 지파 깊숙이 들어와 믿음의 조상이 되었다(마 1:5-6, 16).

## 요단강 도하: 자연 현상을 이용하셨다 수 3장 19일

모압 평지에서 출발한 이스라엘은 요단강 앞에 섰다. 그들에게 주어진 명령은 "자신을 성결하게 하라"(수 3:5)였다. 그 이유는 언약궤가 앞서

**: 19일**

**오늘 읽을 분량**

**성경** 수 3-18

**본서** 23-73쪽

**성경의 맥 잡기**

1. 요단강 도하와 여리고와 아이성을 비롯한 중앙 산지 정복 활동
2. 기브온 화친과 기브온 전쟁으로 인한 남부 정복, 하솔왕 야빈과 북쪽 정복
3. 지파별 땅 분배

**신구약 연결 포인트**

1. 요단강을 건너는 지점이 예수님이 세례받은 지점
2. 여리고 정복과 아이성 전투 모두 거룩함을 위한 전쟁이었다. 할례, 헤렘 등 여리고에서 만난 부자 청년도 아간처럼 물질의 탐심을 버리지 못했다.

**묵상 가이드**

1. 요단강 도하 지점은 구원이라는 뜻을 가진 여호수아, 엘리사, 예수님이 건넌 지점이다.
2. 여호수아는 '건너다-취하다-나누다-섬기다'라는 4개의 동사로 구성되었다고 할 수 있다.

여리고 들판에서 바라본 요단 동편 지역 사이에 덤불이 있는 곳이 요단강이다.

면서 여호와께서 그들 가운데 행하시기 때문이다. 하나님이 도우시려면 정결해야 한다.

그런데 하필 이때는 곡식을 거두는 시기로 물이 언덕 위에 넘칠 정도로 많았다고 한다. 여리고 앞 요단강은 염해로 흘러 들어가는 가장 하류에 속한다. 모맥 거두는 시기는 3~4월로 가나안에서 늦은 비가 내리는 데다가 헤르몬산의 눈이 녹을 때여서 물이 많다. 첫 곡식을 거두는 때가 초실절이다. 이스라엘이 초실절 시기에 요단강을 건넌 것이다.

하나님은 물이 많음을 이용하셨다. 하나님의 명령대로 제사장들이 요단강에 발을 내딛을 때 동쪽의 얍복강과 서쪽의 와디 파리아(디르사강)가 만나는 아담부터 강물이 막혀 버렸다(지도 참조). 이런 일은 근대에도 두 번이나 일어났다.

우기에 갑자기 내린 많은 비는 급류가 되어 다량의 돌과 흙을 지진이 잦은 지구대(요단강)로 운반한다. 요단강은 동서에서 밀려온 돌과 흙으로 형성된 천연댐에 의하여 막혀 버린다. 얍복강과 디르사강이 요단강으로 합류하는 지점 남쪽

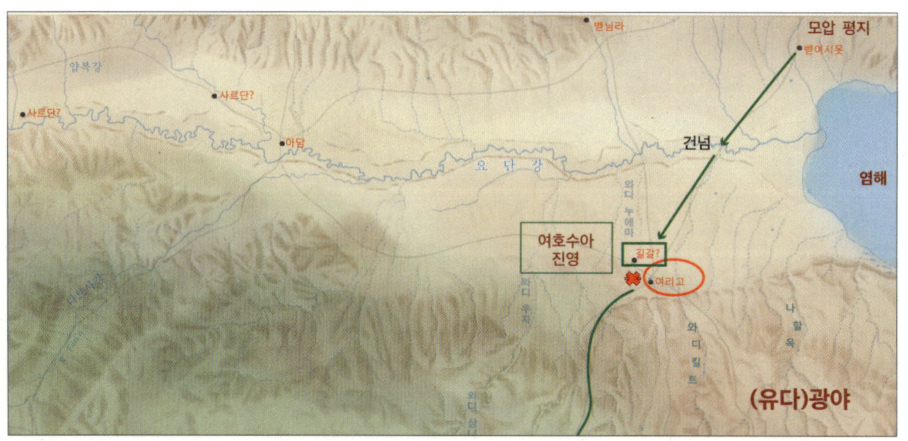


요단강을 건너는 이스라엘

/

**아담 나루터**

얍복강에서 요단강으로 흘러온 토사 흔적은 요단강이 막혔던 상황을 유추하게 만든다.

//

언약궤가 물이 넘치던 요단강에 들어섰을 때 30km 북쪽에 있는 아담읍부터 막혀서 이스라엘이 일시에 건널 수 있었다.

에 주요 지류가 없다는 점도 흥미롭다. 얍복강에서 흘러내린 토사가 아담에 쌓여 일시적인 댐이 형성되면서 아담 아래쪽 요단 계곡은 사람들이 지날 수 있는 마른 땅이 되었다. 사진에서 보듯 현대에도 그 흙더미가 남아 있을 뿐 아니라 근대에 와서도 두 번 요단강이 막혔다는 기록이 남아 있다. 하나님은 하늘에서 돈벼락이 떨어지듯 자신이 만든 창조 질서를 어기는 기적보다는 자연 현상을 이용하여 요단강 도하를 이루셨다.

여기서,

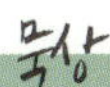

묵상

### 약할수록 강함 되시는 하나님

물이 많은 우기에 요단강을 건넌다는 것은 미친 짓 같아 보였다. 그러나 하나님은 어려운 상황을 이용하여 요단강을 건너게 하셨다. 우리 앞에 도저히 불가능하다고 생각되는 강이 있는가? 바울의 고백처럼 상황이 악화될수록 하나님의 능력이 강하게 역사함을 기억하자.

> 나에게 이르시기를 내 은혜가 네게 족하도다 이는 내 능력이 약한 데서 온전하여짐이라 하신지라 그러므로 도리어 크게 기뻐함으로 나의 여러 약한 것들에 대하여 자랑하리니 이는 그리스도의 능력이 내게 머물게 하려 함이라 **고후 12:9**

궤를 멘 제사장의 발이 물가에 잠기자(수 3:15) 물이 그쳐서 30km 앞 아담 성읍 변두리에 쌓였다. 언약궤를 맨 제사장들은 가운데 섰고 아라바 바다 염해를 향하여 흘러가는 물이 온전히 끊어지자 백성이 건너갔다. 아주 넓게 강이 열렸다. 그래서 단번에 건널 수 있었다.

/
**요단강**
왼쪽의 교회가 요단 동편 예수님이 세례받으셨던 곳이다.

//
**요단 동편 요단강가**
이스라엘이 성결하게 하고 건넜던 베다니에서 예수님은 세례를 받았다.

## 요단강 도하와 예수님

요단강 도하 장소에서 신약의 중요한 사건이 일어난다. 바로 예수님이 세례를 받으신 것이다. 여호수아와 예수는 호세아와 동일하게 '구원'을 뜻한다. 엘리사도 '하나님은 구원이시다'라는 의미다. 대제사장 여호수아도 때로 예수아라고 나온다. 똑같은 이름을 가진 인물이 반복적으로 나타난 것이다. 언약궤는 하나님의 말씀을 모신 상징이다. 예수님은 말씀이 육신이 되어 이 땅에 오셨다.

> 태초에 말씀이 계시니라 이 말씀이 하나님과 함께 계셨으니 이 말씀은 곧 하나님(예수님)이시니라 요 1:1

예수님은 언약궤의 실체다. 요단강 대신 하늘이 갈라졌다. 언약궤도 그림자이고 여호수아도 그림자다. 그런데 실체 되신 예수님이 그곳에 서시자 진짜 가나안, 천국이 열렸다. 예수님은 구약의 계시를 성취하신다. 이는 자신을 예시하신 첫 번째 사역이다. 여기에 특별히 삼위일체 하나님이 등장하신다. "이는 내 사랑하는 자요 내 기뻐하는 자라" 하면서 성부 하나님의 음성이 들리고, 성령님이 중간에서 비둘기같이 임하며 예수님이 그곳에서 실천하신다. 그래서 앞으로 구원은 성부의 계획과 성자의 실천, 성령의 중재를 통하여 이루어진다는 점을 분명히 천명한 곳이 요단강이다.

## 길갈-할례: 하나님 앞에 성결하라 수 4-5장

이스라엘이 가나안에 들어가서 처음 행한 의식은 요단강에서 하나님의 명령대로 취한 돌들을 세우는 일이었다. 이때 세운 돌들은 가나안 입

**할례 돌이 있는 산**
이스라엘이 입성한 후 하나님이 요구하신 일은 거룩을 위한 '할례'였다. 이 예식에서 수치가 굴러갔다는 '길갈'이라는 이름이 나왔다.

성을 기념하는 것이었다. 4장 6절의 '표징'은 히브리어로 '지카론'인데 '기억'이라는 뜻이다. 기억은 역사를 만든다. 하나님은 이스라엘이 구원의 감격을 잊지 않고 기억하기 원하셨다(수 4:7).

가나안 땅에 정착한 후 여호와께서 처음으로 명령한 일은 '할례'였다(수 5:2). 하나님은 광야에서 태어난 백성이 할례받지 못하였기에 부싯돌로 칼을 만들어 할례를 행하라 하셨다. 신기하게도 부근의 지질도를 보면 이스라엘 백성이 방황하던 광야에는 부싯돌이 없고 가나안 입구인 여리고 북동쪽에만 있다. 사진에서 보이는 까만 돌이 할례 돌이다.

하나님은 철저히 가나안 입성을 준비하셨다. 물을 통과한 이스라엘은 구별된 백성임을 재확인하는 세례와 같은 의식을 준비된 장소에서 치렀다. 할례가 끝나고 요구한 것은 유월절 예식이다. 어떻게 보면 이스라엘 백성은 유월절로 시작해서 유월절로 끝난다. 유월절을 마치자 만나도 그치며 새로운 삶이 펼쳐졌다. 예수님도 유월절에 생애를 마치셨다. 유월절은 구원의 시작이자 마침이다. 그래서 예수님이 이곳을 지나가실 때 세례 요한이 "보라 세상 죄를 지고 가는 하나님의 어린 양이로다" 하였다. 여호수아가 여리고성에 이르렀을 때 여호와의 군대장관이 "네 발에서 신을 벗으라", "네가 선 곳은 거룩한 곳이다" 하면서 거룩을 요구했다(수 5:15). 신발을 벗고 성결케 하라는 것이다. 결국 우리의 전쟁은 '거룩'한 전쟁이다.

여기서,
묵상

**전쟁은 하나님께 속했다**

여리고 앞에서 행한 이스라엘의 할례 의식은 위험천만한 일이었다. 창세기에는 야곱의 딸의 일로 화가 난 야곱의 아들 둘이 세겜 사람들에게 할례를 행하게 한 뒤 그들 모두를 죽인 사건이 나온다(창 34장). 할례를 하면 전투력이 상실된다. 그런데 하나님은 적이 코앞에 있는 상황에서 왜 할례를 하라고 하셨을까?

할례는 성결과 죄 씻음을 상징한다. 무할례의 수치를 안은 채 가나안 땅에 들어왔으니 먼저 성결하라는 것이다. 어떤 위험이 있어도 그 위험을 쳐다보지 말고 '하나님 앞에 성결하라'는 것이다. 우리는 보통 어려움이 닥치면 계산기부터 두드린다. 나도 모르게 인간적인 방법을 찾는데 하나님은 그런 우리에게 말씀하신다. "네가 전쟁 앞에 있느냐? 나에게 초점을 맞춰라." 왜냐하면 전쟁은 하나님께 속한 것이기 때문이다.

**지도 그리기**

**신명기 2**

부록에서
지도를 찾아
그리세요

| 중부 지역 정복 |

# 여리고와 아이성과 예배

**성경** 여호수아 6-8장 **연대** BC 1400년경(많은 학자가 13세기를 선호한다.)

**역사적 배경** 이집트 아크나톤 왕조의 아마르나 문서(세겜왕에 대한 고소고발 사건)

**핵심 본문** 아이성 전투, 그리심산과 에발산의 축복과 저주

**지도** 여호수아 1

## 중부 정복: 정복의 교두보를 마련하다

### 매력적인 땅 여리고

할례와 유월절 그리고 신을 벗는 정결예식을 통해 하나님과 함께하는 전쟁 준비, 거룩의 준비는 마쳤다. 이제 남은 일은 정복이다. 첫 관문은 여리고였다. 여리고는 현재까지 세계에서 가장 오래된 도시다. 고대로부터 이곳에 도시가 형성될 수 있었던 가장 큰 이유는 따뜻한 기후에 풍부한 오아시스 때문이다. 주변이 모두 광야임에도 불구하고 여리고는 여러 샘이 솟아났다. 가장 중요한 두 개의 샘은 여리고 북서쪽 '나아란' 샘과 여리고 동쪽 '엘리사의 샘'이다. 석회암 샘에서 흘러나오는 물과 요단강을 타고 내려온 퇴적토, 따뜻하고 충분한 일조량은 모든 종류의 농작물, 특히 대추야자와 발삼나무 산지로 유명하게 만들었다.

여리고의 명성은 BC 8천 년경 세계에서 가장 오래된 성벽을 가진 신석기 시대의 유적이 발견되면서 더해졌다. 아브라함과 함께 이집트 나일강 근처에서 살던 롯이 벧엘 산지에 서서 아브라함에게 요단 동쪽 땅을 요구하면서 언급한 이 지역의 특징을 보라.

/
**요단 서편에서 바라본 요단강과 동편 지역**
롯이 이 지역을 바라볼 때는 더 풍요로운 땅이었을 가능성이 크다.

> **10** 이에 롯이 눈을 들어 요단 지역을 바라본즉 소알까지 온 땅에 물이 넉넉하니 여호와께서 소돔과 고모라를 멸하시기 전이었으므로 여호와의 동산 같고 애굽 땅과 같았더라 **11** 그러므로 롯이 요단 온 지역을 택하고 동으로 옮기니 그들이 서로 떠난지라 창 13:10-11

BC 1세기에 클레오파트라는 헤롯이 그 지역을 다스리고 있음에도 불구하고 여리고를 로마의 장군 안토니우스에게 요구하여 얻어 냈다. 안토니우스에 이어 카이사르가 정권을 잡았을 때 헤롯은 여리고를 차지하고 여기에 아름다운 자연과 제반 시설을 갖춘 겨울 궁전을 만든 뒤 이곳에서 죽었다. 헤롯 궁전은 그의 아들 아켈라오가 재건했다. 이 시기에 예수님은 이 풍요롭고 역사적인 지역을 자주 오가셨다.

여호수아가 가나안 입성 후 첫 번째 유월절을 지키는 모습은 가나안의 봄이 얼마나 풍요로운가를 말해 준다.

> **10** 이스라엘 자손들이 길갈에 진 쳤고 그 달 십사일 저녁에는 여리고 평지에서 유월절을 지켰으며 **11** 유월절 이튿날에 그 땅의 소산물을 먹되 그날에 무교병과 볶은 곡식을 먹었더라 **12** 또 그 땅의 소산물을 먹은 다음 날에 만나가 그쳤으니 이스라엘 사람들이 다시는 만나를 얻지 못하였고 그 해에 가나안 땅의 소출을 먹었더라 수 5:10-12

가나안에 입성한 1월 14일에 유월절을 지켰다. 길갈에서 유월절의 어린 양을 잡는 의식이 엄숙히 진행되었을 것이고, 애굽에서 출발하기 전날 밤을 기억하며 감격에 젖었을 것이다. 그 어린 양이 약 1300년 후 바로 그곳에 나타나실 예수님을 예표한다는 것을 그들은 알았을까?

## 여리고 정복: 지진으로 무너지다 수 6장

여리고 정복 전쟁은 여호와의 언약궤를 앞세운 거룩한 백성들의 행진이었다. 만군의 여호와가 치면 이스라엘은 수습만 하면 되었다.

> 제사장 일곱은 양각 나팔 일곱을 잡고 여호와의 궤 앞에서 계속 행진하며 나

팔을 불고 무장한 자들은 그 앞에 행진하며 후군은 여호와의 궤 뒤를 따르고 제사장들은 나팔을 불며 행진하니라 수 6:13

여리고를 돌 때는 성에서 얼마 정도 거리를 둔 채 걸었을 것이다.

이스라엘이 진을 쳤던 길갈의 위치는 확실하지 않다. 다만 여리고 동쪽 경계에 있었다(수 4:19). 현재까지는 여리고 동북쪽으로 2km 떨어진 작은 와디를 넘어 위치한 히샴 궁전이 길갈로 유력하다. 그쯤에서 전군이 여리고로 나와 전진한다면 주변 둘레가 900m밖에 안 되는 여리고성을 60만 명이 몇 겹으로 둘러쌌을 것이다. 그러나 이렇게 가까이 가면 그들이 쏘는 화살이나 물맷돌의 공격에 노출되기 때문에 사격권에서 벗어나 멀리 돌았을 것이다. 그렇더라도 첫 군대가 한 바퀴 돌고 돌아오는 행렬이 마지막 행렬과 겹쳤을 가능성은 충분하다.

매일 성을 한 바퀴씩 돌다가 7일째에 일곱 바퀴를 돈 뒤 큰 소리를 외치자 여리고성이 어이없이 무너졌다(수 6장). 여리고 사람들의 마음은 이미 수많은 군대를 보고 무너졌다. 이스라엘 백성이 부르짖는 소리와 함께 큰 진동, 지진이 일어났다. 여리고는 지구대로서 지진대가 지나가는 곳이다. 도시가 완전히 파괴된 것은 지진의 영향이다. 하나님은 여리고성을 무너뜨릴 때 대지진을 이용하셨을 것이고, 그런 까닭에 장기전을 준비하던 여리고는 어이없이 무너졌다. 성벽 근처에서 불탄 항아리가 곡식이 가득 담긴 채 발견되었다. 성벽이 무너진 흔적을 보면 바깥쪽으로 무너진 것을 알 수 있다. 만약 안쪽으로 무너졌다면 성벽이 계단 역할을 하지 못했을 것이다. 이스라엘은 공격권에서 벗어나 돌았기에 바깥으로 무너진 성벽에 해를 입지 않고 오히려 그 성벽을 계단 삼아 성으로 진격

**남쪽에서 본 여리고성**
8천 년 전부터 있던 여리고성이 바깥쪽으로 무너지자 이스라엘은 그 성벽을 타고 이중으로 된 성벽을 올라갔다.

할 수 있었다. 이스라엘 백성은 라합의 가족 외에는 모든 사람을 죽여서 하나님께 첫 예물로 드렸다.

여호수아는 여리고를 정복한 후 이스라엘이 여리고에 정착하는 것을 금지했다. 그는 여리고의 근본적인 위험성을 보았다. 특히 아브라함을 떠난 롯의 운명과 모세의 경고를 생각했을 것이다.

> 여호수아가 그때에 맹세하게 하여 이르되 누구든지 일어나서 이 여리고성을 건축하는 자는 여호와 앞에서 저주를 받을 것이라 그 기초를 쌓을 때에 그의 맏아들을 잃을 것이요 그 문을 세울 때에 그의 막내아들을 잃으리라 하였더라 수 6:26

수백 년 후 아합의 배교 시대에 벧엘 사람 히엘이 요단 동편의 무역과 여리고의 풍요로움을 탐내 여호수아의 저주대로 장자와 막내를 잃으면서까지 여리고성을 재건축했다(왕상 16:34). 풍요를 향한 인간의 완악함을 볼 수 있는 장소가 여리고다. 이런 배경을 가지고 여호수아 3-6장을 읽으라.

## 헤렘 전쟁: 풍요의 유혹을 이기라 수 6:18-19

여리고는 고대 근동의 관습인 '첫 물건은 주인께 드린다'는 '헤렘' 사상에 의해 완전히 불태워졌고 모든 물건은 하나님께 드려졌다. 여호수아가 다른 지역을 정복할 때 대표 도시를 불태운 것도 같은 원리이지 않았을까. 헤렘에 의해 첫 가나안 성인 여리고와 산지 중부의 아이성, 쉐펠라의 라기스, 갈릴리 산지의 하솔이 하나님께 드려졌다. 완전히 불탄 여리고는 가나안 모두를 향한 선전포고이기도 했다. 여리고 지역은 풍요로운 땅이다 보니 헤렘을 지키고 싶지 않은 유혹이 많았다. 헤렘을 어긴 사람이 바로 '아간'이다. 결국 그도 재물과 함께 아골 골짜기에서 하나님께 드려졌다.

**아골 골짜기로 추정되는 와디 킬트**
깊은 골짜기 뒤로 여리고 지역이 보인다.

와디 킬트가 아간이 죽은 아골 골짜기인 듯하다. 이 골짜기는 여호수아 때는 그리 중요하지 않았지만 여리고에서 예루살렘으로 올라가기 위해 반드시 지나야 했으므로 신약에서는 중요한 도로가 된다.

사울왕도 아말렉을 헤렘 전쟁으로 멸하라는 명령을 받았음에도 그들 일부를 살려 길갈로 데려온 후 폐위당했다. 예수님 때도 부자 청년 관원이 영생을 얻고자 나아왔을 때 헤렘 같은 재산을 팔아 가난한 자에게 나누어 주고 예수님을 따르라는 말을 듣고는 근심하며 풍요를 향해 떠나갔다. 이처럼 풍요로움은 하나님의 것을 자신의 것으로 착각하게 만든다. 그럼에도 삭개오같이 예수님을 만난 후 모든 물질을 드리고 제자의 삶을 살아가는 이들을 통해 하나님 나라가 이루어진다.

## 아이성-중부 정복 수 8장

### 중부 산지로 오르는 지형

여리고의 함락과 동시에 광야를 지나서 중부 지역 산지로 들어가는 길이 활짝 열렸다. 지도 여호수아 1의 배경과 함께 입체지도를 보라. 동쪽으로 가는 길의 가파른 경사가 산지로 접근하는 사람들에게 얼마나 큰 장애물이었겠는가. 여리고는 해수면보다 220m 아래에 위치하고 그 들판은 260m 아래에 있다. 반면 벧엘을 둘러싼 산지는 거의 해발 900m 높이다. 여리고에서 벧엘까지 1000m 이상의 고도를 올라야 하는 데다 그 길이도 20km에 이른다.

우리나라 백두대간처럼 뻗은 중부의 남북 산맥은 갈비뼈처럼 동서로 갈라지고, 길은 깊은 계곡 사이에 솟은 능선을 따라 나 있다. 지도 여호수아 1의 대부분은 요단강 혹은 염해에 이르는 동쪽 유역을 보여 준다. 족장의 도로라 불리는 남북 능선이 동쪽으로 내려가는 배수로가 시작되는 지점이다. 지도를 보고 도로와 여리고 사이에 위치한 중요 도시 간의 연결 관계를 살펴보자.

예루살렘과 벧엘 사이 능선의 도로에서 여리고까지 많은 하천이 광야를 가로질러 요단 계곡을 향해 가며 깊은 계곡을 만들어 놓았다. 이런 하천은 히브리어로 나할(nahal), 아랍어로 와디(wadi)라 부른다. 벧엘에서 시작하는 와디 수웨닛(W. Suweinit)은 남쪽으로 달리다가 남동쪽에서 깊이 파여 양쪽 절벽 높이가 최대 200m 정도 된다. 와디 수웨닛은 와디 파라(수웨닛 남쪽 지류로 지도 여호수아 1에는 그려져 있지 않다)와 함께 와디 킬트(W. Qilt)의 지류다. 와디 킬트도 깊은 계

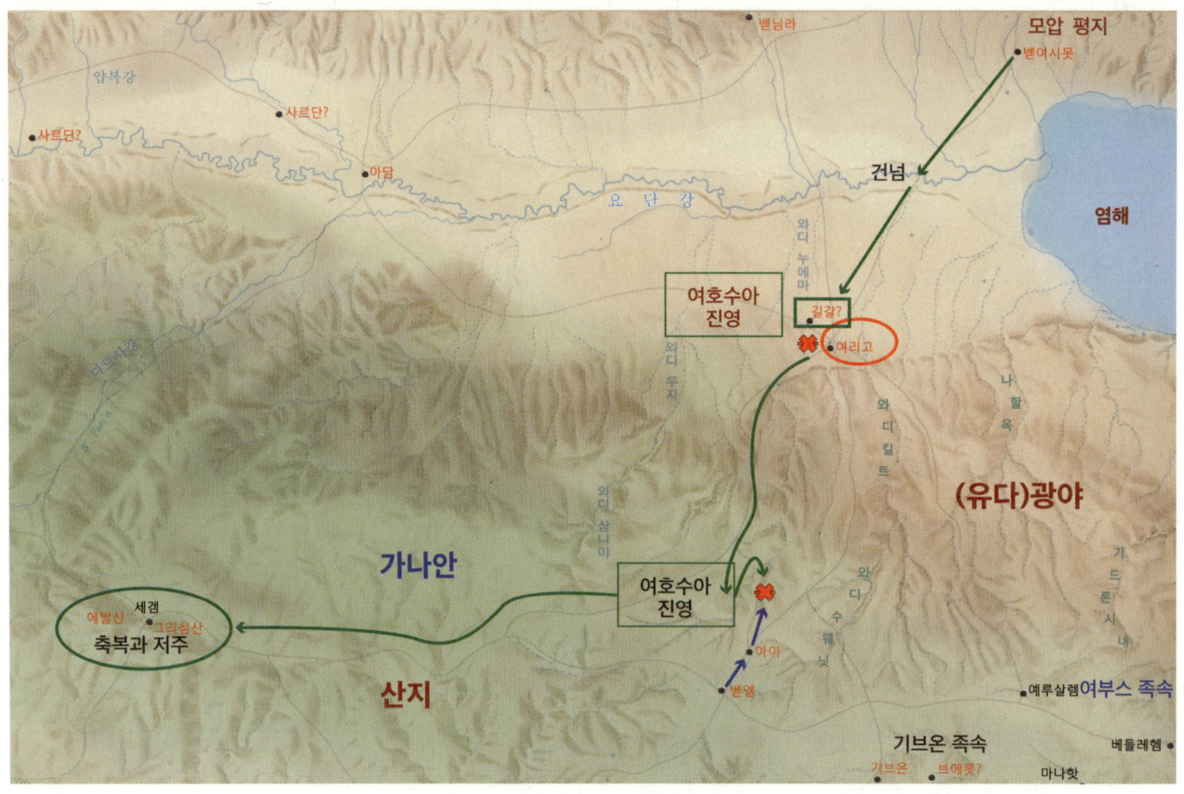


**여호수아 1**
가나안 중부 정복

곡으로 이루어져 있다. 아이성의 바로 북쪽과 북동쪽에서 시작하는 와디 누에마는 여리고의 바로 북쪽 앞까지 깊은 골짜기를 이루며 내려간다. 와디 막쿡(W. Makkuk)은 아이성과 여리고 사이 중간에 위치하는 길의 남쪽 계곡이다.

이처럼 남북 교통의 커다란 장애물(와디 킬트와 와디 막쿡)이 여리고에서 산지까지 연결하는 동서 교통로가 된다. 남북으로 나 있는 산지를 오르기 위해 놓인 동서 방향의 능선 도로는 경사가 완만한 어귀(pass, 통로, 관문)를 만나면 다른 능선으로 갈아탄다. 그러므로 어귀는 남북 도로와 동서 도로가 만나는 요충지다. 지도 여호수아 1을 보면서 도로가 능선을 따라 어떻게 이어지는지, 어떤 식으로 다른 능선과 연결되는지 살펴보라.

이런 요소를 기억하고 지도 여호수아 1에서 여리고와 산지 사이의 다양한 도로를 익히라. 어떻게 여리고와 기브온 길이 중앙 베냐민 고원까지 이르는 동안 와디 수웨닛 어귀를 건너는지 혹은 벧엘 고원을 경유해서 먼 우회 도로를 만드는지를 보라. 여리고와 예루살렘을 연결하는 교통은 어김없이 감람산과 예루살렘

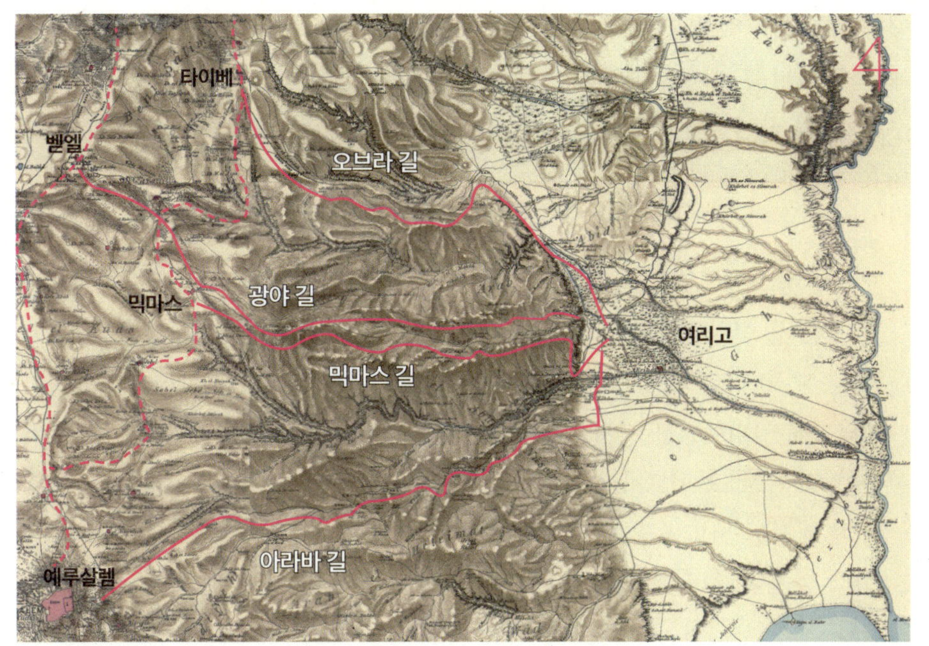


**여리고에서 산지로 오르는 동쪽 접근로**
네 개의 길이 있고 여호수아서에서는 광야 길을 이용하여 아이성을 쳤다.

을 가기 위해 능선을 오르기 전에 와디 옥의 상류, 와디 무칼리크를 가로지른다.

## 산지로 오르는 4개의 길

여호수아가 산지 정복을 위해 오른 길은 요한복음 4장에서 예수님이 요단강에서 세례를 베풀다가 여리고를 거쳐 사마리아 여인을 만나러 수가성으로 가는 경로와 밀접한 관련이 있다. 여리고에서 산지로 올라가는 주요 도로는 4개로 정리할 수 있다. 첫째는 서남쪽으로 향하여 예루살렘으로 향하는 길로 성경에서는 '아라바 길'이라 부른다(삼하 4:7; 왕하 25:4; 렘 52:7). 둘째는 여리고에서 서쪽으로 향하여 믹마스를 지나 아이를 거쳐 벧엘로 올라가는 소위 믹마스 길이다(삼상 13:7 참고). 셋째는 여리고에서 출발하여 믹마스 길과 나란히 북쪽을 따라 올라가다 아이를 지나 벧엘로 지나는 '광야 길'이다(수 8:15; 삿 20:42; 삼하 15:23). 마지막으로 서북쪽으로 향하여 오브라와 바알하솔을 거쳐 북쪽 실로로 향하는 '오브라 길'이다(삼상 13:17). 여호수아 점령과 관계 있는 길은 아래 세 길이다.

### 1) 믹마스 길

성경학자들에 따라 믹마스 길과 광야 길을 하나로 보기도 한다. 성경은 이 길에 대하여 사무엘상 13:18에서 잘 표현하고 있다. 이 길은 여호수아서 18:12-13에 나오는 남쪽 베냐민과 북쪽 에브라임의 경계가 된다. 아하로니(Y. Aharoni) 교수는 이 길이 베냐민과 에브라임 지파의 경계였고 후에는 남유다와 북이스라엘의 경계가 되었다고 한다.

> 한 대는 벧호론 길로 향하였고 한 대는 광야 쪽으로 스보임 골짜기가 내려다 보이는 지역 길로 향하였더라 삼상 13:18

여리고에서 믹마스를 거쳐 아이-벧엘로 올라가는 길에는 고고학적 증거를 제시하는 두 개의 고대 도시가 있다. 현재는 비포장도로라 알아보기 힘들지만 영국령 때 작성된 지도에서는 이 길에 대한 표시가 있다. 믹마스를 거쳐 여리고 동편 와디 슈케드 다비 능선으로 내려가다 구약시대 텔 여리고로 알려진 텔 에스-술탄(Tell es Sultan)의 남서쪽으로 1.5km 정도 내려오면 평지를 만난다. 1984년 조사에 따르면, 이 길에서 너비 5m에 이르는 도로가 발견되었다.

미쉬나와 탈무드의 기록에 의하면, 고대 이스라엘의 도로 규모는 시골길이 넓이 4규빗(1.8m)이고, 지방도로는 8규빗(3.7m), 도피성 가는 길은 32규빗(14.6m)이었다. 병거의 폭이 1.5~1.75m이고 양방향 길을 고려한다면 병거가 다니는 길은 적어도 너비가 3~4m는 되어야 했다. 외길이라면 2.5m보다 좁았다. 이로 보건대 믹마스에서 발견된 5m 너비의 길은 믹마스 길이 국도는 되지 못해도 지방도로 중에서는 제법 규모가 있는 길이었음을 알려 준다. 또한 믹마스는 남북 지파를 구분하는 전략적 요지였다. 그래서 성경은 '믹마스 어귀'가 남북을 구분하는 중요한 지점임을 언급하곤 한다(삼상 13:23, 사 10:28 참고).

훗날 사울 왕은 수많은 병거와 마병이 모인 블레셋 군대가 믹마스 길을 통해 내려오는 것을 보고 겁을 낸 것 같다. 사무엘은 그때까지 오지 않고 백성들은 흩어져 가자 사울은 자신의 권한이 아닌데도 제사를 드린다. 이 일에 대해 사무엘은 "망령되이 행하였다"고 말했다. 왜냐하면 사울이 믹마스에서 진을 친 적들을 두려워했을 뿐 아니라(삼상 13:12) 백성이 떠나가는 것을 보고 겁을 내(삼상 13:11) 하나님의 명령을 어겼기 때문이다(삼상 13:13).

### 2) 광야 길

여호수아서 8:15에 의하면, 이스라엘이 아이성 2차 전투 때 아이성 주민에게 거짓으로 패한 척하여 '광야 길'로 도망하였다고 한다. 광야 길은 여리고에서 아이로 오르는 길 중 하나다. 1984년, 아미(Amit)와 일란(Ilan)은 여리고에서 광야의 능선을 따라 아이성으로 알려진 데일 딥완(Deir Dibwan)까지 이르는 고대 길을 연구하였다. 이때 구약 시대 여리고에 해당하는 텔 에스-술탄(Tel es-Sultan)에서 북서쪽으로 2km 정도 떨어진 나아란(Naaran)에서 산지로 올라가는 길 곳곳에서 다양한 고대 흔적을 발견하였다. 연구자들의 추정에 의하면, 이 길이 여호수아서 8:15과 사사기 20:42에 언급된 '광야 길'이다.

돌시(Dolsey)의 주장에 의하면, 여리고에서 산지에 오르는 길 중 가장 많은 성경의 사건들이 광야 길에서 일어났다. 아브라함은 벧엘에서 양들에게 먹일 초지 부족 문제가 대두되자 조카 롯에게 선택권을 주었다. 롯은 소돔과 고모라가 있던 요단 계곡의 염해 남쪽을 택하여 이 길을 따라 여리고로 내려갔다(창 13:1-12). 또한 여호수아서 7:2-4에서 여호수아 군대는 이 길을 따라 아이성을 정복하러 올라갔다. 그러나 실패한 여호수아는 아간의 문제를 해결한 후에 다시 이 길을 따라 2차 공격을 하였다. 아이와 벧엘 사이에 복병을 배치하고 아이성 북쪽에 있는 골짜기로 가서 군사들을 유인하였다. 아이성에서 동쪽 광야 길로 피하는 척하면서 복병을 두어 아이성과 벧엘을 정복하여 산지에 오르는 교두보를 확보하였다. 물론 여호수아서 8장의 아이성 전투에서 벧엘이 아이성과 함께 전쟁에 참가했다는 기록은 있어도(수 8:17) 그 성을 정복했다는 기록은 없다. 그런데 그레이(Gray)는 벧엘 정복과 관련하여 사사기 1:22-29의 기사를 주석하면서 22절의 요셉 지파라는 명칭만으로도 이 사건이 에브라임과 므낫세가 나뉘기 전의 역사라고 추정한다.

### 3) 오브라 길

여호수아가 모세의 명령대로 여리고에서 그리심산과 에발산이 있는 세겜 지역으로 가려 할 때 사용할 수 있는 가장 북쪽 길이자 단거리 길은 '오브라 길'이다. 역사-지리적 방법을 사용하여 여리고에서 산지로 오르는 길을 구성한 아하로니(Aharoni)는 이 길을 광야 길의 북쪽 지점인 믹마스에서 오브라로 가는 길로 묘사하고 있다. 돌시는 여리고에서 오브라(현 타이베)에 오르는 길에서 철기시대

이래 6개 이상의 마을 흔적을 발견하고 여리고에서 오브라 사이에 길이 있었음을 증명하였다. 돌시에 의하면, 오브라 길은 에브라임에서 와디 아우자와 막쿡 사이의 능선을 이용한다. 이 길은 로마 시대뿐 아니라 19세기까지도 사용되었고, 현재도 여리고에서 라말라(Ramallah)로 올라갈 때 사용되고 있다.

성경에서는 믹마스에서 오브라로 오르는 길을 '오브라 길'이라고 한다(삼상 13:17). 성경에서는 자주 언급되지 않지만, 여리고에서 오브라에 이르기까지 철기시대 흔적이 6개 이상 나타나는 것을 보면, 이 길이 고대에 활발하게 사용되었음에 분명하다. 현대 타이베는 오브라(삼상 13:17), 에브론(대하 13:19), 에브라임(요 11:54)이라는 세 가지 이름으로 불렸다.

이곳에서 일어난 역사적 사건은 아브라함 시대까지 추적해 올라간다. 창세기 위경에 따르면, 아브라함은 롯을 소돔과 고모라로 보낸 후 바알하솔에 올라가 거기서 하나님이 주시는 땅의 언약을 받았다고 한다. 왜냐하면 창세기 13:14에서 "너는 눈을 들어 너 있는 곳에서 북쪽과 남쪽 그리고 동쪽과 서쪽을 바라보라"고 했는데, 바알하솔이 해발 1016m로 주변에서 가장 높은 곳이며, 그곳에 올라야 지중해와 헤르몬산과 요단 동쪽과 염해 남쪽까지 보이기 때문이다.

여호수아와 관련하여 오브라 길에서 일어난 중요한 사건 중 하나는 아브라함이 언약을 받은 사건 외에도 요단 동쪽 지파였던 르우벤, 갓, 므낫세 반 지파가 귀환 중에 세운 '엣'이라는 제단 사건이 있다(수 22:1-34). 가나안 정복을 어느 정도 마친 이스라엘이 실로의 진에서 땅을 분배한 후, 요단 동쪽 지파들은 모세와 약속했던 사역을 마치고 자신들이 분배받은 땅으로 돌아갔다. 이때 택한 길은 실로에서 요단 동쪽으로 가는 길 중 가장 빠르고 편리한 오브라 길일 가능성이 크다. 요단 동쪽 지파가 돌아가는 길에 요단강가에 '엣'이라는 제단을 쌓아 큰 전쟁이 일어날 뻔했다(수 22:9-34). 왜냐하면 실로의 진에 모인 지파들은 요단 동쪽 지파가 여호와의 제단 외에 다른 제단을 쌓아 범죄했다고 생각했기 때문이다(수 22:19).

다수 학자들은 이 제단이 요단강 서쪽에 위치한다고 말하지만(수 22:11), 요단강 동편에도 속할 수 있는 애매한 경계 지점에 세워졌던 것 같다. 70인경에서 9절의 길르앗을 '길갈'로 표기한 점이나, 가나안 땅에 들어온 길로 돌아갔을 것이라는 점을 착안해도, 서쪽 편에 '엣'이라는 제단이 세워졌을 가능성이 크다. 전술한 바와 같이 이 지점은 예수님이 세례 사역을 하던 곳이라 여겨진다.

요단 동쪽 지파가 변론한 대로, 이 제단은 요단 동쪽 지파와 서쪽 지파들이 여호와 신앙 안에서 하나라는 것을 보여 주는 증거(엣)였다(수 22:27). 이런 면에서 오브라 길은 요단강 제단과 실로의 성소, 세겜의 여호수아 제단이 이어진다. 예수님은 이런 의미 있는 길에 위치한 요단강에서 세례 사역을 하다가, 요단 동쪽 지파들이 출발해 왔던 실로와 세겜으로 거슬러 올라갔다고 볼 수 있다. 예수님은 증거의 제단에서 떠나 도착한 세겜에서 영과 진리의 예배로 하나 된 자들은 모두 한 하나님의 백성, 참 이스라엘인임을 가르치려 했다고 할 수 있다.

/
**오브라 길**
산 정상이 오브라다. 이 길을 따라 실로에 갈 수 있다. 요단 동편 지파들은 이 길을 따라 요단 동편으로 갔다.

//
**아이성**
돌무더기로 구성된 아이성은 '폐허'라는 뜻을 가지고 있다.

## 아이성 1차 정복 실패-아간의 범죄 수 7장

여호수아는 산지 정복을 위해 광야 길을 택했다. 여호수아는 벧엘 동쪽 벧아웬 곁에 있는 아이로 정탐꾼을 보냈다(수 7:2). 아이성 약 1km 옆에 있는 벧엘은 남북과 동서 도로를 통제할 수 있는 전략적 요충지다. 중부 산지 전체를 통제하기 위해서는 반드시 베냐민 고원과 기브온을 점령해야 했다. 아이성 정복은 이를 위해 꼭 필요했다. '폐허'라는 뜻을 가진 아이는 작은 성이었으므로 소수의 인원만 보내면 된다고 생각했다(수 7:3).

그러나 1차 아이성 정복은 실패했다(수 7장). 기브온과 예루살렘 거민은 틀림없이 이스라엘의 패배 소식에 안도했을 것이다. 여리고를 쉽게 점령한 뒤에 쳐들어간 아이성 전투에서 3000명 가운데 36명이 어이없이 죽자 이들은 통곡한다. 하나님이 말씀하신다. "너희 중에 죄가 있다." 하나님이 함께하시면 여리고성도 맥없이 무너지지만 아이성처럼 작은 것도 우리의 범죄로 하나님이 떠나시면 점령할 수 없다. 결국 제비 뽑아서 아간의 범죄를 듣고 60만분의 1에 해당하는 죄를 제거하니까 다시 하나님께서 함께하셨다.

여기서,
묵상

스펄전 목사가 "하나님, 제게 전적으로 헌신하는 사람 12명만 보내 주십시오. 99% 헌신하는 1000명은 짐만 될 뿐입니다. 12명으로 런던을 정복할 수 있습니다" 했다. 99% 헌신하는 사람은 1%의 부족으로 사탄에게 무너질 수 있다. 하나님은 60만분의 1의 흠 때문에 함께하실 수 없었다. 따라서 우리는 날마다 성화하여 전적으로 하나님께 드려져야 한다. 하나님께 도움을 구하기 전에 삶을 돌아보면서 은혜받을 그릇을 준비하는 것이 아이성 전투의 교훈이다.

## 아이성 2차 정복: 복병 전술로 약점을 치다 수 8:1-29

여호수아 8장은 아이성 두 번째 공격을 자세히 소개한다. 성경에 나타난 공격 작전 중 가장 상세하게 묘사하기 때문에 다음 설명을 읽고 성경을 읽어 보라. 정말 다이내믹한 사건의 현장을 볼 수 있을 것이다.

서쪽에서 바라본 아이성 전투 © 구글어스

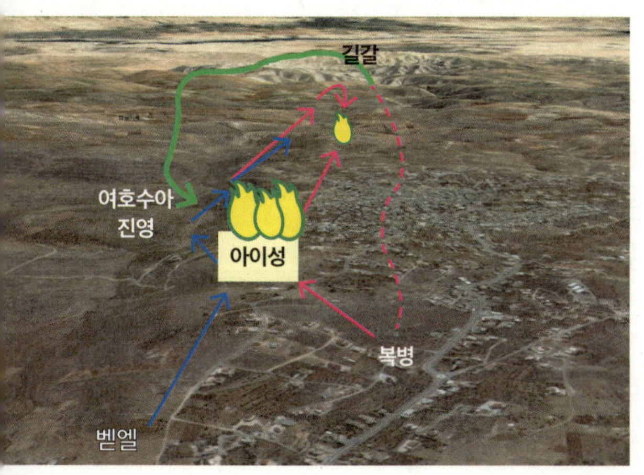


"여호와께서 여호수아에게 직접 작전을 알려 주신다. 핵심은 복병이었다. 여호수아는 먼저 복병 3만 명을 뽑아 밤에 보냈다. 그리고 유인책을 써서 아이성 군대가 멀리 떠나면 성을 점령하여 불사를 것을 명령한다.

여호수아는 병사들 가운데 자고 일찍이 점호를 한다(10절). 매복군은 정보가 새어 나가면 안 되기에 철저히 보안에 힘썼다. 11절에서 그는 성읍의 북쪽 골짜기에 진을 쳤다. 여리고성은 해발 −220m이고 아이성 북쪽까지 18km가 된다. 하루는 올라가야 하는 거리다. 오후에 도착한 여호수아군은 밤에 골짜기로 들어갔다(13절). 또 5천 명을 택하여 복병을 아이와 벧엘 사이에 매복시켰다. 북쪽에는 온 군대가 있고, 성의 서쪽에는 복병이 있었다. 해발 880m의 아이성 북쪽에는 619m까지 내려가는 깊은 골짜기가 있고 건너편에 또 산지가 있다.

여호수아는 산지에 머물다가 의도적으로 골짜기로 내려갔다. 아이왕은 깊은 골짜기에 내려간 여호수아 군대를 보고 아침 일찍이 일어나 급히 치러 나갔다. 전적으로 불리한 지형에서 이스라엘은 거짓으로 패하는 척하며 서쪽 광야 길로 적을 유인했다(15-16절). 이때 벧엘 사람들이 이미 합세했다. 그도 그럴 것이 아이가 무너지면 2km 서쪽에 있는 벧엘도 위험하기 때문이다. 독 안에 든 쥐라 생각해서 모든 군인이 동원되어 추격전을 벌였고 그러느라 성문도 열어 놓고 갔다(17절). 이때 여호수아는 단창을 들어 아이성을 가리켰다(18절). 중천에 떠오른 햇살에 여호수아의 단창은 거울처럼 반짝거렸다. 복병들은 이 신호를 보고 급히 일어나 온 성읍에 불을 놓았다(19절). 불은 봉화처럼 타올랐고 여호수아 군대와 아이 사람들 모두 성읍의 연기가 하늘에 닿을 듯 올라가는 것을 보았다. 이스라엘은 돌아서 추격하던 아이 사람들을 공격했고 복병도 성읍에서 나와 이스라엘 중간에 놓인 사람들을 모두 죽였다(22절)."

## 아이성은 어디에 위치할까?

성경에서 아이는 벧엘과 연결된다. 히브리어 하아이(הָעַי)는 폐허(Khirbet)나 돌이 쌓인 더미를 의미한다. 벧엘 고원 동쪽에서 가장 두드러진 폐허는 아랍어 엣 텔(et-Tell)(지도 여호수아 1에서 아이가 위치한 지역)이다. 엣 텔은 여리고에서 산지까지 이르는 두 주요도로의 교차점에 위치한다(전략적 중요성과 '폐허'는 일치하지 않는다). 엣 텔의 발굴은 BC 2000년 전 초기 청동기시대에서 여호수아 정복까지의 도시의 존재를 증명한다. 여호수아가 정복하던 시기의 흔적은 아직 찾아볼

**아이성에서 바라본 북쪽 와디**
여호수아군은 왼쪽 산지 위에 있다가 골짜기로 내려와 오른쪽 아이성 사람들을 유인해 성을 비우게 만든 다음 매복군에게 정복당하도록 했다.

**아이성의 동쪽 광야 길 방향**
여호수아는 이 방향으로 아이성 사람을 유인했다.

아이성 유적

수 없다. 그러므로 엣 텔이 여호수아 8-9장의 상세한 지리 정보와 일치한다고 하더라도 그곳에서 여호수아 시대 유물이 발굴되지 않았기 때문에 고고학적 문제가 존재한다. 많은 학자가 이 문제를 해결하기 위해 꾸준히 노력하고 있다.

최근 엣 텔 남서쪽 몇 km 거리의 작은 폐허가 아이성으로 제시되었다. 그러면 벧엘의 위치를 수정해야 한다. 정확한 고고학 증거를 발견하기 위해서 전략적인 중요성과 성경의 배경을 바꾸는 것은 문제가 있다. 아직도 엣 텔 바로 남동쪽 아랍 마을 드빌드완이 발굴되지 않았다. 여하튼 기본적이고 신뢰할 수 있는 요소가 엣 텔이 아이성임을 뒷받침한다.

여호수아의 정탐꾼이 '그들은 소수'라고 보고한 사실을 상고해 보라. 아이는 벧엘의 제1방어선이기 때문에 여호수아의 공격에 대항하는 규합 지점으로 사용되었고, 왕은 통치자가 아니라 전쟁 지휘관(민 21:1 네게브 원정의 아랏왕)이었을 것이다. 산지의 다른 족속 특히 벧엘 주위의 족속은 여호수아의 공격에 대비해서 군대를 결속하였을 것이다.

산지에서의 첫 번째 승리는 아이와 벧엘, 수백 년 전 일찍이 아브라함과 야곱에게 주어진 언약이 있었던 장소에서 이루어졌다(지도 창세기 2과 창세기 3, 창 13장과 28:10-22). 이 지역의 전략적 중요성과 더불어 아브라함과 야곱에게 하신 약속이 맺어진 곳에서 여호수아의 정복 활동이 시작되었다는 것은 큰 의미가 있다.

가나안 족속은 여리고에 당도한 이스라엘에 이미 간담이 서늘했다(수 5:1). 그들은 아이성의 전략적 중요성을 간과하고 효과적으로 이스라엘을 방어하지 못했다. 지도 여호수아 1의 도로를 보아도 이스라엘의 아이성 함락은 벧엘과 기브온, 예루살렘의 지도자와 족속에게 심각한 위협이 되었다. 처음으로 기브온 족속이 여호수아의 승리에 반응한다. 여호수아 9장은 어떻게 그들이 여호수아와 조약을 맺는지를 자세하게 설명한다. 이 관계는 지도 여호수아 2에서 토의한다.

## 여기서, 묵상

아이성을 이길 때 특별한 이야기가 나온다. "아이 주민들을 진멸하여 바치기까지 여호수아가 단창을 잡아 든 손을 거두지 아니하였고"(수 8:26)이다. 왜 단창을 거두지 않았는가? 모세가 르비딤에서 아말렉과 전투할 때 손을 들면 이기고 내리면 졌다. 당시 여호수아는 듣고 외웠다. 그때는 실전 사령관이었지만 지금은 지도자로 기도한다. 기도는 히브리어로 '카베드'로 무겁다는 뜻이고, '영광'과 같은 단어를 쓴다. 하나님께 무게를 두는 삶이 하나님을 영광스럽게 한다. 그리고 기도만이 승리의 원동력이다(막 9:29).

아이성 전투 중 여호수아는 단창을 잡아 든 손을 거두지 않았다. 이는 모세가 아말렉과 싸울 때 손을 들면 이겼던 사건을 연상케 한다.

## 지리적 시각에서 본 여호수아의 정복 순서

여호수아는 아이성을 정복한 후 바로 세겜으로 향했다(수 8:30). 모세가 가나안에 들어가면 먼저 세겜 지역의 에발산에서 제단을 쌓고(신 11:29-30) 그리심산과 에발산에서 축복과 저주의 예식을 행하라고 두 번이나 강조했기 때문이다(신 27장).

결국 아이성을 정복한 첫 번째 목적은 세겜으로 가는 산지 길을 확보하는 것이었다. 만약 여호수아가 아이성 정복을 마치고 다른 지역을 정복한 후 세겜으로 갔다면 정복의 목적이 세겜의 예배가 아닐 수 있다. 지리적인 면에서 아이성 전투 이후 세겜의 언약식으로 가는 부분이 연속적으로 일어나야 논리적이다. 여호수아의 정복 순서를 지리적인 시각으로 보면, 여호수아는 가나안에 입성하여 여리고를 친 후, 8장에서 아이와 벧엘을 정복하여 산지로 오르는 교두보를 확보하고자 했다. 여호수아가 이끄는 이스라엘은 아이성 전투의 승리로 중앙 산지에 위치한 세겜에서 모세가 명한 예식을 행할 수 있는 길이 열렸다. 그들은 다른 정복 전쟁에 앞서 세겜으로 들어가 그리심산과 에발산에서 언약 갱신 예식을 행한다. 아이성에 이어 세겜 지역까지 이스라엘 수중에 들어가자 아이성 가까이 살던 기브온 족속은 이스라엘을 속이면서까지 화친조약을 맺으러 온다.

궁금해요

## 왜 세겜성은 정복하지 않았을까?

여호수아와 이스라엘 자손이 정복한 땅의 명단에 세겜이 없는 것이 흥미롭다(수 12:7-24). 다른 정복 전쟁과 달리 라바유가 다스리던 세겜을 정복했다는 기록이 없다. 볼링(Boling)은 창세기 48:22에 의하면 세겜이 모세 이전에 이미 이스라엘에 속한 도시였기 때문에, 가나안 정복 당시 도시 명단에 세겜이 없다고 한다.

> 내가 네게 네 형제보다 세겜 땅을 더 주었나니 이는 내가 내 칼과 활로 아모리 족속의 손에서 빼앗은 것이니라 창 48:22

**세겜성 유적**
세겜 본토인은 친히브리파 사람들로 추정된다.

이와 같은 맥락에서 노트(Noth)는 12지파가 연합하여 이스라엘이라는 나라가 된 것은 세겜의 연맹 언약부터라고 할 수 있다고 한다. 즉 여호수아가 세겜에 가서 언약 갱신을 한 이유는 출애굽한 이스라엘 백성이 시내산 언약을 알지 못하는 세겜 주민들과 언약을 맺는 예식을 수행하기 위함이었다고 할 수 있다. 여호수아서 8:33에서 언약식을 행할 때 본토인이 포함된 것을 보면 더 확신할 수 있다. 그리심산과 에발산 예식은 시내산 언약 공동체와 요셉 시대 이후 세겜 주변에 머물거나 간헐적으로 애굽에서 나와 가나안에 정착했던 히브리인들이 연합하는 예식이었다고 볼 수 있다.

### 그리심산과 에발산-축복과 저주 수 8:30-35

산지 진출 후 이스라엘의 태도를 자세히 보라. 그들은 바로 세겜으로 갔다. 모세가 모압 평지에서 가나안 입성을 이루자마자 율법을 선포하는 의식을 가지라고 한 곳, 바로 세겜의 에발산과 그리심산이다(신 27:11-12, 26).

여호수아는 아이성을 정복하자마자 모세의 명령대로 세겜으로 가서 이스라엘 지도자 한 편은 남쪽 그리심산에, 다른 편은 북쪽 에발산에 오르도록 지시했다. 그리고 정치와 종교의 중심지인 세겜에서 율법이 재선포되었다.

> **33** 온 이스라엘과 그 장로들과 관리들과 재판장들과 본토인뿐 아니라 이방인까지 여호와의 언약궤를 멘 레위 사람 제사장들 앞에서 궤의 좌우에 서되 절

/ 그리심산에서 바라본 에발산과 에발산 아래 세겜성 지역

// 에발산의 여호수아 제단

반은 그리심산 앞에, 절반은 에발산 앞에 섰으니 이는 전에 여호와의 종 모세
가 이스라엘 백성에게 축복하라고 명령한 대로 함이라 34 그 후에 여호수아
가 율법책에 기록된 모든 것대로 축복과 저주하는 율법의 모든 말씀을 낭독
하였으니 수 8:33-34

의식을 거행하기 전에 여호수아는 이스라엘의 하나님 여호와 앞에 수세기 전 족장(아브라함과 야곱)처럼 제단을 쌓았다. 이 특별한 지리와 역사적 배경하에 행한 의식은 시내산 언약 이후 출생한 이스라엘에게 깊은 인상을 주었을 것이다. 당시 지리와 종교의 중심지인 세겜에서 여호와께 행할 이스라엘의 의무를 재인식하였다. 이는 고대 근동의 땅을 하사하는 의식과 비슷하다. 하나님은 전쟁을 통해서가 아니라 말씀에 순종하는 자에게 가나안을 선물로 주실 것을 선포하셨다. 약속의 땅을 소유하는 자가 지켜야 할 조건도 제시하셨다.

## 역사-지리적 성취: 여호와 신앙 안에서 하나 되다

여호수아는 모세의 명령인 에발산 제단을 쌓아 예배하고 그리심산과 에발산에서 축복과 저주 사건을 충실히 수행했다. 이로써 지리-역사적 성취를 이루었다고 할 수 있다. 더불어 신명기 12장에서 여호와가 "택하신 곳"에서 예배한 격이므로 세겜은 첫 번째 중앙 성소가 되었다. 그래서인지 세겜의 아크로폴리스에 "여호와의 성소"(수 24:26)로 여겨지는 '엘브릿 신전'(삿 9:46)이 있었다고 추정된다. 여호수아는 이 엘브릿 신전이 위치한 곳에 큰 기념물 중 하나로 '세운 돌'인 '마쩨바'를 세웠다(수 8:31). 세겜의 아크로폴리스 신전 앞에서 발견된 넓고 거대한 마쩨바는 여호수아가 세운 돌을 연상케 한다.

에발산에서 쌓은 제단은 번제와 화목제를 위한 것이었다(수 8:30). 초기 이스

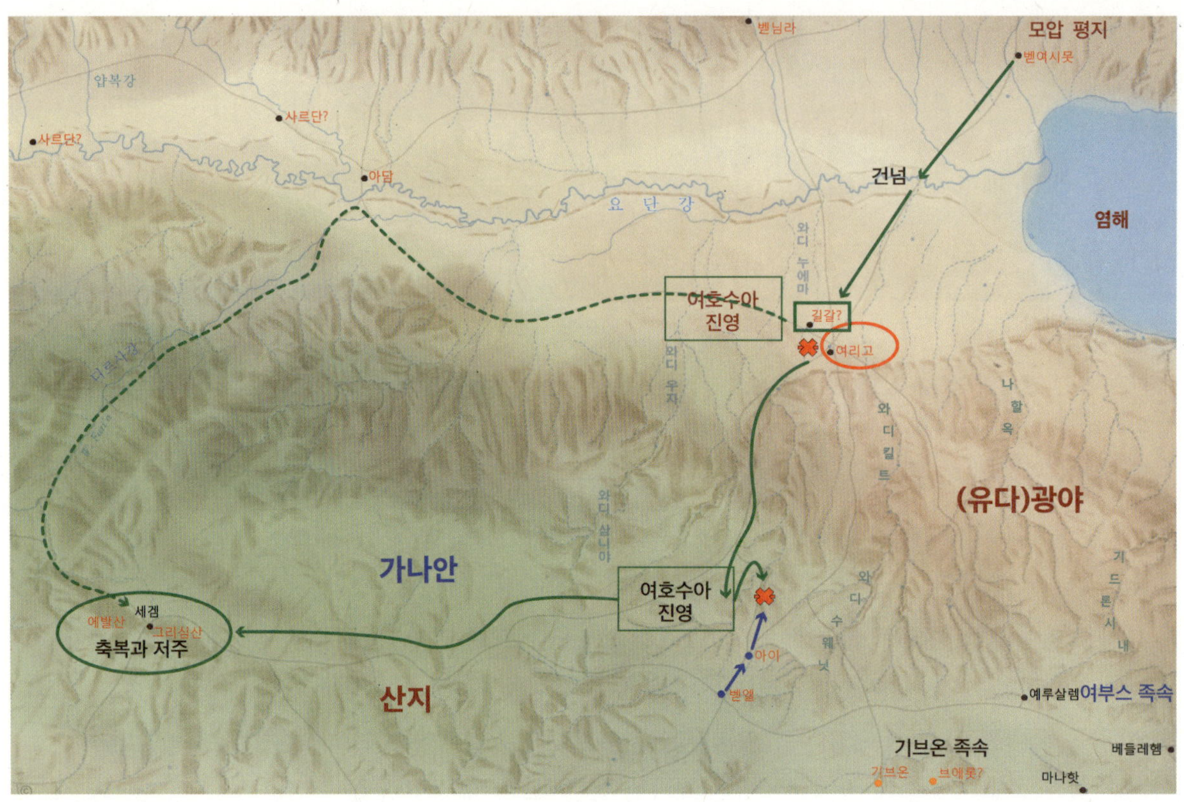


이스라엘은 아이성 쪽뿐 아니라 디르사 쪽으로도 접근했을 가능성이 있다. 점선이 디르사 쪽 접근로다.

라엘 공동체가 민족적인 일을 결정할 때 주로 이런 제사를 드렸다(삿 20:26; 삼상 10:8, 13:9; 삼하 6:17, 24:25; 왕상 8:64; 대상 21:26). 발견된 이스라엘 토기 중 일부는 가나안의 토기였다. 이 점은 화목제가 세겜에서 현지 주민과 이스라엘 지파 간의 연맹을 위해서였음을 지지한다.

모세가 머물던 요단강 동편 랍바 암몬 근처에 유목민 신전이 발견되었는데, 이와 유사한 신전이 타나닐에서도 발견되었다. 세겜 사람들은 친이스라엘파였고 가나안 입성 시에 이스라엘과 합세했다. 그러므로 세겜 지역의 전쟁이 성경 기록에 없고, 차라리 그리심산과 에발산에서 본토인들이 함께했다고 볼 수 있다.

모세는 신명기 27:2-7과 11:29-30에서 그리심산과 에발산이 있는 세겜 지역으로 가서 예배하라고 하였고, 여호수아는 모세의 명령을 충실히 실행함으로 지리-역사적 성취를 1차적으로 이루었다고 할 수 있다. 여호수아는 성경에 근거하여 크게 두 번의 언약식을 세겜 지역에서 시행한 것처럼 보인다. 그러나 지리적 관점에서 구체적으로 살펴보면 에발산에서, 그리심산과 에발산 사이에서, 세겜성 아크로폴리스에서 각각 언약식을 거행했다고 보는 것이 합당하다.

제르탈(Zertal)의 제단에 근거하면, 첫 번째 에발산 제사는 시내산 언약 공동체 위주로 시행되었다고 할 수 있다. 그래서인지 그 장소는 세겜 본토인이 오기 힘든 세겜성에서 떨어진 북쪽이었다. 세겜에서 멀리 떨어진 북쪽에서 발견된 여호수아 제단은 지도의 점선과 같이 이스라엘이 북쪽에서 왔을 가능성을 제기하게 하였다. 만약 북쪽에서부터 일부가 접근하였다면 이 예식은 후에 느헤미야가 예루살렘 성벽을 완공하고 봉헌식을 할 때 남과 북으로 나뉘어 성벽을 따라 가다가 동쪽에서 만나 입성하는 예식과 맥을 같이한다고 할 수 있다(참고 느 12:27-43).

두 번째 그리심산과 에발산 언약은 신명기 27장에 근거하면 주로 저주에 초점을 맞추고 있을 정도로 경고 메시지가 많았다. 이 언약식은 시내산 언약 공동체와 세겜 지역 사람들이 함께했을 가능성이 크다. 이렇게 하나 된 언약은 '엘브릿' 이라는 신전 이름을 만들게 했을 것이다.

세 번째 언약은 여호수아가 모든 백성 지도자들을 모아 다시 언약 체결을 하는 예식이다(수 24장). 세겜성 아크로폴리스 신전에서 거행한 것으로 보이는 이 예식에서 여호수아와 이스라엘 백성은 여호와 신앙만을 가질 것을 다짐하고 마쩨바에 그 글을 기록하는 전형적인 언약식을 가졌다. 다양한 족속으로 이루어진 출애굽 이후의 이스라엘 공동체는 이 예식을 통해서 여호와 신앙 안에서 하나 되는 예식을 치른 셈이다. 여호수아는 이 예식을 통하여 여호와 신앙으로 하나 된 연합체를 이루기를 원하는 신명기 12장의 중앙 성소제도 목적을 충실하게 수행했다.

### 주변 도시들의 위기

아이와 벧엘 일대에서 이스라엘의 역전승은 중앙 고원의 주민이던 기브온 족속에게 그야말로 충격이었다. 이는 중앙 베냐민 고원에 이스라엘의 공격이 임박하였음을 암시하기 때문이다. 여호수아서 9장은 '이길 수 없으면 항복하자'는 기브온 족속의 태도를 보여 준다. 물론 여호수아서 10장에서와 같이 예루살렘도 위기감에 휩싸였을 것이다.

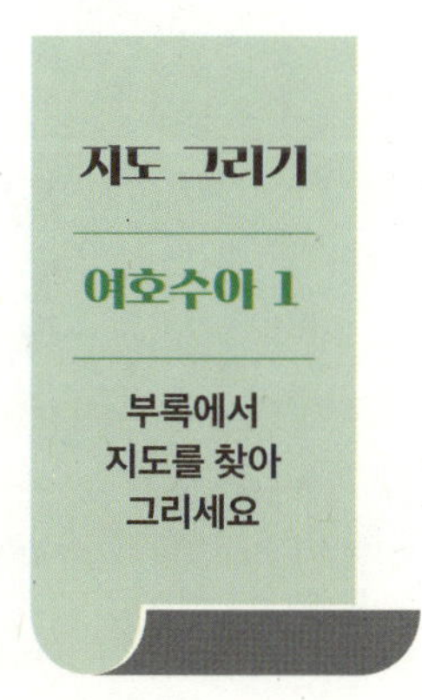

| 가나안 남부 · 북부 정복 활동 |

# 기회를 잡아 최선을 얻다

**성경** 여호수아 9-11장 **연대** BC 14세기 초 혹은 BC 13세기 중엽

**역사적 배경** 이집트 아크나톤 왕조의 아마르나 문서(세겜왕에 대한 고소고발 사건)

**핵심 본문** 기브온 점령, 하솔 점령

**지도** 여호수아 2, 여호수아 3

가나안 중부 지역과 길갈에 있던 이스라엘과 화친한 기브온 족속들

여호수아의 중부 지역 정복(지도 여호수아 1)에서 여리고를 경유해서 중부 산지로 가는 동쪽 접근로를 자세히 소개했다. 동쪽 접근로가 산지로 오르는 후문에 해당하는 지역이라면 서쪽 접근로는 그 정문에 해당한다. 그 지역을 살펴보자.

## 베냐민 산지 교차로

족장의 도로가 지나는 남북 능선 길에서 안장 모양의 기브온 지역은 다른 지역에 비해 동서로 나갈 수 있는 편리한 교통로를 제공한다. 이 지역을 베냐민 지파가 받았기 때문에 '베냐민 땅' 혹은 '베냐민 산지'라고 부른다(렘 17:26). 이 지역은 해발 750m 지역으로 예루살렘 고도와 비슷하다. 베냐민 지역의 북쪽 벧엘은 해발 1000m까지 올라간다.

베냐민 산지의 가장 중요한 특징은 남북 도로와 동서 도로가 교차한다는 점이다. 교차로는 '라마'라고 불리는 사무엘의 고향이다. 예루살렘의 안전은 베냐민 지역의 도로들과 밀접한 관련이 있다. 이후 많은 예루살렘의 역사가 이 교차되는 도로와 관련되어 일어난다.

## 베냐민 산지의 서쪽 접근로

베냐민 산지의 족장의 도로에서 서쪽 해안의 해변길로 갈 수 있는 도로는 크게 두 길이 있다.

### 1) 벧호론 길

입체 지도를 펴고 산지의 서쪽 경사를 거쳐서 해변길까지 내려오는 중에 만나는 도시를 보라. 산지의 서쪽 경계는 지도 여호수아 2를 참고하라. 동서 방향의 높은 능선과 깊이 침식된 와디는 남북 도로를 만들기는 힘들고 척추에서 갈라진 갈비뼈 모양같이 능선을 따라 서쪽으로 내려오는 동서 도로를 만든다. 그중 병거까지 접근할 수 있는 가장 편리한 길은 벧호론 길이다. 기브온에서 서쪽으로 내려가면 위 벧호론에 이르는데, 더 내려가면 잠시 내려가듯 하다가 다시 올라가는 벧호론 비탈길을 만난 후 아래 벧호론에 이른다. 그래서 여호수아서에서는 내려가야 정상인 비탈길이건만 '올라가는 비탈'이라는 표현을 사용했다.

여호와께서 그들을 이스라엘 앞에서 패하게 하시므로 여호수아가 그들을 기

브온에서 크게 살륙하고 벧호론에 올라가는 비탈에서 추격하여 아세가와 막게다까지 이르니라 수 10:10

/
산지로 오르는 정문 같은 벧호론 길

벧호론 길은 현재 모디인 길이라고 하여 아랍 점령지대를 지난다. 매우 위험한데도 지금까지 많은 사람들이 이용하는 이유는 다른 길에 비해 편리하기 때문이다. 남부 정복 활동과 다윗과 블레셋의 전쟁 등 많은 전쟁이 이 길을 따라 일어났다.

### 2) 기럇여아림 길

족장의 도로에서 서쪽 쉐펠라까지 가려면 기브온에서 벧호론과 기럇여아림, 두 길로 갈라진다. 이 두 길은 모두 기브온 족속이 거주하면서 서쪽 접근로를 통제하였다. 기럇여아림 길은 기브온에서 시작하여 남서쪽으로 빠져나가는 소렉 골짜기 상류인 그살론 골짜기 쪽으로 향한다(수 15:10). 기럇여아림 길은 그살론 골짜기 북쪽에 난 능선을 따라 서쪽으로 향한다. 하류 부근에는 능선 길 북쪽으로 넓은 아얄론 골짜기가 나오고 남쪽으로는 소렉 골짜기가 보인다. 언약궤를 실은 암소들이 소렉 골짜기의 벧세메스에 왔을 때 그 언약궤를 기럇여아림으로 옮겼는데, 이는 골짜기를 따라 안전한 산지로 옮긴 것이다. 현대 이스라엘의 1번 국도는 기럇여아림을 지나 예루살렘으로 오르는 길이나 자연적인 면에서는 벧세메스보다 불편하다.

/
**기럇여아림 길**
기럇여아림에서 바라본 예루살렘 방향

### 쉐펠라 길

서쪽에서 동쪽으로 산지에 오르는 길은 아니지만 쉐펠라를 남북을 가로지르는 쉐펠라 길은 유다 산지 역사에 있어 중요하다. 아얄론 골짜기에서 엘라 골짜기까지 달리는 도로는 아얄론과 백악층이 침식되어 만들어진 V자형의 골짜기를 따라 달린다. 그리고 좀 더 서쪽 면에 또 하나의 도로가 있는데 더 완만한 구릉지로 형성된 아얄론-벧세메스-아세가-라기스를 이어 주는 쉐펠라 서쪽 도로다. 이 도로는 산지를 방어하는 1차 경계 지역으로 산지 국가가 방어를 위해 이곳에 요새를 만들었다. 실제로 삼손과 다윗 등이 이곳을 방어하는 전쟁을 했다. 쉐펠라 서쪽 가장자

/
벧세메스에서 아세가로 향하는 쉐펠라 길

리를 따라 달리는 이 도로는 해변길만 못하지만 산지 주민들이 쉐펠라 지역을 여행하는 데는 상당히 편리하다. 여호수아가 기브온 전쟁에서 적군을 추적할 때도 이 길을 사용했다.

**기브온의 중요성**
기브온은 산지에서 서쪽 해변길로 내려가는 벧호론 길을 통제하는 전략적 요충지다.

## 기브온-남부 정복: 전투 수 9-10장

### 기브온 협정: 어떻게든 살아남자!

기브온은 베냐민 산지에서 매우 중요한 도시였다. 특히 도로와 관련해서는 동서를 연결하는 정문 역할을 하는 지역을 통제했다. 그래서 기브온 족속들은 기브온을 중심으로 기럇여아림, 그비라, 브에롯 등 4개 도시를 이 도로 위에 건설했다.

기브온은 아이와 벧엘이 무너지고 중앙 산지의 수도 같은 세겜도 이스라엘과 언약을 맺는 상황을 보고 주변 족속과 연합해 싸우든지 이스라엘과 화친조약을 맺든지 가부간에 그들의 운명을 결정해야 했다. 그들은 후자를 택했고, 이때 비굴하게 속임수를 쓰면서까지 화친조약을 맺는다. 여호수아는 그들의 말을 믿고 여호와 앞에서 조약을 맺었으나 3일 뒤 그들이 사는 땅에 도착하고서야 거짓임을 알게 되었다. 천천히 행군하여 이른 장소는 천혜의 요지인 베냐민 산지의 서쪽 접근로요, 산지의 정문 지역이었다. 백성은 이런 중요한 장소를 잘못된 조약 때문에 차지하지 못하게 됨을 원망했다.

> 16 그들과 조약을 맺은 후 사흘이 지나서야 그들이 이웃에서 자기들 중에 거
> 주하는 자들이라 함을 들으니라 17 이스라엘 자손이 행군하여 셋째 날에 그
> 들의 여러 성읍들에 이르렀으니 그들의 성읍들은 기브온과 그비라와 브에롯
> 과 기럇여아림이라 18 그러나 회중 족장들이 이스라엘의 하나님 여호와로 그
> 들에게 맹세했기 때문에 이스라엘 자손이 그들을 치지 못한지라 그러므로 회
> 중이 다 족장들을 원망하니 수 9:16-18

베냐민 지파였던 사울왕은 이스라엘의 왕이 된 후 눈엣가시 같은 기브온 족속을 자신의 땅에서 몰아냈다. 여호수아와 이스라엘이 여호와 앞에서 기브온 족속

**동쪽에서 바라본 기브온 전투 현장**
여리고의 길갈에서 26km가 넘는 산길을 밤새 올라온 여호수아 군대는 새벽에 기브온을 포위하고 있는 가나안 연합군을 갑자기 공격한다. ©구글어스

과 세운 조약을 어기고 무죄한 피를 흘림으로 하나님의 진노가 다윗 시대에 3년 기근으로 나타났다(삼하 21:1). 그 대가로 사울의 집안 7명이 죽어야 했다. 4개 마을에 살던 기브온 족속은 의외로 벧세메스에서 온 언약궤를 지키기도 하고 여호와의 성전의 물 긷는 자들과 나무 패는 자로서 맡은 일을 잘 감당하여 복을 받은 족속이 되었다.

## 기브온 전쟁: '갑자기' 전법으로 승리하다

아이 성과 함께 세겜이 이스라엘의 수중에 들어갔고 기브온의 4개 도시도 이스라엘에게 항복하였다. 다음 차례는 베냐민 산지 남쪽 가장자리에 위치한 예루살렘이었다. 이스라엘은 예루살렘왕뿐만 아니라 남쪽에 위치한 가나안 도시들 전체에게도 심각한 위협이었다. 이스라엘의 공격을 베냐민 산지에서 막지 못한다면 남쪽 산지와 쉐펠라의 안전도 보장할 수 없었다. 예루살렘왕은 같은 위협에 직면한 남쪽의 중요 5개 도시에 긴급 타전을 해서 자신을 배신한 기브온을 먼저 치고 이스라엘

**여호수아 2:
기브온의 남부 지역 정복**
숫자는 정복한 도시 순서다.

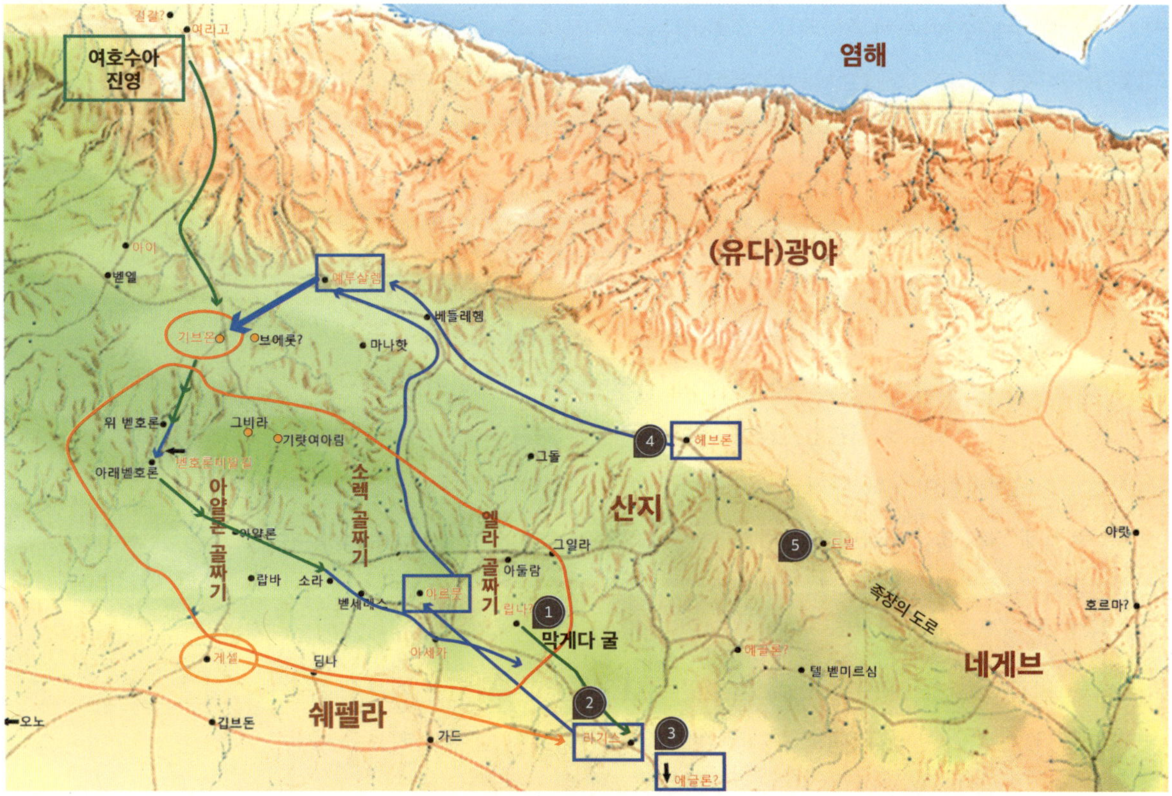

을 막기 위해 기브온에 모였다.

> 아모리 족속의 다섯 왕들 곧 예루살렘왕과 헤브론왕과 야르못 왕과 라기스왕과 에글론왕이 함께 모여 자기들의 모든 군대를 거느리고 올라와 기브온에 대진하고 싸우니라 수 10:5

연합군 중 예루살렘과 헤브론은 산지 위의 도시이고, 야르뭇과 라기스, 에글론은 쉐펠라 지역의 도시들이다. 기브온은 심각한 위기에 처하자 평화조약을 한 여호수아에게 도움을 청했다. 여호수아는 급히 올라왔다. 여기서부터 나타나기 시작한 여호수아의 최고 전법은 '갑자기'였다. 전에는 3일이 되어야 도착했던 길을 밤새도록 올라와 반나절 만에 주파하였다.

> 여호수아가 길갈에서 밤새도록 올라가 갑자기 그들에게 이르니 수 10:9

여호수아의 기브온 전투
여호수아는 기브온 산당으로 추정되는 곳에서 지휘하면서 해와 달이 머무는 기적의 기도를 드렸다.

'갑자기 전법'은 주효했다. 예루살렘 연합군은 전열을 가다듬는 데 시간이 걸리는 데다 길갈에 있는 여호수아군이 적어도 하루는 있어야 올 것으로 예상했다. 그런데 여호수아군이 갑자기 새벽에 들이닥치자 손도 못 써 보고 참패했다. 기세를 잡은 여호수아군은 연합군을 서쪽으로 몰아붙였다. 적군은 쉐펠라 쪽 벧호론 길로 도망쳤다. 그런데 능선을 따라 도망치던 그들은 뒤쫓아 오는 적보다 더 무서운 적을 만났다. 그것은 대해(지중해)에서 검은 먹구름과 함께 온 우박 덩이였다.

> 그들이 이스라엘 앞에서 도망하여 벧호론의 비탈에서 내려갈 때에 여호와께서 하늘에서 큰 우박 덩이를 아세가에 이르기까지 내리시매 그들이 죽었으니 이스라엘 자손의 칼에 죽은 자보다 우박에 죽은 자가 더 많았더라 수 10:11

위 벧호론에서 본 아래 벧호론 비탈길
이 길에서 우박이 내려 많은 예루살렘 연합군이 죽었다.

뒤에서는 여호수아 군대가 쫓아오고 앞에서는 우박이 길을 막았다.

**라기스성**
쉐펠라의 강자였던 라기스가 무너짐으로 쉐펠라는 여호수아의 수중에 들어갔다.

**기브온 산당으로 추정되는 나비 사무엘**
여호수아는 기브온 근처에서 가장 높은 기브온 산당에서 군을 지휘했을 가능성이 크다.

능선을 따라 가던 적들은 우박에 맞아 죽기도 하고 능선에 좌우로 난 깊은 골짜기로 굴러 떨어져 죽기도 했다. 이 지역은 원래 우박이 많이 쏟아진다. 하나님은 자연을 이용하여 때에 맞게 우박을 내리셨다. 이 전쟁은 청동기시대 살상무기가 발전하지 않았던 때의 전쟁이다. 그래서인지 무기로 죽은 사람보다 우박으로 죽은 사람이 많은 전쟁으로 기록되었다. 남은 적은 쉐펠라 서쪽 가장자리를 따라 난 아세가에서 막게다에 이르는 길로 도망했다(수 10:10). 막게다 굴의 위치는 불확실하다. 그러나 이 근처 백악층에 많은 석회암 동굴들이 산재하고 있어 어느 동굴에 들어가도 그 분위기를 알 만하다. 막게다는 여호수아 15:37-41에서 언급된 16개 도시 중 하나다.

여호수아는 승기를 잡은 여세를 몰아 남쪽 쉐펠라 지역까지 밀어붙였다. 반격을 남쪽 정복의 기회로 삼은 것이다. 먼저 막게다에서 왕들을 잡아 죽이고 립나로 갔고 다음에 라기스로 나아갔다. 야르뭇 남쪽에 위치가 불확실한 립나가 있다. 그렇다면 전쟁에 참가했던 야르뭇도 정복했으리라 추정된다. 립나 다음으로 남쪽에 있는 도시는 라기스다. 라기스는 쉐펠라의 으뜸가는 도시였다. 그래서인지 게셀왕 호람이 도우러 왔다. 그도 상대가 되지 않았다.

라기스는 함락되었고 여호수아 시기로 보이는 검은 잿더미 층이 발견된 것을 보면 칼로 모든 사람을 진멸했을 뿐 아니라 일부를 불태운 듯하다. 이어서 에글론을 정복하고 산지로 올라가 헤브론까지 갔다. 그리고 헤브론에 이어 드빌까지 정복했다. 이 정복에 대한 상세한 이야기는 사사기에서 갈렙의 정복 이야기를 통해 들을 수 있다.

여호수아 군대는 이렇듯 단숨에 남쪽 산지와 평지(쉐펠라)와 경사지, 네게브 지역을 정복했다(수 10:40). 이어서 가데스바네아와 가사, 이집트 고센과 다른 고센 땅을 기브온에 이르기까지 쳤다(수 10:41). 이로써 남쪽 정복을 마쳤다. 이때만 해도 블레셋이 언급되지 않는 것으로 보아 아직 해양 민족이던 신블레셋이 애굽에서 가나안 쪽으로 올라오기 전으로 보인다.

여호수아 10장은 지금까지의 정복 전쟁을 이렇게 요약한다.

이와 같이 여호수아가 그 온 땅 곧 산지와 네겝과 평지와 경사지와 그 모든 왕을 쳐서 하나도 남기지 아니하고 호흡이 있는 모든 자는 다 진멸하여 바쳤으니 이스라엘의 하나님 여호와께서 명령하신 것과 같았더라 수 10:40

기브온 산당에서 본 낮달
여호수아는 미리 기도해 정오 정도에 해와 달을 머물게 하여 남쪽을 단번에 정복했다.

여호수아는 전쟁 과정에서 도시를 정복한 후 필요하다면 성을 모두 불태우지 않고 다음 세대의 정착지로 삼았다.

## 해와 달 머묾

전쟁을 마친 후 에필로그처럼 성경은 여호수아의 기도로 태양과 달이 움직이지 않았음을 언급한다(수 10:12). 이 전무후무한 기도가 있었을 가장 유력한 장소는 '나비 사무엘'이라는 장소다. 산당은 보통 주변에서 가장 높은 곳에 만드는데, 나비 사무엘에서 기브온뿐 아니라 그 주변 지역을 모두 볼 수 있다. 아마도 기브온 산당은 이곳이었을 가능성이 크다. 지휘가 가능한 이곳을 가나안 군대에게서 먼저 접수한 여호수아는 이곳에서 기브온 전쟁을 지휘했으리라. 전쟁이 길어질 것 같자 그는 확실하게 밀어붙여 전쟁을 끝내야 한다는 생각으로 자신도 의식하지 못한 놀라운 기도를 했다.

여호와께서 아모리 사람을 이스라엘 자손에게 넘겨 주시던 날에 여호수아가 여호와께 아뢰어 이스라엘의 목전에서 이르되 태양아 너는 기브온 위에 머무르라 달아 너도 아얄론 골짜기에서 그리할지어다 하매 수 10:12

기브온 위에 태양이 머무른 시간은 언제일까? 분명히 이때는 해가 중천에 머무는 정오 무렵이었다(수 10:13). 저녁에 기도한 것이 아니라 낮에 전쟁을 미리 바라보고 기도한 셈이다. 미리 준비하며 기도하는 태도를 본받아야 한다. 이렇게 놀라운 기도가 있던 산당에 솔로몬이 와서 다시 기도하여 전무후무한 응답을 받았다. 은혜의 장소는 기억되고 그곳에서 위대한 기도는 계속되어야 한다.

**여호수아 3**
가나안 북부 메롬 전투

## 메롬-북부 정복 **수 11:1-15**

이스르엘 골짜기와 아루나-므깃도 어귀(pass)는 아마르나 문서 연구 중 투트모세 3세 원정길에서 자세히 다루었다. 하롯 계곡을 경유하여 벧산에 이르는 도로 역시 잠깐 언급하였다. 지도에서 이스르엘 골짜기 주변의 길보아산, 하롯 계곡, 모레산, 다볼산, 갈멜산의 위치가 어디인지 보라. 본문은 갈릴리의 하솔 부근과 이스르엘 골짜기 북쪽 도로를 배경으로 한다. 본문을 중심으로 갈릴리 도로망과 북쪽 관문 역할을 담당한 하솔의 위치가 왜 중요한지 살펴보자.

상부 갈릴리의 중심 도시
하솔에서 본 헤르몬산

### 갈릴리 지역

갈릴리는 지형적으로 보면 해발 500m 이하의 하부 갈릴리(혹은 아래 갈릴리)와 그 이상인 상부 갈릴리(혹은 위 갈릴리)로 나눌 수 있다. 거의 갈릴리 바다 북쪽을 경계로 서쪽으로 선을 그으면 북쪽 부분이 상부 갈릴리에 해당한다.

╱
**하솔 연합군이 모인 메롬 산지**
여호수아는 연합군이 조직력을 갖추기 전에 갑자기 습격하였다.

하부 갈릴리는 벧학게렘 계곡과 이스르엘 골짜기 사이에 놓여 있다. 하부 갈릴리는 해수면보다 약 200m 낮은 갈릴리 바다(구약에서는 갈릴리 바다를 긴네렛이라 했다)를 포함한다. 상부 갈릴리는 해발 1000m 이상의 산지가 즐비하여 하부 갈릴리보다 교통로가 발달하지 못했다.

## 메롬 전투

하부 갈릴리는 능선들이 동서로 늘어져 있어 남북 교통이 불편하고 동서 도로가 발달했다. 현재 나사렛이 이스르엘 골짜기 북쪽의 중심지다. 신약시대 이후 나사렛이 기독교인의 순례 중심지가 되었기 때문이다. 현재 이곳은 나사렛 능선이라 부른다. 지도 사사기 3으로 가서 가드헤벨 남쪽에 동서로 그림자 진 나사렛 능선을 찾아라(나사렛은 신약 도시이기 때문에 구약 지도엔 없다). 고대 상업 도로는 높은 능선을 우회하여 계곡으로 돌아갔다. 고대 자연 도로는 므깃도에서 북쪽과 북동쪽까지 뻗어 나갔다. 투트모세 전투에서 보듯이 므깃도는 무척 중요하다. 누구든지 이 도로들을 점유하면 하부 갈릴리를 관할하게 된다.

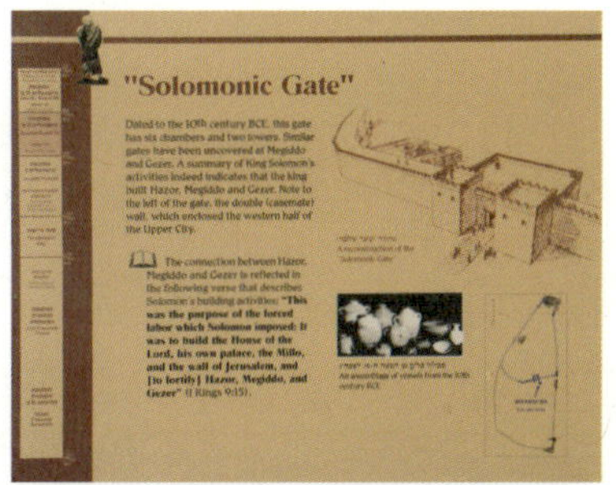

╱
하솔에 있는 솔로몬 성문 설명

╱╱
하솔 발굴 중 발견된 솔로몬 성문

앞서 논의한 도로는 아다마(마돈, 투트모세 3세의 도시 목록 세메스에돔 Shemesh-edom으로 추정)에서 교차한다. 이곳에서 북동쪽으로 향하면 해발 200m에서 해저 200m를 내려가게 된다. 해저 200m에 이르면 갈릴리 바다 가까이 도시 긴네롯으로 가는 길이 열린다. 이곳 남쪽 들판을 신약시대에 게네사렛 지방이라고 불렀다. 아르벨산 북쪽 골짜기를 따라 내려가면 신약시대 막달라를 지나 긴네롯에 이른다. 긴네롯에서 북쪽으로 향하면 해발 '0'까지 올라가 갈릴리 북쪽의 가장 큰 도시인 하솔과 주변의 평야를 만난다.

북부 정복에 앞서 이스라엘은 남쪽 산지에서의 전쟁을 단기간에 끝냈다. 하솔왕 야빈은 이 같은 상황과 결과(수 10:40-42)를 보고 북쪽 도시들의 군사를 동원하기 시작했다. 아다마(마돈), 시므론, 악삽, 돌 지역이다(파랑색 네모). 모두가 두려워 떠는 때 북쪽의 맹주 하솔이 나선 것이다. 그들은 이스라엘이 갖고 있지 않은 병거와 대규모 군대를 모으기 시작했다. 성경에 표기된 왕들의 위치를 보라. 해변의 돌에서부터 모인 남서쪽 왕들과 북서쪽의 왕들, 그리고 갈릴리 바다 남쪽으로부터 온 왕들, 미스바 땅 헤르몬산이 있는 북동쪽 왕들도 있다. 그야말로 하솔을 중심으로 동서남북 모든 지역의 왕들이 산지에 모였다(수 11:1-4).

여호수아와 이스라엘이 가나안 거민의 방해를 받으면서 북쪽으로 이동하는 상황은 자세히 모르지만 추측할 수는 있다. 북쪽의 많은 군대가 소집되었다는 소식을 여호수아는 접했을 것이고, 이것을 초반에 잡지 못하면 큰 위협이 됨도 알았을 것이다. 여호수아는 그의 전법대로 '갑자기' 메롬 물가에 나타나 아직도 조직이 미비하여 어수선한 가나안 북쪽 연합군을 급습했다. 물론 성공이었다.

연합군이 위치한 북서쪽과 동쪽, 두 방향으로 몰아붙였다. 남쪽에서 온 왕들은 자신의 고향 쪽으로 가지도 못하고 멸망당했다. 이때 북쪽 왕들의 전략 무기인 병거는 불태우고 말은 뒷발의 힘줄을 끊어 무기력하게 만들었다. 전략 무기를 이스라엘이 사용하면 더 큰 힘이 되겠지만 이를 이용하려면 훈련된 직업 군인과 병거성 등이 필요했다. 따라서 산지 중심으로 살던 이스라엘에게는 필요한 무기가 아니라고 보아 폐기했다. 이 정책은 다윗 때까지 계속되다 솔로몬에 이르러서 세금을 거두어 병거성도 세우고 직업 군인도 두어 병거를 사용했다.

3개의 병거성 중 하나가 하솔이었다(왕상 9:15). 하솔은 고고학 발굴 결과 가나

/ 불탄 흔적이 있는 하솔성

// 하솔성 화재의 높은 온도로 돌들도 깨졌다.

안 도시들 중 가장 큰 면적을 가진 성이었다. 해변길은 갈릴리 북쪽을 지나면서 훌라 습지를 만난다. 그래서 도로는 항상 상부 갈릴리 북쪽 가장자리로 날 수밖에 없다. 이 도로를 통제하는 요충지가 바로 하솔이다. 하솔의 중요성과 강함은 사사기 드보라 전투에 다시 등장하는 하솔왕과 솔로몬과 아합이 사용한 병거성을 통해 알 수 있다.

> 7 이에 여호수아가 모든 군사와 함께 메롬 물가로 가서 갑자기 습격할 때에 8
> 여호와께서 그들을 이스라엘의 손에 넘겨 주셨기 때문에 그들을 격파하고 큰
> 시돈과 미스르봇 마임까지 추격하고 동쪽으로는 미스바 골짜기까지 추격하
> 여 한 사람도 남기지 아니하고 쳐죽이고 9 여호수아가 여호와께서 자기에게
> 명령하신 대로 행하여 그들의 말 뒷발의 힘줄을 끊고 그들의 병거를 불로 살
> 랐더라 수 11:7-9

여호수아 군대는 전략무기인 병거를 제거하고 하솔을 포위한 뒤 그곳을 헤렘처럼 불태웠다(수 11:5-13). 하솔에 검게 불탄 재들과 거대한 현무암 돌들이 화염의 온도에 못 이겨 쩍쩍 갈라진 유적이 있는데 이를 통해 당시 파괴가 얼마나 강도 높은 것이었는지를 짐작할 수 있다. 이 전쟁은 지도자 위치에 있던 하솔 동맹을 해체하는 결과를 가져왔다.

---

여기서,
묵상

### 때를 잡는 지혜

여호수아의 전법은 단순하고 명료했다. 그의 전법은 '갑자기'였다. 남쪽을 점령한 계기가 된 기브온 전투와 북쪽 메롬 산지 전투를 성경은 이렇게 묘사하고 있다.

> 여호수아가 길갈에서 밤새도록 올라가 갑자기 그들에게 이르니 수 10:9
>
> 이에 여호수아가 모든 군사와 함께 메롬 물 가로 가서 갑자기 습격할 때에 수 11:7

예수님도 때가 중요하다고 말씀하셨다. 때를 놓치지 않고 급습한 이야기는 아브라함이 롯을 구할 때도 나타난다. 로마의 시저(카이사르, 가이사)가 정권을 잡을 때도 프랑스에서 군대가 재빨리 출발하였다. 주님이 주신 때, 은혜의 때, 구원의 날을 놓치지 말라. 지금 내게 주신 시간이 최고의 기회라고 말씀한다(전 3:1-15).

가나안 군대는 하나님을 의뢰하는 여호수아의 밥이었다. 여호와는 여호수아가 고백한 그대로 행하셨다.

> 다만 여호와를 거역하지는 말라 또 그 땅 백성을 두려워하지 말라 그들은 우리의 먹이라 그들의 보호자는 그들에게서 떠났고 여호와는 우리와 함께 하시느니라 그들을 두려워하지 말라 **민 14:9**

하나님은 "너희 말이 내 귀에 들린 대로"(민 14:28) 행하겠다고 하셨다. 신약에서 예수님도 우리의 믿음대로 될 것이라고 하셨다.

> 이에 예수께서 그들의 눈을 만지시며 이르시되 너희 믿음대로 되라 하시니 **마 9:29**

---

**지도 그리기**

**여호수아 2**
**여호수아 3**

부록에서
지도를 찾아
그리세요

**남쪽에서 바라본 하솔과 도로**
해변길이 가로지르는 하솔은 갈릴리 북쪽을 통제할 만한 최고의 전략적 요충지다. 유적이 발굴된 도로변의 위 성은 하솔왕 야빈이 살았고, 북서쪽 평지는 아래 성으로 애굽 힉소스 왕조 때 번성하여 확장된 지역이다. © 구글어스

궁금해요

## 하솔 Hazor

'강하다'는 뜻을 가진 하솔은 해변길을 이용하는 사람이라면 피할 수 없는 길목에 위치하고 있다. 남북을 이어 주는 해변길이 서쪽은 갈릴리 산지, 동쪽은 훌라 분지 늪지대 사이의 하솔을 지나게 되는 까닭이다. 하솔은 이렇듯 해변길 최고의 요충지 중 하나인 까닭에 여호수아 때 불탔으나 드보라가 살던 사사기 때 재건되어 이스라엘을 위협했다.

이집트 힉소스 왕조 시절에 사용했던 아래 성과 그 후에도 지속적으로 사용한 위 성을 모두 치면 하솔은 이스라엘에서 가장 큰 옛 성터를 가진 성읍이다. 이곳에서 가나안 시대의 왕궁과 신전이 발견되었다. BC 11세기 사사 시대의 제단이 발견되었고 여기에 세운 돌, 즉 석상을 볼 수 있다. 솔로몬 시대에 세워진 마구간과 3개의 방이 딸린 성문도 발굴되었다. 특별한 성문은 하솔이 솔로몬이 만든 3대 병거성의 하나임을 알려 준다.

> 솔로몬왕이 역군을 일으킨 까닭은 이러하니 여호와의 성전과 자기 왕궁과 밀로와 예루살렘성과 하솔과 므깃도와 게셀을 건축하려 하였음이라 왕상 9:15

이후 아합왕 때 성을 재건하고 요새화했다. 당시에 38m 깊이로 판 우물을 볼 수 있는데, 오랜 세월의 잔해 위에 건축되었음을 말해 준다. 최근까지 계속되는 발굴로 여호수아가 불태운 흔적과 BC 18세기의 문서를 발견했다.

| | |
|---|---|
| 수 11:1-15 | 여호수아의 정복 |
| 삿 4:1-5:31 | 하솔왕 야빈과 여선지 드보라 간의 전쟁 |
| 왕상 9:15-22 | 솔로몬의 요새화 |
| 왕하 15:27-29 | 앗수르왕 디글랏빌레셀에 의해 함락 |

| 지파 간 경계와 정착 문제 고찰 |

# 잘 나누고 잘 섬기고

**성경** 여호수아 15-24장 **연대** BC 14-11세기

**역사적 배경** 블레셋 침략과 가나안 유입(람세스 3세, BC 1184-1153)

**핵심 본문** 동쪽 분배, 남서쪽 분배, 중부 분배, 여호수아의 유언

**지도** 여호수아 4

**여호수아 4:**
**지파 경계**
요단강 동쪽에 두 개 반 지파가 분배받고 나머지는 서쪽 가나안에서 받았다. 에브라임과 유다가 주축을 이루는 구조이며 약한 지파는 갈릴리 일대를 분배받았다. 파랑 밑줄은 정복하지 못한 도시들이다.

여호수아가 속한 에브라임 지파와 갈렙이 속한 유다 지파 사이에 위치한 베냐민 지파의 전략적인 면은 지파 상호간의 관계를 이해하는 데 도움이 된다. 앞으로 전개될 사사기와 사무엘상하, 왕국 시대에 이르기까지 에브라임과 유다는 주도권 경쟁을 하면서 그 가운데 위치한 베냐민 땅에서 힘겨루기를 계속한다. 그러므로 본문의 배경 지도는 앞으로 배우게 될 역사의 중요한 배경이 될 것이다.

### 지파별 분배 경향

지도 여호수아 4는 지파의 위치에 주안점을 두었고 밝혀진 주요 도시들만 언급하였다. 성경에 나오는 도시 목록을 보면 유다 지파와 베냐민 지파의 지명이 많고, 요셉 지파인 에브라임과 므낫세 지파의 도시들은 드물게 언급된다. 베냐민같이 에브라임과 유다 지파 사이에 위치한 단 지파의 경계는 거의 나오지 않고 두 지파의 경계를 통해 알 수 있을 정도다.

다음 설명은 여호수아 15-19장에 주어진 지파 기업 분배 경향을 요약한 것이다.

1. 유다가 가장 많은 도시를 가졌다. 그 이유는 잘 알 수 없지만 바벨론 포로에서 유다인만이 돌아오면서 다른 지파의 것은 손실되고 유다의 내부와 주변 것만 보존되었다고 보는 의견과, 목록 일부가 후대에 완성 또는 편집되었다고 하는 주장도 있다. 여하튼 유다 지파 목록은 다른 지파에 비해 불균형이라 할 만큼 자세하다.

2. 베냐민 땅에서 벌어질 시민전쟁은 베냐민 지파를 심각하게 약화시킨다(삿 20-21장). 동시에 에브라임과 유다 사이에 자리하던 단 지파가 분배받은 기업이 블레셋에 밀려 북쪽으로 옮겨 감에 따라 이 땅은 무주공산이 된다. 그래서 유다나 에브라임이 벧세메스와 게셀 등에서 우위를 차지하기 위한 분쟁이 벌어지기도 한다.

3. 베냐민과 단의 도시 목록이 유다 혹은 에브라임 지파와 중복된다. 중복되는 도시가 양자에 공유되었거나 중요했음을 의미한다. 후기의 성경 기록은 벧엘과 벧세메스 등에서의 긴장을 잘 묘사한다.

4. 지파별 분배는 이루어졌지만 정복되지 않은 도시들이 즐비하다. 완성된 지도 여호수아 4에서 파랑으로 밑줄 친 미정복 도시들을 보면서 지리적으로 정복하기 힘들었던 이유를 생각해 보라.

## 지파별 지역 분배

지도 여호수아 4를 훑어보면 어떤 지파는 도시 이름이 비어 있는데 어떤 지파는 집중되어 있다. 이것은 도시 분배가 지파별로 균등하게 주어지지 않았기 때문이다(수 15-19장). 북쪽 지파 중 스불론 지파는 사사 드보라와 바락의 사건에서 중요한 역할을 한다.

주요 도로망을 보면서 각 도로와 지파 간의 관계를 주시하라. 이 도로를 통하여 각 지파의 잠재적인 가능성과 안전 문제에 대해 나름대로 생각해 보라.

## 지역 할당 문제

지파 이름이 흰색으로 기록된 입체 지도(부록 수록)와 지도 여호수아 4를 비교하라. 만약 당신이 단 지파 사람이라면 처음 분배받은 영토에 만족하겠는가? 해안 평야의 블레셋과 유다, 에브라임 사이에 고조되는 긴장 관계가 보이는가? 왜 블레셋은 이 지역에 관심이 많았을까? 베냐민 지파에 할당된 여리고는 산지와 요단 동편을 이어 주고 있는데, 특히 유다와 에브라임의 관심을 받은 이유는 무엇일까? 이 모든 질문은 이어지는 지도에서 답을 얻을 수 있다.

## 여기서, 묵상

지역을 할당하는 문제가 지루할지도 모른다. 그러나 땅 분배 문제에 성경의 십여 장을 할애한 것은 그만큼 중요하기 때문이다. 이스라엘은 가나안 땅을 하나님의 은혜로 받았다. 땅은 여호와의 선물이기에 땅을 사고파는 행위를 금지시켰다. 설령 샀다 하더라도 안식년에는 돌려주어야 했다. 우리는 은혜로 구원받은 사람이다. 누구도 뺏을 수 없는 천국의 땅을 선물로 받았다.

내게 줄로 재어 준 구역은 아름다운 곳에 있음이여 나의 기업이 실로 아름답

도다 시 16:6

## 실로-땅 분배 수 13-21장

### 동쪽 분배-르우벤, 갓, 므낫세 반 지파 수 13장

요단 동편의 지파별 분배는 민수기 32장에서 모세가 주었던 도시들과 여호수아서 13장에서 분배된 도시들 간에 차이가 있다. 특히 헤스본 동쪽에 위치한 디본, 아로엘 같은 도시들을 보라. 민수기에는 갓 지파의 땅이었으나 여호수아 때에는 르우벤 지파 땅으로 바뀐다(민 32:34; 수 13:17). 고원지대의 서부와 동부를 나누었던 기준이 야셀 남쪽에서 남북 경계가 결정된다. 그리고 므낫세 반 지파는 민수기의 땅들보다 경계가 더 분명해진다(수 13:29-33). 지도 여호수아 4에서는 모든 지명을 기록하지 못했다. 여호수아서 13장에서 지파별로 분배된 지명들을 찾아보라.

**디본성**
갓 지파에 분배되었다가 다시 르우벤 지파에게 분배된 디본은 모압왕 메사의 고향이다.

### 정복 못한 많은 도시들

가나안 땅을 정복했지만 세부적인 문제는 여전히 남아 있었다. 그중 해변길 주변으로 아직도 정복하지 못한 도시들이 즐비했다. 이들은 이집트 원정으로 한때 약화되었지만 이집트가 다시 재무장을 묵인하거나 도와주면서 독립된 도시를 유지하고 이스라엘을 대항할 군사력을 가지고 있었던 것 같다. 세부적인 지역까지 정복되기 전에 이스라엘은 지파별로 땅을 분배하여 자신의 지역은 자신들이 정리하는 방식을 택한다.

유다와 요셉 지파가 먼저 좋은 땅을 차지했다. 여호수아서 14-15장은 이런 상황을 잘 보여 준다. 나머지 상대적으로 약한 일곱 지파는 땅을 분배받지 못해 성막이 있는 실로에 모였다. 약자의 설움을 안고 제비 뽑아 얻은 땅이 이스라엘의 마지막 지파의 경계가 되었다.

여기서,
묵상

유다 지파와 요셉 지파가 다른 지파에 비해 좋은 땅을 차지할 수 있었던 이유는 무엇인가? 요셉 지파에 여호수아가, 유다 지파에 갈렙이 있었기 때문이다. 요셉과 유다 지파에는 이처럼 위대한 믿음의 조상이 있었다. 그들 때문에 복이 그 자손에게 미쳤다. 나는 복의 근원이 되는 믿음의 조상으로 살고 있는가?

> 나를 사랑하고 내 계명을 지키는 자에게는 천 대까지 은혜를 베푸느니라 출 20:6; 신 5:10

### 남서쪽 분배-유다 지파 수 15장

예루살렘과 헤브론이 위치한 유다 산지를 보라. 유다 내부와 주변은 산지, 광야, 쉐펠라, 해안 평야(블레셋), 남방(네게브)으로 나눌 수 있다. 여호수아서와 사사기를 보면, 여호수아의 정복 활동이 지역별로는 완성되었어도 모든 도시까지 이루어지지 않았음을 알 수 있다. 다음 본문은 유다 내부와 주변에 정복되지 않은 도시를 소개한다.

> 베냐민 자손은 예루살렘에 거주하는 여부스 족속을 쫓아내지 못하였으므로 여부스 족속이 베냐민 자손과 함께 오늘까지 예루살렘에 거주하니라 삿 1:21
> 결심하고 헤레스산과 아얄론과 사알빔에 거주하였더니 요셉의 가문의 힘이 강성하매 아모리 족속이 마침내는 노역을 하였으며 삿 1:35
> 그들이 게셀에 거주하는 가나안 족속을 쫓아내지 아니하였으므로 가나안 족속이 오늘까지 에브라임 가운데에 거주하며 노역하는 종이 되니라 수 16:10

/
헤브론의 막벨라 굴은 이스라엘의 선산이다.

//
갈렙이 요구했던 헤브론 산지

유다 지파는 미정복 도시들을 정복하려고 초기에 몇 번 시도했지만(삿 1:8, 수 15:63) 여부스족은 다윗 시대까지 예루살렘에 거주하고 있었다. 그러나 어떤 사람들은 이스라엘이 예루살렘의 원주민을 멸망시킨 이후 여부스족이 정착했다고 주장하기도 한다. 아모리 족속과 가나안 족속의 잔재가 소렉과 아얄론 골짜기의 헤레스산(Har-heres, 벧세메스), 아얄론, 사알빔(Shaalbim), 게셀에도 남아 있었다. 아얄론 골짜기는 중앙 베냐민 고원을 향하는 현관이므로 산지 사람들에게는 심각한 문제였다. 베냐민 산지로 향하는 주요 도로 위에 있는 기브온 족속의 도시도 여전히 눈엣가시였다.

남부 산지에서 가장 중요한 도시는 헤브론이었다. 헤브론에는 아브라함-이삭-야곱이 묻힌 선산인 막벨라 굴이 있었다. 선산은 장자가 차지해야 한다. 때문에 장자 명분을 받은 에브라임 지파가 헤브론을 얻어야 하지만 유다 지파의 갈렙 때문에 상황이 바뀌었다. 갈렙은 모세에게 받은 약속을 근거로 선산이 있는 헤브론을 요구했다. 여호수아는 에브라임 지파였지만 이스라엘의 지도자였기 때문에 갈렙의 요구를 거절할 수 없어 헤브론과 주변 산지는 유다 지파에게 돌아갔다.

### 여기서, 묵상

에돔 족속의 그나스 사람이던 갈렙이 유다 지파의 대표가 되고, 이제는 갈렙이 정탐 때 보아 둔 선산 막벨라 굴이 있는 헤브론을 차지함으로써 유다 지파를 장자 지파로 만들려는 비전이 완성되어 가고 있다. 헤브론을 차지하려는 꿈은 45년이 걸렸다. 큰 꿈은 오래 걸린다. 그러나 꿈이 있는 사람은 늙지 않는다. 갈렙은 85세이지만 전쟁할 만한 능력을 가지고 있었다(수 14:10-12). 야곱이 품었던 장자 축복의 꿈은 이방인 출신의 갈렙에게 이어졌다.

### 유다 지파의 경계

유다 지파의 북쪽 경계는 예루살렘성의 남쪽 힌놈의 골짜기이고, 동쪽은 염해(사해), 서쪽은 대해(지중해)로 정해져 있지만 남쪽 경계는 광야와 접하는 문제가

/ 아그랍빔 비탈길에서 본 신(Zin)산(가운데)의 오른쪽이 신 골짜기다.

// 신산과 주변 약도

있어 다음과 같이 자세히 언급하고 있다.

> 1 또 유다 자손의 지파가 그들의 가족대로 제비 뽑은 땅의 남쪽으로는 에돔
> 경계에 이르고 또 남쪽 끝은 신 광야까지라 2 또 그들의 남쪽 경계는 염해의
> 끝 곧 남향한 해만에서부터 3 아그랍빔 비탈 남쪽으로 지나 신에 이르고 가데
> 스 바네아 남쪽으로 올라가서 헤스론을 지나며 아달로 올라가서 돌이켜 갈가
> 에 이르고 4 거기서 아스몬에 이르러 애굽 시내로 나아가 바다에 이르러 경계
> 의 끝이 되나니 이것이 너희 남쪽 경계가 되리라 수 15:1-4

염해 근처에 있는 남동쪽의 아그랍빔 비탈은 거의 절벽 등반이다시피 한 바위 길이었고, 그 경계가 광야 생활 기간 중 가장 오래 머물렀던 가데스바네아를 지나 지중해까지였다.

### 블레셋의 위협

이집트 람세스 3세 때 해양 민족인 신블레셋이 이집트를 통해 해안 평야 쪽으로 유입되면서 역사의 방향을 바꾸어 놓았다. 블레셋은 그리스와 터키 사이에 위치한 에게해의 그레데(=갑돌) 섬에서 올라온 민족으로 추정된다. 신명기 2:23은 일찍이 가사까지 각 촌에 거하는 사람들이 아위 사람들이라고 말한다. 아위 사람은 갑돌에서 나온 갑돌 사람에 의해 대체되었다. 선지자 예레미야는 갑돌 섬에 남아 있는 블레셋 사람을 언급한다.

> 이는 블레셋 사람을 유린하시며 두로와 시돈에 남아 있는 바 도와줄 자를 다 끊어 버리시는 날이 올 것임이라 여호와께서 갑돌 섬에 남아 있는 블레셋 사

**해양 민족의 이동**
해양 민족 중 그레데에서 출발한 블레셋은 애굽을 통해 이스라엘로 유입된다.

람을 유린하시리라 렘 47:4

아모스도 블레셋 사람이 갑돌에서 왔다고 말한다.

> 여호와의 말씀이니라 이스라엘 자손들아 너희는 내게 구스 족속 같지 아니하냐 내가 이스라엘을 애굽 땅에서, 블레셋 사람을 갑돌에서, 아람 사람을 기르에서 올라오게 하지 아니하였느냐 암 9:7

다윗과 솔로몬 시대에 그렛 족속(Cherethites, Cretians)과 블레셋(Pelethites, Philistines)은 종종 왕의 직속 부대와 친위대(삼상 30:14; 삼하 8:18, 15:14-18, 20:7, 23; 왕상 1:38-49)를 구성하는 블레셋 용병을 언급할 때 사용된다. 후기 선지자의 강한 예언들 또한 블레셋과 그렛 족속을 연결한다(습 2:4-5; 겔 25:15-17).

블레셋은 해변길뿐만 아니라 북쪽 이스르엘 골짜기와 남쪽 네게브까지 정치, 경제, 군사적 확장을 가속화했다. 이는 이스라엘 지파의 일체감에 중대한 위협이었다. 사사들과 왕들은 수세기 동안 이 문제로 씨름했다. 유대를 오랫동안 괴롭혔던 블레셋과의 역사를 잘 알았던 로마의 하드리안 황제는 유대라는 이름을 역사에서 지우는 동시에 치욕의 이름을 그 땅에 주기 위해 유대를 '블레셋'(팔레스

이집트 룩소 서편에 있는 람세스 3세의 장례식장에 위치한 벽에 블레셋(닭 벼슬 모양의 머리)과의 전쟁이 기록되어 있다.

타인)이라고 지칭했고 그 이름이 지금까지도 이어지고 있다.

블레셋은 쉐펠라 주요 골짜기를 지배하고 가능하면 산지까지 진출하고 싶어 했다. 사무엘과 사울, 요나단은 그들을 방어하는 데 주력했다. 블레셋과 밀접한 관계를 가진 다윗에 이르러서야 블레셋의 지배와 확장을 저지하는 데 성공했다. 다윗과 솔로몬 사후 쉐펠라는 블레셋과 이스라엘의 힘을 겨루는 각축장이 되었다. 이들의 밀고 당기기는 가나안 역사상 가장 흥미 있는 이야기 중 하나일 것이다.

여하튼 해변길 근처에 자리한 가나안 족속(게셀, 사알빔, 아얄론, 헤레스 산)과 해양 민족이라 불리는 블레셋 민족은 이스라엘 정착에 심각한 장애물이었다. 이들과 접하고 있던 단 지파는 지파 존폐가 걸린 위협을 받았다. 자신의 땅을 가지고 있던 다른 민족과 다르게 이주해 들어온 블레셋은 해변길을 차지하고 정치, 경제적 확장을 호시탐탐 노리고 있었기 때문이다.

## 중부 분배-요셉 지파 수 16-17장

먼저 세겜 근처 산지를 보라. 초기 정복 활동의 지도자는 에브라임 지파의 여호수아다. 그래서 이스라엘 지파의 집회 장소도 요셉 지파(에브라임과 므낫세) 지역인 실로와 세겜이었다. 베냐민이 요셉의 형제라는 것을 고려한다면 이스르엘 골짜기에서 예루살렘까지 같은 어머니에게서 태어난 가족 연합체가 된다. 요셉과 베냐민은 야곱과 라헬 사이에 태어난 동복형제이기 때문이다. 이 관계는 에브라임 산지 연구에 중요하다.

지도 여호수아 4는 중부 산지가 요셉의 두 아들 에브라임과 므낫세 족속에게 분배되었음을 알려 준다. 비록 후대에 다윗과 솔로몬이 요셉 지파를 잠시 유다의 통제 아래 두었을지라도 솔로몬 사후 에브라임 지파의 여로보암을 기수로 북쪽 지파가 세겜에서 독립하였다.

### 요셉 지파의 경계

요셉 지파 남쪽은 에브라임에게 분배되고 북쪽은 므낫세에게 주어졌다. 요셉 자손의 경계 중 가장 예민한 곳은 남쪽이었다. 왜냐하면 이스라엘의 쌍두마차 중 하나인 유다 지파가 에브라임 지파를 주시하고 있었기 때문이다. 베냐민 지

**유대 광야에서 바라본 요단강 지역**
에브라임의 경계는 요단강에서 여리고 동쪽 광야를 지나 벧엘로 올라간다.

파는 그 경계에 완충지대 역할을 하였기에 에브라임과 유다 지파 모두가 베냐민 지파를 주목했다.

먼저 동쪽에서 시작하여 서쪽으로 가는 경계는 여리고가 베냐민 지파로 분배되어 양대 지파 모두가 이용할 수 있는 도로로 구분되었기 때문에 여리고의 북쪽 광야 길이 경계가 되어 벧엘로 올라갔다(수 16:1). 여기서 서쪽으로 내려가는 정문 역할을 하는 벧호론 길은 에브라임 지파가 차지하였다. 이 중요한 길이 에브라임에게 주어진 것을 보면 에브라임의 당시 위치를 실감할 만하다(수 16:5). 그러나 기럇여아림 길은 유다 지파에게 주어졌다.

북쪽을 받은 므낫세 지파를 보자. 므낫세 지파의 장자 마길 자손은 요단 동편 길르앗 일부와 바산을 분배받았다. 남은 므낫세 자손은 특별히 슬로브핫의 딸들의 약진이 돋보인다. 딸들의 자손은 모세가 약속한 대로 가나안에서 땅을 분배받았다(민 27:7). 므낫세 집안은 적어도 북이스라엘이 멸망하기 전까지는 분배받은 땅을 지켰고, 그중 슬로브핫의 딸들인 노아, 호글라, 디르사의 이름은 600년 이상이 지나서도 자리를 지켰다.

1910년 사마리아에서 BC 784-783년경으로 추정되는 63개의 토기 파편(오스트라카)이 발견되었는데, 여기에 아비에셀, 헬렉, 아스리엘, 세겜, 스미다 자손의 이름이 발견되었을 뿐 아니라 슬로브핫의 딸들인 노아, 호글라, 디르사의 자손들 이름도 언급되었다.

**2** 므낫세의 남은 자손을 위하여 그들의 가족대로 제비를 뽑았는데 그들은 곧 아비에셀의 자손과 헬렉의 자손과 아스리엘의 자손과 세겜의 자손과 헤벨의

/
**돌 높은 곳**
항구 도시 돌은 사론 평야에서 가장 큰 도시였다.

//
**딤낫세라에서 바라본 에브라임 산지**
여호수아가 속한 요셉 지파 주변에는 차지하지 못한 강력한 가나안 도시들이 많아 그들이 땅이 좁다고 불평했고, 여호수아는 옆 사진과 같은 산지를 개척하라고 권면했다.

> 자손과 스미다의 자손이니 그들의 가족대로 요셉의 아들 므낫세의 남자 자손들이며 3 헤벨의 아들 길르앗의 손자 마길의 증손 므낫세의 현손 슬로브핫은 아들이 없고 딸뿐이요 그 딸들의 이름은 말라와 노아와 호글라와 밀가와 디르사라 수 17:2-3

므낫세의 남쪽 경계는 세겜까지다. 세겜은 므낫세 지파의 소유였지만 그 앞 들판의 남쪽 일부는 에브라임 지파에게 주어 경계가 모호해졌다. 잇사갈과 아셀에도 므낫세의 소유인 벧 스안(벧산)과 이블르암, 돌, 엔돌, 다아낙, 므깃도가 주어졌다(수 17:11). 그러나 이름만 주어졌을 뿐 너무 강하여 당시에는 정복하지 못한 도시들이었다. 이런 이유로 요셉 자손은 땅이 좁게 느껴져서 여호수아에게 불평했다. 역차별이 되는 것 같았지만 여호수아는 요셉의 강한 힘을 가지고 삼림으로 가서 개척하라고 명령한다(수 17:15).

/
**베냐민 중심 도시 기브아 서쪽의 베냐민 산지**
지평선의 작은 건물이 기브온 산당이다.

## 실로-나머지 지파의 제비뽑기 수 18장

세겜에서 언약을 맺고 중앙 성소를 둔 것처럼 보였던 공동체는 그 중심을 실로로 옮긴다. 발굴에 의하면, 실로는 가나안 시대부터 신전이 있던 장소였으나 파괴되지 않고 여호와의 성소로 그 자리를 평화롭게 내주었다. 이곳에 분배를 받지 못한 일곱 지파가 모였다. 요단 동편에서 두 개 반 지파가 분배받았고 서쪽 가나안에서는 양대 지파인 요셉과 유다 지파가 여호수아와 갈렙 덕택에 우선으로 분배받았다. 이제 남은 지파는 힘도 없고 내세울 명분도 없는 약한 지파였다. 조상을 잘못 만난(?) 탓에 실로에서 남은 땅을 조사한 후 받은 지역을 놓고 제비를 뽑았다.

/
실로성 옆의 고대 성막 모양으로 만든 현대 실로의 회당

먼저, 베냐민 지파가 가장 예민한 땅인 에브라임과 유다 사이의 땅을 분배받았다. 이 땅은 중앙 산지에서 말의 안장 모양으로 완만하게 들어간 지역으로, 남북 도로인 족장의 길뿐 아니라 동서로 갈라지는 도로로 산지의 정문 역할을 하는 벧호론 길, 후문 역할을 하는 여리고 길이 열린다. 지도에서 보듯 작은 지역에 많은 도시가 기록되어 있는 것은 그만큼 역사의 주목을 받는 지역이었음을 증거한다.

베냐민 지파와 서쪽 경계를 하고 있는 단 지파의 땅 분배는 지파 경계를 마무리하는 여호수아 19장 마지막 부분에서 다루고 있다. 그도 그럴 것이 단 지파는 에브라임과 유다 지파의 서쪽 완충지대 역할을 했지만 블레셋의 위협 때문에 지파 대부분이 북쪽 헤르몬산 남쪽 기슭에 자리 잡은 레셈(라이스 혹은 단이라 부름)으로 이주했다(수 19:47; 삿 18:29).

### 남쪽에 뚝 떨어진 시므온 지파 수 19:1-9 20일

시므온 지파는 야곱의 유언(창 49장)에서 저주를 받았을뿐더러 발람의 꾀에 빠져 범죄한 지파로 지속적인 쇠락을 겪고 있다가 유다 지파와 함께하면서 남쪽 네게브 지역을 분배받았다. 남쪽의 중심 도시인 브엘세바를 받았지만 이 지역의 특성상 북쪽 산지의 지원이 있어야 안전이 보장되는 곳이었다. 아말렉 같은 유목민들이 여전히 남쪽 국경을 위협했기 때문이다. 사무엘상에서 사울왕과 다윗 시대의 아말렉 전투를 보면 남쪽의 압박이 얼마나 심했는지 알 수 있다. 사실 이런 문제 때문에 시므온 지파의 존재감은 점점 더 약해졌다.

### 북부 분배-스불론, 잇사갈, 납달리, 아셀 지파 수 19장

이제 남은 스불론, 잇사갈, 납달리, 아셀, 단 지파는 어디로 갈 것인가?

시므온 지파가 분배받은 산산나의 들판

## : 20일

**오늘 읽을 분량**

**성경** 수 19-24, 삿 1-9, 시 83

**본서** 73-130쪽

**성경의 맥 잡기**

1. 지파별 땅 분배 문제와 여호수아의 유언
2. 유다 지파 사사 옷니엘, 베냐민 지파 사사 에훗, 에브라임 산지 사사 드보라, 므낫세 지파 사사 기드온과 미디안, 그의 아들 아비멜렉

**신구약 연결 포인트**

1. 요단 동편 지파가 '엣'이라는 제단을 쌓은 요단 서편은 예수님이 세례를 주던 곳(요 3:22).
2. 옷니엘이 전쟁하던 여리고를 예수님이 방문하여 부자 청년의 탐욕과 전쟁하게 함

**묵상 가이드**

1. 여호수아의 솔선수범 신앙과 삶을 묵상하라.
2. 사사기는 시계 반대 방향으로 지파별 유명 사사를 기록하였다.
3. 하나님은 드보라와 시스라의 전쟁에 비를 내려 철병거를 무력화하였다.

그들이 분배받은 땅은 단 지파를 제외하고 모두 므낫세 지파의 북쪽 땅이었다. 잇사갈은 주로 이스르엘 골짜기 지역을 분배받았다. 그러나 이 지역 주요 도시에 강력한 힘을 가진 도시들이 자리 잡고 있어 므낫세 지파에게 분배되지 않았을까 생각된다. 스불론 지파는 하부 갈릴리의 능선들과 계곡을 주로 받았으며, 납달리 지파는 상부 갈릴리와 갈릴리 바다 주변을 분배받았다. 아셀 지파는 악고 평야가 있는 곳을 받았지만 베니게와 경계하고 있어 북쪽의 위협이 상당했다.

당신이 북쪽에서 분배를 받은 납달리, 스불론, 아셀 지파의 사람이라면 안전과 관련해 어떤 느낌을 받았겠는가? 해변길은 갈릴리 지방을 관통한다. 그러므로 이집트는 이 지역에 대한 관심이 지대했고 강력한 가나안 도시들도 즐비했다.

---

여기서,
묵상

### 이방의 갈릴리

갈릴리의 불안한 위치는 왜 갈릴리가 '이방의 갈릴리'(사 9:1-7)로 불렸고, 갈릴리인이 해방과 구원에 대해 소망을 가졌는지를 말해 준다. 여기서 강조해야 할 것은 해변길이 이 지방을 통과한다는 사실이다. 해변길은 무역로이기도 하지만 군사도로이기도 했다. 그래서 평화 시대에는 부를 위한 통로였지만 전쟁 때는 모든 부를 빼앗길 뿐 아니라 생명조차 위협받는 '사망의 그늘에 앉은 자'들이 사는 땅이었다. 예수님이 갈릴리에 오신 이유는 바로 이와 관련이 깊다. 흑암의 땅이기 때문에 예수님의 복음의 빛이 더 밝게 빛났다.

> 13 나사렛을 떠나 스불론과 납달리 지경 해변에 있는 가버나움에 가서 사시
> 니 14 이는 선지자 이사야를 통하여 하신 말씀을 이루려 하심이라 일렀으되
> 15 스불론 땅과 납달리 땅과 요단강 저편 해변길과 이방의 갈릴리여 16 흑암
> 에 앉은 백성이 큰 빛을 보았고 사망의 땅과 그늘에 앉은 자들에게 빛이 비치
> 었도다 하였느니라 마 4:13-16

---

각 지역별 도피성

## 도피성 수 20장: 6개의 성 완성

가나안에서 지파별 지역 분배가 이루어지자 민수기와 신명기에서 언급된 도피성 명단이 완성되었다. 지파별로 가장 큰 도시가 도피성이 되었지만 동쪽 베셀과 북쪽 납달리 지파의 게데스는 역사상 그렇게 존재감이 있는 도시는 아니다. 종합하면, 르우벤 지파에 **베셀**을, 갓 지파에 **길르앗 라못**을, 므낫세 반 지파에 **골란**을, 가나안 땅에서는 남쪽에 **헤브론**, 중부는 **세겜**, 북쪽은 **게데스**를 도피성으로 주었다.

> 7 이에 그들이 납달리의 산지 갈릴리 게데스와 에브라임 산지의 세겜과 유다
> 산지의 기랏 아르바 곧 헤브론과 8 여리고 동쪽 요단 저쪽 르우벤 지파 중에
> 서 평지 광야의 베셀과 갓 지파 중에서 길르앗 라못과 므낫세 지파 중에서 바
> 산 골란을 구별하였으니 9 이는 곧 이스라엘 모든 자손과 그들 중에 거류하는
> 거류민을 위하여 선정된 성읍들로서 누구든지 부지중에 살인한 자가 그리로
> 도망하여 그가 회중 앞에 설 때까지 피의 보복자의 손에 죽지 아니하게 하기
> 위함이라 수 20:7-9

## 엣-요단 동편 경계 제단: 연합을 위한 증거

여호수아 정복 활동이 일단락되자 요단 동편에서 온 르우벤, 갓, 므낫세 반 지파의 군대가 드디어 돌아갈 시간이 되었다. 여호수아는 그들을 축복하였고, 두 개 반 지파는 정복 전쟁 중 얻은 많은 재산과 심히 많은 가축과 은과 금과 구리, 쇠와 심히 많은 의복을 가지고 돌아가게 되었다. 그들은 에브라임 산지 실로에서 이스라엘 자손을 떠나 분배받은 땅인 길르앗으로 향했다. 요단 동편 지파들은 요단 언덕가에 이르러 이스라엘 자손에 속한 쪽에 제단을 쌓았다(수 22:11). 이로 인해 이스라엘 지파들이 분노했다. 실로의 제단이 있는데 다른 제단을 쌓아 여호와를 대적하는 죄를 범했다는 게 그 이유였다. 브올의 발람 죄와 아간의 범죄까지 언급하면서 이스라엘 온 회중에 임하는 진노를 상기시켰다. 요단 동편 지파는 제단을 쌓은 목적이 제사가 아니라 훗날 자신들이 이스라엘과 상관없는 지파들로 여겨질까 염려하여 제단을 쌓아 그 '증거'로 삼았다고 해명했다. 한마디로 연합을 위한 제단으로서 모든 사람들의 기쁨이 되는 '증거'가 되었다.

> **33** 그 일이 이스라엘 자손을 즐겁게 한지라 이스라엘 자손이 하나님을 찬송하고 르우벤 자손과 갓 자손이 거주하는 땅에 가서 싸워 그것을 멸하자 하는 말을 다시는 하지 아니하였더라 **34** 르우벤 자손과 갓 자손이 그 제단을 엣이라 불렀으니 우리 사이에 이 제단은 여호와께서 하나님이 되시는 증거라 함이었더라 **수 22:33-34**

요단 동편 지파들이 돌아간 길은 산지 동쪽 접근로에서 언급하였듯이 실로에서 오브라라고 불리던 에브라임을 거쳐 광야 길로 내려갔을 것이다. 후에 예수님이 나사로를 살린 후 피신했을 때 에브라임이라는 동네로 가셨다. 정상대로라면 예수님은 이곳에서 머물다 위험한 사마리아 길이 아닌 요단 동편 지파들이 갔던 길을 가셨을 것이고 '엣' 제단을 지났을 것이다. 이미 예수님은 사역 초창기에 엣이 세워진 지역에서 세례를 주는 사역을 하셨다(요 3:22). 이런 점들을 종합하면 '증거'라는 뜻을 가진 '엣' 제단이 있던 곳에서 예수님이 연합 세례를 통해 하신 사역은 요단 동편 지파가 의도했던 일들의 성취라고 할 수 있다.

/
요단 동편 지파가 요단강 가에 쌓은 제단은 요단 동쪽과 서쪽이 하나임을 알려 주는 '증거(엣)'였다.

//
요단강은 과거나 현재나 교통의 큰 장애물이었다.

## 세겜-나와 내 집은 여호와를 섬기겠노라

### 세겜-여호수아의 유언 수 23-24장

이제 여호수아 생애에서 매우 중요한 한 사건을 짚고 넘어가야 한다. 그 배경이 여호수아 23장에 기록되었다. 이는 이스라엘 사람들이 에발산과 그리심산의 언약을 심각하게 받아들이지 않고 있다는 것을 암시한다. 여호수아가 세겜에서 마지막으로 유언했다는 점은 이곳이 공동 집회 장소였음을 의미한다. 새로운 세대(광야 세대의 3대손)가 지리적 중심이고 지도적 위치에 있던 세겜에 모였다. 이런 상황에서 여호수아는 이스라엘의 하나님 여호와께 이스라엘의 결단을 다시 확고히 하고 강화하도록 마지막 노력을 한다.

여호수아는 자신의 눈으로 이집트로부터 이스라엘이 구원받는 것을 보았고, 모세를 따라 시내산 아래까지 갔다. 젊어서 그는 아말렉에 대항한 모세의 군대 지휘관이었고, 그때 자유에 대한 위협을 승리로 이끌었다(출 17:8-16). 이스라엘의 하나님이 모세와 친밀하고 신성한 교제를 나누실 때(율법을 수여하고 후에 장막에서 만나실 때) 그도 거기에 있었다(출 24:13, 32:15-26, 33:7-11). 여호수아는 광야 세대의 영적 문제를 경험하였고 모세에게서 "누가 여호와의 편에 설 것이냐"는 메아리치는 질문을 들었다.

가데스바네아에서 에브라임 지파의 대표로 가나안 땅을 정탐하러 떠났고, 정탐하고 돌아온 뒤 하나님을 믿는 믿음 안에서 확신에 찬 연설을 했다가 거의 죽을 뻔했다(민 14:6-10). 광야 40년 방황 끝에 그는 임종 직전의 모세에게서 마지막 유언을 들었다(신 6-11장). 여호수아는 가나안을 정복하고 정착하여 새로운 세대와 살았고 또한 자라나는 세대를 보고 있었다.

하지만 이제 마지막을 앞두고 그는 이스라엘의 위험 신호를 감지하고 있었다.

그들 중 얼마는 이스라엘의 하나님을 경외하지 않는 이방 사람과 교류하고자 하였고, 방탕한 삶에 젖어 가고 있었다. 이스라엘 역사에 익숙한 여호수아에게 그것은 놀랄 일이 아니었다. 그는 모세처럼 마지막 교훈을 주고자 지도자들을 모았다. 그리고 그들이 외적으로뿐만 아니라 진심으로 마음을 다해 하나님 여호와에 대한 신앙고백을 하길 원했다. 여호수아가 그들에게 신앙의 결단을 요구한 것은 압도적인 권위에서 나온 것이다. 그는 배교가 계속될 경우 그의 친족(에브라임 지파)은 이스라엘에게서 갈라서겠다고 선언했다.

> 만일 여호와를 섬기는 것이 너희에게 좋지 않게 보이거든 너희 조상들이 강 저쪽에서 섬기던 신들이든지 또는 너희가 거주하는 땅에 있는 아모리 족속의 신들이든지 너희가 섬길 자를 오늘 택하라 오직 나와 내 집은 여호와를 섬기겠노라 수 24:15

이런 배경을 염두에 두고 세겜에 대한 이해를 여호수아서 24:1-3을 읽으면서 더 넓혀 보라. 이 장에서 이스라엘의 큰 언약이 갱신된다. 북쪽 지파의 연속되는 역사가 이 장을 기초하여 일어난다. 역사, 정치, 종교적 강조는 구약 역사에서 거듭된다. 여호수아서 24장의 사건은 시내산 언약의 메아리다. 언약 갱신이 에발산과 그리심산 아래 세겜에서 다시 일어났다.

> **25** 그날에 여호수아가 세겜에서 백성과 더불어 언약을 맺고 그들을 위하여 율례와 법도를 제정하였더라 **26** 여호수아가 이 모든 말씀을 하나님의 율법책에 기록하고 큰 돌을 가져다가 거기 여호와의 성소 곁에 있는 상수리나무 아래에 세우고 수 24:25-26

/ 여호수아가 여호와의 성소 곁 세겜에 세운 큰 돌

// 그리심산과 에발산 사이에 있는 세겜성 앞에 요셉의 무덤이 위치한다. 그리심산 아래는 야곱의 우물이 있다. 세겜 뒤의 큰 도시가 로마 시대 이후로 발전한 현대 도시 '나블루스'다. © 구글어스

여기서,
묵상

**끝까지 오지 개척자로 살다**

여호수아는 딤낫 세라에 가서 죽는다. 이곳은 깡촌이며 낙후된 지역이다.

> 29 이 일 후에 여호와의 종 눈의 아들 여호수아가 백십 세에 죽으매 30 그들
> 이 그를 그의 기업의 경내 딤낫 세라에 장사하였으니 딤낫 세라는 에브라임
> 산지 가아스 산 북쪽이었더라 수 24:29-30

그는 왜 그곳에 가서 살았을까? 그것은 자신의 친족들에게 말한 대로 실천하기 위함이었을 것이다.

> 여호수아가 그들에게 이르되 네가 큰 민족이 되므로 에브라임 산지가 네게 너무 좁을진대 브리스 족속과 르바임 족속의 땅 삼림에 올라가서 스스로 개척하라 하니라 수 17:15

그는 편한 곳을 택하지 않았다. 현역에서 물러난 후 오지를 개척하며 살았던 비전의 사람이었다. 이스라엘에 벤구리온 공항이 있다. 이스라엘 초대 수상인 벤구리온의 이름을 딴 공항이다. 독립 전쟁을 승리로 이끈 벤구리온은 다시 전쟁을 하지 말고 광야를 개척하자고 외쳤다. 그는 수상직에서 물러난 뒤 광야로 가 그곳에서 평생을 살다 국립묘지가 아닌 광야에 묻혔다. 그의 무덤 위에는 이런 글이 새겨져 있다.

/
여호수아가 분배받은 딤낫 세라는 산골이었고 농경지는 아래 작은 계곡뿐이다. 산지를 개척하라는 명령을 내리고 자신도 산지를 개척하러 갔다.

//
아라바 광야에서 생산된 욧바다 모카 우유

여호수아처럼 살았던 벤구리온의 묘비 문장

'전 세계 유대 청년들아! 우리가 무에서 유를 창조하신 하나님을 믿는다면 아무것도 없는 이 광야에서 무에서 유를 창조하자.

"전 세계의 유대 청년들아, 우리가 무에서 유를 창조하신 하나님을 믿는다면 아무것도 없는 이 광야에서 무에서 유를 창조하자."

벤구리온이야말로 여호수아의 후예다. 그의 마음을 품고 젊은이들이 광야를 개척했다. 그중 한 곳이 아라바 광야에 위치한 욧바다(Yotbata) 키부츠로서 이스라엘 최고의 유제품을 만든다. 이스라엘은 병원균이 적은 광야의 청정한 젖소와 축산물로 유명하다. 광야는 원예 사업도 최고 수준이다. 햇빛이 좋아 꽃이 사시사철 자라는 덕분이다.

> 또 거기를 떠나 굿고다에 이르고 굿고다를 떠나 욧바다에 이른즉 그 땅에는 시내가 많았으며 신 10:7

---

## 기타 과제

해변길과 그것의 북쪽 접근로의 중요성은 성경에 구체적으로 언급되지 않는다. 이는 당연한 것처럼 보인다. 사사기 1장에는 지파가 직면한 어려움에 대해 구체적으로 언급되어 있는데, 주로 이 어려움은 주요 도로를 따라 위치한 강한 가나안 족속 중심지에서 나타난다. 이들 지역을 분배받은 이스라엘 지파가 적과 대항해서 싸우려면 이스라엘 지파를 연합할 수 있는 강한 군사적 지도자가 필요했다. 사사(심판자)라 불리는 지도자가 일시적으로 이 문제를 해결하다 사울, 다윗, 솔로몬 같은 지도자에 이르러서야 완전한 독립과 강력한 연합체를 형성할 수 있었다.

지도 여호수아 4는 여호수아가 이끈 가나안 정복 이후로 이스라엘 지파가 직면한 초기의 문제점을 이해하기 위해 필요한 배경이다. 이 지도를 옆에 놓고 사사기 1:27-35을 읽으라. 참고로 여호수아 17:11-18과 16:10도 같이 읽으면 좋다.

**요셉의 무덤**
한때 파괴된 세겜성에 있는 요셉의 무덤

## 세겜-요셉의 무덤

비전의 사람 요셉은 살아서 자신의 비전을 이루었을 뿐 아니라 죽어서도 비전을 제시했다.

> 요셉이 또 이스라엘 자손에게 맹세시켜 이르기를 하나님이 반드시 당신들을 돌보시리니 당신들은 여기서 내 해골을 메고 올라가겠다 하라 하였더라 창 50:25

사람들은 요셉의 해골을 보면서 출애굽에 대한 비전을 가졌을 것이다. 그것은 마침내 이루어져 요셉을 세겜에서 장사하게 되었다. 비전의 사람 요셉이 400년 전에 꿈꾸던 장소에 묻힌 것이다(수 24:32).

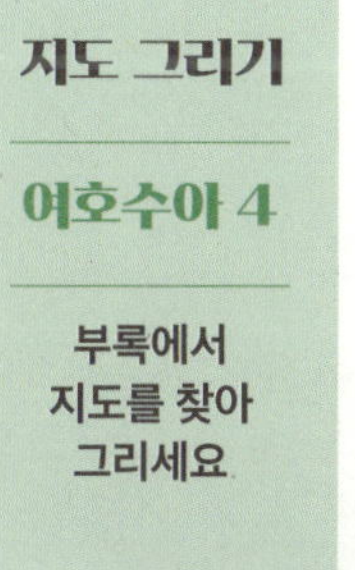

# 역사와 묵상

01 여호수아가 요단강을 넘던 곳을 엘리야가 넘어 하늘로 승천했고, 이후 엘리사가 넘어 가나안으로 갔다(왕하 2:14). 세례 요한은 엘리야가 승천했던 곳에 와서 세례를 주었고, 말씀이신 예수님(여호수아와 이름이 같다)은 언약궤가 섰던 곳에서 세례를 받으셨다(요 1:28). 그때 하늘이 열리며 성부께서 하늘에서 말씀하시고, 땅에서는 말씀이신 성자 예수께서 서 계셨으며, 중간에는 성령님이 비둘기처럼 임하셨다(마 3:16). '구원'이라는 뜻을 가진 여호수아-엘리사-예수님이 함께 만난 곳에서 가나안으로 가는 길이 열렸지만(구약) 예수님은 천국을 여셨다(신약). 요단강은 '구원'이라는 주제의 지리적인 성취를 이루신 하나님의 계획이 숨 쉬는 땅이다. 당신의 구원은 어떻게 이루어졌는가?

02 여리고 정복에 앞서 하나님이 이스라엘에게 요구하신 것은 할례, 즉 성결이었다. 여호수아에게 명하여 발에서 신을 벗으라 한 것도 '거룩하라'는 명령이다(수 5:15). 이스라엘이 전쟁 전에 해야 할 최고의 준비는 '거룩'이었다. 우리가 할 수 있는 일은 아무것도 없다. 그러나 염려할 필요 없다. 전능하신 하나님이 우리와 함께하시기 때문이다. 그러므로 우리가 해야 할 일은 하나님이 일하시도록 준비하는 것뿐이다. 그분이 일하시는 광장은 '거룩'한 곳이다. 그래서 세례 요한도 먼저 회개의 세례를 전파했다. 예수님도 큰일을 앞두고 성전 청결을 하셨다. 하나님이 일하실 수 있도록 거룩하게 해야 할 부분은 무엇인가?

03 큰 성 여리고 전투에서는 이기고 작은 아이성 전투에서는 실패한 것은 하나님께 바쳐진 물건(헤렘)을 훔쳤기 때문이다(수 7:11). 사울왕도 신약의 부자 청년도 여리고 지역에서 물질을 하나님보다 더 중요하게 여기다 실패했다. 헤렘에 손을 대거나 의식하지 못하다 뒤늦게 깨닫고 후회한 적은 없는가?

---

04 아얄론 골짜기에 달이 머물고 기브온에는 해가 머물렀다(수 10:12). 예루살렘 연합군은 기브온을 칠 때나 북쪽 하솔왕 야빈 연합군을 칠 때나 모두 '갑자기' 공격하여 승기를 잡았다. 기회를 놓치지 말라. 뿐만 아니라 여호수아는 전투 중 시간이 부족함을 알고 해와 달이 머물게 해 달라는 전무후무한 기도를 했다. 하나님은 기도에 응답했을 뿐 아니라 아얄론 골짜기로 내려가는 벧호론 비탈길에서 우박을 내려 칼에 죽은 자보다 우박에 죽은 자가 많게 하셨다(수 10:11). 하나님은 스스로 돕는 자를 돕는다. 주신 기회를 선용하여 최선을 다하는 자로 살아가고 있는가? 지금이 은혜받을 만한 때요, 구원의 날이다(고후 6:2).

---

05 여호수아서의 반 이상은 정복한 땅의 분배 이야기다. 성장도 중요하지만 분배를 잘해야 상대적인 박탈감이 없다. 그러나 분배는 지파의 크기와 지도자의 역량에 따라 결정되었다. 유다 지파의 갈렙은 에서 후손인 그나스 족속으로 유다 지파에 양자로 들어온 사람이다. 그는 민수기 13장에서 정탐꾼의 사명을 잘 수행한 후 모세의 축복을 받고 땅 분배의 우선권을 가지게 되었다. 유다는 넷째 아들이었지만 갈렙은 선산이 있는 헤브론을 요구함으로써 장자의 권한을 얻었다. 그의 꿈은 요셉과 같이 이스라엘을 유대인으로 만드는 데까지 나아간다. 과거에 연연하지 않고 장자의 축복을 꿈꾸며 미래를 개척한 '개똥이'라는 뜻을 가진 갈렙의 꿈과 우리의 꿈을 비교해 보자.

---

# 사사기

## 개관

여호수아의 죽음과 함께 그가 우려한 일이 실제로 일어났다. 사사기 2장은 반복되는 악순환을 잘 표현하고 있다.

범죄

11 이스라엘 자손이 여호와의 목전에 악을 행하여 바알들을 섬기며…

징계

14 여호와께서 이스라엘에게 진노하사 노략하는 자의 손에 넘겨 주사 그들이
노략을 당하게 하시며 또 주위에 있는 모든 대적의 손에 팔아 넘기시매 그들

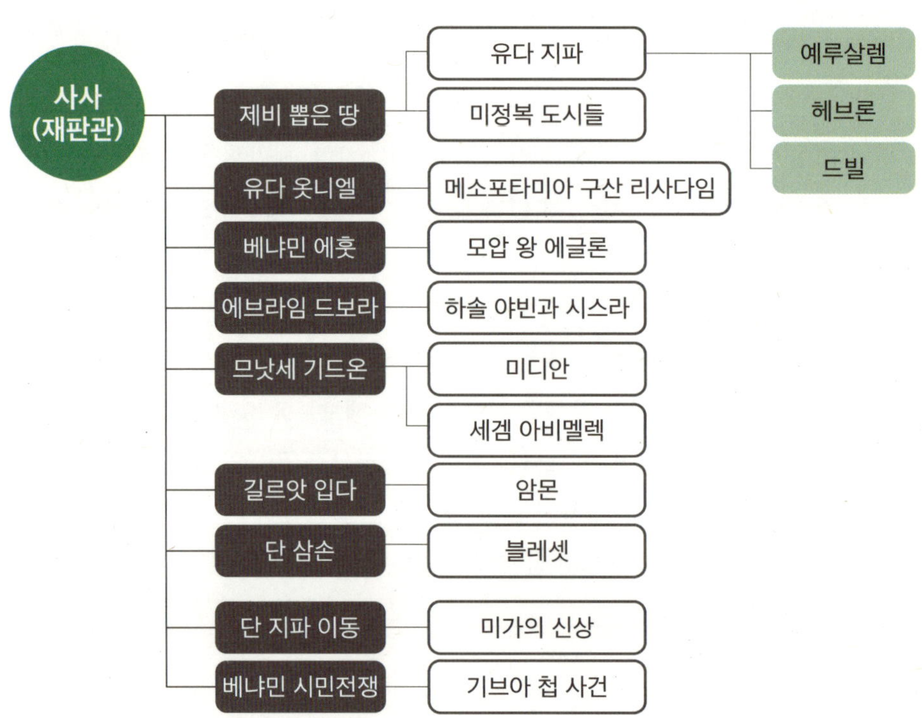

이 다시는 대적을 당하지 못하였
으며 15 그들이 어디로 가든지 여
호와의 손이 그들에게 재앙을 내
리시니 곧 여호와께서 말씀하신
것과 같고 여호와께서 그들에게
맹세하신 것과 같아서 그들의 괴
로움이 심하였더라

구원

18 여호와께서 그들을 위하여 사
사들을 세우실 때에는 그 사사와
함께하셨고 그 사사가 사는 날 동
안에는 여호와께서 그들을 대적
의 손에서 구원하셨으니 이는 그
들이 대적에게 압박과 괴롭게 함
을 받아 슬피 부르짖으므로 여호
와께서 뜻을 돌이키셨음이거늘

범죄

19 그 사사가 죽은 후에는 그들이
돌이켜 그들의 조상들보다 더욱
타락하여 다른 신들을 따라 섬기
며 그들에게 절하고 그들의 행위
와 패역한 길을 그치지 아니하였
으므로 3:1 여호와께서 가나안의
모든 전쟁들을 알지 못한 이스라
엘을 시험하려 하시며 2 이스라엘
자손의 세대 중에 아직 전쟁을 알
지 못하는 자들에게 그것을 가르
쳐 알게 하려 하사 남겨 두신 이
방 민족들은 삿 2:11-3:2

## 역대 **사사 알림표**

| 순서 | 지파 | 사사 | 침략 지배자 | 주요 행적 | 통치 기간 | 비고 | 성경 |
|---|---|---|---|---|---|---|---|
| 1 | 유다 | **옷니엘** | 메소포타미아 구산 리사다임왕 (8년) | | 40 | 사사기 패턴을 보여 줌 | 3:9-11 |
| 2 | 베냐민 | **에훗** | 모압왕 에글론(8년) | 모압왕을 칼로 죽임 | 80 | 왼손 | 3:12-30 |
| 2a | (이방인) | **삼갈** | 블레셋 | 소 모는 막대기로 600명 죽임 | | | 3:31 |
| 3 | 에브라임 | **드보라** | 가나안왕 야빈(20년) | 바락이 도움 | 40 | 여자 | 4:4-5:31 |
| 4 | 므낫세 | **기드온** | 미디안 | 300명의 군사 | 40 | 아들 70명 | 6:11-8:35 |
| | | **아비멜렉** | | 세겜에서 왕이 됨 | | | |
| 5 | 잇사갈 | **돌라** | | | 23 | | 10:1-2 |
| 6 | 므낫세 | **야일** | | 나귀 30 성읍 30 | 22 | | 10:3-5 |
| 7 | (길르앗 사람) | **입다** | 암몬 | 입다의 딸을 제물로 바침 | 6 | | 11:1-12:7 |
| 8 | 스불론의 베들레헴 | **입산** | | | 7 | 아들 30 딸 30 | |
| 9 | 스불론 | **엘론** | | | 10 | | |
| 10 | 에브라임 비라돈 | **압돈** | | 어린 나귀 70 | 8 | 아들 40 손자 30 | |
| 11 | 단 지파 소라 | **삼손** | 블레셋 (40년) | 소렉 골짜기의 들릴라와 연애 | 20 | 엔학 고레 | 13:2-16:31 |

* 노랑 바탕은 '대(大)사사'라 불리는 스토리가 있는 사사들이다.

사사기 저자는 그 땅이 하나님이 믿음을 시험하시는 곳임을 강조한다. 배교가 일어날 때 그 땅에 잔류하던 비(非)이스라엘계 족속의 압력이 시작되었다. 지파 공동체였던 이스라엘은 국가를 이루지 못하여 문제를 악화시켰다. 안타깝게도 이스라엘의 안전에 대한 위협이 고조됨에도 불구하고 정치 지도력이 부족하였다. 사실 내부적인 연합의 부재는 이스라엘의 가장 큰 약점이었다. 사사기 저자는 당시 상황을 이렇게 요약한다.

> 이스라엘에 왕이 없으므로 사람이 각각 그 소견에 옳은 대로 행하였더라
> 삿 21:25

사사기에 들어가기 전에 사사기 기자의 의도를 보는 것이 중요하다. 사사기야말로 지리가 얼마나 중요한가를 나타내는 대표적인 성경이다. 사사기는 연도 순서대로 기록된 성경이 아니라 지역별로 기록되었다. 사사기의 사건은 이스라엘 전체에서 일어난 게 아니다. 한 지파에 한정되어 일어난 사건이라는 점을 사사

**사사기 1:**
**사사들의 위치와 그 흐름**
사사들의 위치를 보면 시계 반대 방향으로 한 바퀴를 돈다. 사사기는 남-중-북, 동서로 지역별로 기록되어 있다.

의 출신과 행적을 정리해 보면 알 수 있다.

지도에서처럼 사사들의 순서를 연결해 보면 유다에서 시작하여 베냐민, 에브라임 산지, 이스르엘 골짜기, 길르앗 산지, 다시 이스르엘 골짜기 서쪽, 해안 평야를 거쳐 유다 산지 아래로 돌아온다. 이렇게 가나안 땅을 한 바퀴 도는 사사들의 흐름이 우연이라고 보기는 힘들다. 사사기 저자가 사사들의 위치를 결정하는 점을 보면 이스라엘 지리에 정통한 사람이고 그 배경에서 기록했음에 틀림없다. 이 같은 패턴은 요한계시록 일곱 교회를 기록할 때도 사용된다.

'역대 사사 알림표'에서 보듯 사사기에는 주요 인물이 13명 등장한다. 이중 삼갈은 그의 아버지 이름이 이방신인 '아낫'인 것으로 보아 이방인으로 보이고, 아비멜렉은 기드온의 연장선에 있기 때문에 두 명을 제외하면 총 11명의 사사가 등장한다고 볼 수 있다. 그중에서 인물에 따른 이야기가 있는 사사를 대(大)사사라고 부르는데 총 6명이다. 이들을 지리적으로 나눈다면 남쪽 산지의 옷니엘, 중앙 산지의 에훗, 갈릴리 산지의 드보라와 기드온, 동쪽의 입다, 서쪽의 삼손으로 분리하여 생각할 수 있다. 사사기 저자는 남부, 중부, 북부, 동부, 서부 순서로 각 지역의 문제를 해결한 대표적인 사사를 순서대로 소개하고 있다.

| | | | | | | | | | |
|---|---|---|---|---|---|---|---|---|---|
| 역사 | 연대 | **애굽 신왕조 시대**:<br>BC 15세기(애굽 바로 투트모세 3세, 1479-1425)<br>혹은 BC 13세기(람세스 2세, 1279-1213, 메르넵타 1213-1203) | | | | | | | |
| | 사건 | BC 15세기설-투트모세 4세(1401-1391)가 스핑크스 꿈의 비석 세움, 아크나톤 (1353-1336)이 유일신을 섬기고 아마르나문서에 가나안 갈등 기록.<br>BC 13세기설-람세스2세와 헷의 평화조약(1258), 메르넵타 비문에 이스라엘 언급, 블레셋 침략과 가나안 유입(람세스 3세, 1184-1153). | | | | | | | |
| 지리 | | 이스라엘 | 드빌, 여리고 | 다볼 산 앞 | 이스르엘 골짜기 | 길르앗 지역 | 소렉 골짜기 | 단 | 기브아 |
| 성경 | 장 | 1 | 3 | 4 | 6 | 10 | 13 | 17 | 19-21 |
| | 주제 | 미 정복 지역 | 옷니엘 에훗 | 드보라 | 기드온 아비멜렉 | 입다 | 삼손 | 미가신상 단 지파 이동 | 베냐민전쟁 |

사사기 개요

## 이집트 19왕조의 가나안 통치(BC 13세기)

### 강대국이 탐낸 해변길

여호수아가 이끄는 이스라엘군이 가나안을 정복하기까지 상당한 시간이 소요

투탕카멘(BC 1336-1327)의 무덤에서 발견된 이집트인의 병거

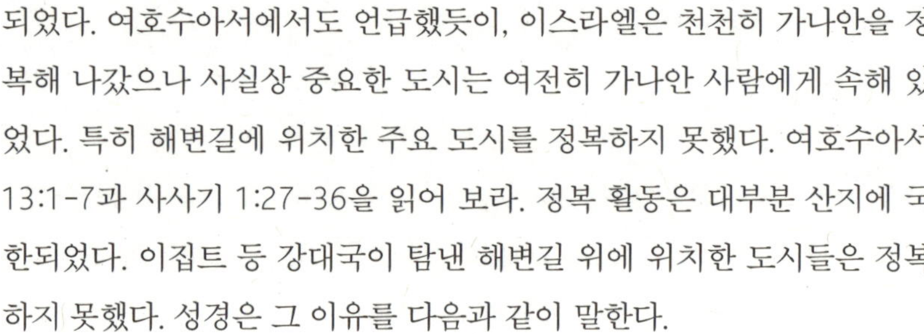

되었다. 여호수아서에서도 언급했듯이, 이스라엘은 천천히 가나안을 정복해 나갔으나 사실상 중요한 도시는 여전히 가나안 사람에게 속해 있었다. 특히 해변길에 위치한 주요 도시를 정복하지 못했다. 여호수아서 13:1-7과 사사기 1:27-36을 읽어 보라. 정복 활동은 대부분 산지에 국한되었다. 이집트 등 강대국이 탐낸 해변길 위에 위치한 도시들은 정복하지 못했다. 성경은 그 이유를 다음과 같이 말한다.

> 그가 산지 주민을 쫓아내었으나 골짜기의 주민들은 철병거가 있으므로 그들을 쫓아내지 못하였으며 삿 1:19

당시 철병거는 이스라엘이 골짜기나 해안 평야로 진출하는 데 가장 큰 걸림돌이었다. 이제 막 출애굽한 이스라엘은 청동기를 사용하는데, 블레셋과 가나안은 철기를 사용하고 있었다. 청동기 문화와 철기 문화가 대결할 때 그 승패는 자명하다. 철병거 군대를 하나님의 특별한 은혜 없이 이스라엘이 자력으로 무찌르기는 버거웠다. 사사기 4, 5장에 나타나는 드보라 사건에서 보겠지만 철병거 부대를 이기는 일에는 하나님의 특별한 개입이 필요했다.

여호수아의 정복 활동 기간에도 이집트는 가나안에 관심을 기울였다. 투트모세 3세의 원정 후 이집트는 아크나톤의 종교 분쟁을 치르며 대외 정책을 펼칠 수 없었던 까닭에 가나안의 통제가 인정되는 수준에 만족했다. 그러나 제19왕조가 들어서면서 다시 해변길을 따라 가나안 원정을 시도했다.

투트모세 3세가 원정해서 정복한 도시 명단(이집트 카르낙 신전)

## 어느 길로 가나안을 점령했나?

이집트왕 메르넵타는 해변길과 가나안 북쪽의 접근로를 통제하려 했다. 다음 지도에는 하솔을 경유하는 해변길(빨간색)과 므깃도에서 서쪽으로 향하여 악고를 경유해서 두로까지 가는 도로와 요단 동편을 향하여 벧산을 거쳐 요단강을 넘어 왕의 대로까지 가는 도로가 덧붙여 있다. 두 도로가 습지와 계곡, 강, 산지를 넘거나 피해 가는 것에 주목하라(입체지도 참고).

해변길과 왕의 대로
(빨간색 선)

BC 15세기와 13세기에 이루어진 이집트의 투트모세 3세, 세티 1세, 람세스 2세, 메르넵타의 원정은 성경의 일부 역사와 겹친다. 이집트 군대는 여호수아가 가나안에 입성하는 시기에 해변길을 지나거나 정복전쟁을 하고 있었다. 그러나 여호수아서와 사사기는 이 시대를 배경으로 하면서도 그런 이야기에 대하여는 침묵한다.

## 화약고 이스르엘 골짜기

이집트 군대는 여호수아가 가나안에 입성하는 시기에 해변길을 지나거나 정복전쟁을 하고 있었다.

이집트 19왕조가 가나안을 원정할 때마다 빼놓을 수 없는 분쟁 지역이 이스르엘 골짜기다. 이미 투트모세 3세의 전쟁을 살펴보면서 갈멜산의 3개 통로에 대하여 언급하였다. 이제 이집트 세티(Seti) 1세의 정복전쟁 때 사용된 벧산에서 요단 동편에 이르는 도로를 살펴보자. 므깃도-벧산 사이의 도로는 수넴이 있는 하롯 계곡을 경유하여 벧산으로 연결된다. 하롯 계곡은 길보아산과 모레산 사이에 위치한다.

세티 1세의 정복 기록(이집트 카르낙 신전)

## 벧산에 승패가 달려 있었다?

이집트가 벧산을 관할한다는 것은 요단 동편까지 관심을 가졌다는 의미다. 페헬(Pehel)과 하맛(함맛, Hamath)은 이집트와 이에 동조하는 가나안에 대항하여 벧산을 포위하였다. 이를 좌시할 수 없던 세티 1세는 정치, 경제적으로 압력을 가하다가 결국 군사를 동원하여 르홉(Rehob)을 쫓아내고 벧산을 점령하였다. 몇 세기 전 투트모세 3세와 같이 해변길을 이용하여 가나안 북쪽에 대한 통제권을 견고하게 한 것이다. 동시에 더 멀리 원정하기 위한 발판으로 삼았다. 벧산에서 발견된 세티 1세의 비문에서 대륙 간지를 원정한 이집트의 모습을 잘 볼 수 있다. 이 원정은 여호수아서와 사사기의 사건과 모두 관련 있다.

옷니엘 사건과 하솔왕 야빈의 사건에서 알 수 있듯이, 여호수아의 정복 활동과 사사기의 사건은 어느 정도 맞물려 일어났다. 드보라 사건과 기드온 사건은 벧산과 므깃도의 중요성을 보여 준다. 사론 평야에서 올라가는 해변길이 이스르엘 골짜기에서 요단 동편 도로로 어떻게 갈라져 가는가 지도를 보라(입체지도 참조). 창세기에서 요셉을 산 이스마엘 상인의 여정을 살펴보면, 므깃도나 벧산은 가나안 북쪽의 정치, 경제적 요충지였다.

벧산은 납달리, 잇사갈, 아셀, 단 지파가 위치한 북쪽 갈릴리 산지와 남쪽 요셉과 유다 지파가 있는 중앙 산지를 이어 주는 연결고리였다. 가나안과 블레셋은 이스르엘 골짜기에서 벧산으로 이어 주는 하롯 골짜기를 정복하여 이스라엘이 하나 되지 못하게 방해했다. 이스라엘의 초대 왕 사울은 벧산을 차지하고 있던 블레셋을 공격하다가 목숨을 잃었다(지도 사무엘상 2 참조). 같은 도로에서 다윗 왕조와 마카비/하스모니아 왕가의 유대 민족주의와 영토 확장이 저지당하기도 했다. 로마 또한 이 점을 이용하여 벧산을 이방인의 도시인 데가볼리로 만들어 이스라엘이 하나 되지 못하게 하였다.

이스라엘이 해변길을 따라 분열을 획책하는 외부 세력의 방해를 이기고 통일 국가를 이루기 위해선 지파 간의 하나 됨, 내부적인 결속이 필수적이었다. 드보라의 전쟁은 이런 점을 잘 보여 준다.

## 여기서, 묵상

하나님이 우리에게 말씀하시는 방식 중 하나가 역사다. 역사를 통해 우리에게 교훈하신다. 이스라엘은 수많은 적들 때문에 분열되어 하나 되지 못했다. 사탄의 전략 중 하나가 하나 된 하나님의 백성을 분열시키거나 분열된 나라를 하나 되지 못하게 하는 것이다. 앞으로 드보라, 블레셋 전쟁 등에서 이런 시도들을 무수히 보게 될 것이다. 교회와 가정, 공동체에서 분열을 일으키려는 모든 세력은 사탄의 시도라는 사실을 명심하라.

지도 그리기

사사기 1

부록에서
지도를 찾아
그리세요

| 옷니엘: 남부 분쟁 |

# 갈렙이 꿈꾼 남쪽 지역을 평정하다

**성경** 사사기 1-2장, 3:7-11 **연대** BC 13-11세기

**역사적 배경** 애굽 19왕조 메르넵타와 세티 1세의 가나안 정복전쟁

**핵심 본문** 사사 옷니엘의 사역

**지도** 사사기 2

사사기의 배경은 여호수아서와 중복된다. 여호수아서 15장부터 이어지는 도시 목록은 이스라엘이 정복하지 못한 도시와 깊은 관련이 있다(삿 1장).

사사(쇼펫)는 '재판관'이라는 뜻이다. 사사는 위기에 하나님께서 임명하시는 사람으로 일시적으로 지도자가 되었다. 사사기에서는 대(大)사사 6명인 옷니엘, 에훗, 드보라, 기드온, 입다, 삼손만을 자세히 언급하고 있다. 나머지 소(小)사사는 이름과 통치 기간, 지파 등만 기록하고 있다.

언급했듯이 사사기는 역사 순서가 아니라 지역 순서로 서술되어 있다. 지역은 지파 혹은 가문이 거주하는 땅이다. 사사기의 마지막 사건으로 베냐민 전쟁이 언급되는데 이 사건에 아론의 손자 비느하스가 등장한다. 비느하스가 등장하는 것을 보면 베냐민 시민전쟁은 여호수아 사후 얼마 되지 않은 시기에 일어난 것으로 볼 수 있다. 이 하나만 보아도 연대별이 아닌 지역별 기록임을 알 수 있다.

아람
므낫세 반
긴네렛
납달리
베니게
잇사갈
스불론
아셀
므낫세
에브라임
베냐민
갓
르우벤
암몬
모압
염해
유다
단
시므온
블레셋
대해(지중해)

## 제비 뽑은 땅 삿 1장

여호수아 4
파란선으로 표시된 곳이 정복하지 못한 도시다.

### 예루살렘: 유다와 에브라임 지파 간 분열의 상징

첫 사사 옷니엘을 다루기 전에 서두에서 많은 문제를 설명한다. 가나안을 분배할 때 지방명과 지파 이름을 혼용하였다. 지파는 씨족 사회인 이스라엘의 특징이다. 유다 지파와 에브라임 지파가 남북에서 각각 주도권을 잡고 중간에 베냐민이 완충지대 역할을 한다. 최북단에는 5개 지파(납달리, 단, 잇사갈, 아셀, 스불론)가 몰려 있어서 '그 땅'이라는 이름의 '갈릴리'로 불렸다. 요단 동편의 르우벤, 갓, 므낫세 반 지파가 있는 땅은 길르앗으로 불렸다. 이런 이름은 행정구역으로도 사용되곤 했다.

가나안 시대의 예루살렘성벽으로 기반석 위에 위치해 있다(예루살렘 동쪽 성벽).

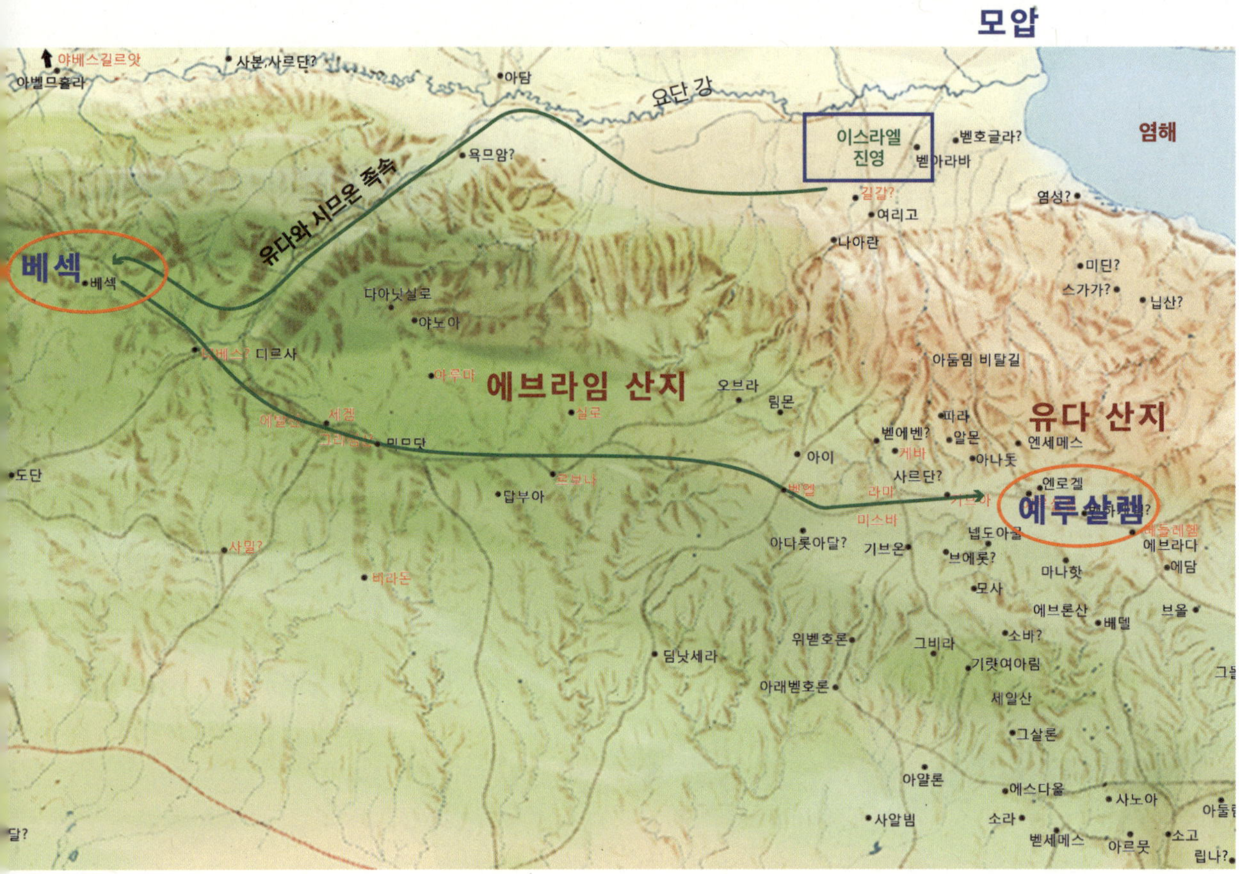

유다와 시므온 지파가 연합해 아도니 베섹을 죽인다.

여호수아서가 가나안을 정복하고 분배하는 시간을 다루었다면, 사사기는 각 지파가 분배받은 땅에 뿌리 내리는 시간을 다룬다.

사사기 1장에는 여호수아가 죽은 후 이스라엘 연합이 남은 일을 처리하는 장면이 나온다. 가나안 정복 활동은 크게 세 부분으로 진행되었다. 아이성을 치면서 중부, 예루살렘을 치면서 남부, 하솔왕을 치면서 북부를 정복하였다. 그런데 중북부의 베섹을 남겼다. 이곳을 유다 지파와 시므온 지파가 힘을 합쳐 친다. 그들은 만 명의 가나안 군대를 물리치고 가나안왕 아도니베섹을 예루살렘까지 추격하여 죽인다. 이미 살펴보았듯이 이것이 정복 초기에 벌어진 일이라면 요단강으로 올라가 베섹을 거쳐 남쪽으로 진격하고 세겜 에발산에 이르는 경로는 '가나안 입성식'과 관련이 있다.

**서쪽에서 바라본 힌놈의 골짜기**
왼쪽 언덕은 예루살렘성 쪽이고 오른쪽 아래가 힌놈의 골짜기다. 베냐민과 유다의 경계다.

예루살렘은 작은 성이다. 성 아래 힌놈의 골짜기가 베냐민과 유다 지파의 경계다. 그런데 이상한 점이 있다. 사사기 1:8에서는 유다가 예루살렘을 정복한 것으로 나오는데 사사기 1:21에서는 베냐민 지파가 정복하지 못한 도시 명단에 예루살렘이 언급되어 있다. 여기에는 특별한 이유가 있었던 것으로 보이는데, 유다가 경쟁 관계이면서 견제하는 세력이던 에브라임의 눈치를 보았던 것 같다. 그때까지만 해도 에브라임 지파가 판세를 주도하면서 베냐민 지파에까지 영향을 행사했다. 이는 사무엘상에서 '에브라임 산지 라마다임소빔에 엘가나라는 사람이 있으니'라는 말씀에서 보듯 원래 라마는 베냐민 지경의 중심 도시였음에도 불구하고 '에브라임 산지'라 부르는 점을 보면 알 수 있다.

유다가 정복한 예루살렘을 에브라임 지파가 경계를 어겼다며 반환을 요구했다면 유다가 내주었을 것이라 생각된다. 유다가 빠진 자리를 여부스 족속이 잽싸게 꿰찼다. 뒤늦게 도착한 베냐민 지파는 여부스를 정복하기보다는 예루살렘을 유다와 에브라임의 완충지대(buffer zone)로 남겨 두게 되었고, 이런 틈을 타 베냐민 접경에 여부스 족속이 자리 잡게 되었다.

예루살렘은 평화를 뜻하는 '살롬'과 마을이라는 '예루'가 합쳐진 것으로 '평화의 마을'이다. 그러나 예루살렘은 도리어 유다 지파와 에브라임 지파 간의 분열의 상징이다. 다윗은 이 갈등관계를 깨고 예루살렘을 수도로 삼은 뒤 북쪽과 남쪽을 연결하는 고리로 삼았다.

이집트인의 병거(카르낙 신전)

**투트모세 4세 장제전의 블레셋인**
해양민족인 블레셋은 그레데에서 출발하여 이집트로 왔다가 가나안 쪽 해안에 정착했다.

**궁금해요**

## 사사기 1장과 3장의 블레셋

유다 지파가 블레셋(팔레스타인) 지경을 차지했다고 사사기 1:18은 증언하고 있다. 그런데 3장에서는 블레셋의 다섯 군주를 차지하지 못했다고 한다. 블레셋은 에그론, 가드, 아스돗, 아스글론, 가사 5개의 도시 연합체다. 1장과 3장이 다른 이유는, 그레데(성경에서는 갑돌)에서 출발한 해양 민족이 새로운 블레셋으로 등장했기 때문이다. 그레데에서 출발한 해양 민족은 헷 왕국과 이집트로 갔다. 헷 왕국은 이들 때문에 무너졌고, 이집트는 힘겹게 막으며 가나안 땅으로 이들을 유인했다. 해양 민족은 블레셋 땅으로 갔고, 여기에 정착했다. 블레셋은 철공을 보유하고 있었기 때문에 이스라엘에게 위협이 되었다(삼상 13:19).

## 미정복 도시들: 철병거 때문에 포기하다

유다가 먼저 남쪽 산지를 차지하고 나머지는 시므온에게 준다. 사사기 1:27-36에는 각 지파가 차지하지 못한 땅 목록이 나와 있다. 지도 여호수아 4에 파란색 밑줄로 표기한 도시들이 그 목록이다. 므낫세 지파는 이스르엘 골짜기 거민을 쫓아내지 못했다. 에브라임은 게셀, 단은 헤레스산 등지를 차지하지 못했고, 유다는 평지를 차지하지 못했다. 평지 사람이 철병거를 가지고 있었기 때문이다. 이스라엘은 철기 문화가 아니라는 약점이 있었으나 이를 해결한 사람이 다윗이다.

**바위 틈새의 가시**
가나안은 더운 날씨로 인해 가시 식물이 많다.

## 불순종이 만들어 낸 가시

이스라엘이 주변에 이방 민족을 두게 된 계기는 결국 불순종 때문이지만 한편으로 하나님께서 이들을 도구로 사용하기 위함이기도 했다. 이스라엘이 모여 통곡한 장소인 보김은 벧엘이나 근처 미스바(=알론바굿, 창 35:8) 등이 후보지이나 확실한 곳은 어디인지 알 수 없다.

> 3 그러므로 내가 또 말하기를 내가 그들을 너희 앞에서 쫓아내지 아니하리니
> 그들이 너희 옆구리에 가시가 될 것이며 그들의 신들이 너희에게 올무가 되
> 리라 하였노라 4 여호와의 사자가 이스라엘 모든 자손에게 이 말씀을 이르매
> 백성이 소리를 높여 운지라 5 그러므로 그곳을 이름하여 보김이라 하고 그들
> 이 거기서 여호와께 제사를 드렸더라 삿 2:3-5

**드빌성**
남쪽 언덕 중간에 자리한 드빌을 확보하는 일은 헤브론의 안전과 직결되었다.

## 유다 옷니엘: 드빌과의 전쟁에서 승리 삿 3:7-11

사사는 이스라엘 전체가 아니라 분쟁이 일어나는 지역의 지파를 다스렸는데, 옷니엘이 사사로 있던 곳은 유다 지파와 그 주변으로 북쪽 갈릴리까지 통제하지는 못했다. 옷니엘은 사사기 사이클(범죄-간구-구원-평화-범죄…)의 모델이다.

> 7 이스라엘 자손이 여호와의 목전에 악을 행하여 자기들의 하나님 여호와를
> 잊어버리고 바알들과 아세라들을 섬긴지라 8 여호와께서 이스라엘에게 진노
> 하사 그들을 메소보다미아왕 구산 리사다임의 손에 파셨으므로 이스라엘 자

손이 구산 리사다임을 팔 년 동안 섬겼더니 9 이스라엘 자손이 여호
와께 부르짖으매 여호와께서 이스라엘 자손을 위하여 한 구원자를
세워 그들을 구원하게 하시니 그는 곧 갈렙의 아우 그나스의 아들
옷니엘이라 삿 3:7-9

헤브론 지역의 포도원
헤브론은 해발 1000m 지역으로 샘이 많아 포도원이 잘된다. 갈렙은 이 지역을 소망한 뒤 45년 만에 차지한다.

옷니엘은 이미 여호수아서 15:13-19에 나오는 드빌과의 전쟁에서 활약한 인물이다. 옷니엘 생전에 메소포타미아왕 구산 리사다임이 와서 유다 지경을 다스렸다. 북쪽 메소포타미아왕이 어떻게 왔고 어디에 중심을 두고 다스렸는지를 알려 주는 지리 정보는 없다. 그러므로 유다 지경을 자세히 알아보는 것으로 사사 옷니엘에 관한 주제는 넘어갈까 한다.

## 드빌 점령: 헤브론과 브엘세바 사이를 잇다

에브라임-베냐민-유다 산지의 벧엘에서 헤브론을 경유해 브엘세바까지 이어지는 도로는 산지 능선을 가로지르며 동쪽과 서쪽으로 배수로를 내면서 골짜기를 만든다. 남쪽에서는 유다가 도로의 대부분을 통제하기 때문에 '유다 능선 도로'(Judean Ridge Route) 혹은 '족장의 도로'라

사사기 2:
유다 산지의 초기 상황과 옷니엘
유다 자손은 예루살렘, 헤브론, 드빌을 차례로 점령한다. 헤브론은 갈렙이 점령하고, 드빌은 옷니엘이 차지한다. 옷니엘은 갈렙의 딸 악사를 아내로 맞이하고 더불어 윗샘과 아랫샘을 받는다.

/
**물맷돌 군대**
앗수르 산헤립에게 물맷돌 군대가 있었다.(라기스 전투, 대영박물관)

//
언덕 아래 도로의 건너편 왼쪽이 가룟 유다의 고향인 그리욧이다.

///
그리욧 표지판

불린다. 이 길에서 산지의 대표 도시는 헤브론이다. 헤브론은 남쪽 네게브(남방) 지역과 밀접한 관련이 있다.

헤브론은 기름지고 포도 경작지로 둘러싸인 남부 산지의 거점 도시다. 그것은 족장과 관련된 사건(지도 창세기 2와 창세기 3)과 모세가 보낸 정탐꾼 이야기(지도 민수기 1)에서도 소개되었다. 여호수아와 갈렙의 대화에서 헤브론의 매력이 드러난다. 갈렙은 여호수아에게 요구한 헤브론을 차지함으로써 헤브론과 브엘세바 사이를 통제했다. 갈렙은 딸 악사와 결혼시키겠다는 약속까지 하며 점령하기를 원한 드빌(Debir)과 멀리 남쪽까지 차지할 권리를 가졌다. 옷니엘은 드빌을 차지하여 헤브론과 브엘세바에 이르는 징검다리를 놓음으로써 갈렙의 꿈을 성취했다. 후에 다윗이 네게브의 아말렉을 물리치면서 갈렙이 꿈꾼 남쪽 지역을 평정한다.

> **8** 유다 자손이 예루살렘을 쳐서 점령하여 칼날로 치고 그 성을 불살랐으며 **9**
> 그 후에 유다 자손이 내려가서 산지와 남방과 평지에 거주하는 가나안 족속
> 과 싸웠고 **10** 유다가 또 가서 헤브론에 거주하는 가나안 족속을 쳐서 세새와
> 아히만과 달매를 죽였더라 헤브론의 본 이름은 기럇 아르바였더라 **11** 거기서
> 나아가서 드빌의 주민들을 쳤으니 드빌의 본 이름은 기럇 세벨이라 삿 1:8-11

**지도 그리기**

**사사기 2**

**부록에서 지도를 찾아 그리세요**

헤브론은 해발 1020m이고 네게브 아랏은 550m다. 입체 지도를 보면 알 수 있듯이 헤브론과 십, 갈멜로 이어지는 능선길이 아랏으로 가면서 갑자기 급경사를 만난다. 이 급경사 아래에 자리한 마을이 가룟 유다의 고향으로 추정되는 그리욧이다. 브엘세바는 헤브론에서 드빌로 조금 완만하게 이어지는 경사지로 해발 300m 지역에 위치한다.

헤브론의 서쪽 도로는 가파른 능선을 따라 쉐펠라(해발 400m 정도)로 내려간다. 헤브론의 북쪽 벧술(Beth-zur)을 경유하는 도로는 쉐펠라의 엘라 골짜기로 내려간다. 헤브론에서 동쪽 도로는 존재하지 않는데, 이는 유다 광야가 펼쳐져 있고 염해 앞에는 절벽에 가까운 암벽이 있기 때문이다. 유다 광야는 무역과 여행을 위해 지나가기에는 적합하지 않기에 헤브론은 요단 동편 왕의 대로와 잘 연결되지 않는다.

그러나 베냐민과 단의 영토는 해변길에서 요단 동편까지의 연결이 유다 산지 남부보다 훨씬 더 편리하다. 베냐민 지경은 서쪽(기브온 도시와 아얄론 골짜기를 경유해서 해변길까지)과 동쪽(여리고를 경유하여 요단 동편 왕의 대로까지)으로 팽창하기 위한 중요한 곳이었다. 따라서 이 땅에서 전쟁이 자주 일어날 수밖에 없었고 대부분의 베냐민 사람들은 전쟁에 익숙한 군사들이었다.

> 이 모든 백성 중에서 택한 칠백 명은 다 왼손잡이라 물매로 돌을 던지면 조금도 틀림이 없는 자들이더라 삿 20:16

그런 점에서 야곱의 예언은 놀라울 정도로 정확하다.

> 베냐민은 물어뜯는 이리라 아침에는 빼앗은 것을 먹고 저녁에는 움킨 것을 나누리로다 창 49:27

## 이름에서 배우는 **히브리어 2**

창세기부터 말라기까지, 때로 신약성경까지 1만 6500개의 히브리 단어가 나온다. 그중 3600개가 인명이며 나머지가 지명이다. 힘들고 지루하게 느껴지지만 이 인명과 지명이 생소한 히브리어에 입문하는 통로가 될 것이다. 사사기 1장에 언급된 지명을 통해 히브리어 단어의 맛을 느껴 보자.

| 히브리어 | 이름 | 뜻 |
|---|---|---|
| יְהוֹשֻׁעַ | 여호수아 | 여호와는 구원이시다. 여호와의 약자인 '여호'와 구원이라는 예슈아יְשׁוּעָה가 합쳐진 이름이다. |
| אֲדֹנִי־בֶזֶק | 아도니베섹 | 섬광의 주. 주님이라는 '아도니'와 번쩍임을 뜻하는 '베젝'이 결합된 이름이다. |
| עָתְנִיאֵל | 옷니엘 | 하나님의 사자. 사자라는 뜻의 '오텐'과 하나님이라는 '엘'이 합쳐진 이름이다. |
| יְרוּשָׁלַם | 예루살렘 | 다양한 뜻이 있다. 살렘은 '살롬'에서 왔고 예루는 도시라는 '이르'에서 왔다는 주장과 '근원을 놓다'. 가르치다'는 '예로 ירה'에서 왔다는 의견이 있다. |
| חֶבְרוֹן | 헤브론 | 큰 연합. 연합하다는 '하바르'와 친구라는 '하베르'에서 온 강조형이다. |
| קִרְיַת אַרְבַּע | 기럇아르바 | 넷의 마을. 마을이라는 뜻의 '기럇'과 4를 뜻하는 '아르바'가 합친 이름이다. |
| 동물 이름이 많이 나온다. | | |
| כָּלֵב | 갈렙 | '개'라는 '케레브'에서 온 이름이다. |
| עַקְרַבִּים | 아그랍빔 | '전갈'이라는 뜻이다. |
| אַיָּלוֹן | 아얄론 | 숫양이라는 '엘'의 강조형이다. |

-《이름에서 배우는 구약성경 히브리어 단어》, 그리심, 2010

| 에훗: 중부 분쟁 |

# 약한 자가 강하게 되다

**성경** 사사기 3:12-30 **연대** BC 13-11세기

**역사적 배경** 애굽 19왕조 메르넵타와 세티 1세의 가나안 정복전쟁

**핵심 본문** 모압왕 살해로 평화 이룬 에훗

**지도** 사사기 6

## 침략자의 길이 되어 버린 메드바 고원

먼저 전체 배경을 보기 위하여 지도 여호수아 4를 보라(부록 지도 그리기를 보라). 오른쪽 모서리의 모압은 메드바 고원(Medeba Plateau, 대체로 르우벤 지파가 정착)으로 세력을 뻗쳤다. 그리고 결국 요단강을 넘어 베냐민 지파의 땅 여리고를 점령한다. 이 위협은 서쪽에서 증가하는 블레셋의 압력처럼 심각한 것이었다.

지도 여호수아 4에서 보듯 르우벤 지파는 메드바 고원에 자리 잡았다. 이 고원은 두 가지 면에서 중요하다. 첫째 요단 동편 왕의 대로를 포함했고, 둘째 서쪽 요단 계곡을 경유하여 여리고와 중앙 산지로 진출하기 위한 전략적인 무대다. 메드바 고원의 역할은 이스라엘이 가나안으로 입성할 때도 발휘되었다(지도 신명기 1 참조). 모세는 메드바 고원의 요충지인 비스가(Pisgah)에서 이스라엘이 여호와 하나님을 잊는다면 그들이 사용한 도로가 되레 침략자의 길이 되리라는 간접적인 경고를 했다(신 8:19-20).

헤스본에서 바라본 메드바 평원

## 베냐민 지역 여리고: 중요한 전략적 장소

베냐민 지역은 전략적으로 중요하기 때문에 종종 주변 세력의 침입과 분쟁의 무대가 되곤 했다. 그중 한 사건이 요단 동편에서 암몬과 아말렉의 협조를 얻은 모압의 공격이었다. 성경에서 '종려나무 성읍'이라고 말한 여리고는 베냐민, 에브라임/므낫세, 유다로 가는 산지의 후문(後門) 역할을 했다. 이스라엘 자손은 이것을 알았기에 여리고를 가나안 정복의 교두보로 삼았다. 따라서 같은 길로 온 모압의 공격은 이스라엘 안전을 위해 결코 좌시할 수 없는 일이었다.

그런데 왜 이처럼 중요한 전략적인 장소가 더 강한 지파에 속하지 못하고 베냐민에 포함되었는가? 강한 에브라임과 유다 지파에 속하기보다는 이들 간의 힘의 균형을 위한 완충지대로 사용되는 게 더 합리적이라 여겨졌기 때문이다. 그런 여리고를 모압이 점령했고 이것이 산지 지파들에게 어떤 영향을 미쳤는가는 충분히 예상할 수 있다. 이스라엘은 모압왕 에글론에게 18년 동안 고초를 겪었다(삿 3:14). 모압 족속도 이스라엘처럼 여리고의 전략적 가치를 알고 이스라엘 착취의 전초 기지로 삼았다. 역으로 몇 세기 후 이스라엘의 아합왕은 여리고를 모압을 다스리기 위한 전초기지로 사용했다.

## 베냐민 에훗: 이스라엘의 안중근 삿 3:12-30

다소 부족해 보이는 '오른손을 못 쓰는' 베냐민 출신의 사사 에훗은 에글론에 대항했다. 그는 자신의 지파와 산지 공동체가 모압왕에게 계속 휘둘리는 것을 두고 볼 수 없어 왕을 암살할 계획으로 모압왕을 찾아갔다. 우리나라의 안중근 의사와 같다고 할까? 모압왕에게 세금을 바치는 척하면서 취한 에훗의 행동은 사사기 3:12-30에 흥미롭게 전개되어 있다. 여리고는 해저 220~250m 지점에 위치하고 있어 매우 덥다. 이런 이유로 바람이 잘 통하는 다락방이 등장한다.

에훗은 오른쪽 허벅지에 숨겨 놓은 칼로 모압왕을 찔렀다. 한 규빗 되는 칼의 끝이 비둔한 자의 등 뒤까지 들어갔으니 얼마나 세게 찔렀는지 알 수 있다(삿 3:17-22). 왕의 신하들이 생각한 '발을 가리우다'는 표현은 아마 용변과 관련 있을 것이다. 에훗은 왕을 죽이는 데 성공했으나 모압을 그 지경에서 몰아낼 힘은

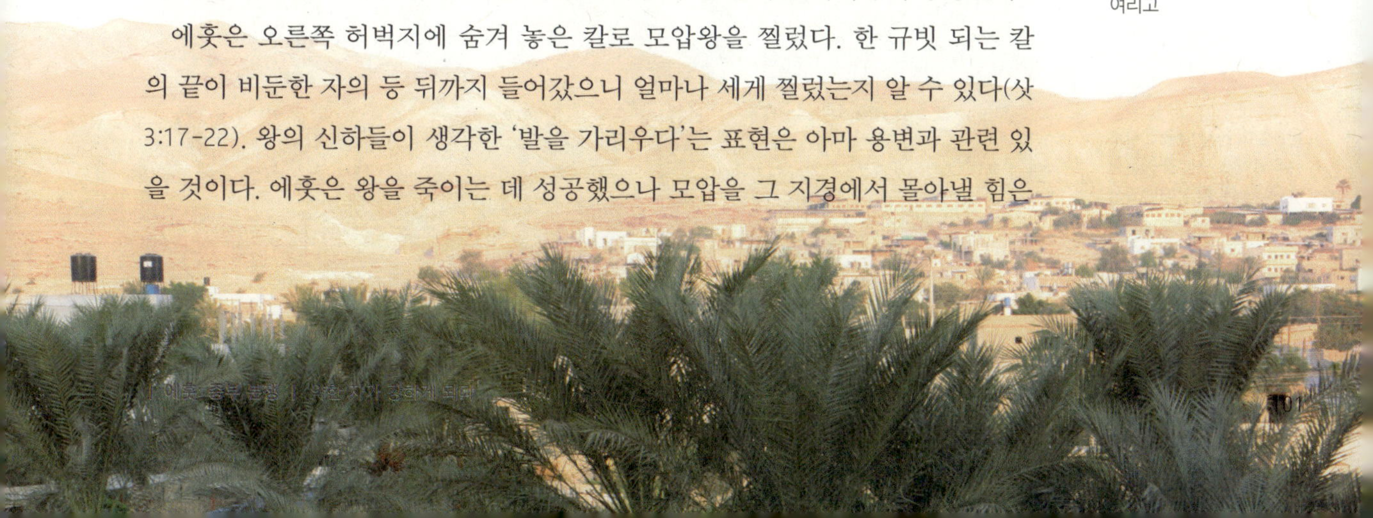

종려나무 성읍으로 불리던 여리고

없었다. 그래서 에브라임 산지의 지파들(베냐민 지파와 에브라임 지파, 므낫세 지파)에게 도움을 청했다. 왕이 죽었다는 소식을 들은 에브라임 산지 사람들은 모압을 추격하여 요단강 나루로 갔다. 이곳에서 자신의 고향으로 도망가려는 모압 사람 1만 명을 죽였다. 부족한 자였고 가장 약한 지파 출신이었지만 에훗은 모압을 굴복시켰고, 사사 중 가장 오랜 기간인 80년간 지역의 평화를 유지하였다.

## 여기서, 묵상

에훗은 베냐민 사람이다. 베냐민은 에브라임과 유다 사이에 낀 약한 지파다. 에훗을 묘사할 때 왼손잡이라 했는데 이는 '오른손을 못 쓰는 사람'으로 당시는 장애인 취급을 받았다. 이렇듯 약한 사람이 왕을 죽이고 모압을 몰아낸 뒤 80년간 평화의 시대를 열어 갔다. 사사 시대에 이토록 긴 평화를 유지한 때가 없었다. 약한 자를 들어 강한 자를 부끄럽게 하시는 하나님이다(고전 1:27).

**왼손잡이 사사 에훗의 사역**
여리고에서 모압왕 에글론을 죽인 에훗이 에브라임 산지에 도움을 청한다. 이들은 요단강 나루터에서 만 명의 모압인을 죽였다.

| 드보라와 바락: 북부 분쟁 |

# 시대를 이끈 위대한 여인들

**성경** 사사기 4-5장 **연대** BC 13세기 혹은 12세기

**역사적 배경** 애굽 19왕조 메르넵타와 세티 1세의 가나안 정복전쟁

**핵심 본문** 드보라와 바락이 시스라가 이끄는 가나안군을 이김, 야엘이 시스라를 죽임

**지도** 사사기 3

## 전쟁 배경: 하솔왕 야빈이 이스라엘을 괴롭히다

사사기의 사이클대로 이스라엘은 다시 여호와 앞에 악을 행한다. 그 결과 이미 정복한 하솔왕 야빈이 다시 힘을 얻어 이스라엘을 괴롭힌다. 하솔은 분명히 갈릴리 산지, 그것도 이스르엘 골짜기에서 42km가 넘는 거리에 위치한다. 과거 하솔은 산지에서 연합군을 모으다 여호수아군에 정복을 당했다. 그러나 다시 일어나 산지가 아닌 골짜기에서 이스라엘을 무력화시켰다.

미스바에 위치한 상수리나무
야곱은 이곳에서 유모 드보라를 잃고 알론바굿이라 하였고, 사사 드보라는 그 이름을 받았다.

산지에서는 강하던 이스라엘이 평야와 같은 이스르엘 골짜기에서는 힘을 쓰지 못했다. 왜냐하면 가나안 군대에게는 '철병거' 900대가 있었기 때문이다. 이스라엘은 청동기 문화였지만 적들은 철기문화였다. 이스라엘이 한 번에 몰아붙일 땐 승리할 수 있었지만, 유목민 생활을 하며 흩어져 살 때는 도시들을 점령하기 어려웠다. 결국 이스라엘은 20년간 하솔왕 야빈의 군대장관 시스라에게 농락당했다(삿 4:1-3). 사사기 5:6-8은 가나안군이 이스르엘 골짜기를 통제함으로써 발생한 북쪽 이스라엘의 어려움에 대하여 언급한다.

대로가 비었고 길의 행인들은 오솔길로 다녔도다 삿 5:6

갈릴리 산지 남쪽과 에브라임 산지 북쪽에 위치한 이스르엘 골짜기가 점령당하자, 갈릴리 5개 지파와 남쪽 중앙 산지의 에브라임, 므낫세, 베냐민, 유다, 시므온 지파 간에 상호 관계가 끊어지고 말았다.

이때 하나님께 부름 받은 사사가 드보라다.

## 에브라임 드보라: 전쟁을 이끈 지혜로운 리더 삿 4-5장

드보라는 벧엘과 라마 사이인 미스바에 머문 여인이었다. 이 지역은 베냐민 지파 땅이지만 요셉, 특히 에브라임 지파와 베냐민 지파의 경계 지역이었다. 그러므로 추정하기로는 드보라가 에브라임 지파일 가능성이 크다. 사사기의 전개상 이미 베냐민 지파 에훗을 언급했기에 다시 같은 지파 사람을 거론하지는 않았을 것이다.

창세기를 보면, 그 근처에서 리브가의 유모인 드보라가 죽었다(창 35:8). 같은 이름인 사사 드보라는 드보라 상수리나무인 '알론바굿'이 연상되는 '드보라 종려나무' 아래에 거하였다(삿 4:5). 역사적이고 언약적인 연결, 지역적인 중심성과 편리함, 에브라임 지파의 중추적인 역할 등을 고려할 때 드보라가 에브라임 산지 라마와 벧엘 사이에 거한 것은 현명한 판단이었다.

북쪽 상황이 날로 악화되자 드보라는 아비노암의 아들 바락을 에브라임 산지까지 불러 전쟁을 지시한다. 그런데 바락은 드보라가 북쪽까지 동행해 줄 것을 요구했다. 이는 드보라가 에브라임 지파의 군대를 모집할 수 있는 인물이기 때문이었다. 갈릴리 출신인 바락은 갈릴리 지파의 힘만으로는 가나안군을 이길 수 없다고 판단하여 에브라임 지파의 도움을 받은 셈이다.

드보라와 바락은 에브라임 산지 사람의 지원을 얻느라 이스르엘 골짜기까지 오는 데 많은 시간을 소비했을 것이다. 모병을 위해 이들은 아브라함과 야곱이 수세기 전에 다니던 북쪽 길을 이용했을 것이다. 족장의 도로 중간에 있는 세겜은 여호수아가 언약을 새롭게 갱신하고 이스라엘 백성이 '여호와만을 섬기겠노라'고 다짐한 장소이기도 하다.

드보라는 에브라임 산지의 미스바에서 납달리에 있던 바락을 불러 연합작전을 펼쳤다.

그들은 자연스럽게 여호수아의 삶을 회상했을 것이다. 젊은 에브라임 지파의 전사(戰士)로서 시내 광야에서 아말렉에 대항하여 싸우고 가나안에 이스라엘을 세운 그들의 선조를 기억했을 것이다. 이 같은 역사는 강한 자와 싸워야 하는, 약하고 훈련되지 않은 보잘것없는 군인들에게 큰 힘이 되었다. 전쟁 후 드보라와 바락이 이스라엘의 하나님 여호와가 이끈 승리를 노래하는 대목에서 이런 점이 드러난다(삿 5:1-5). 북쪽 지파와 함께한 에브라임과 베냐민의 연합 작전은 드보라의 시에서 생생하게 묘사된다(삿 5장). 멀리 남쪽에 있던 베냐민이 참여한 것은 에브라임과의 관계 때문이 아닌가 한다. 그러나 가까이 있으면서 참여하지 않은 지파는 질책을 받는다.

> **11** 그때에 여호와의 백성이 성문에 내려갔도다… **14** 에브라임에게서 나온 자들은 아말렉에 뿌리박힌 자들이요 베냐민은 백성들 중에서 너를 따르는 자들이요 마길에게서는 명령하는 자들이 내려왔고 스불론에게서는 대장군의 지팡이를 잡은 자들이 내려왔도다 **삿 5:11-14**

가나안 족속이 이스라엘의 북쪽을 위협할 때 에브라임 지파가 적극적으로 참

**남쪽에서 본 다볼산**
이스르엘 골짜기에 우뚝 솟은 다볼산은 청동기 문명을 보유한 이스라엘이 철병거를 피해 진을 치기에 적당한 장소였다.

드보라의 다볼산 전투

여하는 것은 북쪽 지파를 관할한 에브라임의 지위 때문이었다.

### 다볼산 전투: 폭우와 지형을 이용하신 하나님

북쪽 지파가 직면한 문제는 복합적이었다. 그들은 산지 중심에 위치한 요셉과 유다 지파와 멀리 떨어져 있었거니와 이스르엘 골짜기의 수많은 미정복 도시들에게 괴롭힘을 당하고 있었다. 가나안의 미정복 도시는 대부분 중요한 도로에 위치하여 북쪽의 정치, 경제를 관장하는 열쇠를 거머쥐고 있었다. 특히 하솔이 이 명단에 있지 않다 해도 이스라엘과 싸우는 가나안의 북쪽 중심지였다. 하솔은 갈릴리에서 가나안의 우두머리였다(사사기 4:2, 13의 하로셋학고임은 여호수아서 12:23에 기록된 '길갈의 고임'과 동일한 장소다). 가나안의 압력은 이스라엘에게 여러 가지 경제 문제를 야기했다.

하솔에서 이스르엘 골짜기로 연결되는 도로는 하부 갈릴리에서 중요하다. 스불론 지파의 땅에 이 도로들이 많다. 이런 면 때문에 스불론 지파의 땅은 작아도 도시 명단이 자세히 나오는 편이다. 스불론 지파를 관통하는 해변길은 북쪽으로 올라가 납달리 지파 땅을 지난다. 이는 이사야 선지자(사 9:1-2)와 신약의 복음서 기자(마 4:12, 15)에게 모두 중요했다. 입체 지도를 보면 나사렛은 스불론, 가버나

움은 납달리 영역이다. 이 관계를 보면 마태가 매우 의도적으로 이 지역들을 언급했음을 알 수 있다.

지도 사사기 3으로 돌아가서 사사기 4-5장에 기록된 구속사를 보라. 그것은 드보라와 바락이 이끄는 북쪽 이스라엘 군대와 하솔왕 야빈과 시스라가 이끄는 가나안 군대 사이의 싸움이었다. 이들이 마주친 장소가 이스르엘 골짜기의 다볼산 아래 '다볼 평야'다.

드보라의 다볼산 전투
가나안의 강력한 철병거는 기손강이 넘쳐 길이 질퍽해지자 무용지물이 되었다.

바락은 갈릴리 바다의 남쪽 끝에서 가까운 게데스(두 게데스 중 하솔 근처가 아닌 갈릴리 남쪽 지역) 출신이었다. 드보라는 에브라임 산지 라마와 벧엘 사이의 안전지대에 거주한 사사였다. 두 사람은 북쪽 이스라엘의 군대를 다볼산에 모으기로 했다. 다볼산은 스불론, 납달리, 잇사갈 지파의 접경이자 북쪽으로 가는 해변길의 길목에 위치한다. 여기서 전략적인 다볼평야를 내려다볼 수 있다.

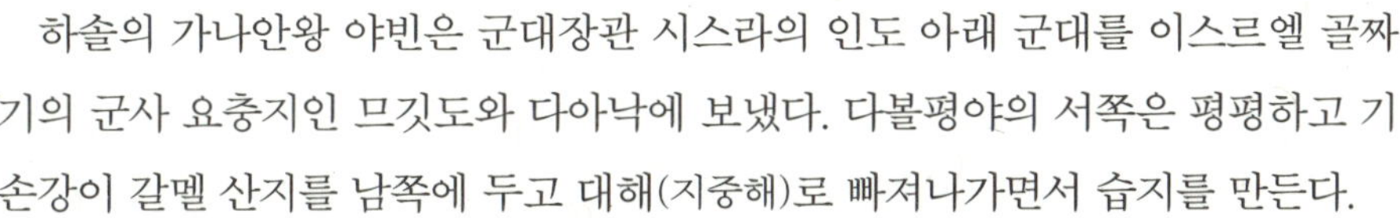

하솔의 가나안왕 야빈은 군대장관 시스라의 인도 아래 군대를 이스르엘 골짜기의 군사 요충지인 므깃도와 다아낙에 보냈다. 다볼평야의 서쪽은 평평하고 기손강이 갈멜 산지를 남쪽에 두고 대해(지중해)로 빠져나가면서 습지를 만든다.

이스라엘 군사 1만 명이 다볼산에 올랐음을 안 시스라는 오늘날의 탱크 부대 같은 철병거 900대를 앞세워 다볼산 아래 기손강에서 군대를 모았다(삿 4:13). 철병거를 두려워하여 병거가 도저히 오를 수 없는 가파른 경사의 다볼산에 있던 이스라엘에게 명령이 내려졌다.

> 일어나라 이는 여호와께서 시스라를 네 손에 넘겨주신 날이라 여호와께서 너에 앞서 나가지 아니하시느냐 삿 4:14

이것은 이스라엘에겐 무리한 명령이었다. 청동기를 사용하는 데다 훈련되지 않은 이스라엘 연합군이 훈련된 철병거 부대를 이길 확률은 제로에 가까웠다. 그러면 어떻게 이겼을까? 드보라의 노래에서 그 힌트를 엿볼 수 있다.

> 기손강은 그 무리를 표류시켰으니 이 기손강은 옛 강이라 내 영혼아 네가 힘

/
**앗수르인의 병거**
가나안 철병거 군대는 이같이 두 명이 한 조가 된 화살 군대였다(대영박물관).

//
**다볼산 전투의 기손강 (가운데 가로 흰 선)**
다볼산에 포진한 드보라와 바락의 군대는 이스르엘 골짜기로 다가온 철병거 900승과 전투하였다. 하나님은 큰 비를 내려 철병거를 무력하게 하셨다. 병거가 서 있는 평야에 비가 와서 물이 넘치면 어떻게 될지 상상해 보라.

있는 자를 밟았도다 삿 5:21

다볼산 아래 기손강에 폭우가 쏟아지자 기손강이 흘러넘쳤다. 물이 흘러넘친 이스르엘 골짜기는 100m를 파도 돌 하나 나오지 않을 정도로 비옥한 퇴적토로 이루어진 땅이다. 물이 흘러넘친 들판은 질퍽한 진흙탕으로 바뀌었다. 한마디로 우리나라 논처럼 변한 것이다. 들판을 마구 달려오던 가나안 병거는 진흙탕에 박혀 움직일 수 없는 무용지물이 되었다. 이때 유리한 쪽은 경무장한 농민 출신의 이스라엘 보병이었다. 질퍽한 땅에 익숙한 농부 출신의 보병이 어쩔 줄 모르는 900승의 철병거와 중무장한 병사들을 끌어내렸고 그들을 진흙탕에 처박아 죽였으리라. 가나안 군대는 여지없이 무너졌다. 이를 증명하듯 군대장관 시스라는 병거를 움직일 수 없어 병거에서 내려 도보로 도망했다(삿 4:15).

## 겐 족속 야엘: 시스라를 죽이다 삿 4:17-22

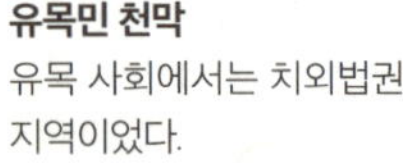

/
**유목민 천막**
유목 사회에서는 치외법권 지역이었다.

시스라는 다볼산 동편 겐 족속 헤벨의 아내 야엘의 장막으로 도망쳤다. 겐 족속은 출애굽한 이스라엘과 함께 가나안에 정착한 민족이다. 모세는 왕자로 있다가 애굽 사람을 죽인 것이 드러나자 미디안 광야로 도망했다. 미디안에 이른 모세는 겐 족속과 함께 40년을 살다가 하나님의 부름을 받아 출애굽을 인도하였다. 모세는 40년 동안 목자 생활을 했어도 광야에 대하여 모르는 것이 많았다. 모세는 장인 이드로가 꼭 필요했기에 이스라엘 사람들과 동행하기를 원했다. 그리고 이드로와 가족은 기꺼이 생활 터전을 버리고 방랑하는 이스라엘을 따라 가나안 입성까지 함께했다. 겐 족속의 장인 이드로에게 광야에서 천막 치는 법을 배우고

/
야엘이 머물던 상수리나무 근처의 게데스

//
**천막의 말뚝**
유목민은 말뚝을 자주 박았다.

///
**상수리나무**
나무는 그늘을 제공하여 신전, 거주지로 사용되었다.

지휘 체계와 재판 절차에 대한 조언을 들었다. 만일 이드로가 없었다면 출애굽한 이스라엘은 오합지졸 방랑객이 되었을 것이다. 또한 모세도 천 부장부터 오십 부장 없이 종일 과업에 시달렸을 것이다. 사사기에 보면, 겐 자손이 다말이라는 유다 남방 종려나무 성읍에 주로 살았지만 일부는 갈릴리 근처까지 올라왔다(삿 1:16, 4:11).

헤벨은 갈릴리 바다 근처로 추정되는 사아난님 상수리나무 곁에 장막을 쳤다(삿 4:11). 장막에 숨는 게 대수냐고 생각하겠지만 고대 문화에서 장막에 숨는 건 큰 의미가 있다.

유목민들의 장막은 오늘날 대사관처럼 치외법권 지역이다. 허락도 없이 천막에 들어오는 건 전쟁을 선포하는 것과 같다. 주인이 허락하지 않으면 들어가 뒤질 수도, 그를 빼낼 수도 없다. 유목민을 함부로 건드리면 안 되는 것이, 고엘 즉 피의 보복이 있기 때문이다. 이들을 함부로 건드렸다간 주변의 친척들이 죽을 때까지 보복한다. 현대 유목민도 이런 문화 속에서 산다. 그만큼 장막에 숨는 게 안전하다. 시스라는 그런 곳으로 피신한 것이다.

그러나 야엘은 이스라엘 편이었다. 그녀는 목마른 시스라에게 물 대신 우유를 주어서 그를 깊이 잠들게 한 뒤 장막의 말뚝을 그의 관자놀이에 박아 땅에 박혀 기절해 죽게 했다(삿 4:21). 고대 전쟁에서 적장이 죽는 건 전쟁에서 이긴 것과 같다. 적장이 죽지 않으면 아무리 많은 사람을 죽였어도 이긴 것으로 간주되지 않는다.

그런데 야엘은 어떻게 말뚝을 박을 생각을 했고, 어떻게 그렇게 말뚝을 잘 박을 수 있었을까? 유목민이 말뚝 박는 장면을 촬영하면서 드는 생각이 있었다. 유목민은 옮겨 다니며 살다 보니 여인이 갖추어야 할 덕목 중 하나가 남편과 함께 말뚝을 잘 박는 일이 아니었을까. 남편이 줄을 당기면 한 방에 말뚝을 박아 주는 여인이야말로 유목 사회에서 반드시 필요했을 것이다. 야엘은 유목 사회에서 자랑스런 여인상이 아니었을까. 유목 생활 중에 돌 던지기를 잘해 양을 지키던 다윗이 물맷돌로 골리앗을 죽인 사건과 맥을 같이한다고 할 수 있다.

여기서,
묵상

**주님이 행하셨다!**

다볼평야 전투는 객관적으로 보면 승리가 불가능했다. 철기로 무장한 정예병을 상대로 오합지졸에 불과한 농민들이 무엇을 할 수 있었겠는가. 그러나 하나님은 자연을 이용하여 상황을 완전히 역전시키셨다. 1천 년 후 예수님이 이곳을 지나셨다. 누가복음 7:11의 나인성은 다볼산 한 모퉁이 마을이다. 거기서 예수님은 인생의 전쟁에서 실패한 과부 가족을 만나셨다(눅 7:11-16). 인생의 마지막 전투인 죽음 앞에서 무력해진 가족에게 예수님은 사망을 이기는 부활이라는 무기를 선물하셨다. 주님과의 만남이야말로 모든 문제의 해결점이다. 주님은 불가능하다고 생각되는 것을 가능하게 하신다. 예수님이 세상을 이겼으므로 우리의 삶도 승리를 확신하며 전진하는 삶이 되어야 한다.

> 이것을 너희에게 이르는 것은 너희로 내 안에서 평안을 누리게 하려 함이라 세상에서는 너희가 환난을 당하나 담대하라 내가 세상을 이기었노라 요 16:33

지도 사사기 3을 펴고 사사기 4-5장을 읽으라. 드보라와 바락의 노래를 생생하게 공감할 수 있다. 북쪽에 살면서 마음에 고통을 가졌던 사람이라면 승리 소식을 듣고는 감사의 기도를 드리며 즐거워했을 것이다.

> **11** …여호와의 공의로우신 일을 전하라… **20** 별들이 하늘에서부터 싸우되 그들이 다니는 길에서 시스라와 싸웠도다 **21** 기손강은 그 무리를 표류시켰으니 이 기손강은 옛 강이라 내 영혼아 네가 힘 있는 자를 밟았도다 삿 5:11, 20-21

다볼산 전투는 여선지자 드보라가 주도하였고 그 마지막 영광은 겐 족속의 여인에게 돌아갔다. 구약 중 여성의 활약상이 최고로 나타난 기사다. 드보라는 마지막 찬양에서 겐 사람 헤벨의 아내 야엘을 다음과 같이 축복하였다.

> 겐 사람 헤벨의 아내 야엘은 다른 여인들보다 복을 받을 것이니 장막에 있는 여인들보다 더욱 복을 받을 것이로다 삿 5:24

그러면 야엘은 누구이며 어떤 축복을 받았는가? 고대 여인의 복은 자녀가 잘되고 유명한 인물이 되는 것이 아닌가?

드보라의 축복대로 겐 사람 중에 걸출한 인물이 태어났다. 아합 집안이 바알을 섬기며 여호와 하나님을 배반할 때 여호와 신앙을 굳건히 했다. 또 예후가 아합 집안을 죽이고 있다는 말을 듣고 마중 나와 종교개혁의 동반자가 된 여호나답, 즉 요나답이 겐 사람이다(왕하 10:15-17). 예후가 바알 선지자를 모두 죽이고 등극할 때 분명 요나답은 나라를 일으킨 일등공신이었다. 그러나 요나답은 어떤 부귀와 영화도 원하지 않고 천막에서 생활하며 계속 여호와를 섬겼다. 그 이유와 생활 태도가 후손에게 이어졌다.

> **1** 유다의 요시야왕의 아들 여호야김 때에 여호와께로부터 말씀이 예레미야
> 에게 임하여 이르시되 **2** 너는 레갑 사람들의 집에 가서 그들에게 말하고 그들
> 을 여호와의 집 한 방으로 데려다가 포도주를 마시게 하라… **5** 내가 레갑 사
> 람들의 후손들 앞에 포도주가 가득한 종지와 술잔을 놓고 마시라 권하매 **6** 그
> 들이 이르되 우리는 포도주를 마시지 아니하겠노라 레갑의 아들 우리 선조
> 요나답이 우리에게 명령하여 이르기를 너희와 너희 자손은 영원히 포도주를
> 마시지 말며 **7** 너희가 집도 짓지 말며 파종도 하지 말며 포도원을 소유하지도
> 말고 너희는 평생 동안 장막에 살아라 그리하면 너희가 머물러 사는 땅에서
> 너희 생명이 길리라 하였으므로 **8** 우리가 레갑의 아들 우리 선조 요나답이 우
> 리에게 명령한 모든 말을 순종하여 우리와 우리 아내와 자녀가 평생 동안 포
> 도주를 마시지 아니하며 **9** 살 집도 짓지 아니하며 포도원이나 밭이나 종자도
> 가지지 아니하고 **10** 장막에 살면서 우리 선조 요나답이 우리에게 명령한 대
> 로 다 지켜 행하였노라 **11** 그러나 바벨론의 느부갓네살왕이 이 땅에 올라왔

을 때에 우리가 말하기를 갈대아인의 군대와 수리아인의 군대를 피하여 예루살렘으로 가자 하고 우리가 예루살렘에 살았노라 렘 35:1-11

요나답은 아합 시대에 풍요로워지자 바로 사람들이 타락하는 모습을 보았다. 예후조차도 왕의 권력을 얻자 행위가 온전치 못한 것을 보았다. 그래서 요나답은 철저히 재야에 들어가 우상의 유혹이 될 만한 것을 완전히 제거하며 살았다. 이 자손은 결국 하나님에게서 다음과 같은 축복을 받았다.

18 예레미야가 레갑 사람의 가문에게 이르되 만군의 여호와 이스라엘의 하나님께서 이와 같이 말씀하시기를 너희가 너희 선조 요나답의 명령을 순종하여 그의 모든 규율을 지키며 그가 너희에게 명령한 것을 행하였도다 19 그러므로 만군의 여호와 이스라엘의 하나님께서 이와 같이 말씀하시니라 레갑의 아들 요나답에게서 내 앞에 설 사람이 영원히 끊어지지 아니하리라 하시니라 렘 35:18-19

하나님의 말씀대로 레갑 족속은 바벨론이 예루살렘을 침공할 때도 살아남았다. 재산이 없는 비천한 백성은 땅을 관리하도록 남게 되었는데 이로써 레갑 자손은 영영히 끊어지지 않았다. 역대상은 이들이 베들레헴 근처 베레스에서 살았다고 하고 후대의 전승에 의하면, 성전 봉사의 직분에 포함되었다고 한다. 유대인의 성경 주석의 일종에 해당하는 미쉬나에는 '레갑의 아들 요나답의 자손'이 매년 일정한 시기가 되면 성전 제사에 사용되는 나무를 가져왔다고 한다. 그리고 유대인이 바벨론 포로에서 돌아와 성전을 재건할 때 예루살렘의 남쪽 분문을 수리하였다.

분문은 벧학게렘 지방을 다스리는 레갑의 아들 말기야가 중수하여 문을 세우며 문짝을 달고 자물쇠와 빗장을 갖추었고 느 3:14[1]

그러면 레갑 자손이 살았던 벧학게렘(포도원 집)은 어디인가? 후보지

1 이스라엘 자손은 자신의 조상의 이름을 가지는 것이 일반적인 전통이다. 그러나 예외도 종종 있다.

/
**벧학게렘 상징물**
겐 족속이 살았다는 벧학게렘의 유적 터

//
예수 탄생 때 찾아온 목자들은 야엘의 후손일 가능성이 크다.

가운데 가장 유력한 '라맛라헬'은 예루살렘과 베들레헴 사이에 있다. 예루살렘과 베들레헴은 직선거리로 4km이고 벧학게렘에서 베들레헴까지는 1시간 정도, 약 2km 거리다.

그들은 전통적으로 유목민으로 양과 함께 천막에서 살았을 것이다. 예수님이 베들레헴에서 탄생하실 때 천사의 탄생 소식을 전해들은 사람들이 바로 이 레갑 족속이 아닐까? 천막에 살며 신앙의 전통을 순수하게 이어 오던 사람들, 즉 베들레헴 지경의 목자는 하나님의 축복으로 예수님의 탄생 소식을 접할 수 있었다. 조상 대대로 내려오던 축복의 결과요 성실하게 준수한 신앙의 대가였다. 예수님은 이렇듯 '마음이 가난하고 주리며 살던 사람들'의 예방을 생후 처음 받으신 것이 아닐까?

| 기드온: 북동부 분쟁 |

# 끝이 아쉬운 기도의 용사

**성경** 사사기 6-8장 **연대** BC 12세기

**역사적 배경** 세티 1세(BC 1294-1279)의 벧산 정복 활동이 1세기 전에 있었다.

**핵심 본문** 기드온과 300용사, 그리고 미디안과의 전투

**지도** 사사기 4

### 전쟁 배경: 미디안이 곡물을 싹 쓸어 가다

이스라엘을 위협한 또 다른 사람들은 동쪽에서 온 유목민 미디안 족속이다. 일반적으로 소는 목초 윗부분을 먹고 양은 그루터기까지 모두 먹는다. 그래서 수확 후 초여름이면 양들을 들판에 풀어 놓아 그루터기를 먹도록 한다. 그러나 미디안은 파종 때 와서 자라나는 곡물을 초토화했다(삿 6:4). 그들은 메뚜기 떼처럼 짐승들을 대동해 동쪽에서 왔는데 낙타 군대까지 동원했다(삿 6:5). 이렇게 심각한 상황은 7년 동안 계속되었다. 벧산과 하롯 계곡은 미디안이 이스르엘 골짜기로 들어오는 통로 역할을 했다. 따라서 이스르엘 골짜기의 비옥한 경작지에 농작물을 재배하지 못할 지경이었다.

## 므낫세 기드온: 신중한 기도의 용사 삿 6-8장

### 오브라-기드온, 부르심을 받다 삿 6장

미디안 족속과 아말렉 족속은 북쪽부터 남쪽 해안 평야 가사까지 위

**기드온과 미디안 전쟁**
기드온 사건은 드보라 사건 바로 남쪽에서 벌어졌다. 하롯샘에 진을 친 기드온 용사 300명은 3대로 나뉘어 미디안을 공격했다.

협하였다. 해변길을 따라 남진한 미디안 사람들은 신블레셋이 들어오기 전에 해안 평야를 누비고 다녔던 것 같다. 그러므로 이 이야기는 사사 시대 초창기에 벌어진 사건이다. 그들은 이스르엘 골짜기라는 곡창 지대를 침입해 들어왔다. 동쪽 광야 지역에서 요단강을 넘어 서쪽으로 침투할 수 있었던 이유는 내부 정치력이 약했기 때문이었다.

이 시기 산지의 농부는 미디안의 침입로에서 벗어나 있어 피해가 적었다. 그러나 평야나 계곡의 피해는 극심하여 농민은 산지로 밀려났다. 이 상황은 바로 전(前) 장에 나타난 드보라와 바락의 승리의 노래와 완전히 대조를 이룬다.

하나님의 사자가 포도주 틀에서 몰래 타작하던 기드온에게 나타나 "큰 용사여 여호와께서 너와 함께 계시도다"고 한다. 기드온으로선 받아들이기 어려운 선포다. 원래 타작은 봄에 타작마당에서 한다. 그러나 기드온은 미디안이 두려워 여름에 사용하는 포도주 틀에서 타작을 했다. 포도주 틀의 사진을 보면 알 수 있듯이, 누가 올까 두려워 작은 홈 같은 통에 서서 발로 탈곡하는 기드온을 상상해 보라. 그러니 '큰 용사여'라고 부르는 하나님의 사자의 말이 진심으로 들릴 리 만무하다.

기드온은 하나님께 므낫세 집안에서도 가장 작은 자요 아버지 집에서도 자신

/
**엔아일의 포도주 틀**
기드온은 여름에 사용하는 포도주 틀에서 발로 탈곡을 하였다

//
**타작마당**
타작마당은 밀과 보리를 추수하는 봄에 주로 사용한다.

이 제일 작은 자임을 주장한다. 그의 친척은 잇사갈 지파 땅이나 그 경계인 이스르엘 골짜기와 하롯 계곡의 언저리인 오브라에 거하였다. 현재 추정되는 아플라가 아닌 '타이베'라고 불리는 장소가 오브라라면 길보아산과 갈릴리 산지의 중간에 놓인 마을일 것이다. 미디안이 이스르엘 골짜기로 올 때 제일 먼저 피해를 볼 수 있는 마을이기도 하다. 이스르엘 골짜기에 살던 기드온은 7년 동안 이스라엘의 고통을 누구보다 잘 알고 있었다.

비교적 강한 므낫세 지파의 기드온이 이같이 대답한 것은 단순히 겸손의 표현이거나 혹은 거대한 요셉 지파에서 약한 집안이라는 뜻으로 한 말일 수 있다.

여호와의 사자가 기드온이 미디안을 한 사람 치듯 승리할 것이라고 예언하자, 그는 여호와의 사자에게 예물을 가져왔고, 사자는 한 바위에 고기와 무교병을 놓고 국을 부으라고 했다. 그 후에 그가 지팡이를 고기와 무교병에 대자 불이 바위에서 나와 제물을 태웠다. 그제야 자기에게 나타난 분이 여호와임을 깨달은 기드온은 하나님을 뵈었지만 자신이 죽지 않음을 알고 그 자리에 제단을 쌓고 '여호와 살롬'이라 칭했다.

> **24** 기드온이 여호와를 위하여 거기서 제단을 쌓고 그것을 여호와 살롬이라 하였더라 그것이 오늘까지 아비에셀 사람에게 속한 오브라에 있더라 삿 6:24

확신은 있으나 소심한(?) 기드온은 한밤중에 바알 제단을 헐고 아세라 상을 찍어 마을 사람들의 공분을 샀다. 이때 아버지 요아스가 "바알이 과연 신일진대 그의 제단을 파괴하였은즉 그가 자신을 위해 다툴 것이니라"(삿 6:31)고 대변하여 기드온의 이름이 바알과 다투는 자라는 '여룹바알'이 된다.

마침내 미디안 족속이 이스르엘 골짜기로 들어오자, 기드온은 친척인 므낫세

의 아비에셀 집안을 모았다. 그리고 사자들을 므낫세 지파와 아셀, 스불론, 납달리에 보냈다. 모두 기드온을 따랐다(삿 6:33-35). 므낫세(에브라임이 아닌) 지파가 북쪽 전쟁의 큰 승리를 담당하는 역할을 하게 된 것이다.

기드온은 매우 신중한 사람이었다. 모든 일을 하나님께 자세히 물어보고 확신하고서야 실행에 옮겼다. 부름을 받았을 때나 전쟁을 수행할 때도 그랬다. 7장에 나오는 전쟁 준비를 보면 다른 어느 본문보다 여호와의 지시가 많고 상세하다. 전쟁에 참여할 사람을 뽑고 전쟁에 나갈 때도 여호와께서 다섯 차례나 자세히 지시한다. 처음에는 기드온이 응답을 구체적으로 요구했지만 전쟁이 막상 닥치자 여호와께서 자세히 지시하셨다(삿 7:2-9).

**기드온의 고향 오브라**
남쪽 길보아산 쪽에서 바라보는 오브라는 나사렛 산지 사이에 위치하는 이스르엘 골짜기의 관문과 같다.

## 하롯샘-기드온의 300용사: 신중한 자를 택하시다 삿 7:1-8

전쟁에 참여할 300명의 용사를 뽑는 장면은 매우 인상적이다. 미디안 군사는 기드온이 진 친 하롯샘에서 멀지 않은 모레산 골짜기에 포진하였다(삿 7:1). 정확히 모레산과 엔돌 사이에 진을 쳤던 것 같다(시 83:9-10).

군인의 숫자는 총 3만 2천 명이었다. 하나님은 많으니 돌려보내라고 했다. 미디안에 비해서는 터무니없이 적은 인원이었지만 하나님은 숫자를 더 줄여 하나님의 은혜로 승리함을 나타내시고자 했다. 2만 2천 명이 돌아가고 자원하여 싸우고자 하는 1만 명이 남았다(삿 7:3). 다볼산 전투의 인원이다. 그런데 하나님은 이 숫자도 많다면서 테스트를 거쳐 300명만 추리게 하셨다.

이 테스트는 하롯샘에서 치러졌는데, 개처럼 머리를 처박고 먹는 사람과 무릎을 꿇고 먹는 사람은 모두 실격이었다. 손으로 물을 움켜 입에 대고 핥아 마신 자들만 합격이었다. 이들은 무릎 꿇지 않고 서서 물을 마신 것으로 보인다(삿 7:5-6). 그런데 왜 이 사람들이 택함을 받았을까?

하롯샘은 미디안이 진을 친 모레산에서 7km도 안 되는 거리에 위치한다. 미디안은 낙타를 타고 빠른 기동력을 앞세워 기습 공격하는 것이 예사였다. 이스라엘은 유목민이 동물을 타고 오르기 힘든 길보아산지에서 훈련하다 하롯샘으로 물을 마시러 내려온 상황이었다. 적과 가까운 거리였으나 다행히 많은 물로 샘 주변에 갈대가 무성했다. 산에서 내려오다 발각되지 않으면 물을 마실 수 있으나 만에 하나 발각된다면 미디안이 낙타를 타고 기습할 수 있는 장소였다. 낙타는 시속 70km까지 달리는 말보다 빠른 교통수단이다. 그렇기에 아무리 목이 마르더라도 경계를 게을리해서는 안 되었다. 모레산에서 하롯샘까지 낙타 군대가 전력 질주한다면 7~8분 만에 도착하므로 갈대숲에서 물을 먹다가 기습을 당할 위험성이 있었기 때문이다. 서서 물을 마신 300명은 경계를 게을리하지 않은 사람들이었다.

## 여기서, 묵상

### 근신하라. 깨어라!

바울은 마귀를 대적하기 위해 전신갑주를 입으라고 한 후 마지막 전신갑주가 기도로 경계를 게을리하지 않는 것이라고 말했다.

> 마귀의 간계를 능히 대적하기 위하여 하나님의 전신 갑주를 입으라 엡 6:11
> 모든 기도와 간구를 하되 항상 성령 안에서 기도하고 이를 위하여 깨어 구하기를 항상 힘쓰며 여러 성도를 위하여 구하라 엡 6:18

하나님은 여호와의 전쟁에 나갈 사람을 뽑았다. 용기와 힘이 있다고 모두 전쟁에 나갈 수 있는 것이 아니다. 하나님이 신중한 기드온을 택했듯이 강한 자보다 깨어 기도하는 자들을 택하신다. 신중한 사람만이 칠흑같이 어둔 밤중에도 불빛을 숨기고 적진에 접근할 수 있다. 그리고 기드온의 명령을 동시에 성공적으로 이행할 수 있다. 항아리 깨지는 소리는 마치 병거 구르는 소리와 비슷하다. 이글거리는 횃불과 천지를 울리는 나팔 소리에 혼란에 빠진 미디안

/ **하롯샘에서 바라본 모레산지**
갈대가 많던 샘 근처에서 300명을 선발했다.

// 하롯샘에서의 병사 선발은 적의 기습을 준비하는 병사들을 뽑는 과정이었다.

왼쪽의 모레산과 오른쪽의 길보아산 아래에 하롯샘이 위치한다. 길보아에서 모레로 300용사가 공격했다.

은 움직이는 모든 사람을 적으로 보고 무조건 칼로 찔러 죽였다. 철병거가 온 거라고 생각한 것이다.

사사 드보라의 전쟁에서는 병거가 진흙탕에 빠져 농민 출신의 보병이 중무장한 정예병을 찔렀지만, 기드온 전쟁에서는 손가락 하나 안 대고 "여호와와 기드온을 위하라"고 소리치고 나팔 불며 찬양하면 저희끼리 찔러 죽이는 기막힌 전쟁이 치러졌다.

하나님의 전쟁은 많고 강한 군사로 치르는 것이 아니다. '누구를 위하냐'만 확실하면 전쟁은 끝난 거나 다름없다. 황당하지만 통쾌한 전쟁이 치러졌다. 자신의 연약함을 알았던 기드온은 하나님의 뜻을 발견하기 위해 부단한 교제를 갖고 신뢰하였다. 그런 그를 하나님이 간섭하셔서 함께하셨다. 근신하며 깨어 있는 자가 승리한 전쟁이었다.

근신하라 깨어라 너희 대적 마귀가 우는 사자같이 두루 다니며 삼킬 자를 찾나니 벧전 5:8

**기드온 전투**

기드온의 나팔과 횃불은 미디안을 자중지란에 빠지게 하여 서로를 치는 전쟁으로 만들어 버렸다.

## 미디안 추적: 기드온이 동족에게 박해받다 삿 7:24-25

승리 후 기드온은 미디안의 도주와 에브라임 지파의 불평 문제에 봉착했다. 그는 확실한 승리를 얻었어도 마무리를 신중하게 했다. 약탈자들의 재침입을 방지하기 위해 그는 도주하는 적장 오렙과 스압을 제거하기로 했다. 이 전술적 선택은 이미 적군이 멀리 달아난 뒤에야 결정되었다. 비록 벧 바라의 정확한 위치

사사기 4
미디안과의 추격전

는 알려지지 않았지만 사사기 7:24-25을 읽으며 지도 사사기 4의 도주로를 다시 관찰해 보라.

> 24 기드온이 사자들을 보내서 에브라임 온 산지로 두루 다니게 하여 이르기를 내려와서 미디안을 치고 그들을 앞질러 벧 바라와 요단강에 이르는 수로를 점령하라 하매 이에 에브라임 사람들이 다 모여 벧 바라와 요단강에 이르는 수로를 점령하고 25 또 미디안의 두 방백 오렙과 스엡을 사로잡아 오렙은 오렙 바위에서 죽이고 스엡은 스엡 포도주 틀에서 죽이고 미디안을 추격하였고 오렙과 스엡의 머리를 요단강 건너편에서 기드온에게 가져왔더라 삿 7:24-25

이 사건은 북쪽에서 도주하던 미디안 군대나 다른 지파의 영역에서 도망하던 약탈자와 관련이 있을 것이다. 어떤 이는 이 구절에서 침입의 범위와 장소, 형태를 좀 더 자세히 알기를 원한다. 확실한 것은 벧산과 하롯 계곡이 이스르엘 골짜기로 들어오는 매력적인 관문이라는 것이다. 또한 요단 건너편에 대해 에브라임과 므낫세가 관심을 보였다는 점이다. 기드온의 마지막 요구에 대해 즉각 대응한 에브라임의 모습에서 그들의 관심이 어디에 있었는지를 알 수 있다.

미디안을 추격하던 기드온은 같은 민족에게도 인정받지 못하는 황당한 일을

/ **기드온이 박대를 받은 숙곳**
야곱이 천막을 쳤던 곳이며 발람의 고향으로 여겨진다.

// 얍복강 왼쪽 봉우리가 브누엘이다.

경험한다. 미디안 잔당을 추적할 때 숙곳과 브누엘에서 군수 물자를 공급받으려 했다. 그러나 미디안의 세바와 살문나가 다시 쳐들어올 것을 걱정한 사람들은 보복을 피하기 위해 군수 물자를 제공하지 않는다. 기드온보다 미디안을 더 두려워했던 것이다. 하나님을 경외하라고 그렇게 강조하는 이유는 사람이 더 두려워하는 존재를 따라가기 때문이다.

결국 기드온은 어렵게 노바와 욕브하 동쪽 장막에 거주하는 자의 길로 올라갔고 예상치 못한 때에 미디안왕 세바와 살문나를 치고 포로로 잡았다. 다시 요단 서편으로 돌아가는 길에 브누엘과 숙곳의 망대를 헐고 성읍 사람들을 죽였다.

지도에서 기드온이 추적하는 길의 숙곳과 브누엘의 위치를 보라. 오래전 야곱이 지나던 경로다. 지도를 보면 기드온이 욕브하 길로 가던 길은 에서가 에돔 산지에서 오던 길로 추정된다. 야곱은 형님 에서의 위협 앞에서도 하나님을 두려워하여 '하나님의 축복'을 씨름하여 구해 이스라엘이라는 이름을 얻었는데, 그곳 자손들은 이 정신을 잊어버리고 세상을 두려워하다 멸망당했다.

## 아담 나루터-전쟁 이후 삿 8장

지도 사사기 4는 사사기 3과 함께 다볼산과 모레산에서 벧산까지의 범위를 보여 준다. 지도 사사기 4를 보면 다볼산과 모레산이 요단 계곡과 벧산을 이어 준다는 점을 알 수 있다. 요단 계곡에서 요단강 나루터는 전략적 지점이다. 오늘날 요단강은 이스라엘과 요르단 사이의 국경이다. 아담 나루터는 요단 동편과 서쪽 사이의 통로다. 지금처럼 정치, 군사적인 긴장이 고조되면 나루터를 차단하기도 했다. 이런 면이 기드온이 사사기 7:24-25에서 에브라임 지파에 도움을 요청한 이유다.

최고의 시인과 선지자가 이스라엘과 주변 국가에 교훈을 줄 목적으로 이스르

**아담 나루터**
오렙과 스엡을 잡던 나루터는 지금은 국경이 되어 사용하지 않고 있다.

엘 평야의 위대한 승리를 기록했다(시 83:9-10; 사 9:4). 시편 83편을 읽으면 지금도 승리의 여운이 느껴진다. '땅'으로 번역된 단어는 원어가 아담으로 '땅'도 되고 지명인 '아담' 나루터도 된다.

> 9 주는 미디안인에게 행하신 것같이, 기손 시내에서 시스라와 야빈에게 행하신 것같이 그들에게도 행하소서 10 그들은 엔돌에서 패망하여 땅(아담)에 거름이 되었나이다 시 83:9-10
>
> 만군의 여호와께서 채찍을 들어 그를 치시되 오렙 바위에서 미디안을 쳐죽이신 것같이 하실 것이며 막대기를 드시되 바다를 향하여 애굽에서 하신 것같이 하실 것이라 사 10:26

## 에브라임 지파의 시비

전쟁 후 요셉 지파 중에도 에브라임 지파의 입지가 부각된다. 에브라임 사람들은 미디안 전쟁의 주도권을 빼앗긴 것에 대하여 기드온에게 단도직입적으로 불평한다. 이 같은 에브라임의 강성 발언은 지파의 지도적 입지가 훼손된 사태에 대한 불만이었다. 기드온의 지혜롭고 재치 있는 대답은 지파 간의 갈등을 해소했을 뿐 아니라 상황을 역전시켜 놓았다.

> 1 에브라임 사람들이 기드온에게 이르되 네가 미디안과 싸우러 갈 때에 우리를 부르지 아니하였으니 우리를 이같이 대접함은 어찌 됨이냐 하고 그와 크게 다투는지라 2 기드온이 그들에게 이르되 내가 이제 행한 일이 너희가 한 것에 비교되겠느냐 에브라임의 끝물 포도가 아비에셀의 맏물 포도보다 낫지 아니하냐 3 하나님이 미디안의 방백 오렙과 스엡을 너희 손에 넘겨주셨으니 내가 한 일이 어찌 능히 너희가 한 것에 비교되겠느냐 하니라 기드온이 이 말을 하매 그때에 그들의 노여움이 풀리니라 삿 8:1-3

에브라임 산지와 갈릴리의 주도권은 에브라임에 있었음에도 므낫세 지파의 기드온이 전쟁을 계획하고 시작하면서 에브라임 지파와 의논하지 않고 마지막 순간에야 도움을 요청한 것을 월권이라 생각해서 에브라임 지파는 화가 났다. 이는 요셉 지파끼리의 문제가 아니다. 가장 좋은 땅을 분배받고 월등한 지위에 오른 에브라임 지파가 모든 지파에게 우월함을 인정받고 싶은 태도에서 기인한다. 에브라임 지파의 이 같은 불평에도 불구하고 전쟁을 마무리할 즈음 이스라엘은 기드온에게 자신들을 다스리는 왕이 되어 달라고 요청했다. 그러자 기드온은 이에 대해 슬기롭게 거절한다. 이 선언은 사사기에서 초점을 맞추는 신앙고백이라고 할 수 있다.

> 내가 너희를 다스리지 아니하겠고 나의 아들도 너희를 다스리지 아니할 것이요 여호와께서 너희를 다스리시리라 삿 8:23

### 에봇 만들기

기드온의 신앙고백은 멋졌지만 그의 마지막 마무리는 아쉬웠다. 그는 미디안에게 빼은 금귀고리, 금 1700세겔과 각종 패물을 이용해 금으로 된 에봇을 만들었다. 에봇은 제사장들이 입는 옷으로 그 앞에는 판결의 흉배가 있었다. 만약 이것을 에브라임 지파의 실로 성막에 두었으면 금상첨화였겠지만 자신의 집에 두어 그것이 음란하게 위하는 우상이 되게 하였다(삿 8:24-28). 기드온은 살아생전 40년간 평화를 누렸지만 아쉬운 마무리는 쓴 뿌리가 되어 집안의 몰락을 가져왔다. 안타까운 기드온 집안의 몰락 이야기를 이어지는 아비멜렉 사건을 통하여 보라.

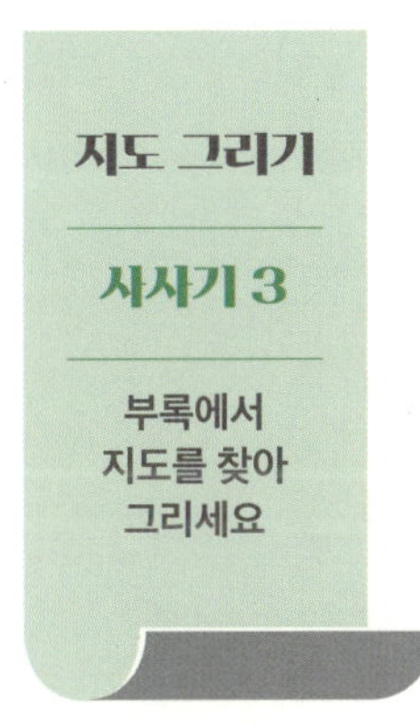

**오브라의 석양**
기드온은 화려한 마무리를 하는 듯했으나 그의 삶으로 실천하지 않아 집안의 몰락을 가져왔다.

| 기드온 아들 아비멜렉: 내부 분쟁 |

# 나쁜 지도자와 참담한 결말

**성경** 사사기 9장 **연대** BC 12세기

**핵심 본문** 스스로 왕이 된 아비멜렉, 세겜 학살

**지도** 사사기 6

## 세겜-아비멜렉: 스스로 왕이 되다 삿 9장

사사기 8:29-9:57을 배경으로 하는 아비멜렉 사건은 기드온 사건의 연장선상에 있다. 기드온은 미디안을 무찌르고 하나님이 왕 되심을 선언했지만, 반대로 왕같이 많은 아내와 첩을 거느리고 살았으며 아비멜렉을 포함해 70여 명의 자식을 두었다(삿 8:29-32).

기드온 사후 이스라엘 자손은 바알들과 음행하고 변질된 바알브릿을 자기들의 신으로 삼으며 구원하신 하나님을 기억하지도 않고 기드온 집안을 후대하지도 않았다. 이때 기드온의 서자(庶子) 아비멜렉이 왕이 되려 한다. 그는 오브라에서 살았는데 아버지가 죽자 세겜으로 돌아온다. 아비멜렉은 세겜의 외가를 이용했는데, 그들의 힘을 빌려 왕국 건설에 필요한 재정을 지원하도록 세겜 사람을 끌어들였다. 그는 달변가였다.

> 그의 어머니의 형제들이 그를 위하여 이 모든 말을 세겜의 모든 사람들의 귀에 말하매 그들의 마음이 아비멜렉에게로 기울어서 이르기를 그는 우리 형제라 하고 삿 9:3

아비멜렉은 정치, 종교, 지리의 중심을 차지한 세겜의 위치를 이용하기 위해 세겜을 수도로 삼았다(삿 9:1-3). 아비멜렉은 바알브릿 신전에서 받은 돈을 가지고 방탕하고 경박한 패거리를 고용하여 적수가 될 수 있는 기드온의 아들 70명을 학살하였다. 바알브릿 신전은 '엘브릿'으로도 불렸다(삿 9:46). 엘은 하나님을 뜻하고 브릿은 언약을 말하는 여호와의 신전이다. 그런데 엘이 바알이 되면서 오염된 신전이 된 것이다.

**북동쪽에서 본 세겜성**
성벽 위 큰 돌들이 요새형 신전이다.

> 바알브릿 신전에서 은 칠십 개를 내어 그에게 주매 아비멜렉이 그것으로 방탕하고 경박한 사람들을 사서 자기를 따르게 하고 삿 9:4

여호수아 말년에 이스라엘 사람이 함께 모여 "우리는 우리 주 우리 하나님 여호와만 섬길 것이요 그의 목소리를 순종하리라" 한 장소도 세겜이다. 기드온은 '나와 내 아들은 너희를 다스리지 아니할 것이요 하나님이 너희를 다스릴 것이다'라고 확고히 선포하였다. 그러나 그의 아들, 세겜의 첩의 소생 아비멜렉은 세겜의 배교 경향을 부추겨 악행을 저지르게 하여 그를 왕으로 삼게 했다.

> 세겜의 모든 사람과 밀로 모든 족속이 모여서 세겜에 있는 상수리나무 기둥 곁에서 아비멜렉을 왕으로 삼으니라 삿 9:6

용케 살아남은 사람은 기드온의 막내아들 요담밖에 없었다(삿 9:4-6). 그는 그리심산에서 풍자적인 나무 비유를 이용해 예언한다(삿 9:7-20).

**북동쪽에서 본 세겜성과 그리심산**
비석이 있는 곳에서 아비멜렉이 왕위 즉위식을 했고, 왼쪽 그리심산에서 요담이 저주하였다.

**북쪽에서 본 세겜과 그리심산 동쪽 자락**
동쪽 자락은 타나닐이라는 곳으로 신전이 있던 곳이다.

아루마에 거주하던 아비멜렉은 세겜에게 배반당한다. 그는 데베스와의 전투 중에 여인의 맷돌에 맞아 죽었다.

그리심산의 급경사와 우거진 숲 때문에 요담의 소리가 세겜 사람에게 잘 전달될 수 있어도 사람들이 그를 잡을 수는 없었다. 아비멜렉과 세겜 사람을 조롱한 요담은 지리적 이점을 이용해 할 말을 다하고 유유히 사라진다. 그리심산과 에발산은 여호수아가 이스라엘에게 축복과 저주를 선포한 장소다.

### 세겜이 깨닫다

세겜 사람들은 자신들의 잘못을 깨닫기까지 3년이 걸렸다. 아비멜렉은 자기 형제들에게 그랬던 것처럼 그에게 돌아선 세겜 사람들에게도 잔혹했다. 아비멜렉과 추종자의 음모와 피 흘림이 사사기 9:22-49에 기록되어 있다. 그리심산과 에발산 아래 세겜 사람들은 화를 면하기 위해 세겜의 큰 망대와 벧바알브릿(언약의 바알의 집)을 피난처로 삼았으나 아비멜렉이 망대와 성전을 불살라 지옥으로 만들어 버렸다. 잘못된 정치 열망으로 하나님을 배역하고 이기적인 왕국 건설을 하려던 그들은 결국 여호수아와 요담이 선포한 대로 대가를 치르게 되었다.

유리한 입지 조건에도 세겜은 아비멜렉과 같은 인물에 미혹되어 제대로 피워 보지도 못하고 몰락하고 말았다. 세겜의 멸망은 다음 고고학으로 보는 성경을 참고하라.

세겜성의 아크로폴리스
오른쪽 중기 청동기시대의 성벽 안쪽의 큰 네모가 요새형 신전이다.

## 아비멜렉:
## 세겜성의 마당 신전 지역과 아크로폴리스 신전

먼저 여호수아서에서 세겜 지역의 고고학 발굴에 대하여 언급하였으니 그곳을 잠시 보자. 사사기 9장의 아비멜렉 왕위 즉위식은 성경에서 이스라엘 최초의 왕에 대한 기록이라고 할 수 있다. 즉위식은 세겜의 상수리나무 기둥 곁에서 이루어졌다. 이는 여호수아서 24장의 배경과 일치하는 듯하다. 여호수아가 첫 예배를 드린 뒤 이스라엘 지도자들과 언약을 체결한 곳에서 또 하나의 언약 체결이 이루어진 것이다. 그러나 여호수아의 언약 체결과 달리 오염된 예식이었다.

사사기 9장에서 우리는 세겜 지역에 대한 많은 정보를 얻을 수 있다. 아비멜렉은 이곳에서 여호수아가 드린 예배와 비슷한 예식을 행했다. 왕위 즉위식은 화목제를 포함하는 언약의 예배라고 할 수 있다(참고 삼상 11:15). 이 예식은 여호수아가 마지막 언약을 맺었던 아크로폴리스 상수리나무 아래 세워 놓은 큰 돌기둥 옆에서 행해졌다. 예배 형식으로 드려졌을 왕위 즉위식 중에 기드온의 다른 아들 요담이 그리심산 기슭의 타나닐에서 세겜 사람들과 아비멜렉을 저주한다. 결국 이 예언은 이루어졌고 세겜과 망대 사람들은 아비멜렉에게 완전히 멸망당한다. 볼링(Boling)에 의하면, 아비멜렉이 태운 엘브릿 신전의 나무는 살몬산의 것인데, 이 살몬산이 에발산이다. 모세의 명대로 저주가 선포된 에발산의 나무들을 통해 요담의 예언이 정확히 이루어졌다는 것이다.

아비멜렉과 세겜에 거주하던 밀로 사람들과 세겜 사람들의 언약식 이후 아비멜렉과 세겜 사람들은 반목하게 된다. 두 번의 전쟁 중 가알과의 전쟁은 주변 지역을 전체적으로 이해하는 데 도움이 된다. 사사기 9장에 언급된 지명과 현재 발굴된 유적을 연결해 보면 다음과 같다.

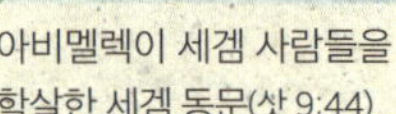

아비멜렉이 세겜 사람들을 학살한 세겜 동문(삿 9:44)

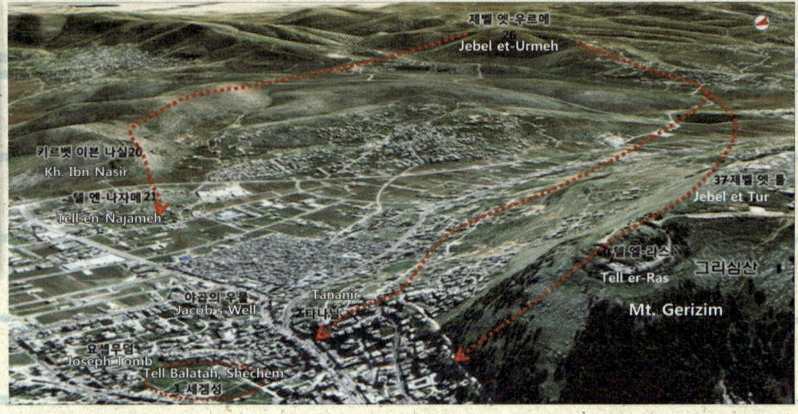


아비멜렉의 세겜성 공격 추정 방향. ©구글어스

| | | |
|---|---|---|
| **9:4** | 바알브릿 신전에서 | = 아크로폴리스 신전 |
| **6, 20절** | 세겜의 모든 사람과 밀로 모든 족속이 모여서<br>세겜에 있는 상수리나무 기둥 곁에서 | = 세겜성 사람과 아크로폴리스 사람들(46절)<br>= 아크로폴리스 신전 앞 마쩨바 |
| **7절** | 요담이 그리심산 꼭대기로 가서 | = 타나닐 |
| **35, 44절** | 에벳의 아들 가알이 나와서 성읍 문 입구에 설 때에 | = 세겜 동쪽 문 |
| **36절** | 보라 백성이 산꼭대기에서부터 내려오는도다 | = 키르벳 이븐-나실(Kh. Ibn-Nasir) |
| **37절** | 백성이 밭 가운데(그 땅의 배꼽)를 따라 내려오고 또 한 떼는 므오느님 상수리나무 길을 따라 오는도다 하니 | = 텔 엘-라스 혹은 우상 돌<br>= 타나닐? |
| **45절** | 아비멜렉이 그날 종일토록 그 성을 쳐서 | = 세겜성 저지대 부분 |
| **27, 46절** | 엘브릿 신전의 보루로 들어갔더니 | = 아크로폴리스 신전<br>(세겜 망대 = 엘브릿 신전 = 바알브릿 신전 = 밀로) |
| **48절** | 모든 백성이 살몬산에 오르고 | = 에발산 |

아비멜렉은 세겜성과 전쟁하는 중에 두 지역을 파괴하였다. 하나는 세겜성 아랫부분이고, 다른 하나는 밀로에 위치한 아크로폴리스 신전이다. 특히 아크로폴리스의 신전은 여호수아 시대부터 여호와와 백성들이 언약을 맺으며 '엘-브릿' 신전이라고 불렸던 곳으로 당시 '바알브릿'으로 불리며 기드온의 아들들을 죽이는 데 헌물을 사용했던 장소다(삿 9:4). 결국 아비멜렉 시대의 전쟁과 그 결과는 예배의 연속선상에서 바라볼 때 세겜을 더 이상 긍정적인 여호와의 성소로 바라보지 못하게 했다. 아비멜렉은 그곳에서 선포된 그리심산과 에발산의 언약 내용을 파기하였고 그 대가를 치른 셈이다. 아비멜렉이 세겜성을 칠 때와 여인이 던진 맷돌에 맞아 죽을 때 신명기 27:24-26이 세겜 지역에 메아리쳤을 것이다.

24 그의 이웃을 암살하는 자는 저주를 받을 것이라 할 것이요 모든 백성은 아멘할지
니라 25 무죄한 자를 죽이려고 뇌물을 받는 자는 저주를 받을 것이라 할 것이요 모
든 백성은 아멘할지니라 26 이 율법의 말씀을 실행하지 아니하는 자는 저주를 받을
것이라 할 것이요 모든 백성은 아멘할지니라 신 27:24-26

이후 왕국 시대에 잠시 재건된 세겜은 변질된 신앙을 가진 북이스라엘의 첫 번째 왕 여로보암의 본거지가 되었다(왕상 12:25). 여로보암도 세겜에서 아비멜렉과 비슷한 왕위 즉위식을 가졌을 것이다. 그러나 여로보암왕조차도 세겜에 중앙 성소를 세우지 않고 야곱이 향하던 벧엘에 세웠다. 북이스라엘이 앗수르에 의해 멸망당한 이래로 예수님 시대까지 세겜은 변질된 신앙의 근거지가 되곤 했다.

### 아비멜렉의 죽음: 데베스의 맷돌 삿 9:50-57

아비멜렉은 세겜에 대한 보복 조치에 만족하지 못해 데베스(Tebez, 아마 디르사의 다른 이름)에 그 잔인함을 쏟아 부었다. 만약 데베스가 디르사이거나 그 주변이라면 아비멜렉의 음모가 확연하게 드러난다. 디르사는 요단 동편과 아담 나루턱을 지나는 주요 도로와 북동쪽 벧산으로 가는 도로의 교차로다. 왕국을 공고히 하려던 아비멜렉은 산지의 중심 세겜에 이어 교통의 요지 디르사를 점령하려 했을 것이다. 데베스 사람들이 망대로 피하자 아비멜렉은 이번에도 불을 지르기로 결정했다. 그런데 한 여인이 맷돌을 던져 아비멜렉의 머리를 정통으로 맞혔다. 여인에 의한 죽음을 수치스럽게 여긴 아비멜렉은 그 순간 그의 추종자더러 죽여 달라고 요구한다. 이로써 아비멜렉의 왕국은 막을 내렸다(삿 9:50-57). 아비멜렉의 죽음은 성벽 근거리 공격이 위험하다는 전법의 예가 되었다. 다윗이 명령해 요압이 우리아를 죽일 때 쓴 전법임을 알 수 있다(삼하 11:21).

데베스에서 여인이 아비멜렉에게 던졌을 맷돌짝

이 아비멜렉의 이야기가 사사기의 중심에 위치한다. 사사기 저자는 이후 자주 이스라엘에 왕이 없어 범죄하였다고 언급한다. 아비멜렉이라는 왕을 모델로 보여 주면서 앞으로 출현할 왕은 하나님 중심이며 사람을 사랑하는 자이어야 함을 강조하는 것 같다. 하나님이 요구하시는 왕은 이방신이나 자기중심적인 왕이 아

니라 하나님을 진정한 왕으로 인정하는 왕이어야 했다.

데베스의 여인이 아비멜렉에게 맷돌을 던졌던 망대 모양

가나안은 돌이 많고 포도원을 만드는 중에 나온 돌들로 망대를 만들었다.

여기서,
묵상

아비멜렉의 학살에서 살아남은 요담은 나무 비유를 들어 말한다. 감람나무, 무화과나무, 포도나무는 왕 되기를 거절했으나 가시나무는 자신은 할 일이 없으니 왕이나 되겠다고 한다. 가시나무가 바로 아비멜렉이다. 가시나무는 덤불인데 광야에서 자주 불이 붙는다. 그런 가시나무가 자신을 따르지 않는 사람은 불로 태워 죽이겠다고 하고는 자기도 죽는다.

요담은 결국 아비멜렉이 너희를 태워 죽일 것이며 아비멜렉도 죽을 것이라는 예언을 한 것이다. 아비멜렉은 결국 자신을 지지한 사람들에게 죽임을 당했다. 스스로 왕이 되려 한 자의 말로다. 하나님이 원하시는 왕은 어떤 사람인가?

## 기드온의 아들 요담의 비유 나무들

**감람나무(올리브나무)**

이스라엘에서 최고의 나무로 쳐 주는 올리브나무는 열매를 김치처럼 발효시켜 먹기도 하고 기름을 짜서 사용하기도 한다

**포도나무**

샘이 있는 곳에 조성된 포도원은 기쁨의 근원이 되는 포도 열매를 제공한다. 유다 산지에는 좋은 포도원이 많았다.

**무화과나무**

이스라엘을 상징하는 무화과는 이른 봄 열매로 가난한 자를 먹이며 무성한 잎사귀로 그늘을 제공한다.

**가시나무**

광야나 마른 땅에서 자라는 가시나무는 어느 정도 자라다 죽어 마르면 광야의 열기에 불이 붙어 굴러다니다 다른 나무를 사르곤 한다(삿 9:15).

| 입다: 동부 분쟁 |

# 이스라엘의 홍길동 입다

**성경** 사사기 11-12장 **연대** BC 12세기

**역사적 배경** 세티 1세(BC 1294-1279)의 이스르엘 골짜기 동쪽 벧산 전투, 메르넵타(BC 1213-1203) 가나안과 이스라엘 전쟁

**핵심 본문** 암몬과의 전투, 아담 나루터 학살

**지도** 사사기 4

: 21일

**오늘 읽을 분량**

**성경** 삿 10-16

**본서** 131-144쪽

**성경의 맥 잡기**

1. 길르앗의 사사 입다와 단 지파의 사사 삼손과 이동
2. 내부 갈등, 베냐민 전쟁

**신구약 연결 포인트**

1. 세례 요한의 2차 세례지 애논은 입다의 십볼렛 사건이 있던 근처
2. 삼손과 세례 요한은 소렉 골짜기 출신이며 모두 준비의 사명을 받음

**묵상 가이드**

1. 북쪽과 동쪽 지파의 주도권을 가진 에브라임 지파가 동쪽에 참견하다 입다에게 호되게 당하다.
2. 세례 요한과 삼손은 모두 베들레헴의 인물을 준비했다. 그러나 준비하는 방법은 정반대였다.

동부 분쟁 사건의 큰 배경은 지도 여호수아 5와 사사기 1에 잘 나타난다. 이스라엘 지파가 각자 땅 분배를 받은 후 흩어지자 요단 동편 왕의 대로를 따라 암몬 족속의 압력이 날로 증가하였다.

## 길르앗 입다: 서자의 설움을 딛고 리더로 서다 삿 11-12장 21일

### 전쟁 배경: 암몬의 위협 삿 10장

동쪽에 위치한 암몬 족속의 위협과 심각성이 사사기 10장에 요약되어 있다. 암몬 족속이 요단 동편에서 요단 계곡 서쪽까지 세력을 확장하였다(지도 여호수아 5).

> 8 그 해에 그들이 요단강 저쪽 길르앗에 있는 아모리 족속의 땅에 있
> 는 모든 이스라엘 자손을 쳤으며 열여덟 해 동안 억압하였더라 9 암
> 몬 자손이 또 요단을 건너서 유다와 베냐민과 에브라임 족속과 싸우
> 므로 이스라엘의 곤고가 심하였더라 삿 10:8-9

**사사기 4**
**입다 시대의 암몬 침입**
돕 땅에 살던 입다는 라맛 미스바에서 암몬을 이기고 빼앗긴 길르앗 땅을 찾았다. 또한 시비를 거는 에브라임을 아담에서 물리치고 아담 나루터에서 4만 2천 명을 죽인다.

암몬은 본격적으로 길르앗 지역을 침략하면서 자신의 영역을 확장하려 했다. 암몬 땅은 얍복강의 근원지였으므로 그들이 길르앗의 얍복강 쪽으로 내려오는 것은 자연스러웠다. 강을 따라 하류 쪽으로 정복 활동을 벌인 셈이다. 얍복강 쪽으로 향하는 도로 중앙에 위치한 미스바는 길르앗의 중요한 방어선이었다.

> 17 그때에 암몬 자손이 모여서 길르앗에 진을 쳤으므로 이스라엘 자손도 모
> 여서 미스바에 진을 치고 18 길르앗 백성과 방백들이 서로 이르되 누가 먼저
> 나가서 암몬 자손과 싸움을 시작하랴 그가 길르앗 모든 주민의 머리가 되리
> 라 하니라 삿 10:17-18

길르앗 사람들은 암몬의 군사력에 대응하기 위해 정치적인 반대파도 끌어들였다. 당시 입다는 서자로 길르앗에서 쫓겨났음에도 돕 땅에 거주하면서 강력한 리더십과 함께 군사력이 있었다. 그는 우리나라 홍길동과 비슷한 인물이었다. 길르앗 사람들은 자신들이 쫓아낸 입다를 돕 땅에서 불러왔다. 돕(Top טוב '좋은')

은 좋은 땅이 아니라 좋아지기를 소망하는 땅이었으리라. 입다는 승리한 후에도 길르앗의 지도자가 된다는 조건을 걸고 전쟁에 합류했다(삿 11:9).

입다는 아르논강에서 야르묵강까지의 소유권을 두고 암몬 족속과 협상을 통해 해결하려 했다. 입다의 변론에 이스라엘의 개략적인 역사(삿 11:12-28)가 포함되어 있다. 지도 신명기 1을 보면 그 역사가 잘 나타나 있다. 이 주장은 입다의 마지막 질문에 잘 나타난다.

> 26 이스라엘이 헤스본과 그 마을들과 아로엘과 그 마을들과 아르논강가에 있는 모든 성읍에 거주한 지 삼백 년이거늘 그동안에 너희가 어찌하여 도로 찾지 아니하였느냐 27 내가 네게 죄를 짓지 아니하였거늘 네가 나를 쳐서 내게 악을 행하고자 하는도다 원하건대 심판하시는 여호와께서 오늘 이스라엘 자손과 암몬 자손 사이에 판결하시옵소서 하였으나 삿 11:26-27

암몬은 입다의 주장을 받아들이지 않았고 이로써 협상은 결렬되어 군사적 충돌이 불가피했다. 그 결과는 다음과 같다.

> 31 이에 입다가 암몬 자손에게 이르러 그들과 싸우더니 여호와께서 그들을 그의 손에 넘겨주시매 33 아로엘에서부터 민닛에 이르기까지 이십 성읍을 치고 또 아벨 그라밈까지 매우 크게 무찌르니 이에 암몬 자손이 이스라엘 자손 앞에 항복하였더라 삿 11:32-33

입다는 전쟁에 나서면서 승리한 후 집으로 돌아올 때 집 문까지 나와 자신을 처음으로 영접하는 자를 번제물로 드리겠다고 서원했다(삿 11:31). 아마도 서자의 설움을 딛고 신분상승을 이루고 싶은 간절한 소원에서 나온 서원이었을 것이다. 그러나 그 결과는 참혹했다. 그를 맞은 사람이 다름 아닌 무남독녀였기 때문

/
요르단의 수도 암만은 신약 시대에는 필라델피아로 불렸지만 고대는 암몬의 수도 랍바 암몬으로 불렸다.

//
입다와 대결했던 암몬왕의 수도 랍바 암몬성의 유적

이다. 입다는 서원대로 하나뿐인 딸을 여호와께 드렸다. 진짜 번제물이 되었는지 실로의 섬기는 여인이 되었는지는 알 수 없으나 아브라함의 예를 보면 하나님이 인신제사를 받지 않으셨으리라 추정할 수 있다.

잘못된 욕망과 서원이 집안의 대를 끊어 버리는 결과를 낳았다. 입다는 승리 후에도 마음이 매우 불편할 수밖에 없었다. 이때 에브라임 지파가 그런 그에게 시비를 걸어 왔다.

### 입다와 에브라임 삿 12:1-7

입다 전쟁은 요단 동편 이스라엘의 안전을 위해 매우 중요했다. 그러나 전쟁 후 심각한 문제를 낳았다. 요단 동편 지파들의 독립 욕구와 다시 발동한 에브라임의 우월감이 엄청난 비극을 가져온 것이다.

> 에브라임 사람들이 모여 북쪽으로 가서 입다에게 이르되 네가 암몬 자손과 싸우러 건너갈 때에 어찌하여 우리를 불러 너와 함께 가게 하지 아니하였느냐 우리가 반드시 너와 네 집을 불사르리라 삿 12:1

기드온은 에브라임을 온유하고 지혜롭게 다루어 평화를 유지했지만, 입다는 에브라임이 도움을 청할 때 돕지도 않았거니와 승리 후 전리품과 명분을 얻겠다는 무위도식(無爲徒食)함을 질책했다. 에브라임이 요단 서편의 안전한 산지에 물러나 있으면서 요단 동편을 보호하는 책임에 소홀했다는 비판이었다. 이때 열받은 에브라임이 하지 말아야 할 말을 했다.

> 너희 길르앗 사람은 본래 에브라임에서 도망한 자로서 삿 12:4

입다는 요단강에서 쉽볼렛, 십볼렛의 발음 차이로 사람들을 구별하였다.

이것이 사실이든 아니든 집안문제를 건드린 것은 넘지 말아야 할 선을 넘은 일이었다. 결국 이스라엘 지파 간에 충돌이 일어났다. 지리에 밝았고 이미 전쟁을 치른 입다의 군대가 유리할 수밖에 없었는데 결과도 그렇게 나왔다. 에브라임이 패한 것이다. 요단강 서쪽 산지로 퇴각하던 에브라임 지파는 요단강 나루터를 지키는 입다의 군사들에게 심문을 받아야 했다. 우리가 잘 아는 '쉽볼렛'과 '십볼렛'은 우리나라 '살'과 '쌀'의 발음 차이를 연상하게 한다. 재미있게도 쉽볼렛의 뜻도 곡식 이삭을 말한다. 길르앗은 발음(아마도 발음뿐 아니라 악센트까지 시험)의 차이로 에브라임을 선별해 냈다. 동쪽 길르앗 사람은 우리나라 경상도 사람들과 비슷해서 쌀을 '살'이라 발음했다. 따라서 '쌀'이라고 발음한 사람은 모두 죽임을 당했다.

보리 이삭
요단강 건너 길르앗 사람은 이삭을 쉽볼렛이라 발음하고 에브라임 사람은 십(씹)볼렛이라 발음했다.

> 5 길르앗 사람이 에브라임 사람보다 앞서 요단강 나루턱을 장악하고
> 에브라임 사람의 도망하는 자가 말하기를 청하건대 나를 건너가게
> 하라 하면 길르앗 사람이 그에게 묻기를 네가 에브라임 사람이냐 하
> 여 그가 만일 아니라 하면 6 그에게 이르기를 쉽볼렛(שִׁבֹּלֶת 이삭/홍수)이
> 라 발음하라 하여 에브라임 사람이 그렇게 바로 말하지 못하고 십볼
> 렛(סִבֹּלֶת, 이삭)이라 발음하면 길르앗 사람이 곧 그를 잡아서 요단강 나
> 루턱에서 죽였더라 그때에 에브라임 사람의 죽은 자가 사만 이천 명
> 이었더라 삿 12:5-6

요단 계곡 같은 동서 교통의 장애는 이처럼 방언을 만들어 냈다. 세월이 흐르면서 히브리어 억양도 바뀌었을 것이다. 에브라임 지파가 '쉰'(שׁ) 대신 '싸멕'(ס)을 발음했음을 말한다. 여기서 기드온 시대에 에브라임 사람들이 요단강 서쪽 나루턱에서 미디안 족속을 죽였던 것을 상기해 보라(삿 7:24-25).

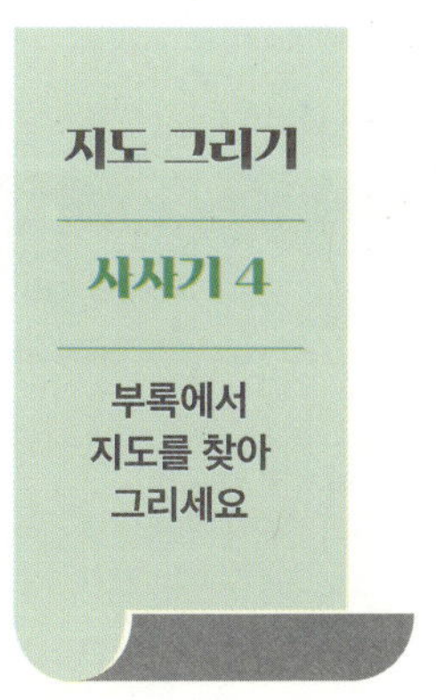

| 삼손과 단 지파: 서부 분쟁 |

# 영웅호색의 사사 삼손과 블레셋

**성경** 사사기 13-16장, 17-18장 **연대** BC 13-11세기

**역사적 배경** 람세스 3세(BC 1184-1153)-해양 민족 블레셋이 침략 후 가나안 해안평야로 이동

**핵심 본문** 나실인 삼손의 사역, 단 지파의 이동

**지도** 사사기 5

## 전쟁 배경: 블레셋의 야망과 침략

블레셋은 이스라엘이 가나안에 들어온 지 얼마 지나지 않아 해안 평야에 정착한 해양 민족이다. 이들은 주변의 어느 민족보다 앞선 문명과 조직력을 바탕으로 세력을 넓혀 갔다. 이스라엘 신앙 공동체에게 블레셋의 위협은 다른 민족보다 훨씬 위협적이었다. 적군이 자기 터전에 기반을 두고 일시적으로 침입하는 것이 아니라 정착을 목표로 정복하러 들어왔기 때문이다. 불행하게 단 지파가 분배받은 땅은 블레셋이 차지한 가사, 아스글론, 아스돗, 가드, 에그론 영역과 겹쳤다. 삼손의 저항은 단 지파가 블레셋의 압력에 밀려 북쪽으로 이동하기 전 마지막 항전이라 할 수 있다.

**소라에서 본 딤나**
골짜기 가운데 푸른 초지 선 위가 삼손의 아내가 살던 딤나다.

블레셋의 다섯 도시는 중요한 무역로인 해변길을 따라 위치한다. 해변길에 정착한 그들은 점점 세력이 커져 유다와 베냐민에 심각한 위협이 되었다. 그들은 첫 단계로 쉐펠라에서 유다로 올라가는 골짜기를 점령해 나갔다. 특히 베냐민 산지를 탐냈다. 아마도 유다와 에브라임의 연합을 막고 분열시켜 이스라엘의 힘을 약화시키려는 의도였을 것이다. 또한 베냐민은 여리고와 나아가 요단 동편까지 이어 주는 무역로를 제

공하기도 한다.

**사사기 5**
단 지파와 사사 삼손의 사역

## 단-삼손: 영웅이지만 도덕적이지 않은 나실인 삿 13-16장

### 소라-탄생 ① 삿 13장

하나님은 삼손을 사사로 보내셨다.[1] 그는 단 지파로서 마노아의 아들이다. 그는 소렉 골짜기 소라라는 산동네에서 자랐다. 그의 어머니가 일할 때 천사가 나타나 삼손의 탄생을 예언했다. 여기서 삼손이 태어나기 전부터 받은 사명이 있다.

> 보라 네가 임신하여 아들을 낳으리니 그의 머리 위에 삭도를 대지 말라 이 아

1 김지찬 교수는 삼손 이야기를 삼중 구조로 분석했다. 마노아의 아내가 천사로부터 들었던 1) 아들을 낳을 것, 2) 블레셋에서 이스라엘을 구원하기 시작할 것, 3) 나실인으로 살 것이 그것이다.

/
**삼손의 고향 소라**
구름 왼쪽의 봉우리에 삼손의 무덤이 있다.

//
이스라엘의 수사자

> 이는 태에서 나옴으로부터 하나님께 바쳐진 나실인이 됨이라 그가 블레셋 사람의 손에서 이스라엘을 구원하기 시작하리라 하시니 삿 13:5

이를 위해 삼손은 하나님께 바쳐진 자, 곧 나실인이 되었다. 포도주와 독주를 마시지 말고, 어떤 부정한 것도 먹지 말며, 머리를 자르지 말라는 명령을 받았다.

삼손의 아버지 마노아는 예언한 천사를 만났고 예배하였다. 삼손의 부모가 천사를 만난 장소는 소라 부근의 밭이었다. 삼손의 고향 소라 주위에 경작할 만한 장소라고는 남쪽 벧세메스(=태양의 집, 하르헤레스) 근처밖에 없었다.

삼손의 이름이 '태양'이고 그가 예언된 장소가 '태양의 집'이라는 점은 의미가 있다. 태양의 집 벧세메스는 태양이 지는 서쪽에 위치한다. 집은 일반적으로 신전을 말하지만 태양 신전이 있던 흔적은 없다. 벧세메스는 르호보암 시대에 요새화되어 유다의 중심 도시로 사용되었고(대하 11:5-12) 후에 북이스라엘과의 전쟁에서 쉐펠라를 막는 전진기지로 사용되었다. 유다왕 아마샤는 이곳에서 북이스라엘왕 요아스에게 패하여 예루살렘을 내주었다(왕하 14:13).

마노아가 벧세메스 근처 밭에서 천사를 만나 그의 이름을 물었을 때 천사는 '기묘자'(Wonderful, 원어 필이 פִּלְאִי)라고 답했다(삿 13:18). 마노아가 여호와의 사자에게 염소 새끼와 소제물을 소렉 골짜기의 바위 위에 드리니 불꽃이 제단에서 올라오고 여호와의 사자가 불꽃에 휩싸여 하늘로 올라갔다. 이 바위는 이후 여호와를 예배하는 제단으로 사용되었을 것으로 보인다. 법궤가 돌아올 때 두 암소가 벧세메스 바위 근처에 머문 것도 우연이 아니다(삼상 6:14).

## 딤나-사자 ② 삿 14장

가나안의 벌통

성인이 된 삼손은 소라와 에스다올 사이에 위치한 마하네단에서 여호와의 영을 받았다(삿 13:25). 그는 블레셋을 칠 구실을 찾으러 소라에서 2시간 거리의 블레셋 사람들이 사는 딤나에 가곤 했다. 딤나는 다말이 시아버지 유다를 속이고 동침하여 아들을 낳은 곳이기도 하다(창 38:12). 삼손은 이곳에서 또 하나의 역사를 이루려 한다.

삼손은 딤나로 가는 길에서 만난 어린 사자의 입을 찢는데, 이 장면을 통해 과거 쉐펠라가 밀림에 가까운 지역이었음을 알 수 있다. 이후 포도원에서 죽은 사자 입에서 꿀을 따는 장면을 통해 이곳이 극상품 포도를 뜻하는 '소렉' 골짜기임을 알 수 있다. 삼손이 포도주를 마시는 잔치에서 사람들에게 냈던 수수께끼와 해답을 볼 때 그 운율과 대구(對句)의 적절함에서 그가 매우 지혜로운 장사였음을 알 수 있다. 수수께끼는 'M' 발음으로 대구를 이루며 그 답도 'M' 자로 된 대구로 되어 있다.

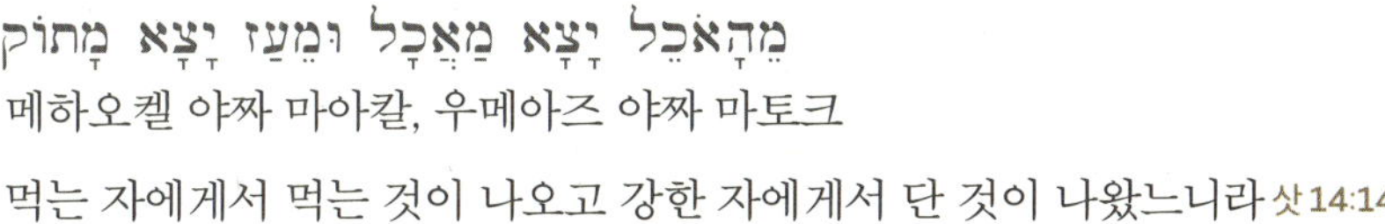

מֵהָאֹכֵל יָצָא מַאֲכָל וּמֵעַז יָצָא מָתוֹק

메하오켈 야짜 마아칼, 우메아즈 야짜 마토크

먹는 자에게서 먹는 것이 나오고 강한 자에게서 단 것이 나왔느니라 삿 14:14

מַה־מָּתוֹק מִדְּבַשׁ וּמֶה עַז מֵאֲרִי

마-마토크 미드바쉬, 우메 아즈 메아리

무엇이 꿀보다 달겠으며 무엇이 사자보다 강하겠느냐 삿 14:18

삼손은 자기 아내를 협박해 답을 알아낸 분풀이를 블레셋의 도시 아스글론에 행한다. 블레셋 사람 30명을 죽이고 노략하여 그곳을 친구들에게 준다(삿 14:19-20). 딤나와 아스글론은 적어도 37km로 하룻길은 가야 하는 거리다.

## 라맛레히에서 엔학고레로: 여우 ② ③ 삿 15장

15장부터 시작된 삼손의 사역은 영웅적일지는 몰라도 도덕적이지는 않다. 현지처에 해당하는 딤나의 아내를 장인이 친구에게 준 것이 빌미가 되어 딤나 주변의 밭을 모두 태워 버렸다. 소렉 골짜기의 곡식이 봄이 되어 바싹 말라 있을 때

불이 나면 그다음 일어날 일은 뻔했다. 이때 사용한 여우들은 지금도 소렉 골짜기에 자주 출몰하는 동물이다. 딤나 주변 사람들은 날뛰는 여우들이 놓은 불로 1년 농사를 망쳤을 뿐 아니라 과실수도 잃었다. 이 일로 삼손의 장인 가족도 블레셋인에게 살해되었고, 삼손은 지명수배 당했다. 삼손은 현재 베들레헴 근처의 에담 바위로 몸을 숨겼다. 베들레헴은 유다 지파의 땅이다. 유다 지파는 남쪽의 강자로 주변 지파를 돌보아야 할 위치에 있었다. 그러나 그들은 블레셋이 삼손을 내주라고 요구하자 삼손에게 가서 이렇게 말한다.

> 유다 사람 삼천 명이 에담 바위 틈에 내려가서 삼손에게 이르되 너는 블레셋 사람이 우리를 다스리는 줄을 알지 못하느냐… 삿 15:11

유다는 블레셋의 영향력 아래 있음을 인정했다. 삼손은 동족과의 대결을 피하고 유다 사람들에게 끌려 레히가 있는 능선으로 갔다. 지도 사사기 5에서 베들레헴에서 소라로 내려가는 길을 보라. 그곳에서 삼손은 블레셋의 손에 넘겨지자마자 나귀의 새 턱뼈를 사용해 천 명을 죽였다. 그리고 이렇게 외치며 그 장소를 라맛레히(레히의 봉우리)라고 불렀다.

> 이르되 나귀의 턱뼈로 한 더미, 두 더미를 쌓았음이여 나귀의 턱뼈로 내가 천 명을 죽였도다 하니라 삿 15:16

/
**유다 광야에서 본 나귀 턱뼈**
덜 마른 뼈는 부정하지만 더 무거웠다.

//
**광야의 샘 엔파랏**
삼손이 기도했을 때 이런 샘이 터져 나왔다.

**두 가지 삶**

라맛레히에서 엔학고레로

| | |
|---|---|
| 라맛레히 (턱뼈산) | 나 중심<br>내 성공<br>삼손 |
| 엔학고레 (부르짖는 자의 샘) | 하나님 중심<br>종의 섬김<br>세례 요한 |

사사기 15:16에 나오는 삼손의 시는 자기 교만으로 가득 차 있다. 그러나 얼마 지나지 않아 육체적 목마름으로 한계 상황에 이르자 하나님께 도움을 구하면서 하나님이 자신을 도우셨다는 것을 깨닫고 그 장소를 라맛레히에서 '부르짖는 자의 샘'이라는 뜻의 '엔학고레'로 바꾸어 부른다.

> 하나님이 레히에서 한 우묵한 곳을 터뜨리시니 거기서 물이 솟아나오는지라 삼손이 그것을 마시고 정신이 회복되어 소생하니 그러므로 그 샘 이름을 엔학고레라 불렀으며 그 샘이 오늘까지 레히에 있더라 삿 15:19

## 가사-기생 ④ 삿 16:1-3

16장에서 삼손은 사사로서, 나실인으로서의 의무를 까맣게 잊고 생활한다. 평생 하나님께 헌신된 사람의 태도가 아니었다. 블레셋의 최남단 도시 가사에 가서 기생하고 놀아난 후 성 문짝을 빼들고 그것을 방패 삼아 헤브론 앞산 산꼭대기까지 갔다(삿 16:3). 가사에서 헤브론까지는 60km가 넘는다. 이틀 넘게 가야 하는 거리이기 때문에 헤브론으로 향하는 산으로 보는 것이 합리적이다. 즉 30km 정도 가면 나오는 이스라엘의 경계 지점인 쉐펠라 산지까지 이르렀다는 표현일 가능성이 있다.

## 소렉 골짜기-들릴라 ⑤ 삿 16:4-22

삼손은 영웅호색이 아니랄까, 소렉 골짜기의 '들릴라'라는 여인과 사랑에 빠진다. 고전 영화 〈삼손과 들릴라〉에서 들릴라는 삼손의 옛 아내의 동생으로 묘사된다. 자신의 부모와 언니가 삼손 때문에 죽자 연모하던 마음이 복수심으로 바뀌어 그를 죽이려 했다는 것이다. 딤나도 소렉 골짜기에 있기 때문에 그럴듯한 허구다. 삼손은 결혼식부터 술을 마셨고, 사자를 죽이고 시체에서 꿀을 빼냈다. 부정한 여인들과 접촉하고 블레셋인을 무수히 죽였다. 나실인으로 어길 수 있는 것은 다 어겼지만 단 한 가지, 머리를 자르지 않았다. 그러나 민수기에서는 나실인이 한 가지만 어겨도 다음과 같이 새롭게 시작하도록 명한다. 그리고 그에 대한 대가로 제물을 드리라고 한다.

> 9 누가 갑자기 그 곁에서 죽어서 스스로 구별한 자의 **머리를 더럽히면 그의**

**산비둘기들**
나실인이 법을 어기면 비둘기를 드려야 했다.

몸을 정결하게 하는 날에 머리를 밀 것이니 곧 일곱째 날에 밀 것이며 10 여
덟째 날에 산비둘기 두 마리나 집비둘기 새끼 두 마리를 가지고 회막 문에 와
서 제사장에게 줄 것이요 11 제사장은 그 하나를 속죄제물로, 하나를 번제물
로 드려서 그의 시체로 말미암아 얻은 죄를 속하고 또 그는 그날에 그의 머리
를 성결하게 할 것이며 12 자기 몸을 구별하여 여호와께 드릴 날을 새로 정하
고 일 년 된 숫양을 가져다가 속건제물로 드릴지니라 자기의 몸을 구별한 때
에 그의 몸을 더럽혔은즉 지나간 기간은 무효니라 민 6:9-12

삼손은 잔치에서 포도주를 마시고 사자를 죽이고 블레셋 사람을 죽이고 시체를 만졌다. 그러므로 법대로 몸을 다시 정결하게 하기 위하여 머리를 밀어야 했고, 제물을 가지고 제사를 두 번 드려야 했다. 그러나 삼손은 규례를 완전히 무시했다. 더구나 마지막 하나 남은 머리에 삭도를 대는 것까지 들릴라에게 알려 줌으로써 데드라인을 넘었다. 삼손은 들릴라의 채근과 재촉에 세 번이나 속여 위기를 넘겼으나 네 번째에 마침내 진실을 말함으로써 배신을 당했다. 삼손의 머리카락이 잘리자 하나님이 은혜로 주신 힘이 사라졌다. 그런 그를 블레셋 사람들이 붙잡아 눈을 뺐다. 이것은 민수기 말씀의 성취였다. 삼손은 비둘기 두 마리 대신 그의 눈을 바친 것이다.[2]

### 가사-죽음 ⑥ 삿 16:23-31

그러나 마지막 순간에 삼손은 블레셋의 가사에서 숫양 대신 몸을 바쳐 나실인의 의무를 다했다. 가사의 다곤 신전에서 두 기둥을 잡고 건물과 함께 무너져 3천 명을 죽임으로써 그의 사명인 블레셋의 손에서 이스라엘을 구원하는 역사를 이룬 것이다.

얍곤강 하류, 텔 카실레에서 블레셋 신전이 발견되었는데 이 건물은 가까운 곳에서 가져온 나무로 만든 기둥 두 개가 건물을 받치고 있었다. 삼손의 마지막 소명으로 블레셋의 지도자 3천 명이 죽었고, 이로써 계속 뻗어 나가던 블레셋 세력이 한풀 꺾이게 되었다.

삼손의 시체는 소라와 에스다올 사이 마노아의 장지에 묻혔다. 현대 유대인은

2 솔로몬은 비둘기의 가장 아름다운 부분을 눈이라고 하였다. "내 사랑아 너는 어여쁘고 어여쁘다 네 눈이 비둘기 같구나"(아 1:15).

/
삼손은 블레셋에 붙잡혀 동물이 돌리는 대형 맷돌을 돌렸다.

//
**소라 지역에 위치한 삼손의 무덤**
삼손은 죽으면서 블레셋 지도자 3천 명을 죽이며 사명을 이루었다.

가(假)무덤을 만들어 그를 기념한다.

> 그의 형제와 아버지의 온 집이 다 내려가서 그의 시체를 가지고 올라가서 소라와 에스다올 사이 그의 아버지 마노아의 장지에 장사하니라 삼손이 이스라엘의 사사로 이십 년 동안 지냈더라 삿 16:31

여기서,
묵상

### 삼손과 세례 요한

소렉 골짜기의 비운의 인물 삼손은 죽어 장사되었다. 그로부터 1200년가량이 지난 뒤 레히(장소 불분명)처럼 물이 많이 나는 마을 엔케렘에서 또 한 명의 나실인이 태어났다. 세례 요한도 태어날 때부터 구별된 나실인으로 지명되었으며, 사명도 비슷했다.

삼손은 블레셋에게서 구원되는 시작점이고, 세례 요한은 주의 길을 예비하는 사명을 가졌다. 둘 다 베들레헴에서 태어날 분을 준비하였다. 블레셋을 이긴 사람은 다윗이기 때문에 삼손은 다윗의 길을 예비하였고, 세례 요한은 베들레헴에서 태어나신 예수님을 예비하였다. 그러나 사명은 같았지만 사명을 이루는 방법은 달랐다. 삼손은 좌충우돌하다가 억지로 끌려가 어렵사리 사명을 이루었다. 반면에 세례 요한은 삼손의 실패를 거울삼았던지 풍요로운 서쪽 쉐펠라로 가지 않고 황량하고 사람이 살기 어려운 유대 광야로 나가 광야에서 주의 길을 예비했다. 예수님은 자신의 사명을 잘 감당한 세례 요한을 두고 이렇게 말씀하셨다.

# : 22일

**오늘 읽을 분량**

**성경** 삿 17-21, 룻, 삼상 1-5

**본서** 144-178쪽

**성경의 맥 잡기**

1. 한 레위인으로 인해 촉발된 베냐민 전쟁
2. 실로 예배와 사무엘의 등장

**신구약 연결 포인트**

1. 베냐민 지파 600명이 피한 림몬 바위는 예수님이 나사로 부활 사건 이후 피한 에브라임 근처
2. 베들레헴의 룻은 예수님의 조상이자 보아스와 함께 기업 무르는 자의 모델로 등장

**묵상 가이드**

1. 베냐민 전쟁의 배경인 베들레헴과 기브아는 다윗의 고향과 사울의 고향으로 비교됨
2. 실로의 타락은 예배를 멸시한 결과였고 이때 소망의 여인은 한나였다.

> 내가 진실로 너희에게 말하노니 여자가 낳은 자 중에 세례 요한보다 큰 이가 일어남이 없도다 마 11:11

## 단 지파 이동: 이스라엘 북단으로 옮겨 가다 22일

### 미가의 신상 삿 17장

사사기 17장에는 미가 집안이 소개된다. 아들 미가가 어머니의 은 천백을 훔쳤고, 어머니는 아들인 줄 모르고 훔쳐 간 사람을 저주했다. 아들이 훔친 은을 어머니에게 돌려주자 어머니는 그런 아들이 여호와께 복받기 원한다고 축복하면서 은 이백으로 신상을 만들어 아들에게 준다. 미가는 그것을 신당에 두고 에봇과 드라빔을 만든 뒤 그의 아들을 제사장으로 세운다. 왕이 없으므로 자기 소견에 옳은 대로 행했다. 유다 베들레헴의 레위인이 미가 집을 지나다가 미가 집안의 제사장 제의를 받고, 은 열 개와 의복 한 벌에 눈이 멀어 수락한다. 그는 모세의 손자요 게르솜의 아들인 요나단이다(삿 18:30). 이들은 일반인이든 레위인이든 공의도 원칙도 없는 삶을 살던 사사 시대를 대변한다.

### 단 지파의 상황 삿 18장

지도 사사기 2는 유다 산지와 베냐민 지파의 위치를 알려 주고, 지도 사사기 5는 쉐펠라와 해안 평야, 그리고 단 지파 땅을 보여 준다. 단 지파가 분배받은 땅은 정착하기 어려웠다. 해변길은 단 지파 땅을 지나간다. 당시 해변길을 차지한다는 것은 아프리카(애굽)와 아시아(메소포타미아) 사이의 중심 지역을 통제한다는 의미였다. 해변길에 놓인 도시들은 단 지파의 정복 활동에 저항했다. 이는 사사기 1장에 기록되어 있다.

> 아모리 족속이 단 자손을 산지로 몰아넣고 골짜기에 내려오기를 용납하지 아니하였으며 삿 1:34

여호수아서 19:47은 분배받은 땅을 실질적으로 차지할 수 없었던 단 지파가 선택한 방법을 요약하고 있다.

> 그런데 단 자손의 경계는 더욱 확장되었으니 이는 단 자손이 올라가서 레셈과 싸워 그것을 점령하여 칼날로 치고 그것을 차지하여 거기 거주하였음이라 그들의 조상 단의 이름을 따라서 레셈을 단이라 하였더라 **수 19:47**

가족의 신으로 섬기던 드라빔도 이런 종류일 것이다.
(대영박물관)

단 지파는 가나안의 북쪽을 선택했다(지도 여호수아 4 참조). 모세의 손자 게르손의 아들 요나단과 그의 자손은 단 지파가 새로 차지한 땅에서 제사장이 되었다(삿 18:30). 이는 하솔왕 야빈과 같이 북쪽을 보호할 맹주가 없던 시기에 일어난 사건이다. '하나님이 심판하신다'는 뜻의 '단'이라는 이름대로 단 지파는 아람의 벤하닷에게 짓밟히면서 하나님의 심판을 가장 먼저 받은 지파가 되었다(왕상 15:20).

모든 단 지파가 북쪽으로 이동한 것은 아니다. 몇몇은 베냐민과 연합했으리라 본다. 블레셋이 쉐펠라와 산지를 통제할 때인 삼손 시대에도 여전히 소렉 골짜기와 주변에 남은 사람으로 나타난다.

사사 시대에 단 지파와 관련되면서도 이스라엘이 직면한 문제 두 가지가 있다. 하나는 블레셋을 포함한 외부에서 오는 위협이다. 이는 삼손 덕분에 어느 정도 해소되었다. 사사로서 이스라엘을 다스려야 할 사람이 혼자서 북치고 장구쳐서 이룬 유일한 업적이다. 두 번째는 해결하기 더욱 어려운 내부적인 문제다. 사사기 18:14-31의 사건은 그때의 상황을 설명한다. 1) 단 지파는 할당된 영토를 떠나 이동한다. 2) 목표를 성취하기 위해 다른 지파에게까지 무력을 서슴지 않고 사용한다. 3) 모세로부터 시작된 제사장직은 두 세대 만에 모세의 의도와 전혀 다르게 변질되었다. 인간관계와 하나님과의 관계 모두가 부패하였다.

사사기는 외적 위협과 내적 부패를 모두 다루고 있지만 이중 더 큰 위협은 내부에 있었다. 사사기의 절정인 마지막 이야기, 즉 단 지파의 이동과 베냐민 시민 전쟁(삿 19-21장)을 보면 알 수 있다. 결론은 다음 한 문장으로 요약할 수 있다. 사사기의 목적은 '이스라엘의 하나님이 누구신가'를 깨닫는 것이다. 이를 깨닫게 하

**벧세메스 북쪽 산지**
단 자손은 블레셋에게 밀려 이런 산지로 올라가 살았다.

**단의 샘물**
헤르몬산 아래에서 터져 나오는 단의 샘물은 요단강을 만든다.

기 위해 모세, 여호수아, 사무엘과 같은 선지자가 필요했다. 사사기 18:24은 그것을 몰랐던 당시 일반인 에브라임 산지 사람 미가의 탄식이다.

> 내가 만든 신들과 제사장을 빼앗아 갔으니 이제 내게 오히려 남은 것이 무엇이냐 삿 18:24

## 단 지파의 이동

단 지파는 블레셋에 밀려 분배받지 않은 땅을 찾았다. 정탐꾼 5명은 북쪽으로 가는 길에 에브라임 산지에 사는 미가의 집에 들렀다. 그곳에서 레위인 제사장을 만나 가는 길의 형통 여부를 물었다. 정탐꾼은 이스라엘의 가장 북쪽인 헤르몬산 아래까지 가서 좋은 땅을 만났다. 정탐꾼의 보고를 통해 그 땅이 어떤지를 알 수 있다.

> 7 이에 다섯 사람이 떠나 라이스에 이르러 거기 있는 백성을 본즉 염려 없이 거주하며 시돈 사람들이 사는 것처럼 평온하며 안전하니 그 땅에는 부족한 것이 없으며 부를 누리며 시돈 사람들과 거리가 멀고 어떤 사람과도 상종하지 아니함이라 10 너희가 가면 평화로운 백성을 만날 것이요 그 땅은 넓고 그곳에는 세상에 있는 것이 하나도 부족함이 없느니라 삿 18:7, 10

헤르몬산 아래 요단 강물이 터져 나오는 레셈이라는 지역에서 시돈 사람들에게 가려면 서쪽으로 40km 가는 중에 700m가 넘는 산맥을 넘어야 했다. 물과 기름진 평야, 표현대로 부족할 것이 없는 곳이었다. 수백 년 전 아브라함이 롯을 구하러 갔던 이곳은 당시에도 잘 갖추어진 성문이 있었다. 그러나 단점이 있다. 길르앗 산지처럼 정복도 쉽지만 정복당하기도 쉽다. 쑥 들어간 분지에 위치한 땅은 조금만 노력하면 누구나 차지할 수 있는 땅이다. 풍요의 땅이지만 침략이 쉬워 단 지파에게도 쉬웠지만 북쪽에서 쳐들어오던 아람 군대에게도 쉬운 곳이었다. 단 지파가 이곳을 차지함으로써 야곱의 유언이 이루어진다.

단은 길섶의 뱀이요 샛길의 독사로다 말굽을 물어서 그 탄 자를 뒤로 떨어지게 하리로다 창 49:17

단의 성소로 미가의 신상에 이어 금송아지가 위치하였던 장소다.

여기서,
묵상

### 헛된 우상의 땅에 오신 예수님

단 지파는 이스라엘의 북단을 지키면서 헤르몬산 아래 바알갓(=신약시대의 가이사랴 빌립보, 수 13:5) 지역까지도 통제했던 것 같다. 단 지파는 이곳으로 이동하면서 미가의 신상을 힘으로 약탈했다. 미가의 제사장도 단 지파의 달콤한 제안에 넘어가 미가의 신상을 가지고 단을 따라 올라갔다.

미가의 신상은 단 지파의 트레이드마크가 되었고, 이런 흐름은 여로보암의 금송아지로 대치된다. 우상으로 시작하여 가장 먼저 심판을 받은 단 지파의 땅에 예수님이 찾아오셔서 자신이 누구인가를 밝히셨다. 헛된 우상으로 물든 땅에서 예수님은 '그리스도요 하나님의 아들'임을 분명히 하신 것이다. 그리고 참된 교회를 이 고백 위에 세울 것을 선포하셨다. 심판(=단) 주로 오실 주님이 이곳에서 천국의 열쇠가 예수님임을 선언하셨으며, 헤르몬산에 올라 변화되어 자신의 영광을 드러내셨다(눅 9:31).

**지도 그리기**

**사사기 5**

부록에서 지도를 찾아 그리세요

| 베냐민 시민전쟁 |

# 하나님이 왕이 아닌 시대의 슬픈 역사

**성경** 사사기 19-21장 **연대** BC 13-11세기

**핵심 본문** 시민전쟁, 베냐민 멸문 위기

**지도** 사사기 6

## 전쟁의 배경: 기브아 첩 사건 삿 19장

앞에서 우리는 1) 유다와 에브라임 지파 사이의 완충지대 같은 베냐민의 특별한 위치와 2) 에브라임의 남쪽 경계로서 베냐민의 전략적 중요성 3) 베냐민에 대한 에브라임 지파의 여러 가지 관심을 알아보았다(지도 사사기 6 참고). 지금부터는 사사기의 가장 비극적인 사건인 베냐민 전쟁을 살펴볼 것이다. 이 전쟁으로 베냐민 지파는 남자 600명만 겨우 생존하게 된다. 베냐민에게는 우리나라 한국전쟁만큼 참혹한 시간이었다. 아론의 손자 비느하스가 대제사장직을 수행하는 것으로 보아 이 이야기는 사사시대 초기에 일어났다(삿 20:28).

이 사건은 사사기의 다른 사건과 달리 사사의 이름이 언급되지 않고

/
실로의 성막이 위치했던 장소가 돌담으로 둘러 있다.

//
**성막**
실로의 성막은 아마도 이런 성막이 성전으로 변화되는 과정 중 지붕만 천막인 건물이었을 것이다.

완전히 이스라엘 내부 문제만 다루기에 '시민전쟁'이자 내전이라고 할 수 있다. 여기에는 삼손이나 드보라 같은 구원자도, 외부의 적인 블레셋이나 모압, 가나안도 언급되지 않는다. 다만 사사기 19:1에서 어떤 레위 사람이 전쟁의 도화선이 된다. 그리고 막을 내릴 때는 이스라엘에 왕이 없음을 강조하고 결론을 내린다.

> 그때에 이스라엘에 왕이 없으므로 사람이 각기 자기의 소견에 옳은 대로 행하였더라 삿 21:25

먼저 이 전쟁의 도화선이 된 레위인은 성경적인 관점에서 봤을 때 한심하다. 그는 에브라임 산지 실로에 거주했다(삿 19:1, 18). 레위인은 첩을 들이지 못하는데 그는 첩을 맞았고, 행음한 뒤 유다 베들레헴으로 간 첩을 찾아 그녀를 징계하기보다 다정하게 말하여 데려오고자 했다. 첩의 장인은 딸을 생각해서인지 레위인을 극진히 대접했다. 대접의 측면에서만 보면 베들레헴의 장인은 손님을 따뜻하게 맞고 있다. 이는 기브아 사람이 대접은커녕 손님을 약탈하는 것과 좋은 대조를 이룬다. 나그네를 외면하고 약탈한 도시는 사울의 고향 기브아이며, 손님 대접을 과분하게 한 마을은 다윗의 고향 베들레헴이다. 아마 이 비교를 통해 사무엘상의 사울과 다윗을 비교하려 했던 것 같다.

레위 사람은 장인의 과분한 대접을 거절하지 못하다가 오후가 되어서야 실로로 출발한다. 베들레헴에서 실로까지는 족장의 길을 따라 가는 길이어서 비교적 쉽지만 40km가 넘는 장거리였다. 8km 북쪽에 있는 예루살렘에 이르렀을 때 벌써 해가 지려 했다. 그러나 에브라임 산지와 유다 산지의 경계 지역인 예루살렘은 여부스 족속이 살고 있었다. 이방인의 마을인지라 위험하다고 보아 동족이 사는 기브아까지 한 시간 넘게 올라갔다. 예루살렘에서 5.7km 더 북쪽으로 올라가서 기브아에 이르렀을 때는 이미 해가 진 상태였다. 레위인과 그의 첩은 기브아에서 유숙하고자 했으나 그들을 영접하는 사람이 아무도 없었다. 그때 에브라임 산지 사람으로 기브아에 정착한 노인이 그를 맞았다. 노인에게 한 레위인의 말에서 당시 지리적, 사회적인 상황을 짐작할 수 있다.

> 우리는 유다 베들레헴에서 **(베냐민을 경유하여)** 에브라임 산지 구석으로 가나이다
> 나는 그곳 사람으로서 유다 베들레헴에 갔다가 이제 여호와의 집**(실로)**으로 가

/
**베들레헴의 족장의 도로**
**(Patriarchs Way)**
레위인이 이용한 도로다.

//
예루살렘 쪽에서 바라본 베들레헴 지역. 가운데 길이 족장의 도로다.

> 는 중인데 나를 자기 집으로 영접하는 사람이 없나이다 삿 19:18

위 구절을 지도 사사기 6과 비교하면서 살펴보라. 에브라임 산지 실로에서 베냐민 산지와 유다 산지 베들레헴에 이르는 길은 이 이야기의 배경이다. 이미 일어난 아브라함과 이삭, 야곱의 사건들에 더하여 여호수아서, 사사기, 사무엘 상하, 열왕기 상하, 역대기 상하, 에스라서, 느헤미야서, 사복음과 사도행전에 이르기까지 성경의 수많은 사건들이 이 길을 배경으로 일어났다. 사사기 19장과 20장의 레위인 사건은 성경에서 인간의 약함을 가감 없이 드러낸 민망하고도 사실적인 생생한 이야기다.

베냐민 지파의 중심 도시 기브아 사람들은 레위인이 들어간 집에 와서 이런 요구를 한다.

> 그들이 마음을 즐겁게 할 때에 그 성읍의 불량배들이 그 집을 에워싸고 문을 두들기며 집 주인 노인에게 말하여 이르되 네 집에 들어온 사람을 끌어내라 우리가 그와 관계하리라 하니 삿 19:22

'관계하다'는 경험하여 안다는 '야다'(יָדַע)라는 단어로 동성연애를 의미한다. 이 단어는 소돔과 고모라 사건에도 똑같이 사용되었다.

> (소돔 사람들이) 롯을 부르고 그에게 이르되 오늘 밤에 네게 온 사람들이 어디 있느냐 이끌어 내라 우리가 그들을 상관하리라 창 19:5

기브아에서 직선거리 70km 동남쪽에 위치한 염해 남쪽 도시 소돔에서 일어난 일이 어느새 기브아에서도 일어나고 있었다. 아니 그들보다 더 악한 양성연애를 하였다. 그들은 레위인의 아내를 죽을 때까지 강간하였다. 가나안에 들어온 지 두 세대도 지나기 전에(아론-엘르아살-비느하스) 이스라엘 중심에 동성애가 판을 치고 소돔과 고모라의 죄악이 일어난 이유는 무엇일까?

죄는 급속히 퍼졌다. 베드로는 무엇이라 경고했는가? 심판의 날, 하나님의 레드라인은 소돔과 고모라처럼, 기브아 사람들처럼 동성연애자들이 떼를 지어 강간하러 다니는 세대가 아닐까.

**서쪽에서 본 기브아**
베냐민의 중심 도시 기브아는 시민전쟁의 도화선이 된다.

> 소돔과 고모라 성을 멸망하기로 정하여 재가 되게 하사 후세에 경건하지 아니할 자들에게 본을 삼으셨으며 벧후 2:6
> 그러나 주의 날이 도둑같이 오리니 그날에는 하늘이 큰 소리로 떠나가고 물질이 뜨거운 불에 풀어지고 땅과 그중에 있는 모든 일이 드러나리로다 벧후 3:10

여기서, 묵상

### 베냐민은 어쩌면 이토록 악해진 걸까?

1) 소돔과 고모라에 살던 롯의 가족은 모압과 암몬을 낳았고, 모압은 음란한 민족으로 에훗 때 베냐민 땅 여리고를 점령했다. 그들이 베냐민의 문화에 악영향을 주었을 것이다. 거기다 베냐민의 남쪽인 예루살렘의 여부스와 서쪽의 기브온 족속은 쫓겨나지 않고 남아 있으면서 베냐민을 오염시켰을 가능성이 있다. 처리하지 못한 문제가 가시가 된 것이다. 그 영향은 심각했다. '이것쯤이야' 하며 하나를 양보하자 수백 개의 악이 몰려왔다. 내가 조금 양보한 죄의 씨가 나의 많은 부분을 오염시킨다.

2) 동서로 통하는 풍성한 물질은 베냐민을 나태하게 만들었다. 물질과 경건은 자주 반비례한다. 가난한 마음만이 하나님을 찾게 한다. 베냐민은 작은 죄를 허용했지만 이것이 음란과 집단 이기주의로 발전하고 나아가 전쟁까지 불

러일으켰다. 죄의 삯은 사망이다. 베냐민의 부패를 이해하는 데 몇 가지 속담이 도움이 된다. '바늘 도둑이 소도둑 된다', '사람이 술을 마시고 술이 술을 마시고 술이 사람을 마신다.' 나를 괴롭히는 죄의 씨앗은 무엇인가?

---

## 베냐민-시민전쟁 삿 20-21장

**베냐민 시민전쟁**
이스라엘 연합군은 두 차례 전쟁에서 실패하고 세 번째 전쟁에서 승리한다. 복병은 기브아성을 점령했고, 베냐민은 남자 600명만 남은 채 림몬에서 전멸했다. 이들은 길르앗에서 여자 400명, 실로에서 200명을 구해 아내로 삼았다.

### 사사기 20장의 지리 배경

사사기 20장은 레위인의 증언과 기브아가 취한 태도로 베냐민과 이스라엘 나머지 지파 사이에 시민전쟁이 어떻게 일어났는지를 설명한다. 베냐민에 대항하여 요단 동편의 길르앗을 포함한 연합군이 형성되었다. 이는 이스라엘 역사에서 보기 드문 일이다. 어느 지파도 이스라엘의 지정

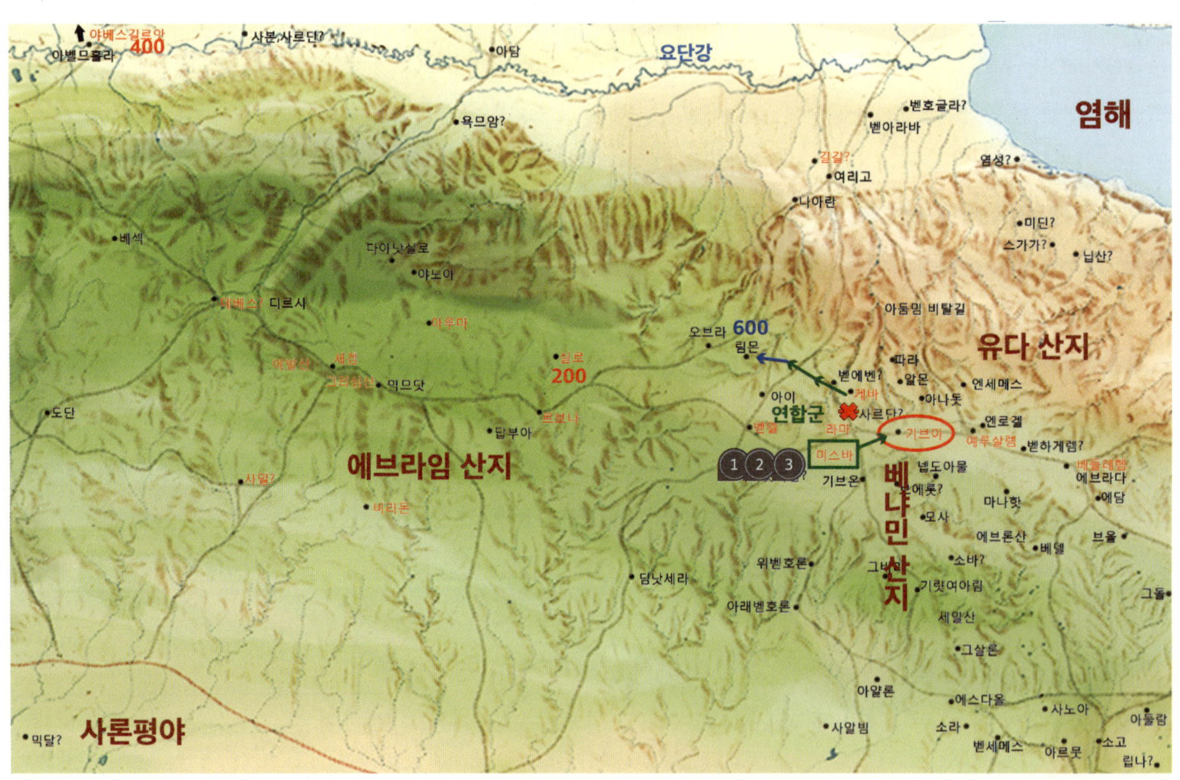

학적 요충지에서 일어난 중요한 사건에서 소외되기를 원하지 않았던 것 같다. 이 전쟁은 누가 궁극적으로 베냐민을 관할할 것인가 하는 문제였지 사실 레위인 사건은 구실에 불과할 수도 있다.

이런 의도를 알았는지 베냐민 사람들은 이스라엘 연합군이 죄악을 저지른 사람들을 내놓으라고 하자 거부하고 오히려 기브아에 모여 항전했다. 어느 지파에도 휘둘리지 않는 독립을 이루고자 결연한 의지를 보인 것이다. 결국 베냐민은 북쪽 미스바에 모인 이스라엘 연합군과 대결하게 되었다. 미스바는 드보라가 살던 곳으로 **라마와 벧엘 사이**에 있다.

지리적으로 베냐민은 남북, 동서 도로의 교차로에 위치한다. 그러나 남쪽 도로의 예루살렘에는 여부스 족속이 차지했고, 서쪽으로 가는 벧호론 길에는 기브온 족속이 중요한 도시들을 꿰차고 있었다. 사사기 20장의 전쟁을 읽기 전에 지리적인 설명을 들을 필요가 있다.

**기브온에서 본 벧엘 산지 방향**
희미한 첫 능선이 벧엘 지역이다. 가운데 마을이 있는 곳이 이스라엘 군대가 모인 미스바다.

1. 벧엘: 베들레헴 도로는 여러 지역을 통과한다. 벧엘에서 몇 km 내려가지 않아 미스바를 만난다. 여기는 미스바, 게바, 라마, 기브온, 기브아로 대표되는 중앙 베냐민 고원 지대다. 이 고원 지대에는 동서로 왕래할 수 있는 편리한 교통로가 있다. 남북의 인접 고원 지대가 침식으로 깊은 계곡을 형성해 왕래가 힘든 것과 대조적이다.

2. 기브아: 중앙 베냐민 고원 지대의 능선 중 가장 높은 분수령(watershed)에 위치한다. 특히 기브아는 동쪽과 북동쪽에 가파른 협곡이 있어 방어하기도 좋고, 복병이 숨을 수 있는 장소도 제공한다.

3. 기돔, 바알다말, 노하 등 많은 지명이 아직 밝혀지지 않았다. 이들 모두는 실제 도시가 아닐지도 모른다. 본문 중 "그들이 큰 길 곧 한쪽은 벧엘로 올라가는 길이요 한쪽은 기브아의 들로 가는 길에서 백성을 쳐서"(삿 20:31)라는 구절도 문제다. 어떤 이들은 기브아 대신 게바로 이해한다. 게바를 '지역' 혹은 '언덕 밖'으로 해석할 수도 있으나 여기서는 베냐민 고원 지대의 동편 '게바'로 보는 것이 합당한 것 같다.

/
오른쪽 위 능선이 게바가 위치한 곳으로 이곳에서 아래로 내려오는 길에 베냐민은 연합군에게 대패한다.

4. 몇 가지 주석은 이곳에 수많은 사람이 있었다고 본다. 이는 히브리어 단어 '에레프'(אֶלֶף) 때문이다. 에레프는 종종 '1000'이라는 수로도 번역되고, '가족, 친족, 전쟁의 군사 단위'(20명의 병사로 된 분대)로도 해석된다. 여기서는 1000으로 보기 어렵다. 20명의 병사를 단위(unit)로 한 10개 분대로 볼 수도 있다(10개 단위는 특히 10절에 언급되었다). 이 해석이 성경의 권위를 손상시키지 않는다. 그것은 단순히 성경을 현실적이고 실제적으로 이해하려는 시도다. 비슷한 상황에서 숫자가 다르게 쓰이는 것을 보라.

택한 칠백 명은 다 왼손잡이라 삿 20:16

이스라엘 사람 삼십 명가량을 삿 20:31, 39

베냐민 사람 육백 명이 돌이켜 광야로 도망하여 림몬 바위에 이르러 삿 20:47

## 전쟁: 가장 비참한 내전의 기록

이스라엘 연합군은 400에레프(20명 정도의 분대 혹은 천)였다. 그들이 벧엘에 올라가 하나님께 아뢴다. 아마 이때 여호와의 언약궤가 이곳에 도착했기 때문일 것이다(삿 20:26-28). 하나님께서 전쟁을 직접 지휘하셔서 유다가 선봉에 서도록 했다. 하지만 연합군 22에레프가 죽었다. 두 번째도 용기를 내어 나갔지만 18에레프가 죽었다. 하나님의 말씀에 순종하여 나갔는데도 패하자 다시 비느하스가 하나님의 언약궤 앞으로 가서 통곡하였다.

왜 하나님 말씀대로 했는데 실패했을까? 이것은 베냐민만의 문제가 아닌 유다의 첩과 에브라임의 레위인 모두를 징계하는 전쟁이었기 때문이다. 한 번은 남쪽, 한 번은 북쪽이 대가를 치렀다. 이제 세 번째는 베냐민이 심판을 받을 차례다. 여호와께서 승리를 주시겠다고 약속하자 이스라엘은 기브아 주변에 매복했다. 아이성 전투 때처럼 연합군은 패하는 척하면서 기브아 들, 게바로 베냐민 사람들을 유인했다(삿 20:32-33).

이때 베냐민군은 함정에 빠져 무참히 무너졌다. 아이성 전투처럼 복병은 기브아성을 점령하여 불을 냈고, 그 연기가 하늘에 닿을 정도였다. 갈 곳을 잃은 베냐민은 광야 길로 도망했으나 연합군의 추격과 복병들에게 진멸되었다. 최후로 도망한 곳이 믹마스 어귀를 지나 오브라 길로 가는 림몬 바위였다. 그러나 여기서도 베냐민 25에레프(2만 5천 명)가 죽임을 당했다(삿 20:46). 이제 남은 수는 남자

/
베냐민 지파의 아내를 구한 길르앗 야베스

//
**실로의 포도원**
왼쪽 작은 푸른 지역이 현재의 포도원이지만 과거에는 주변에 포도원이 많았고 이곳에서 아내들을 보쌈해 갔다.

만 겨우 600명이었다. 이들이 림몬 바위에서 넉 달 동안 결사 항전을 하는 사이 베냐민의 남녀노소가 모두 학살되었다(삿 20:48).

가장 비참한 내전의 기록이 새겨진 길들을 예수님이 걸으셨다. 나사로를 살리신 후 예루살렘에서 기브아를 지나 믹마스 어귀 넘어 림몬 바위 옆 마을인 에브라임(=오브라)에 오셨다(요 11:54). 생명의 주 예수 그리스도만이 완악함으로 망하기 직전의 베냐민 같은 우리의 희망이다.

## 실로-베냐민 자손의 아내: 보쌈 작전

가장 흥미진진한 이야기가 사사기의 마지막 장인 21장에서 펼쳐진다. 이스라엘은 베냐민과 벌인 전쟁으로 비싼 대가를 치렀다는 사실을 뒤늦게 깨달았다. 베냐민은 심각하게 약화되었고 전체 지파의 힘도 감소되었다. 게다가 이스라엘은 더 큰 위험에 직면했다. 베냐민이 멸절되고 나면 그 공백을 놓고 상상하기 힘든 시민전쟁이 일어나리라는 것이었다. 가장 먼저 유다와 에브라임이 충돌할 것은 불을 보듯 빤했다. 베냐민은 휴전선의 비무장 지대와 같은 곳이었다. 이제 이 같은 극단의 불화를 피하기 위해 모종의 합의가 필요했다.

베냐민을 소생시키기로 합의를 보고 나자 당장 생존한 남자 600명을 위한 아내가 필요했다. 그러나 연합군은 전쟁에 앞서 베냐민 사람들에게 자신들의 딸을 주지 않기로 맹세했다. 이 맹세에서 자유로운 마을은 야베스 길르앗밖에 없었다. 그래서 그곳에 군대를 보내 젊은 여자 400명을 구해 왔다. 그러나 여전히 아내가 부족했고 마침내 두 번째 방안이 강구되었다. 지파 공동체의 전통적 집회 장소 중 하나인 에브라임의 실로가 다시 조명된다. 나머지 베냐민 남자들이 아내 200명을 연합군의 묵인하에 실로에서 보쌈해 왔다. 그 결과 베냐민의 외가는 야베스 길르앗과 실로가 되었다. 후에 기브아 출신의 사울이 왕이 되어 제일 먼저 야베스 길르앗을 도운 것이나, 사울이 죽었을 때 야베스 길르앗 사람들이 사울의 시체를 찾아 장례한 것은 이 같은 맥락에서 이해해야 한다.

### 사사기의 결론

사사기의 마지막을 베냐민 지파에 대항한 시민전쟁으로 장식한 것은 사무엘상에서 사울왕이 등장하는 것과 무관하지 않다. 사사기와 같은 시대인 룻기는 사무엘하의 다윗의 통치와 연관된다.

사사기는 끝으로 갈수록 '왕이 없으므로'를 반복하면서 이상적인 왕을 기대하고 있다. 스스로 왕이 된 아비멜렉이나 사람들이 원하던 사울 왕 이후에 하나님이 세우신 왕 다윗이 등장한다.

사사기의 마지막 이야기는 어쩐지 음울하다. 사사기 저자는 어떤 전환을 의도한 것이 아닐까? 성경은 줄곧 우리가 자칫 잊어버리기 쉬운 인간의 본성을 일깨운다. 사사기에서 인간의 죄와 하나님의 개입하심이 계속해서 순환하는 것처럼 역사도 그렇게 반복된다.

앞으로 전개될 사무엘의 사역은 그로부터 천여 년 후에 나타날 베냐민 지파 사람 사도 바울의 배경과 무관하지 않다. 바울 사도는 로마에 보낸 서신에서 자신을 '죄인 중에 괴수'라고 말하며 유대인이나 이방인이나 차별 없이 모두에게 있을 하나님의 심판에 대해 선포했다(롬 3:22). 그러나 바울은 이런 절망적인 상황에서도 "죄가 더한 곳에 은혜가 더욱 넘쳤나니"(롬 5:20)라면서 희망을 잃지 말 것을 강조했다. 한편, 바울은 성장하는 이방인 교회와 유대인 집단 간의 관계를 서신의 주제로 삼기도 했다(롬 9-11장). 이 전개 과정 중 사도 바울은 하나님의 은혜에 대해 계속해서 서술하는데 이는 베냐민 출신인 자신의 배경을 알려 주는 듯하다. 아마도 이 슬픈 사건을 마음에 두었던 것이 아닐까?

> **10:21** 이스라엘에 대하여 이르되 순종하지 아니하고 거슬러 말하는 백성에게 내가 종일 내 손을 벌렸노라 하였느니라 **11:1** 그러므로 내가 말하노니 **하나님이 자기 백성을 버리셨느냐 그럴 수 없느니라** 나도 이스라엘인이요 아브라함의 씨에서 난 자요 **베냐민 지파**라 **롬 10:21-11:1**

## 에브라임과 유다 요약

사사기를 마무리하기 전에 구약 역사의 핵이라고 할 수 있는 에브라임과 유다의 관계를 잠시 요약하고 넘어가는 것이 필요하다.

1. 요셉의 집(에브라임과 므낫세 지파)과 유다 지파는 이스라엘 지파들 중에서 지도자적인 위치에 있었다. 에브라임의 우월한 위치는 남쪽 베냐민까지 영향을 행사했다. 에브라임의 영향력은 벧엘에 있었다. 이곳에서 베냐민을 통제했다.

2. 베냐민 지파는 기브아 사건에서 촉발된 시민전쟁으로 심각하게 약화되었다. 게다가 전략상 중요한 기브온 족속의 4개 도시와 여부스의 예루살렘을 안고 있어 베냐민의 취약함이 가중되었다.

3. 베들레헴은 유다의 북쪽 산지에서 중요한 역할을 했다. 사람들은 쉽게 예루살렘과 라마를 포함한 중앙 베냐민 고원으로 여행할 수 있었다. 사사기 19:7-15은 레위 사람이 어떻게 종과 첩, 첩의 가족에게 받은 선물을 나귀의 안장에 싣고 베들레헴을 느지막이 출발하여 당일 저녁에 기브아에 도착할 수 있었는지를 말해 준다. 편리한 능선 도로, 족장의 도로는 지도 사사기 6에서도 볼 수 있다.

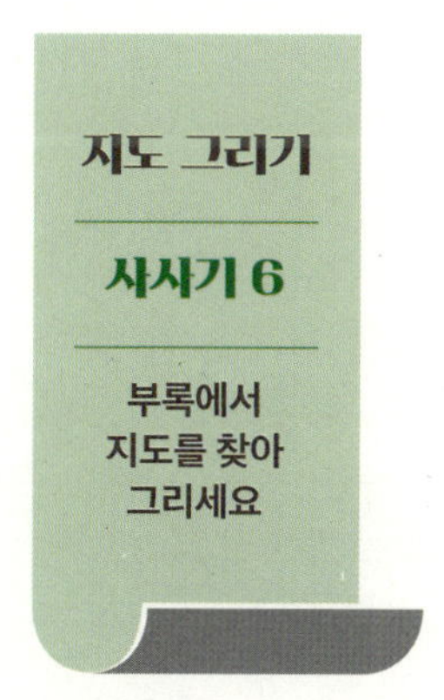

# 이스라엘 주변 민족의 신

근동은 다신교보다 일신교 사상을 가졌다. 각 민족마다, 때로는 각 지역마다 관장하는 신이 있다고 생각했다. 그래서 민족 간의 다툼은 신의 다툼으로 묘사된다. 이집트에서는 바로가 신의 아들이고, 메소포타미아에서는 왕이 신의 대제사장 역할을 한다고 믿었다.

성경은 각 민족의 신을 다음과 같이 소개하고 있다.

> 이스라엘 자손이 다시 여호와의 목전에 악을 행하여
> 바알들과 아스다롯과
> 아람의 신들(림몬, 하닷)과
> 시돈의 신들(바알, 아세라)과
> 모압의 신들(그모스)과
> 암몬 자손의 신들(밀곰)과
> 블레셋 사람들의 신들(다곤)을 섬기고
> 여호와(이스라엘 신)를 버리고
> 그를 섬기지 아니하므로 삿 10:6

> 시돈 사람의 가증한 아스다롯과
> 모압 사람의 가증한 그모스와
> 암몬 자손의 가증한 밀곰을 위하여 세웠던 것이며 왕하 23:13

> 내 주인께서 림몬(다메섹 신, 하닷 신)의 신당에 들어가 거기서 경배하며 왕하 5:18

> 블레셋 사람의 방백들이 이르되 우리의 신이 우리 원수 삼손을 우리 손에 넘겨 주었다 하고 다 모여 그들의 신 다곤에게 큰 제사를 드리고 즐거워하고 삿 16:23

정리하면

- 가나안 시돈: 바알과 아세라/아스다롯
- 아람: 림몬, 하닷
- 모압: 그모스
- 암몬: 밀곰
- 블레셋: 다곤

**신의 이름과 특징**

| | | | | | |
|---|---|---|---|---|---|
| **가나안** | 엘<br>하늘 | 쉐메쉬/야레<br>태양/달의신 | 얌<br>바다 | 바알<br>폭풍 | 아세라<br>풍요 |
| **헷 족속** | 타루<br>폭풍 | 우르세무<br>태양의 여신 | 텔리피누<br>채소 재배 | | |
| **수메르** | 이안나<br>하늘/풍요 | 난나<br>달신 | 우투<br>태양신 | 엔키<br>바다 | |
| **바벨론** | 이쉬탈<br>하늘/풍요 | 씬<br>달신 | 샤마쉬<br>태양신 | 에<br>바다 | |
| **이집트** | 누트<br>하늘 | 라/호러스<br>태양 | 슈<br>공기 | 콘수<br>달 | 하톨<br>풍요 |
| **그리스** | 제우스<br>하늘 | 아테나<br>지혜 | 포세이돈<br>바다 | | 아데미<br>풍요 |
| **로마** | 쥬피터<br>하늘 | 미네르바<br>지혜 | 넵튠<br>바다 | | 비너스<br>미 |

# 역사와 묵상

01 사사기의 순서는 옷니엘을 출발로 지파별 시계 반대방향으로 한 바퀴 돈다. 대표적인 사사는 옷니엘-에훗-드보라-기드온-입다-삼손 등 6명이다. 이스르엘 골짜기를 배경으로 벌어진 드보라의 전쟁 이야기는 하나님께서 지리를 어떻게 이용하셨는지를 보여 준다. 무섭게 진군하는 적에게 비를 내려 기손강을 범람케 하니 가나안 철병거 900승은 무용지물이 되었다(삿 5:21). 하나님이 나의 삶 속에서 어떻게 일하셨는지를 고백해 보라.

---

02 시스라는 헤벨의 아내 야엘의 집으로 도망했다. 야엘은 지혜롭게 우유를 주어 시스라를 잠들게 한 후 말뚝으로 그를 단번에 죽였다. 말뚝은 유목민 여인 야엘이 남편을 도와 천막을 칠 때 사용한 매우 익숙한 물건이었다. 야엘은 평소에 갈고닦은 실력을 이때 유감없이 발휘했다(삿 4:21). 작은 일에 충성된 자가 큰일에도 쓰임을 받을 수 있다. 나는 주의 일을 위하여 어떤 전문가로 훈련받고 있는가?

---

03 지형과 상황을 보면 하롯샘에서 뽑힌 기드온의 300용사들은 경계를 게을리하지 않는 사람들이었다(삿 7:6). 자신에게 주어진 사명에 충실한 이들은 전신갑주를 입은 후 기도의 경계를 늦추지 않는다(엡 6:18). 나는 무장되었고 깨어 있는가?

---

04 벧세메스에서 북쪽 산을 바라보면 삼손의 고향 소라가 보이고, 소렉 골짜기를 따라 동쪽 산지로 올라가면 세례 요한의 고향 엔케렘이 위치한다. 엔케렘에서 좀 더 올라가면 베들레헴이 나온다. 블레셋과 관련하여 삼손은 이스라엘을 블레셋에게서 구원하기 시작했고, 다윗은 이루었다(삿 13:5). 죄와 사망에 대하여 세례 요한은 준비하였고 예수님은 이루셨다(눅 1:76). 두 사람은 모두 나실인으로 베들레헴 출신 두 사람을 준비하였다. 그러나 그 삶은 전혀 달랐다. 한 사람은 방탕하게 살다 마지막 순간에 사명을 이루었고, 다른 한 사람은 광야에서 사명을 이루어 감으로 '여자가 낳은 자 중 가장 큰 자'라는 칭송을 받았다(마 11:11). 우리의 사명은 반드시 이루어진다. 그러나 그 사명을 이루는 방법은 다르다. 당신은 어떻게 사명을 이루고 있는가?

---

05 왼손잡이 사사 에훗은 가장 약한 지파 출신이면서 가장 오랫동안 평화를 유지했고, 강력한 사사 입다는 동족과 전쟁하여 참사를 일으켰으며, 가장 강한 사사인 삼손은 혼자서 일하다 비참하게 생을 마감했다. 사사기의 결론은 '왕이 없으므로 자기 소견에 옳은 대로 행하였다'라고 할 수 있다. 겸손히 자신을 낮추고 왕 되신 하나님을 인정하는 삶에서 벗어났을 때 베냐민 시민전쟁 때처럼 제사장과 주민 모두가 부패하여 징계를 받게 된다. 우리 생활에서 하나님을 왕으로 인정해야 할 부분은 무엇인가?

---

# 룻기

### 연결고리 룻기

사사기에서 사무엘상으로 넘어오는 다리 역할을 하는 성경이 룻기다. 룻기는 사사 시대에 유다 베들레헴에서 일어난 사건이 기록되어 있다.

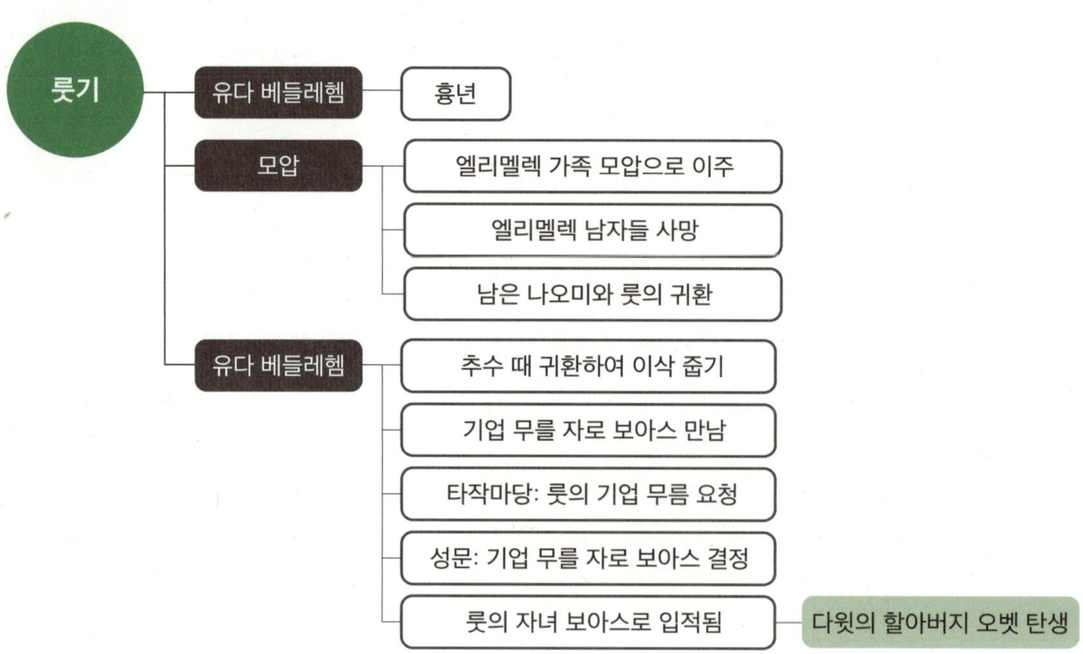

**| 사사 시대의 희망 씨앗 |**

# 여호와의 기업을 선택하다

**성경** 룻기 **연대** 주전 11세기경

**핵심 본문** 룻과 나오미의 귀환, 보아스 만남, 기업 무름

## 베들레헴-흉년: 역출애굽 모압행 룻 1:1-5

룻기에서 베들레헴의 엘리멜렉 가족이 왜 모압으로 갈 수밖에 없었는지는 지형과 밀접한 관련이 있다. 베들레헴에서 동쪽을 바라보면 푹 꺼진 염해(사해) 뒤로 금방이라도 닿을 것 같은 곳이 모압이다. 붉은 석양에 물든 우람한 요단 동편의 땅 모압은 가뭄이 들어 살기가 어려워진 가나안의 사람들에겐 참기 힘든 유혹이었다. 모압은 베들레헴보다 평균 100~200m 이상 높은 지역에 위치한다. 앞에서 언급했듯이 비구름은 지중해가 있는 서쪽에서 몰려와 유다 산지에 먼저 부딪치면서 비를 내린다. 그러나 높은 구름이 지나가면 유다 산지를 지나 그보다 높은 동쪽 모압 산지에 부딪쳐 비를 내린다. 베들레헴은 기근인데 모압엔 비가 내린 이유는 이 때문이다.

베들레헴-모압 루트

엘리멜렉 가족은 흉년이 들자 비교적 물이 넉넉한 모압으로 이주하여 살았다. 그런데 이것은 매우 위험한 이동이었다. 엘리멜렉과 같은 세대인 보아스는 살몬의 아들인데, 살몬은 라합의 남편이다. 즉 그의 아버지 살몬 세대에 가나안에 들어와 정착하기 시작한

/
**모압의 석양**
베들레헴에서 본 모압 지역의 석양은 풍요를 향한 유혹이었다.

//
**모압의 들녘**
유다 산지에 가뭄이 들었을 때 베들레헴의 엘리멜렉 가족이 풍요로운 모압으로 이주했다.

것이다. 따라서 애굽에서 나와 험난한 광야를 지나 어렵게 정복전쟁을 해서 겨우 가나안에 정착했는데 가뭄이 들었다고 가나안을 버리고 모압으로 가는 것은 역출애굽이요, 하나님이 선물로 주신 가나안 땅을 하찮게 여기는 행위였다.

그러므로 그 결과는 자명했다. 풍요의 땅은 가족을 삼켰다. 거주한 지 10년 만에 엘리멜렉에 이어 결혼한 두 아들 말론과 기룐이 죽고 엘리멜렉의 아내 나오미와 모압 여인이며 말론의 아내 룻과 기룐의 아내 오르바만 남았다. 남자는 다 죽고 과부들만 남은 것이다. 당시에 남자 없이 여자들만 있는 집은 보호자가 없는 집과 마찬가지였다. 결국 그들은 보호자를 찾아 떠나야 했다.

### 베들레헴-나오미와 룻 룻 1:6-22

나오미는 베들레헴에 기근이 끝났다는 소식을 듣고 유다 땅을 향했다. 일반적으로 모압의 수도 길하레셋에서 서쪽 염해로 난 골짜기를 따라 내려오는 도로를 따라 유다로 넘어온다. 이 길을 따라 내려오면 '니산 반도'라는 혓바닥 모양의 염해 중간을 가로지는 육로가 나온다. 건기에는 가나안까지 이어지는 길이 생기기도 하는 이 경로를 따라 유다 산지로 갈 수 있다. 후대에 모압왕 메사가 암몬과 마온 연합군을 이끌고 이곳을 통해 맛사다 북쪽 엔게디까지 진군했다가 여호사밧에게 참패를 당했다(대하 20장).

귀향 도중에 기룐의 아내 오르바는 고향으로 돌아가지만 룻은 결연한 각오로 시어머니를 따른다.

> 룻이 이르되 내게 어머니를 떠나며 어머니를 따르지 말고 돌아가라 강권하지 마옵소서 어머니께서 가시는 곳에 나도 가고 어머니께서 머무시는 곳에서 나도 머물겠나이다 어머니의 백성이 나의 백성이 되고 어머니의 하나님이 나의 하나님이 되시리니 룻 1:16

/
**길하레셋(동쪽)에서 바라본 서쪽 유다 산지**
중간에 염해가 있다. 나오미가 이 길로 베들레헴에 갔다.

룻의 결심은 근본적인 변화를 각오한 결단이었다. 모압에서 유다로 오는 동시에 룻은 그녀가 섬기던 모압의 신 그모스 대신 여호와를 섬기는

베들레헴 동쪽 골짜기의 밭
목자들의 들판과 보아스의 밭이 이곳에 위치한다.

서민의 모습을 화폭에 담던 밀레는 룻기를 연상하게 하는 이삭 줍는 여인들을 그렸다.

자로 개종하게 된다. 룻은 여호와의 기업을 선택하겠다는 결단을 한 것이다. 그 결과 그녀는 예수님의 족보에 드는 기업 무르는 여인이 되었다.

타작마당
타작마당은 초실절에서 오순절 기간에 사용한다. 그렇게 추수를 끝낸 뒤에는 이 타작마당에서 축제를 열었다.

## 추수 때 귀환: 이삭 줍기 룻 2장

엘리멜렉의 아내 나오미는 며느리 룻과 함께 빈털터리로 고향 베들레헴의 추수 때, 즉 유월절에서 오순절 사이에 돌아왔다. 베들레헴은 사사기 마지막에도 언급했듯이 인정이 있는 마을이었다. 레위기 19:9, 23:22의 말씀대로 추수 때 가난한 자들을 위해 이삭줍기를 허락했다. 베들레헴은 '전쟁의 집'이라는 뜻도 있지만 농사로 볼 때 '빵집'이라는 뜻도 있다. 밀과 보리농사가 힘든 산지에서 그나마 베들레헴은 보리농사를 할 골짜기를 가지고 있어서 마을 이름에 빵집이라는 뜻을 갖게 되었는지도 모르겠다. 베들레헴 한 골짜기에 곡식을 재배할 수 있는 경작지가 있었다. 지금은 '목자들의 들판'과 '보아스의 밭'이라는 농경지가 있어서 빵의 재료를 생산한다.

명화 밀레의 '이삭 줍는 여인들'의 모습에서 보듯 낟알 하나를 줍는 광경은 힘든 생활을 상징한다. 이삭을 줍던 룻은 엘리멜렉의 친족 보아스의 밭에 이르러 그의 호의를 받게 된다. 보아스는 룻이 나오미에게 행한 인애(헤세드)에 대해 칭찬했다(룻 3:10). 긍휼히 여긴 여인은 긍휼히 여김을 받는다.

## 룻과 보아스와 기업 무를 자 룻 3:1-4:12

나오미는 보아스가 자기 집안의 기업 무를 자가 됨을 알고 룻에게 추수 때 타작마당에 가서 그에게 기업을 물러 달라고 요구하라고 시켰다.

/
**단의 성문**
성문의 나무는 지도자가 앉고 그 오른쪽 돌의자에는 장로들이 앉아 재판을 했다.

//
**단의 성문에 앉은 사람들**
성문에 올라갔다는 말은 이곳에 앉아 재판했음을 의미한다.

초실절부터 50일간 추수를 하면서 마지막 오순절에 추수의 기쁨을 누리며 축제를 연다. 이 기간 동안 이방 여인 룻이 시어머니의 말대로 보아스에게 기업 무름을 요청했다. 보아스는 신중한 사람이어서 자신보다 우선되는 기업 무를 자가 있음을 알고 일단 룻을 돌려보낸 뒤 그를 찾아갔다.

베들레헴의 성문은 아직 발굴되지 않았다. 그러나 이와 동시대를 반영하는 단의 성문은 당시 상황을 재현하기에 충분하다. 성의 지도자가 성문 앞에 앉고 그 옆으로 장로들이 앉아 백성의 대소사를 결정한다. 보아스는 이곳을 찾아 성문에 앉았다.

> 보아스가 성문으로 올라가서 거기 앉아 있더니 마침 보아스가 말하던 기업 무를 자가 지나가는지라 보아스가 그에게 이르되 아무개여 이리로 와서 앉으라 하니 그가 와서 앉으매 룻 4:1

보아스가 자기보다 우선권이 있는 이 기업 무를 자에게 기업을 사라고 하자 그는 그러겠다고 대답했다. 그러나 보아스가 만일 그럴 경우 룻을 맞아 그로부터 후손을 잇도록 해야 한다고 하자 그는 기업을 무르지 않겠다고 했다. 창세기에서 아브라함이 기업 무름을 위해 목숨을 걸고 롯을 구하러 간 예에서도 보듯이 기업 무름을 거절하면 신을 벗고 얼굴에 침 뱉음을 당해야 했다(신 25:9). 그러나 룻기에서는 수치보다는 신만 벗어 주는 것으로 대신했다(룻 4:7).

## 다윗의 할아버지 오벳 탄생 룻 4:13-22

나오미의 다음 기업 무를 자는 보아스였다. 보아스는 의무를 다했고 룻은 인애를 베풀어 둘 사이에 아들이 태어났다. 그러나 법적으로 따지면 그 아들은 나오미의 자손이고, 말론의 아들이 된다. 그럼에도 족보에는 보아스의 아들로 기록되어 있다. 이를 통해 볼 때 이후 양자로 들이면서 두 집안이 하나가 된 듯하다. 이 위대한 기업 무름에서 태어난 사람이 오벳이고 오벳은 이새를, 이새는 다윗을 낳았다. 다윗이 피난 생활 때 부모님을 모압에 피신시킨 것은 다윗의 아버지 이새의 할머니가 모압 여인 룻이었기 때문이다(삼상 22:3). 그리고 다윗의 후손에서 예수님이 나셨다. 기업 무름은 히브리어로 '고엘'인데 이는 피의 보복도 된다. 아브라함은 롯의 기업 무를 자이자 피의 보복자로 일했다. 고엘은 신약에서는 구속자로 번역되었다. 완전한 구원자, 온전한 기업 무를 자는 예수님이시다.

**목자들의 들판 교회에서 결혼하는 신혼부부**
보아스와 룻은 이 들판에서 만났고 이를 계기로 결혼까지 한다.

## 여기서, 묵상

마태복음 1:1-17을 읽어 보라. 이 족보는 '혈통의 족보'라기보다 믿음의 족보다. 룻의 아들은 나오미의 자식으로 보아스의 계보에 들 수 없으나 성경은 보아스의 아들이라 하고 족보에 이방 여인 룻도 포함시켰다. 예수님 족보의 이방 여인들인 다말, 라합, 룻은 모두 기업을 무르기 위해 노력한 사람들이었다. 보아스와 룻은 보리를 거두는 초실절에서 오순절 기간에 만났는데, 이는 이방인에게 복음이 전파되는 성령 강림절이 되어 우리에게 기념되고 있다.

## 통일왕국시대

사무엘서에서는 유다와 주변을 탐구하는 데 중점을 두었다. 특히 다윗을 다윗 되게 한 이야기에 주목해 보라. 다윗의 시작은 미미했으나 결국 군사적 천재이자 탁월한 정치가이며 존경받는 지도자로 성장했다. 그는 유다의 메마른 광야에서 시작하여 남으로는 애굽 시내, 북으로는 메소포타미아 유브라데강까지 이르는 지역을 다스리는 왕이었다. 그러한 위치, 명성, 성공과도 바꿀 수 없는 것은, 다윗이 하나님의 영에 민감하고 하나님만을 일평생 의지한 사람이라는 점이다.

PART 3

# 역사서 Ⅱ

사무엘 상 · 하, 역대상 /
시편

# 사무엘상

## 개관

사무엘서에서는 유다와 주변을 탐구하는 데 중점을 둘 것이다. 신약의 '유대'(Judea)라는 표현은 히브리어 유다(Judah)의 후기 그리스어 표현이다. 사무엘서는 다윗이 점령하고 전체 이스라엘 왕국의 수도로 전환된 예루살렘을 포함한 유다에 대해 자세히 소개한다. 특히 사무엘상에는 다윗을 다윗 되게 한 이야기가 기록되어 있다. 그는 이 시기에 극한 훈련을 받으며 하나님 마음에 합한 자로 준비되어 갔다.

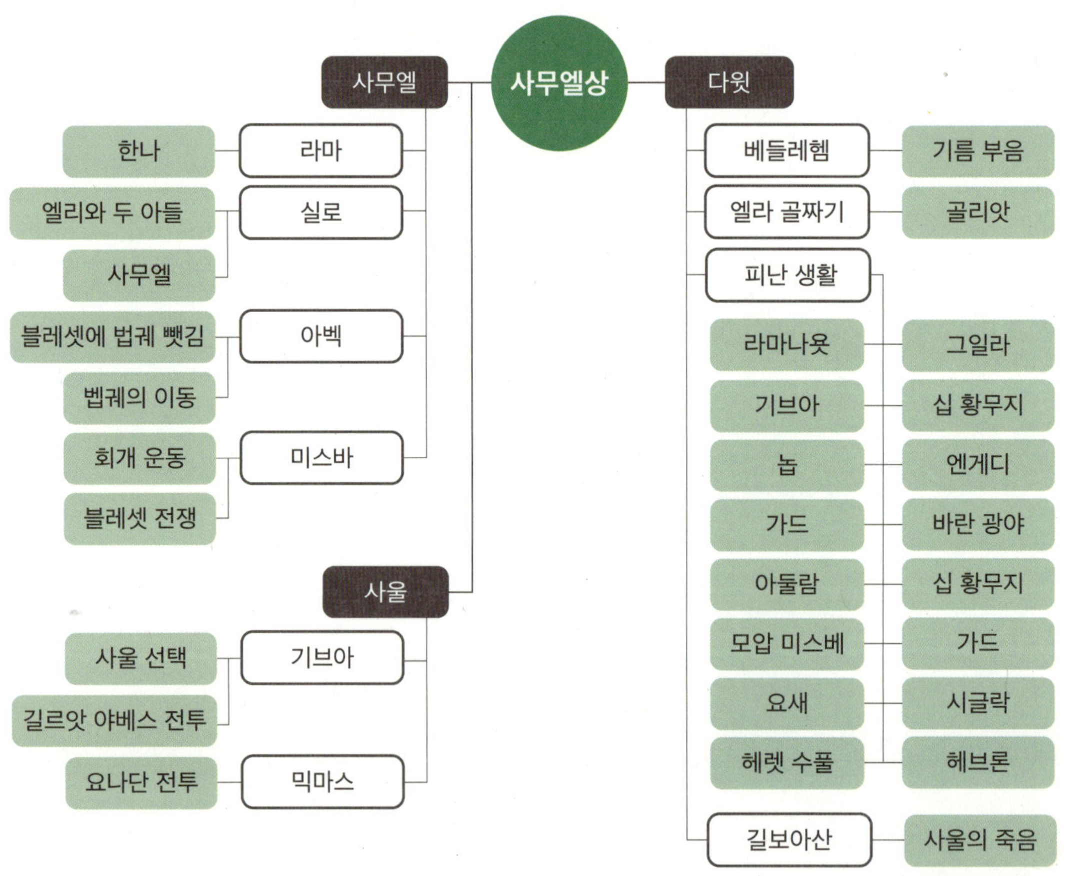

| | | | | | | | | | | |
|---|---|---|---|---|---|---|---|---|---|---|
| 역사 | 연대 | 애굽-20왕조 람세스 3세(BC 1184-1153)<br>람세스 4-11세(BC 1153-1070)이후 세 번째 중간기 쇠퇴기<br>이스라엘-사울왕(BC 1020-1004) | | | | | | | | |
| | 사건 | 람세스 3세 때 해양 민족 블레셋이 철기문명을 가지고 해안에 정착 & 확장정책 | | | | | | | | |
| 지리 | | 라마 | 아벡 | 미스바 | 기브아 | 믹마스 | 길갈 | 엘라 골짜기 | 유다 산지 | 길보아산 |
| 성경 | 장 | 1 | 4 | 7 | 9 | 13 | 15 | 16 | 19-30 | 31 |
| | 주제 | 사무엘 | 법궤 뺏김 | 회개 운동 | 사울왕 | 요나단 전투 | 아말렉 전투 사울 폐위 | 다윗 선택 다윗-골리앗 | 도피생활 | 사울 죽음 |

사무엘상 개요

## 유다 산지

유다 산지로 불리는 유다는 40x16km의 융기된 석회암의 긴 능선으로 된 산지다. 유다는 중심의 유다 산지(수 15:48), 동쪽의 유다 광야(수 15:61), 서쪽의 쉐펠라(Shephelah, 구릉지라는 뜻이다. 개역개정은 '평지'로 번역했다. 수 15:33), 남쪽의 네게브(남방, 수 15:21) 등 네 권역으로 구성되어 있다. 유다 산지의 북쪽에는 에브라임의 남쪽 경계인 베냐민 지파의 땅이 있다. 유다 산지는 북쪽을 제외한 3개 권역인 쉐펠라, 유다 광야, 네게브의 지형적인 영향을 받아 방어에 용이하다.

서쪽은 산지로 오르기 전에 만나는 구릉지(쉐펠라)에서 산지를 방어할 수 있다. 협소한 골짜기와 숲이 우거져서 많은 군사가 올라올 수는 없어도 접근이 수월해서 전쟁이 많았다. 쉐펠라의 대표적인 골짜기는 북쪽에서부터 여호수아 전쟁 때 해와 달을 머물게 한 아얄론 골짜기, 삼손과 들릴라의 소렉 골짜기, 다윗과 골리앗의 엘라 골짜기, 아사왕과 구스군 100만의 스바다 골짜기, 앗수르 산헤립의 라기스 골짜기가 있다.

동쪽은 염해(사해)의 바로 서쪽에 위치한 300m의 절벽과 26km 내에 1200m를 올라가야 하는 급경사의 석회암 절벽이 외부의 접근을 막는다. 엔게디와 같은 제한된 통로가 있을지라도 유다 광야는 산지로 오르기 위한 험한 장애물임에 틀림없다.

남쪽은 수십 km의 준사막 지대인 네게브(남방)가 있고, 설령 유다 산지를 오른다 해도 단거리 내에 고도 약 1000m를 올라야 하는 험로가 기다린다. 산지까지 제한된 능선 길만 이용 가능하기 때문에 유다 산지는 남쪽의 침략을 받은 역사가 거의 없다. 이스라엘도 가나안에 입성할 때 남쪽이 아닌 동쪽을 선택했다.

북쪽은 유다 산지의 취약 지역이다. 다만 북쪽의 에브라임 지파와 베냐민 지파가 적들에게서 1차 방어 역할을 한다. 그러나 북쪽 지파가 무너지면 위험하다. 물이 부족해서 포위 공격하는 데도 불리하지만 대군을 이끌고 오면 점령이 용이하다. 유다 산지의 북쪽 경계인 예루살렘을 공격한 앗수르의 산헤립, 바벨론의 느부갓네살, 로마의 10군단 등이 북쪽에서 공격해 들어와 유다 산지까지 점령했다.

**서쪽에서 바라본 중앙 베냐민 산지**
족장의 길이라고 알려진 산등성이에 사무엘상의 배경이 되는 주요 도시가 있다. **벧엘** 남쪽 **미스바**는 사무엘의 회개 운동이 일어난 곳이고, **라마**는 사무엘의 고향이며, **기브아**는 사울왕의 고향이다. **예루살렘**은 다윗이 왕국의 수도로 삼은 곳이다. 예루살렘에서 남쪽으로 8km만 가면 **베들레헴**이 나온다. 여기서 성경의 수많은 사건이 일어난 것은 베냐민 지경의 북쪽에 에브라임, 남쪽에 유다가 위치하여 힘을 겨루었기 때문이다. 이스라엘 힘의 완충지대요 동쪽으로 가면 여리고, 서쪽으로 가면 해변길의 게셀이 나오는 교통 요지 중의 요지가 베냐민 땅이다.

| 사무엘의 사역 |

# 회개하는 자에게 주시는 구원

**성경** 사무엘상 1-7장 **연대** BC 11세기

**역사적 배경** 람세스 3세(BC 1184-1153) 때 해양 민족 블레셋이 철기 문명을 가지고 애굽을 침공하고(BC 1150) 가나안 해안가에 정착

**핵심 본문** 사무엘의 탄생과 사역, 아벡 전투, 미스바 성회

**지도** 사무엘상 1

## 사무엘: 영적 암흑 시대에 나타난 한 줄기 빛

### 블레셋의 위협

베냐민 시민전쟁은 에브라임과 유다가 전략의 요충지인 베냐민 산지를 사이에 두고 계속 다툴 것임을 암시한다. 잠재된 내부의 긴장감이 외부의 위협보다 이스라엘을 더 위태롭게 만들 수 있었다. 사사 시대에 사람들은 자기 소견에 옳은 대로 행했다. 기브아 사람들같이(삿 19:22-26) 이기적이고 탐욕적인 행위가 지속된다면 엄청난 내분에 휩싸일 것은 자명했다.

그런데 새로운 위협이 해안 평야에 등장했다. 한 지파로서는 도저히 감당할 수 없어 모든 지파가 연합해야 하는 위협이었다. 바로 BC 1150년경 등장한 신블레셋이다. BC 12세기경 해양과 근동에는 역사상 찾아보기 힘든 흥망성쇠가 있었다. 미케네 문명의 쇠퇴와 북동쪽 헷 족속 나라들의 멸망, 이집트의 내분 등에 일정한 역할을 한 해양 민족이 이집트를 거쳐 가나안의 해안 평야 지역으로 들어와 해변길 위의 전략적인 장

소 5개에 도시를 세우고 블레셋이라는 나라를 세웠다. 삼손의 이야기(삿 13-16장)에서 남부의 강자 유다 사람들도 블레셋이 자신들을 관할한다고 고백한 바 있다(삿 15:11).

### 라마-한나와 사무엘 삼상 1-3장

사무엘상은 지파 간의 충돌과 종교적 타락, 블레셋의 위협이라는 암울한 상황을 돌파할 만한 놀라운 인물의 탄생을 소개한다. 첫 구절에서 한 레위인의 족보와 그가 살던 곳을 소개하고 있다.

> 에브라임 산지 라마다임소빔에 에브라임˚사람 엘가나라 하는 사람이 있었으니 그는 여로함의 아들이요 엘리후의 손자요 도후의 증손이요 숩의 현손이더라 삼상 1:1

라마다임소빔은 간단히 라마를 지칭한다(삼상 2:11). 라마는 족장의 도로와 동서를 잇는 도로의 사거리에 위치한다(지도에서 위치를 확인하라). 이곳은 분명히 베냐민 산지임에도 성경은 에브라임 산지라고 소개한다. 에브라임의 영향력이 베냐민 산지까지 미쳤음을 알 수 있다. 라마는 드보라의 사역(삿 4:4-5)과 베냐민 시민전쟁 기간 중에 사용된 길에 위치한다.

레위인 엘가나의 아내 한나는 자녀가 없어 다른 아내 브닌나의 멸시를 받고 있었다. 그녀는 명절이 되어 가족과 함께 슬픈 마음으로 라마에서 미스바와 벧엘을 지나 실로로 올라갔다. 불임으로 고통받던 이 여인이 음울한 시대에 빛을 주는 작은 희망이 되었다. 종교적으로 타락한 시대임에도 불구하고 그녀는 순수한 믿음으로 기도했다. 그리고 자기도 모르게 자녀를 낳으면 그를 평생에 나실인으로 하나님께 드리겠다고 서원기도를 했다. 그녀의 기도는 벅차오르는 설움으로 얼굴이 벌게지고, 소리조차 내지 못하여 입만 벙긋거리는 간절함의 기도였다. 육의 눈뿐 아니라 영의 눈도 어두워진 제사장 엘리는 그녀가 술에 취해서 주정을 부리는 것으로 오해했다. 한나가 엘리에게 자신의 사정을 털어놨고, 엘리는 그런 그녀의 기도가 허락되기를 축복했다. 한나는 그것을 믿음으로 받고 의심하지 않았다.

이르되 당신의 여종이 당신께 은혜 입기를 원하나이다 하고 가서 먹고 얼굴에 다시는 근심 빛이 없더라 삼상 1:18

/
사무엘 뒤에는 기도하는 어머니 한나가 있었다.

## 실로-엘리와 두 아들 vs. 사무엘

한나는 임신하여 아들을 낳은 후 '여호와께 구하였다'라는 뜻의 사무엘이라는 이름을 주었다. 한나는 사무엘이 젖을 떼는 시기인 만 3세 즈음에 사무엘을 데리고 실로 성소에 갔다. 서원대로 사무엘을 하나님께 드리기 위해서였다. 실로 성소에서 한나는 약한 자를 들어 쓰시는 반전의 하나님을 노래했다. 이는 사무엘서의 마지막 다윗의 기도와 연결되고, 신약의 마리아 찬가까지도 연결된다.

어린 사무엘은 성소를 지키는 자로서 하나님의 언약궤가 있는 여호와의 성전에서 지냈다(삼상 3:3). 기도의 상징적인 소년이 된 사무엘은 한국의 옛 버스 운전석 앞과 옆에 붙어 있던 기도하는 그림인 '오늘도 무사히'의 주인공이기도 하다. 어린 사무엘은 성소에서 엘리 집안의 몰락에 대한 예언을 받았다. 엘리 집안의 몰락 이유는 확실했다.

/
**나비 사무엘에서 젖 떼는 예식**
만 3세까지 길렀던 머리를 자르면서 젖 떼는 날을 기념한다.

//
**조슈아 레이놀즈의 '기도하는 어린 사무엘'**
어려운 시절의 안전을 기원하는 한국인의 아이콘이 되기도 했다.

이 소년들의 죄가 여호와 앞에 심히 큼은 그들이 여호와의 제사를 멸시함이었더라 삼상 2:17

내가 그의 집을 영원토록 심판하겠다고 그에게 말한 것은 그가 아는 죄악 때문이니 이는 그가 자기의 아들들이 저주를 자청하되 금하지 아니하였음이니라 삼상 3:13

엘리와 그의 두 아들 홉니와 비느하스는 시간이 지날수록 몰락했으나 어린 사무엘은 여호와와 사람들에게 더욱 은총을 입었다. 제사장이자 선지자가 된 사무엘은 엘리 집안에 대한 예언을 하는가 하면 배교의 세대에 개인적 회개를 촉구하기도 했다. 또한 이스라엘의 첫 번째 왕 사울과 두 번째 왕 다윗의 머리에 기름을 부었다(왕으로 세우는 의식). 사무엘이 처한 상황과 시대를 생각하면서 사무엘상 1-3장을 다시 훑어보라.

여기서,
묵상

엘리는 하나님이 주신 은총을 귀히 여기지 않고 예배를 멸시하던 자녀를 하나님보다 더 귀히 여겼다. 하나님은 이러한 엘리와 그 집안을 멸하셨다. 예배를 멸시하는 것은 하나님을 멸시하는 행위다. 하나님은 애통한 한 여인을 통해 새로운 역사를 여셨다. 한나의 입장이 되어 보라. 어떤 기도가 나오겠는가? 한나의 기도는 유대인의 전통적 기도가 되어 말할 수 없는 억울함을 호소할 때는 소리를 내지 않고 마음과 입으로만 기도하는 관습을 낳았다. 예수님의 8복 설교에서 한나의 모습을 발견해 보라.

## 아벡 전투: 하나님이 긍휼을 베푸신 싸움

### 아벡 전투 배경 삼상 4장

애굽에서 올라온 갑돌 출신의 블레셋이 유다의 쉐펠라 일부와 해안 평야를 차지하였다. 그러나 이것은 시작에 불과했다. 그들은 북쪽 해변길을 따라 북진하기 위해 요충지인 아벡에 모였다. 에브라임 산지 지파 연합군으로는 블레셋을 이길 수 없었다. 이스라엘이 평지의 가나안을 몰아낼 수 없었던 이유는 영적 불신앙과 블레셋의 철병거 때문이었다. 가나안에서 철기를 다룰 수 있었던 족속이 블레셋이었다. 블레셋은 그레데에서 기원하여 이집트까지 위협한 막강한 함족 계열의 해양 민족이다. 이집트의 묵인하에 가나안 해안 평야에 정착한 블레셋은 아브라함과 이삭이 언급한 구블레셋 민족을 점령했다. 블레셋은 어떤 족속보다 강하고 앞선 문명을 가졌기에 이스라엘 일부 지파가 대응하기는 무리였다.

> 그때에 이스라엘 온 땅에 철공이 없었으니… 온 이스라엘 사람들이 각기 보습이나 삽이나 도끼나 괭이를 벼리려면 블레셋 사람들에게로 내려갔었는데
> 삼상 13:19-20

사무엘상 1

**아벡 전투와 법궤의 귀환**

이스라엘은 아벡에서 블레셋에게 패하여 법궤를 빼앗겼을 뿐 아니라 실로도 파괴되었고 북쪽 해변 지역을 내주어야 했다

**아벡과 수원지**

해변길은 블레셋 평야에서 사론 평야로 갈 때 교통상의 걸림돌이 되는 얄곤강을 피해 물 근원지인 아벡을 지나가야 했다.

## 아벡-법궤 빼앗김

여러 샘으로 형성된 습지가 해변길을 동쪽 에브라임 산지 가장자리 길로 돌려놓았다. 이스라엘은 블레셋을 제어하기 위해 해변길 위의 아벡이 내려다보이는 언덕 에벤에셀에 집결했다. 이 전쟁은 아벡 위의 사론 평야뿐 아니라 이스르엘 골짜기까지 가는 해변길을 내주느냐 마느냐 하는 운명의 전쟁이었다. 유다에 이어 에브라임까지 블레셋의 지배하에 들어갈 수도 있는 위협적인 전쟁이었다. 전략적 요충지인 아벡이 에브라임 지파에게 할당된 것도 흥미롭다. 여러 상황이 아벡을 전쟁터로 선택하게 했을지 모르지만 지리적인 면에서 본다면 아벡의 동쪽 능선은 에브라임 산지로 직접 들어가는 길이다. 그러나 이스라엘이 패할 경우 쉽게 대피할 수 있는 길이기도 하다.

이스라엘은 첫 번째 공격에서 4천 명을 잃으며 패했다. 이스라엘의 실패는 수십 년 동안 하나님을 배신한 결과였다.

진정한 패배 요인을 모르던 공동체는 하나님을 시험했다. 실로에서 법궤를 가져오면 하나님의 힘을 소유할 수 있으리라 생각하고, 법궤를 에브라임 산지의 가장 험한 지형을 통과해 전쟁터로 옮겨 왔다. 심리적 안정감을 얻기 위해 두려운 일을 저지른 것이다. 법궤가 산지 가장자리

**아벡성**

물 근원지를 둘러 길이 나 있다. 아벡 전투는 남과 북을 잇는 교두보를 확보하기 위한 전쟁이었다. 이스라엘은 이곳을 잃어 북쪽 지역을 내주게 되었다.

인 에벤에셀에 도착했을 때 이스라엘은 승리의 기운을 느끼고 함성을 질렀다. 그러나 그 소리는 허공에 울리는 메아리였다. 법궤는 하나님을 떠난 이들에게 우상에 불과했다.

이집트를 거쳐 온 블레셋은 200여 년 전에 일어난 출애굽 역사를 알고 있었다. 그랬기에 법궤는 그들을 두렵게 했다. 그럼에도 그들은 용감하게 싸웠고 이스라엘 사람 3만 명을 죽이는 전과를 올렸다. 입다 전쟁으로 타격을 입은 에브라임은 미처 회복되기도 전에 블레셋에 전멸당할 위기에 놓였다.

이때 엘리의 아들 홉니와 비느하스가 죽었고 언약궤를 빼앗겼다. 엘리는 뒤로 넘어져 죽었고, 비느하스의 아내는 조산하여 죽었다. 조산으로 세상에 태어난 아들은 '영광이 떠났다'는 뜻의 이가봇이라는 이름을 얻었다. 그의 이름은 당시를 증언하고 있다.

고고학 발굴에 의하면 이 당시 실로는 불탔다. 아마 승기를 잡은 블레셋이 실로까지 들어와 성소를 불태운 것으로 보인다. 이 와중에 중요한 성구들만 기브온 산당으로 옮겨졌으리라 추정된다. 블레셋은 아벡을 점령하고 북진하였다. 사무엘상 28장에서 블레셋이 이스르엘 골짜기 수넴에 모여 사울과 전쟁하는 장면을 참고할 때 아벡 전투로 이스르엘 골짜기까지 점령당한 것으로 추정된다. 훗날 다윗이 블레셋을 이겼을 때 두로왕이 다윗에게 왕궁을 선물한 것을 보면 해변을 따라 두로와 시돈 지역도 블레셋의 수하에 들어가지 않았을까 추정할 수 있다.

### 법궤의 이동 삼상 5-6장 : 에벤에셀-아스돗-가드-에글론-벧세메스 23일

아벡 전투로 법궤를 빼앗긴 일은 사무엘상 5:1-7:2에 잘 나타나 있다. 고대 근동에서는 신과 신의 전쟁으로 간주하여 전쟁에서 진 신의 물건을 가져와 자기 신전에 갖다 놓았다. 그러나 우리는 이 본문에서 '하나님은 스스로를 지키신다'는 교훈을 얻게 된다. 하나님은 상품화를 거부하셨다. 그분은 스스로 블레셋으로 가셨다. 블레셋은 자기 힘으로 승리했다고 자신했지만 하나님의 재앙을 맛보아야 했다. 해변 도시 아스돗, 쉐펠라 도시 가드와 에글론은 모두 하나님의 재앙 앞에 손을 들었다. 심지

## : 23일

**오늘 읽을 분량**

**성경** 삼상 6-20, 시 59

**본서** 178-213쪽

**성경의 맥 잡기**

1. 아벡 전투와 언약궤 이동과 미스바 회개 성회
2. 사울의 왕 됨과 길르앗야베스 전투, 요나단의 게바, 믹마스 전투
3. 다윗과 골리앗

**신구약 연결 포인트**

1. 아벡에서 언약궤를 뺏기고 하나님의 이동이 있었고, 신약에는 안디바드리로 불린 이곳을 바울이 지나 로마로 향하면서 복음의 중심이 이동
2. 베냐민 지파 사울왕과 베냐민 사람으로 바울이 된 사울

**묵상 가이드**

1. 예배를 무시하던 엘리 집안과 에브라임 지파를 떠나 유다로 이동하는 언약궤의 흐름을 보라.
2. 요나단과 다윗의 공통점은 전쟁은 하나님이 하심을 믿은 것이었다. 다윗이 가지고 나간 것은 만군의 여호와 이름이었다.

어 말 못하는 블레셋의 다곤 신상은 목이 잘려 땅바닥에 처박혔고 두 팔과 목이 잘려 문지방에서 나뒹굴었다(삼상 5:1-5). 생각할 수 있는 머리와 능력의 상징인 손이 모두 잘려 나간 것이다.

블레셋이 크레타(갑돌)에서 온 해양 민족이다 보니 물고기를 섬겼다. 바벨론에서 물고기 상체에 하체는 사람 모양인 유물이 발견되었다. 그러나 다곤 신(물고기라는 뜻을 어근으로 가졌다)의 모양은 이와 달리 사람 모양의 상체와 물고기 모양의 하체였으리라 추정된다.

독한 종기 재앙을 겪은 블레셋은 가드로, 에글론으로 법궤를 보내다 결국 법궤를 돌려보냈다. 법궤를 싣고 가던 암소는 새끼를 먹일 젖이 불어 몸살이 났으면서도 울며 사명의 길을 갔다. 암소는 소렉 골짜기의 벧세메스 근처 여호수아의 밭에 멈추었다. 아마 마노아와 그의 아내가 여호와의 사자를 만나서 제사를 드렸던 곳이거나 그 근처일 것이다. 암소들이 도착한 벧세메스는 유다의 성읍이었으나 레위인이 살았다. 주민들은 기쁨으로 제사를 드렸지만 법궤 안을 구경하려다 '(오만) 칠십 명'이 죽었다. 역시 하나님을 가볍게 여기는 행동이었기 때문이다.

기겁한 사람들은 법궤를 두려워하여 산지에 있는 유다의 숲속 마을 기럇여아림으로 법궤를 옮겼다. 이곳은 기브온 족속에게 남겨진 성읍이었다. 어쨌든 법궤는 실로에서 기럇여아림으로 옮겨졌다. 에브라임 땅에서 유다 땅으로 옮겨진 것이다. 이것의 의미는 매우 크다. 이스라엘의 지도권이 여호수아가 이끌던 에브라임 지파에서 유다 지파로 옮겨졌음을 의미하는 사건이기 때문이다. 시편 78:60-72은 이 사건을 전하며 요셉(에브라임과 므낫세)의 장막을 싫어하여 버리시며 에브라임 지파를 택하지 아니하고 유다를 택했다고 해석했다.

> 60 사람 가운데 세우신 장막 곧 실로의 성막을 떠나시고 61 그가 **그의 능력(법궤)**을 포로에게 넘겨주시며 그의 영광을 대적의 손에 붙이시고… 67 또 **요셉의 장막을 버리시며 에브라임 지파를 택하지 아니하시고** 68 **오직 유다 지파와 그가 사랑하시는 시온산을 택하시며** 69 그의 성소를 산의 높음같이, 영원히 두신 땅같이 지으셨도다 시 78:60-61, 67-69

**다곤 신상과 언약궤**
블레셋 사람들은 언약궤 앞에 넘어진 물고기 모양의 다곤 신을 보고 두려워했다.

**벧세메스에서 바라본 소렉 골짜기**
양들이 모여 있는 한 바위에 언약궤가 도착했을 것이다.

언약궤를 옮겨야 했던 두 암소는 새끼를 두고 떠나야 했기에 울며 사명의 길을 갔다.

법궤는 기랏여아림에서 20년 이상(삼상 6:21, 7:2) 머물렀다. 하나님은 스스로 보좌를 에브라임에서 유다로 움직이셨다. 그랬기에 20년 이상 누구도 법궤를 옮길 생각을 못했다. 사무엘도 사울도 다윗이 유다왕이 되고 7년 반이 되기까지도. 20년 이상 어느 누구도 건드리지 못한 법궤를 다윗이 이스라엘 전체를 다스리는 왕으로서 권위를 확고히 한 뒤에 예루살렘으로 가져왔다. 다윗의 강력한 힘 앞에 에브라임은 잠잠히 있었지만 예루살렘이 유다 경계라는 점도 작용했다. 어쨌든 하나님은 이 사건을 통하여 이스라엘의 중심이 에브라임이 아니라 유다임을 암시적으로 알려 주셨다.

### 여기서 묵상

암소들은 사명을 이루기 위해 울며 그 길을 갔다. 새끼를 버릴 뿐 아니라 자신이 죽을 것을 알고도 말씀을 옮겼다. 그리고 자신을 하나님이 기뻐하시는 산제사 제물로 드렸다. 소만 못한 신자가 되지 않기를 기도한다.

한편, 소들이 도착한 곳은 삼손의 아버지 마노아가 여호와의 사자에게 제사를 드렸던 장소이거나 그 지역이었다. 우리는 아무 데서나 예배드리면 된다고 말한다. 그러나 이 사건은 하나님이 축복하고 예배했던 장소를 소까지도 기억하고 있음을 말해 준다.

사사기부터 계속된 에브라임 가문의 오만함(기드온 사건과 입다 사건, 미가의 신상 사건)으로 하나님은 에브라임을 싫어하여 버리셨다. 하나님은 이방인의 힘을 빌려 스스로 움직이셨다. 하나님은 어떠한 때 우리를 떠나가시겠다고 하는가(계 2:4-6, 법궤 대신 촛대에 초점을 맞춰라)?

### 미스바-회개 운동 삼상 7장

지도 사무엘상 1에서 일어난 모든 사건은 사무엘이 실로에 있던 생애 초기에 일어났다. 패배의 원인을 깨달은 사무엘은 생애 후반기 에브라임 남쪽의 베냐민 지경 미스바에서 이렇게 설교한다.

사무엘상 1
미스바 성회

너희가 전심으로 여호와께 돌아오려거든 이방 신들과 아스다롯을 너희 중에 서 제거하고 너희 마음을 여호와께로 향하여 그만을 섬기라 그리하면 너희를 블레셋 사람의 손에서 건져내시리라 삼상 7:3

예수님이 고대 세겜에서 가깝고 요셉의 무덤 근처인 야곱의 우물을 향해 갈 때 라마(사무엘의 고향)와 미스바, 벧엘, 실로를 통과하셨을 것이다. 그렇기에 예수님이 그리심산 아래에서 사마리아 여인에게 족장의 길을 배경으로 일어난 교훈을 말씀하신 것은 놀랄 만한 일이 아니다.

23 아버지께 참되게 예배하는 자들은 영과 진리로 예배할 때가 오나니 곧 이
때라 아버지께서는 자기에게 이렇게 예배하는 자들을 찾으시느니라 24 하나

/
**동쪽에서 본 미스바성**
베냐민 지파의 가장 북쪽에 있는 성이다.

//
**미스바에서 바라본 서쪽 지역**
블레셋이 이 들판으로 올 동안 사무엘은 번제를 드리며 끝까지 하나님을 의지했다.

님은 영이시니 예배하는 자가 영과 진리로 예배할지니라 요 4:23-24

이 메시지는 에브라임 산지에서 일어났던 역사와 관계된 것이다.

사무엘의 사역은 당시 상황에서는 분명히 충격적이었다. 그는 에브라임 남쪽과 베냐민의 종교 중심지에서 집중 사역하였다. 사무엘이 영적 각성을 위한 모임을 가진 곳은 다름 아닌 벧엘과 라마 사이의 '미스바'였다. 거기서 그는 회개와 거듭남을 요구했으며, 그래야 능력 있는 하나님의 구원이 있음을 전파하였다. 전체 이야기는 사무엘상 7:3-14에 기록되어 있다.

사무엘의 사역은 이런 종교적 분위기를 고양시켜 정치적으로 이스라엘을 하나로 묶어 주었다. 사무엘이 종교적 화합에 성공했다는 것이 블레셋을 자극했다. 블레셋은 다가오는 위협을 빨리 깨달았다. 블레셋의 이스라엘 정책은 이스라엘 각 지파를 분열시켜 통일된 힘을 갖지 못하도록 하는 것이었다. 그래서 그들은 이스라엘 연합 운동으로 번질 수 있는 집회를 방해하고자 했다. 그러나 사무엘은 미스바에서 블레셋에 대항한 설욕전을 멋지게 장식하여 하나님의 구원을 증명했다.

> 7 이스라엘 자손이 미스바에 모였다 함을 블레셋 사람들이 듣고 그들의 방백
> 들이 이스라엘을 치러 올라온지라… 9 사무엘이 젖 먹는 어린 양 하나를 가져
> 다가 온전한 번제를 여호와께 드리고 삼상 7:7, 9

### 미스바-다시 에벤에셀: 블레셋 전쟁

사무엘은 드보라의 고향 미스바에서 회개의 성회를 가졌다. 이곳은 남유다와 북에브라임을 하나로 묶을 수 있는 지리적 요충지였다. 블레셋은 이 중요성을 알고 베냐민 산지로 올라왔다. 그러나 이스라엘은 싸울 힘이 없었다. 그들이 의지할 분은 여호와 하나님밖에 없었다. 사무엘은 적들이 코앞까지 오는데도 온전한 번제를 몇 시간째 드렸다. 이는 하나님이 아니면 누구도 할 수 없음을 죽음의 순간까지도 고백하는 모습이었다. 그때 하나님이 일하셨다.

> 사무엘이 번제를 드릴 때에 블레셋 사람이 이스라엘과 싸우려고 가까이 오매
> 그날에 여호와께서 블레셋 사람에게 큰 우레를 발하여 그들을 어지럽게 하시

니 그들이 이스라엘 앞에 패한지라 삼상 7:10

베냐민 산지에서 일어난 우레는 블레셋을 혼돈에 빠뜨리기에 충분했다. 병거로 무장한 블레셋은 우레에 취약했다. 해안 평야에서 지내던 블레셋 사람들이 산지에서 우렛소리를 들으면 기겁하게 된다. 그 강도가 해안과는 비교할 수 없기 때문이다. 병거의 말들이 우렛소리에 놀라 날뛰는 바람에 전열은 흩어졌고 무기는 깊은 골짜기에 처박혔으며 블레셋 군대는 겁을 집어먹었다.

이스라엘은 혼란에 빠진 블레셋을 벧호론으로 추정되는 벧갈 아래까지 몰아붙여 산지에서 쫓아냈다. 아벡과 에벤에셀 사이에서 참패했던 이스라엘이 이제 사무엘과 함께 미스바와 센 사이에 '에벤에셀'이라는 기념석을 세우게 되었다.

> 사무엘이 돌을 취하여 미스바와 센 사이에 세워 이르되 여호와께서 여기까지 우리를 도우셨다 하고 그 이름을 에벤에셀이라 하니라 삼상 7:12

베냐민 산지에서의 승리는 틀림없이 온 이스라엘에게 인상적이고 귀중한 교훈을 주었을 것이다.

사무엘의 설교와 승리는 왕정의 시작을 알리는 배경이 된다. 아벡에서의 패배가 종교적, 도덕적 부패에서 비롯되었다면, 미스바 근처에서의 놀라운 승리는 사무엘이 이스라엘 백성에게 '하나님이 누구신가?'를 깨닫도록 이끈 각성 집회가 가져온 결과였다. 이 대조는 틀림없이 요나단과 다윗과 같이 하나님의 영에 민감한 자들에게 깊은 인상을 주었을 것이다. 하나는 베냐민 출신이요 다른 하나는 유다 출신인 두 소년은 사무엘의 가르침과 그 영향력 아래서 살았다.

/
**미스바에서 본 나비 사무엘과 바위**
사무엘이 미스바와 센 사이에 '에벤에셀'이라는 돌을 세웠는데 그 장소는 확실히 알 수 없으나 이 지역쯤으로 추정된다.

//
**방울을 단 우두머리 양**
우두머리 양이 종을 울리며 목자를 따르면 귀가 가장 발달한 양은 그 소리를 듣고 목자를 따른다. 미스바의 승리는 지금도 회개하는 자에게 주시는 구원의 교훈이다.

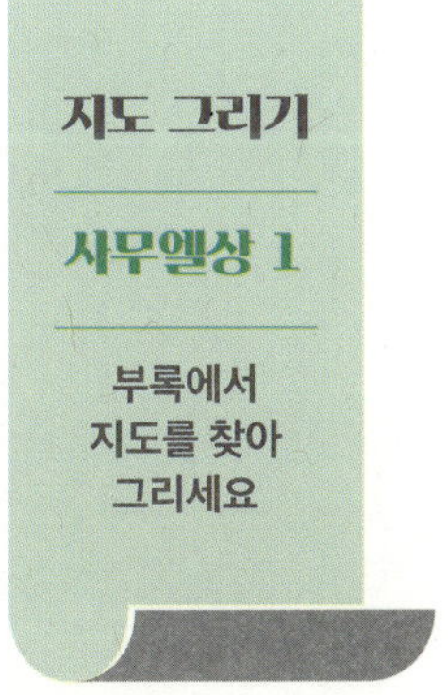

**| 사울왕의 생애 |**

# 자기중심적인 왕, 사울

**성경** 사무엘상 8-15장 **연대** BC 1020-1004

**역사적 배경** 람세스 3세(BC 1184-1153) 때 해양 민족 블레셋이 철기 문명을 가지고 애굽을 침공하고(BC 1150) 가나안 해안가에 정착

**핵심 본문** 왕이 된 사울, 믹마스 전투, 요나단의 용기

**지도** 사무엘상 2

## 왕을 세우게 된 동기 삼상 8장

BC 12-11세기의 이스라엘 지파 간 문제는 주요 도로를 따라 팽창하는 블레셋에게 호기였다. 블레셋의 팽창은 삼손과 사무엘의 시대처럼 산지에까지 이르렀다. BC 11세기에 들어와 지파 사이에 이런 상황을 돌파하기 위해 이스라엘 방어군을 조직하고 이끌 강력한 지도자를 구하는 경향이 나타났다. 이런 경향은 이스라엘이 사무엘에게 요구한 항목에 잘 나타난다.

> **4** 이스라엘 모든 장로가 모여 라마에 있는 사무엘에게 나아가서 **5** 그에게 이르되 보소서 당신은 늙고 당신의 아들들은 당신의 행위를 따르지 아니하니 모든 나라와 같이 우리에게 왕을 세워 우리를 다스리게 하소서 한지라 삼상 8:4-5

사무엘은 왕정의 폐단을 설명했지만 이스라엘은 왕정 제도를 원했다. 세겜에서 기드온의 아들 아비멜렉이 일찍이 왕정을 시도했으나 성공하

지 못했다. 한 번 실패했음에도 불구하고 사무엘은 백성의 요청을 받아들여 베냐민 지파 사울을 이스라엘의 초대 왕으로 추대한다.

## 기브아-사울 선택: 두 거대 지파 사이에 낀 왕 삼상 9-10장

왕을 세우는 과정에서 하나님은 먼저 왕이 될 사람을 세우신다.

> 기스에게 아들이 있으니 그의 이름은 사울이요 준수한 소년이라 이스라엘 자손 중에 그보다 더 준수한 자가 없고 키는 모든 백성보다 어깨 위만큼 더 컸더라 삼상 9:2

사울은 사람들이 원하는 조건을 다 갖춘 사람이었다. 훌륭한 외모에 효자였고 소통이 가능한 사람이었다. 그러나 가장 큰 약점은 영성이었다. 그의 영성은 자신의 종보다 못했다. 그의 시종은 기브아 옆 라마에 대선지자가 있다는 것을 알았지만 사울은 그 사실조차 몰랐다(삼상 9:6). 사무엘은 사울을 만나 지붕에서 기름을 부었다(삼상 10:1). 이 장면은 다윗에게 기름을 붓자마자 하나님의 영이 그에게 충만했던 것과 비교된다.

사무엘은 라마의 남쪽 라헬의 묘실 쪽으로 사울을 보낸다. 그리고 영적인 사람들을 만나도록 주선한다. 다시 벧엘로 올라가는 길에 있는 다볼 상수리나무에서 예물을 받게 한다. 마지막으로 하나님의 산에 이르러 선지자의 무리를 만나게 한다(삼상 10:5). 하나님의 산은 사울의 고향 기브아로 추정된다.

세 번의 영적인 사람들과 만나는 과정에서 영적인 훈련을 한 사울은 마침내

/ **라마로 가는 길**
사울은 이 근처에서 나귀를 찾다가 사무엘을 만났다.

// **기브아성**
사울의 고향이자 첫 수도였던 기브아는 베냐민 산지에서 가장 현저한 지형을 가진 베냐민 지파의 대표 성이다.

선지자들과 함께 예언한다. 그런데 사무엘상 저자는 사울이 예언할 때마다 이런 말을 한다.

> …사울도 선지자들 중에 있느냐 하고 삼상 10:11, 12, 19:24

이 말은 사울의 영성이 선지자급에는 미치지 못함을 보여 준다. 사람들이 좋아하는 왕이 될 수는 있어도 하나님과의 관계에선 한참 미달이라는 것을 강조한 셈이다.

사무엘은 사람이 정해지자 백성을 미스바로 불러 모았다(삼상 10:17). 베냐민에 대한 에브라임의 영향은 정착 이후 계속됐다. 에브라임은 자신의 분배지인 벧엘에서 베냐민 남쪽의 유다 지파 경계까지 관심을 가졌다. BC 11세기에 벧엘의 남쪽 사무엘의 고향은 사사 시대와 왕국 시대를 전환시키는 중요한 역할을 담당한다.

이스라엘의 첫 번째 왕으로 사울을 선택하는 배경과 묘사가 사무엘상 8-10장에 언급된다. 미스바가 다시 왕정 문제를 논의하기 위한 집회 장소로 언급된다. 전략적으로 중요한 베냐민 산지(사무엘의 고향 라마와 사울의 고향 기브아를 포함하여)를 내려다볼 수 있는 미스바는 중요한 의제를 토의하기에 적합했다(삼상 10:17-27).

이런 배경에서 에브라임의 역할은 중요하다. 잘 알려지지 않은 베냐민의 사울이 선택된 것은 회의 참석자에게 놀라움과 동시에 안도감을 주었다. 제비를 뽑는(던지는) 동안 모든 이가 숨죽이고 결과를 기다렸다(삼상 10:20-24). 베냐민이라 호명될 때 각 지파는 이것이 자신들의 지파에 유리할까 불리할까를 계산했다. '베냐민이 에브라임에게 유익하게 작용할 것인가? 유다는 이것을 받아들일 것인가? 시민전쟁의 원인을 제공한 베냐민 지파 출신을 믿을 만한가? 어떤 지도자가 약화된 지파 동맹체를 통합시켜 블레셋에 대항할 것인가?' 등 속내가 복잡했을 것이다.

제비뽑기에서 기브아에 사는 사울이 뽑히자 대표단의 일부는 이 선택이 하나님의 뜻이라고 보는 반면 다른 이들은 잘못된 결정이라고 비난했다.

> 어떤 불량배는 이르되 이 사람이 어떻게 우리를 구원하겠느냐 하고 멸시하며

예물을 바치지 아니하였으나 그는 잠잠하였더라 삼상 10:27

베냐민의 사울을 대체로 수용한 반면 일부 불량배들은 약한 지파가 무엇을 할 수 있을까 하여 그를 왕으로 인정하는 예물을 바치지 않았다. 그러나 에브라임은 유다가 아닌 것이 다행이었고, 유다는 에브라임이 아니면 됐다고 생각했다. 누구나 다루기 쉬운 베냐민 지파가 된 것이 차라리 다행이었다. 베냐민 지파는 다시 한 번 남북 권력의 완충지대 역할을 감당하게 되었다. 사울은 두 거대 지파 사이에 껴서 남쪽의 적인 아말렉을 막아 주고, 북쪽을 위해 블레셋과 전쟁하는 일을 감당해야 했다. 이런 상황에서 사람에게 신경을 쓰느냐 아니면 하나님을 바라보느냐는 사울의 영성과 관련이 있었다.

## 기브아-길르앗 야베스 전투: 사울왕의 첫 승전지 삼상 11:1-11

사울은 두 지파에게 왕으로서 카리스마를 보여 주어야 했다. 그래야 지도력을 인정받을 수 있었다. 사울의 능력이 시험대에 오른 사건이 곧 일어나는데, 요단 동편 암몬 자손이 베냐민의 외가 친척이 사는 야베스 길르앗을 침략한 것이다. 벧산의 남동쪽 길르앗 산지 언덕에 위치한 야베스 길르앗은 암몬 자손에게 포위되었다. 이는 요단 동편뿐 아니라 북쪽 이스라엘 지파의 안전에 심각한 위협이었다. 새롭게 임명된 지도자는 산지의 안전을 위하여 군사를 모아 북쪽으로 향했다. 사무엘상 11장을 훑어보면 이 전투에 대하여 알게 될 것이다.

**야베스 길르앗**
길르앗 산지로 오르는 길에 위치한 건조한 지형으로 사울과 관계가 많은 도시다.

사울은 야베스 길르앗에서 보낸 전령이 기브아에 도착했을 때 사람들이 우는 것을 보았다. 야베스 길르앗은 얼마 전 베냐민의 남은 남자를 위해 400명의 여인을 데려온 지역으로 베냐민 지파에겐 외가였다. 이때 사울은 밭에서 소를 몰고 오다가 하나님의 영이 충만해져 자신에게 주어진 사명을 깨닫고 소를 잡아 각 지역에 보내 군대를 모았다. 유다 자손이 아도니베섹을 쳤던 베섹에 사람들을 모았더니 이스라엘 자손 30만 명 중 유다 사람만 3만 명이었다. 그들은 야베스 사람들과 협력하여 암몬 사람들을 안심시킨 후 기습 공격을 했다. 백성을 3대로 나누고 새벽에 침투하여 날이 더울 때까지 암몬 자손을 쳤다. 지도를 보고 그 배경을 살펴보라. 요단강을 넘어 진격한 장면은 기드온의 전투를 연상하게 한다.

베냐민 지파 사울이 보인 첫 번째 승리는 매우 인상적이었다. 요단 동편 야베스 길르앗에게 주어진 구원은 요단 서편의 산지 공동체가 갈망하던 바였다. 이 갈망은 길갈에서 사울을 왕으로 추대할 때 잘 표현된다. 사울의 반대 세력은 자취를 감추었다(삼상 11:12-15).

여기서,
묵상

사사기는 이스라엘 사람들이 왕이 없어서 자기 맘대로 행하였다(삿 21:25)고 말한다. 그런데 사람들이 왕을 요구하자 하나님은 왕을 세우는 것이 큰 죄악이라고 하였다(삼상 8:7-9). 왜 왕을 세우는 것이 죄라고 말하는가? 어떤 왕을 달라고 하는지 수식어를 잘 보라. '…같이 우리에게.' 노벨이 발명한 다이너마이트는 광부들에겐 소중한 도구다. 하지만 그것이 전쟁에서 사용되면 최악의 무기가 된다. 형식이 문제가 아니라 그것을 어떤 의도로 이용하느냐가 문제다. 나는 선하게 사용될 수 있는 도구를 잘못 사용하고 있지는 않은지 돌아보자.

## 믹마스-요나단 전투: 블레셋 나와! 삼상 13-14장

**동쪽에서 본 게바와 믹마스**
아래 깊은 골짜기 왼쪽이 보세스 바위가 있는 게바이고 오른쪽이 세네 바위가 있는 믹마스다. 멀리 능선은 족장의 길이며 더 멀리 지평선 너머가 지중해다.

이스라엘 사람들은 야베스 길르앗의 승리 후 길갈로 가서 사울을 왕으로 삼았으며 사무엘은 하나님께 화목제를 드리고 모든 백성과 함께 즐거워하였다. 그러나 이것은 시작일 뿐 위협은 사라지지 않았다. 블레셋이 산지를 통제하고 특히 전략적으로 중요한 베냐민 산지에 군사를 주둔시킨 것이다. 블레셋의 주둔지는 산지에 위치한 이스라엘을 통제하기 위한 가장 효과적인 곳들이었다. 사울은 왕으로서 이 어려운 상황을 돌파하기 위해 무엇이라도 해야 했다. 그리고 피할 수 없는 블레셋과의 충돌이 그의 아들 요나단에 의해 발생했다. 전쟁에 대하여 사무엘상에 상세히 기록되었으므로 자세한 지리적 성격을 고찰하는 것이 필요하다.

여리고와 베냐민 산지/벧엘 산지 사이에 대해선 지도 여호수아 1에서

사무엘상 2
야베스 길르앗 전투와 사울과 요나단의 전쟁

살펴보았다. 여기에는 두 개의 큰 장애물인 와디 킬트와 와디 막쿡이 존재한다. 족장의 도로 근처에 이르러서야 두 와디 시스템을 비교적 쉽게 건널 수 있는 지점이 생긴다. 이 지점은 어귀(the Pass)라 불리고 지도 여호수아 1에 나타난다.

초기 이스라엘 시기에 게바와 믹마스 등 몇몇 도시가 이 근처 능선에 세워졌다. 이들은 높은 백악층에 위치하며 석회암이 풍화된 토양의 들판을 내려다볼 수 있었다.

마지막으로 지도 여호수아 1에서

1) 중앙 베냐민 산지에서 족장의 도로를 따라 벧엘을 향하는 도로
2) 벧엘에서 아이의 동쪽 작은 골짜기를 향하는 도로
3) 작은 골짜기에서 와디 수웨닛을 가로지르는 어귀를 경유하여 중앙 베냐민 산지로 연결되는 도로와 이어지는 왼쪽 면에 아이와 벧엘이 있는 삼각형 모양의 도로를 주목하라.

### 블레셋과 충돌: 하나님을 신뢰하지 않은 사울 삼상 13장

지역적 특징과 역사적 배경을 생각하면서 사무엘상 13장을 읽어 보라. 지도 사무엘상 2의 장소와 도로를 주의하여 보면서 다음을 주목하라.

1. 이 장은 라마의 바로 동쪽 게바 블레셋 군사 주둔지에서 시작한다. 블레셋 진영이 게바에 주둔하였으니 사울의 군대는 벧엘과 믹마스에, 요나단의 군대는 기브아에 나누어 배치되었다.

2. 요나단이 게바에서 블레셋을 공격하고 패배시킴으로써 사건은 절정에 이른다. 대대적인 블레셋의 보복이 임박한 것을 깨달은 사울은 사무엘이 일찍이 미스바에서 행한 것처럼 모든 이스라엘을 불러 모았다. 사울은 길갈에서 이스라엘을 모아 제사를 준비하는 등 경계 태세를 취했다. 그는 길갈의 역사와 명성을 믿고 그곳에서 백성에게 승리의 확신을 심어 주려 했다. 수세기 전 여호수아가 이끌던 이스라엘은 길갈 진영에서 여리고와 아이, 기브온, 쉐펠라 등지를 차례로 정복해 나갔다. 사울 또한 일찍이 길갈에서 자신을 왕으로 선포했던 백성과 함께 여호수아 때의 상황을 재현할 필요가 있었다. 그가 직면한 문제는 여호수아처럼 '하나님이 누구신가?'를 깨닫는 것이었다. 그러나 사울은 이 중간고사에서 낙제했다. 사사기에서 그렇게도 경계하던 '자기 소견에 옳은 대로' 행한 것이다. 사무엘이 미스바에서 블레셋이 코앞에 올 때까지 번제를 드린 것과는 비교가 된다. 사울은 사무엘이 올 때까지 기다리지 못하고 직접 번제를 드려 망령되이 행했다. 그는 끝까지 하나님을 신뢰하지 않았다. 기한이 지나자 자기 마음대로 행하는 자가 되었다.

3. 이스라엘의 기습에 대한 블레셋의 반응은 즉각적이었다. 만약에 1000으로 번역된 숫자가 분대 단위로 이해된다고 하더라도 블레셋이 산지에 병력을 집중했음을 알 수 있다. 어떤 사람은 이들 군대가 산지로 접근하기에 가장 짧고 편리한 벧호론 길로 올라왔다고 생각한다. 반면에 다른 사람은 더 긴 아벡-벧엘 접근로를 이용했다고 믿는다. 주의해야 할 것은 그들이 베냐민 산지 혹은 벧엘에 머무는 것에 만족하지 않았다는 점이다.

/
**믹마스성**
블레셋은 게바 수비대가 공격당하자 이를 빌미로 대규모 군대를 보내 믹마스에 진을 쳤다.

//
**동쪽에서 오브라로 가는 길**
산 능선의 오브라는 블레셋이 침략했던 방향이다.

블레셋은 믹마스 언덕에 군대와 장비를 구축했다.

4. 이 장의 나머지 부분에서는 두 가지 항목에만 초점을 맞추자. 첫째는 블레셋이 믹마스에서 필요한 모든 방향으로 군사를 보낼 수 있었다는 점이다.
   1) 북쪽 방향으로(오브라를 향해)
   2) 남쪽 방향으로(믹마스 어귀를 경유해 벧호론을 향해. 아마도 블레셋 본토에서 오는 공급선을 지키기 위하여)
   3) 동쪽 방향으로(길갈을 전망할 수 있는 광야를 향해)

   이와 같이 유다와 에브라임 사이에 있는 쐐기형의 베냐민 산지가 블레셋에 완전히 정복되고 말았다.

   둘째는 블레셋과 대조적으로 이스라엘은 전쟁 무기가 없었다. 사울과 추종자 600명은 승리에 대한 희망을 거의 버린 채 산지와 기브아를 향해 돌아갔다. 당시 이스라엘은 철기를 겨우 받아들이던 때였음을 사무엘상 13장에서 발견할 수 있다.

그때에 이스라엘 온 땅에 철공이 없었으니 이는 블레셋 사람들이 말하기를 히브리 사람이 칼이나 창을 만들까 두렵다 하였음이라 **삼상 13:19**

## 여기서 묵상

사울이 처음 왕이 될 때를 보라. 그는 자신이 가장 작은 지파 중에서도 가장 작은 집안이라고 겸손히 고백한다(삼상 9:21). 그러나 블레셋과 전쟁이 벌어지자 당황한 나머지 하나님을 의지하지 못했다. 사울이 두려워한 것은 무엇인가? 하나님이 요구하시는 왕의 모습은 하나님을 진정한 왕으로 인정하는 것이다. 나는 위급한 상황을 만나면 급한 나머지 하나님을 신뢰하는 마음을 잊어버리고 인간적인 방법을 구하지 않는가? 작정기도가 끝나 응답이 없으면 여전히 자신 소견에 옳은 대로 행하지는 않는가?

---

## 믹마스-요나단의 용기 삼상 14장

사무엘상 13장은 비관적으로 끝났다. 사무엘상 14장을 여는 절에서 사울이 남은 군대와 함께 안전한 기브아에 주둔했다고 한다. 기브아에서 사울은 멀리 게바와 믹마스를 조망하고 믹마스 능선 뒤 블레셋의 움직임을 어느 정도 눈치 채고 있었을 것이다.

반면에 요나단은 블레셋과 와디 수웨닛을 사이에 두고 게바에 있었다. 요나단은 어귀를 지키는 블레셋의 전진기지(前進基地)를 어렵지 않게 살펴볼 수 있었을 것이다. 이런 전진기지를 조망하는 최선의 위치는 믹마스의 남동쪽 능선 위였다. 그곳에서 모든 방향, 특히 게바와 기브아와 어귀로 내려가는 북서쪽을 쉽게 내려다볼 수 있었다.

비록 믹마스와 게바, 기브아가 지도 여호수아 1에 나타나지 않지만 어귀 북서쪽의 와디 수웨닛의 지류가 하나로 합쳐지는 지점을 보라. 지질학적으로 볼 때 작은 배사 습곡(위로 불룩하게 휘어진 습곡)을 통한 침식으로 깊은 협곡이 이 지점에서 형성되었다. 계곡이 시작되는 곳에 석회암 지층이 크게 노출되어 있다. 그 계곡이 남동쪽을 향하여 깊어지는 지점에서 양쪽 절벽의 높이는 250m 정도가 된다. 사무엘상 14:4-5에 묘사된 계곡의 절벽은 '보세스'와 '세네'다. 협곡은 결국 와디 킬트 시스템 속으로 들어간다.

## 요나단과 사울

사무엘상 14:1-46은 성경에서 가장 극적으로 설명한 본문 중 하나다. 지리적인 역동성과 도시 이름을 생각하고 사무엘상 14장에 묘사된 불가능한 상황을 고려하라. 게바를 점령한 요나단은 트러블메이커가 되었지만 해결 도 그를 통해 일어난다.

믹마스의 세네 바위를 오르면서 블레셋 군대를 치는 요나단

> 4 요나단이 블레셋 사람들에게로 건너가려 하는 어귀 사이
> 이쪽에는 험한 바위가 있고 저쪽에도 험한 바위가 있는데 하
> 나의 이름은 보세스요 하나의 이름은 세네라 5 한 바위는 북
> 쪽에서 믹마스 앞에 일어섰고 하나는 남쪽에서 게바 앞에 일
> 어섰더라 삼상 14:4-5

이 상황에서 요나단의 결단은 아버지 사울과 다르다. 그는 동행한 소년에게 이렇게 말한다.

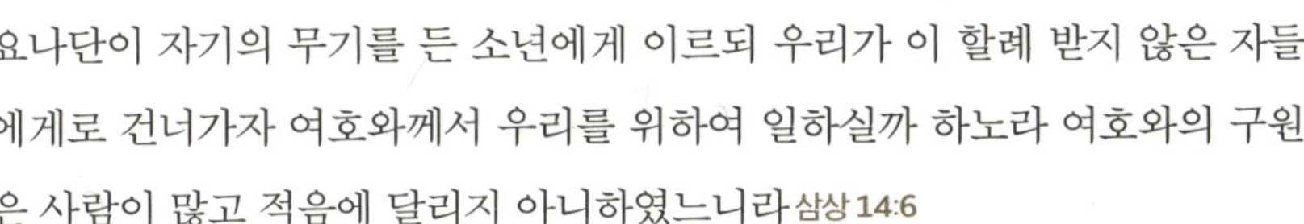

> 요나단이 자기의 무기를 든 소년에게 이르되 우리가 이 할례 받지 않은 자들에게로 건너가자 여호와께서 우리를 위하여 일하실까 하노라 여호와의 구원은 사람이 많고 적음에 달리지 아니하였느니라 삼상 14:6

남쪽 게바 쪽에 있는 보세스 바위에서 요나단은 골짜기로 내려갔다. 블레셋 사람들이 적극적으로 내려오면 그 자리에 있고, 올라오라고 하면 하나님의 뜻으로 여기고 올라가 치겠다고 다짐한다. 블레셋이 소극적으로 올라오라고 하자 요나단이 바위를 기어 올라간다. 어디를 보나 불리한 상황이었다. 그러나 현장에서 보면 꼭 그런 것만은 아니었다. 철기로 무장한 병사들이 골짜기로 내려와 포위하여 요나단을 치는 것보다 바위를 오르는 좁은 공간에서 병사들을 한 명 한 명 상대하는 것이 싸움에는 유리했다. 다만 지구력이 요구될 뿐이다.

블레셋군은 한꺼번에 몰려들었다간 깎아지른 절벽으로 굴러떨어질 것이므로 한 명씩 다가왔고 결국 그들은 요나단에 패하여 계곡으로 떨어졌다. 요나단은 반나절 만에 20명가량을 죽였다(삼상 14:14). 그러자 블레셋에 공포가 임했다. 민족을 배신하고 블레셋의 용병으로 있던 히브리인들이 돌이켜 블레셋과 싸운 것이다(삼상 14:21). 내부 분열이 일어나자 블레셋은 어떻게 할 수가 없었다. 멀리서 믹마스를 바라보던 사울은 블레셋의 진영이 흔들리는 것을 보고 자초지종을 물었다. 그는 요나단이 출정했다는 것을 알고 언약궤와 함께 에봇을 입은 제사장을 불러 전쟁에 대해 물으려 했으나 전쟁의 승기를 잡은 것을 눈치 채고 묻기를 중단한다. 그리고 결전을 각오하며 원수에게 보복하기까지 금식할 것을 선포한다.

전쟁은 길어졌으나 사울의 저주의 맹세로 군사들은 음식을 먹을 수 없었다. 벧아웬으로 추정되는 벧엘 산지를 넘어 추적하던 이스라엘군은 모두 배가 고팠다. 그러나 요나단은 아버지의 맹세를 듣지 못한 까닭에 벌집의 꿀을 먹고 말았다. 그러자 기회를 노린 백성이 고기를 잡아 피째 먹기 시작했다.

이 전쟁으로 블레셋의 수비대는 산지에서 물러갔다. 이스라엘은 믹마스에서 서쪽 아얄론까지 쫓아가 블레셋을 쳤으나(삼상 14:31) 더 쫓지 못하고 주저앉아야 했다. 요나단이 사울의 맹세를 어겼기 때문이다. 요나단은 맹세를 어긴 죄로 죽음의 위기에 처했으나 백성의 탄원으로 죽음을 면할 수 있었다.

## 여기서, 묵상

사울에게서 영성과 판단력을 잃은 지도자의 전형을 본다. 아들 요나단이 믿음으로 승리의 기회를 주었음에도 자신이 유리하게 되자 하나님께 묻다 만다. 하나님을 무시한 것이다. 더구나 전쟁터에 나간 사람들에게 금식을 선포하는 쓸데없는 경건을 내보인다. 이로 인해 승리의 주역인 요나단이 죽을 뻔했다. 지도자일수록 바른 판단력과 경건함이 절실히 요구된다.

**서쪽에서 본 보세스 바위**
보세스 바위 위가 게바이고 바위 맞은편이 믹마스의 세네 바위다.

## 전쟁 결과

본문에서 블레셋 군대에게서 얻은 전리품이 이스라엘에게 어떤 의미가 있었을까 생각해 보라. 철기로 만든 전쟁 무기들은 사울의 부하들을 현혹시켰을 것이다. 블레셋에게 뺏은 군장비로 이스라엘이 무장하여 이제 어엿한 군대가 되었다. 이스라엘의 승리는 다음 전쟁을 준비해야 한다는 의미이기도 하다. 14장이 다음과 같이 끝나는 것은 이런 면을 암시한다.

> 사울이 사는 날 동안에 블레셋 사람과 큰 싸움이 있었으므로 사울이 힘 센 사람이나 용감한 사람을 보면 그들을 불러모았더라 삼상 14:52

사울은 신앙의 실패에도 불구하고 몇 가지 중요한 업적을 남겼다. 훈련된 이스라엘 군대와 전쟁 무기가 그것이다. 사울은 산지에서 블레셋을 몰아냈다. 이 때문에 훗날 헤브론에서 예루살렘으로 거점을 옮긴 다윗을 경계하기 위해 블레셋이 다시 산지로 들어오지만 영향력은 미미했다. 사울은 네게브(남방)에서 아말렉을, 요단 동편에서 모압과 암몬도 물리쳤다. 그의 업적은 사무엘상 14:47-48에 요약되어 있다. 이 본문을 읽고 지도 그리기를 완성하라.

> 47 사울이 이스라엘 왕위에 오른 후에 사방에 있는 모든 대적 곧 모압과 암몬
> 자손과 에돔과 소바의 왕들과 블레셋 사람들을 쳤는데 향하는 곳마다 이겼고
> 48 용감하게 아말렉 사람들을 치고 이스라엘을 그 약탈하는 자들의 손에서
> 건졌더라 삼상 14:47-48

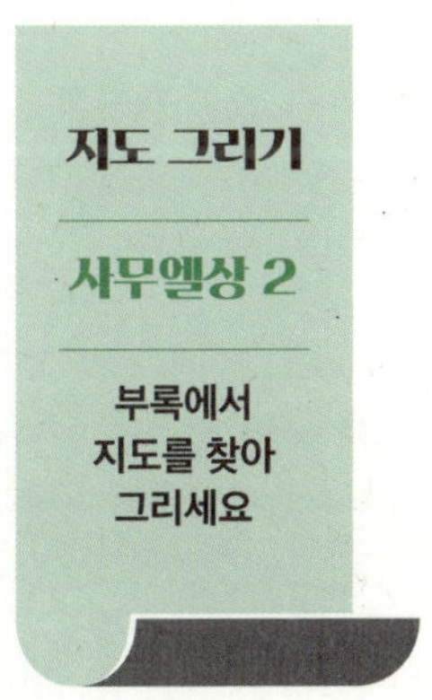

# 하나님을 이용한 자 vs. 하나님께 속한 자

**성경** 사무엘상 15-26장 **연대** BC 1020-1004

**핵심 본문** 사울의 아말렉 공격, 기름 부음 받은 다윗, 다윗과 골리앗, 피난생활

**지도** 사무엘상 3

역사는 파도와 같다. 한 인물이 등장하는가 하면 곧 사라지고 다른 인물이 뒤따른다. 사라지는 인물은 새로 나타날 사람들에게 영향을 미치고 사라진다. 사무엘은 사울을 선택했고 사울은 다윗을 자신의 군대장관으로 두었다. 사무엘의 파도가 성경 전체를 휩쓸 것처럼 밀려오다 사울의 등장과 함께 사라지고, 사울의 카리스마적 지도력도 어느새 힘을 잃고 다윗이라는 거대한 파도가 밀려와 사울의 시대를 지워 버린다. 이제 이스라엘의 첫 번째 왕 사울이 어떻게 저물고 새로운 왕이 등장하는가를 살펴보게 될 것이다.

지도 사무엘상 3은 성경 역사에서 가장 사랑받는 이야기 중 하나의 배경이다. 이 시대의 지정학적 측면을 이해하기 위해 간략하게 사울의 역할을 요약해 보는 것이 필요하다. 이어지는 단락을 위하여 지도 사무엘상 2를 펼쳐 두라.

## 사울의 전체 전략 요약

이스라엘이 위기에 처했을 때 왕이 된 사울은 매우 복잡하고 다양한 어려움에 직면했다. 사울의 기본 목표는 이스라엘의 안전과 그것을 보

장하기 위한 영토 전반에 걸친 통제력 확보였다. 대륙간지의 영토를 지나는 무역로를 통제하면 경제적 유익을 얻을 수 있다.

안전과 경제적 성장이 중요하지만 가장 약한 베냐민 지파 출신 사울로서는 다른 지파의 지지를 간과할 수 없었다. 지지 없이는 통치권을 발휘할 수 없기 때문이다. 이미 살펴본 바와 같이 이스라엘 지파 간의 긴장 관계와 안전 문제(지도 여호수아 3)는 사울이 얼마나 곤란한 처지에 놓였는지를 충분히 짐작하게 한다.

사울왕국에게 가장 큰 위협은 블레셋이었다. 그러나 이보다 먼저 처리할 문제가 생겼다. 사사 시대 이후 베냐민 지파와 긴밀한 유대 관계(삿 21장)를 맺고 있던 요단 동편의 야베스 길르앗이 구원을 청하자 사울은 이에 응했다(삼상 11장). 그리고 길르앗에서의 승리는 모압과 암몬을 대항한 요단 동편 원정으로 보완되었다(삼상 14:47). 이들 원정은 아마도 요단 동편 메드바 고원에서 벌어졌을 것이다. 이곳은 모압과 암몬이 여리고와 여리고의 서쪽 산지를 공략하기 위한 전략적 요충지다. 출애굽 후 이스라엘도 가나안 땅을 정복할 때 이 고원을 활용했다(지도 신명기 1).

**사무엘상 4**
**사울왕의 아말렉 정벌**
이 전쟁은 유다 남쪽에 큰 유익을 주었다.

비록 주역은 요나단이었지만 믹마스 전투가 사울의 명성을 높여 주었다. 사울은 힘든 상대인 블레셋을 마침내 산지에서 몰아냈다. 베냐민, 에브라임, 유다 지파 모두가 안도의 한숨을 쉬었다. 이로써 사울은 내부 문제를 어느 정도 추스르고 산지 바깥에 신경 쓸 수 있게 되었다. 사울은 산지 밖의 안전을 강화하기 위한 전쟁을 단계적으로 치렀다. 유다의 남쪽 네게브(남방)에서 아말렉 족속을 물리치고 유다의 서쪽 쉐펠라(낮은 땅)에서 블레셋을 저지했다.

그리고 마침내 에브라임 북쪽의 블레셋에 대항하기 위해 군대를 동원했다. 이스르엘 골짜기를 잃으면 이스라엘 지파가 남북으로 나뉘면서 지파와 왕국 둘 다 위협을 당하기 때문이다. 이 마지막 원정에서 사울과 그의 아들 요나단은 생명을 잃었다.

## 사울의 아말렉 정벌: 회개의 실패 삼상 15장

사울이 베냐민 지파 출신이기 때문에 요셉의 집, 특히 에브라임의 확고한 지지를 받았다. 반면, 이스라엘의 또 다른 주축인 유다가 베냐민 지파를 기반으로 한 왕정에 어떤 태도를 가졌는지는 알 수 없다. 사울은 유다의 지지도를 끌어올리기 위해 유다의 근심거리인 아말렉 원정을 나섰다.

**유다 남쪽 갈멜 경사지**
아말렉이 수시로 출몰하던 지역에 사울은 원정을 갔고 안전을 찾아 주었다.

### 네게브: 산지 사람들이 도와줘야 하는 땅

이집트 방향의 남쪽 도로를 따라 들어온 유목민 아말렉 족속은 네게브에 이어 유다의 남쪽 경계까지 침입했다. 아말렉 족속은 모세와 여호수아 시대에 광야를 통과할 때 이스라엘을 공격하기도 했다. 아말렉 정벌은 두 위대한 지도자와 사울 사이를 잇는 공감대가 되는 동시에 믹마스 전투에서 잃었던 사무엘의 지지를 다시 얻을 수 있는 기회였다.

창세기에서 다룬 네게브는 산지 사이에 낀 모래시계 모양의 넓은 분지다. 이곳에는 유다 산지에서 내려오는 계절천들이 있는데 그중 하나가 브솔 시내로 지중해 쪽으로 흘러간다.

네게브로 접근할 수 있는 방법은 지도 열왕기상 1에서 볼 수 있다. 네

**갈멜 지역의 유목민**
유다 남쪽에 있는 갈멜에 사울은 제단보다 승전비를 세웠다.

게브에서 해변길과 가사에 이르기는 매우 쉽다. 네게브 남쪽 도로는 요단 동편과 이집트를 잇는 길을 연결한다(지도 열왕기상 1에서 빨강색으로 표시되어 있는 도로). 아라바 광야 남쪽에는 홍해의 항구인 엘랏이 자리한다. 엘랏은 무역에 관심 있는 자들에게 중요하다. 요단 동편 가도를 연결하는 도로는 네게브 동쪽 아랏에서도 시작한다(지도 사사기 2와 열왕기상 1). 네게브의 중심지인 브엘세바와 아랏은 또한 지도 사사기 2에서 나타나는 것과 같이 유다 산지 헤브론과 밀접한 관계를 갖는다.

네게브 거민은 헤브론에 종속되어 있었다. 헤브론은 남부 유다의 중심지이기도 했지만 네게브의 안전을 보장하는 힘이기도 했다. 이곳의 탁월함은 족장들의 강한 애착과 여호수아의 친구인 갈렙이 정착했다는 사실에 의해서 증명된다.

갈렙은 딸을 내걸면서까지 헤브론과 네게브를 연결하는 길을 확보하기 원했다. 이로 보건대 유다는 네게브와 주변을 이어 주는 도로를 안전하게 통제하여 정치, 경제적 이익을 얻고자 했다. 사울이 원정을 준비하며 틀림없이 유다의 이런 기대를 생각했을 것이다.

사울이 정복 활동을 하기 전인 이스라엘 초기에 요새화하지 못한 도시가 네게브 곳곳에서 발견되었다. 각 도시들에는 상당한 인구가 거주했다. 이스라엘의 정복 활동 초기에 두 족속이 네게브 마을에 정착했다. 하나는 시므온 지파인데 그들은 유다 지파에 할당된 땅의 일부인 브엘세바 주변을 취했다. 다른 하나는 이스라엘과 함께 가나안 땅에 들어온 겐 족속으로서 네게브 동부 아랏에 정착했다(지도 여호수아 4). 사무엘의 아들들이 한때 이곳을 다스리기도 했다(삼상 8:2).

이 배경은 사울이 왜 네게브와 주변 아말렉 족속을 원정하기로 마음먹었는지를 설명한다. 네게브에서의 승리는 유다 지파를 만족시킴으로써 사울의 왕위를 굳건히 하는 결정적인 요인이 될 것이다. 정치, 경제, 군사적인 목적에 더하여 사울은 종교적 목적도 가지고 있었다. 그것은 경쟁 관계인 유다 지파와 에브라임 지파도 관련된 군사 작전이었다. 여호수아(에브라임 지파)와 갈렙(유다 지파)은 가나안 땅의 남쪽, 특히 가데스바네아와 깊은 관련이 있다(지도 사무엘상 2).

### 사울, 길갈의 교훈을 버리다

모든 것을 종합할 때 이것은 사울이 기다린 순간이었다고 느껴진다. 네게브 원정이야말로 전쟁터와 길갈에서 사무엘에게 당한 가혹한 처사를 역전하고 그의 능력을 증명할 절호의 기회였다(삼상 13:8-14). 여기서 사울은 놀랄 만한 전과를 올리지만 길갈에서의 교훈을 깨닫지 못했다. 지나친 열심과 자만심이 만회의 기회를 망치고 말았다.

사무엘상 15장에 언급된 도시와 도로를 잘 살펴보라. 15장 전반부는 남부에서 사울이 이끈 큰 승리를 다루고 있다. 그러나 이 승리의 기쁨은 불순종으로 사그라진다. 사울이 '하나님이 누구신지'를 깨닫기를 간절히 바라던 사무엘은 그의 자격 미달에 밤새 안타까운 기도를 드렸다.

하나님은 왕국 시대가 시작되면서 아말렉을 헤렘과 같이 드리기를 원했다. 그러나 사울은 다른 소리, 백성과 자신의 탐욕, 명예에 귀를 기울였다. 이로써 사무엘의 질책을 듣게 된다. 믹마스 전쟁에서 중간고사에 실격하더니 기말고사와 같은 아말렉 전쟁에서 실패하여 결국 왕위에서 낙마하고 말았다. 그러나 그가 왕위를 박탈당한 가장 결정적인 이유는 '회개'의 실패다. 사무엘이 죄를 지적하자 일단 버텼고 인정한 뒤에도 다음과 같이 말하는 과오를 범했다.

> 사울이 이르되 내가 범죄하였을지라도 이제 청하옵나니 내 백성의 장로들 앞과 이스라엘 앞에서 나를 높이사 나와 함께 돌아가서 내가 당신의 하나님 여호와께 경배하게 하소서 하더라 삼상 15:30

**남쪽에서 본 아랏성과 유다 산지**
겨울에는 초원이 북쪽부터 형성되면서 아말렉 족속 같은 유목민들이 북쪽으로 올라와 양을 키우곤 했다.

사울의 이 같은 모습은 다윗과 대조를 이룬다. 죄로 치자면 다윗이 사울보다 더 큰 죄를 지었다고 할 수 있다. 그러나 다윗은 왕이신 하나님 앞에 철저히 회개했다. 이제 사울과 사무엘은 믹마스 사건 때와 같은 기분으로 길갈에서 헤어졌다(삼상 13:13-15). 중앙 베냐민 산지의 고향(기브아와 라마)은 서로 몇 십 분 거리에 불과하나 사무엘은 죽는 날까지 사울을 다시 보지 않았다(삼상 15:35).

여기서,
묵상

사울은 왕으로서 나름대로 애썼다. 그러나 사무엘은 사울을 호되게 꾸짖었다. 사울의 결정적인 잘못은 무엇인가(삼상 15:19)? 사울에게는 세 개의 소리가 들렸다. 여호와의 목소리(하나님의 명령)와 백성의 소리(여론), 양의 소리(욕심)다. 사울은 어느 소리에 귀를 기울였나? 나는 어느 소리에 마음이 가는가? 사울이 들은 소리가 지금 나에게 주는 교훈은 무엇인가?

## 베들레헴-다윗 목동 삼상 16장: 왕으로 기름 부음 받다

### 사무엘의 이동: 역사의 중심이 베냐민에서 유다로 넘어가다

사무엘상 16장은 역사의 중심이 이동하는 중요한 순간이다. 항상 에브라임 지파의 그늘에 있던 베냐민 지파를 기반으로 한 왕정이 유다 지파로 넘어간다. 어떤 면에서는 에브라임의 산지 벧엘, 실로 등 라마 북쪽 도시와 도로를 주로 다루던 지리적 초점이 유다 산지로 이동한다.

사무엘상 16장에서 사무엘은 이스라엘의 새 왕에게 기름 붓기 위해 라마에서 유다의 베들레헴 이새의 집을 향하여 출발한다. 이 길은 에브라임에 살던 레위 사람이 첩을 데리고 베들레헴에서 돌아오던 바로 그 길이었다(지도 사사기 6). 라마와 베들레헴 사이의 도로는 기브아와 예루살렘을 지나야 한다. 사무엘은 이 도로에 매우 익숙했으며, 사울의 위협과 일그러진 인격에 관해서도 알았다. 그래서 베들레헴으로 가는 사무엘이 두 번씩이나 변명거리를 찾게 만들었다. 하나님의 명령에 대한 사무엘의 반응은 놀라운 일이 아니다.

> 내가 어찌 갈 수 있으리이까 사울이 들으면 나를 죽이리이다 삼상 16:2

## 베들레헴, 빵집이자 전쟁의 집

베들레헴의 중요성은 갈렙의 지도력과 네게브 종족과 연결되는 유다의 남쪽 산지 중심지인 헤브론에 의해 가려져 있었다. 유다의 북쪽 베들레헴에는 베냐민 산지와 헤브론뿐만 아니라 쉐펠라와 모압을 연결하는 도로가 있었기에 전략적으로 중요했다. 베들레헴은 남과 북, 동과 서를 연결하는 교통의 요지다. 그래서인지 일부 학자들은 베들레헴이 '빵집'이지만 전략적 요충지로서 전쟁이 빈번한 '전쟁의 집'이라는 뜻도 있다고 주장한다.

베들레헴은 포도나무와 감람나무, 아몬드(개역개정은 이것을 살구나무로 번역하였다), 석류 등의 과수원으로 뒤덮인 산지 가운데 있다. 베들레헴은 남북을 연결하는 족장의 도로 바로 동쪽 광야를 전망할 수 있는 성읍이다. 광야와 베들레헴 사이에는 경작에 알맞은 토양으로 이루어진 들판이 있고 충분한 겨울 강수량으로 밀, 보리농사가 가능하다. 어떤 사람은 이것이 베들레헴의 의미(빵/음식의 집/장소)와 관련 있다고 말한다.

## 광야: 시편 23편을 낳은 무대

광야 동쪽은 목동의 고향이다. 목동은 곡물 수확을 마친 초여름에 들판의 그루터기를 먹이기 위해 양을 데리고 온다. 여름에 풀 한 포기 보기 힘든 광야의 백악층 산지는 겨울이면 비가 내려 목초지가 된다. 특히 겨울 태양으로부터 비껴나 그늘이 지는 북쪽 경사지는 몇 달 동안 푸른 초장으로 변한다. 사막에 꽃이 피어 향기를 낸다. 그러나 봄에 불어오는 동풍은 목초를 말려 건초로 만든다. 광야는 다음 겨울 때까지 메마른 먼지로 덮이고 만다. 이런 광야의 극적인 전환은 이사야 선지자의 노래와 연결된다(사 35:1, 6-10, 40:8). 이사야는 광야의 극적인 전환을 바라보며 이스라엘의 해방을 노래하고 말씀이 영원 무궁함을 선포하였다.

광야에서 양과 목자는 필연적인 관계다. 광야에서 양은 목자를 따라다녀야 한

/
**베들레헴의 농경지와 양**
베들레헴 동쪽의 골짜기는 농경지와 목초지로 사용되어 '빵집'이라는 뜻이 적합해 보이나 지정학적 중요성 때문에 '전쟁의 집'이라고도 불릴 만하다.

//
물가로 인도하는 목자

다. 목자는 양을 푸른 초장과 쉴 만한 물가로 인도하여 먹고 마시게 해야 한다. 근시안인 양은 목자를 떠나면 초장에 이르기는커녕 목마르고 배고파 죽고 만다. 목자는 양을 따가운 햇빛을 피해 그늘진 바위 옆으로 인도한다.

광야의 가장 큰 위협은 밤에 먹이를 찾는 야생동물이다. 양이 눈앞에 보이는 먹이에만 급급하여 목자를 잃어버리고 하룻밤을 광야에서 지낸다면 죽을 확률은 거의 100%다. 밤의 야생동물은 사람까지 위협한다. 이 상황에 대한 좋은 예가 마태복음 18:12-14과 누가복음 15:4-7에 나오는 '잃은 양을 찾은 목자 비유'에 잘 나타난다. 목자가 밤이 지나기 전에 양을 찾은 것은 생명을 구원한 것이다.

이처럼 목자는 양에게 의식주(衣食住)를 제공할 뿐 아니라 그 생명을 보호한다. 광야에서 목동이었던 다윗은 이 관계를 누구보다 잘 알았기에 시편 23편 같은 시를 읊을 수 있었다.

양과 염소에 생계를 의지하는 유목민뿐만 아니라 베들레헴 주변의 농부들도 가축을 기른다. 양을 맡길 만한 나이가 된 가족이나 고용된 사람은 양 떼를 몰고 한 주나 두 주 동안 광야로 나간다. 광야에서 홀로 지내는 목동은 도움을 청할 사람이 아무도 없기에 양 떼를 전적으로 책임져야 한다.

양을 지키는 동안 목동은 사색에 잠기곤 한다. 깊은 사색을 통해 하나님을 노래한 다윗이 대표적인 인물이다. 다윗은 낮의 지루하고 외로운 시간을 보내기 위해 악기와 노래로 찬양했다. 다윗처럼 목동들은 몸에 지니기 쉬운 피리 같은 악기에 매우 능숙했다. 악기 외에 목동에게 좋은 놀잇감이 '돌'이다. 광야에 널린 돌로 다른 길로 가는 양을 바로잡는다. 돌을 던지는 방향은 정확하고 힘이 있어야 한다. 돌(물매를 이용한)은 야생동물을 잡고 몰아내는 무기로도 사용되었다. 이 돌을 잘 다뤄 골리앗을 물리친 이가 다윗이다. 그런 점에서 목동 생활은 다윗에게 없어서는 안 될 과정이었다. '광야가 다윗을 키웠다'고 말해도 과언이 아닐 것이다. 훗날 사울이 다윗을 쫓을 때 광야에서 잔뼈가 굵은 다윗의 지리 감각을 도저히 따라갈 수 없었다.

**연주자이자 시인인 목자, 다윗**
그는 지루할 수 있는 목자 생활을 자기 개발의 장으로 사용하였다.

여기서,
묵상

### 최선을 다하는 일상

광야의 목동은 양 외에는 벗으로 삼을 것 없이 하루 종일 외롭게 생활한다. 친구도 없고 즐길 문화도 없다. 무료하고 힘든 생활이다. 그러나 다윗은 자신의 위치에서 최선을 다했다. 다윗은 목동 생활에서 돌을 던지는 법을 익혀 단방에 골리앗을 죽일 수 있었으며, 악기 다루는 법을 배워 사울의 아픔을 위로했다. 그가 악기를 뜯으며 읊던 시가 시편을 장식하여 주옥같은 영감으로 전달되고 있다. 뿐만 아니라 광야의 지리도 확실히 익혀 안전하게 도망 다녔다.

다윗은 시간을 아끼고 주어진 상황에서 최선을 다하여 최고의 효과를 보았다. 준비가 없었다면 오늘날의 다윗은 등장하지 않았을 것이다. 나의 생활은 어떠한가? 내 생활이 너무 무료하다고 또 너무 바쁘다고 핑계대지 않는가? 하나님은 현재에 최선을 다하며 준비하는 사람을 찾으신다.

## 기름 부음: 중심을 보시는 하나님

광야를 낀 베들레헴을 떠올리며 사무엘상 16장을 읽어 보라. 읽는 중에 새 왕에게 기름 붓기 위해 베들레헴으로 여행을 떠나는 사무엘의 마음도 그려 보라. 또한 사울이 군대를 조직하기 위해 힘세고 용맹한 자에게 어떤 관심을 가졌는지 생각해 보라(삼상 14:52). 어떤 상황에서 사무엘은 '여호와는 중심을 보시는 분'임을 기억케 되는지 주목해 보라.

> 사람은 외모를 보거니와 나 여호와는 중심을 보느니라 **삼상 16:7**

이 장에는 베들레헴에서 중앙 베냐민 산지까지 이르는 두 가지 이동 방법이 나온다. 하나는 사무엘이 목동 다윗을 이스라엘의 새 왕으로 기

름 붓고 난 후에 라마로 돌아가는 길이다(삼상 16:13). 틀림없이 동쪽 광야와 서쪽 쉐펠라로 난 계곡을 보며 족장의 도로를 걸었을 것이다. 또 다른 이동은 다윗에 관한 것으로, 사무엘이 다윗에게 행한 일을 알 리 없는 사울이 자신의 치료를 위해 악사 다윗을 불렀다.

사무엘이 라마에서 베들레헴으로 와서 기름 부은 이후 유다 산지, 특히 베들레헴을 위협하는 블레셋의 공격이 있었다.

다윗은 베들레헴에서 기브아로 갔다. 오래전 레위 사람이 첩의 집에서 돌아갈 때처럼 다윗은 선물을 나귀에 지웠다. 레위 사람처럼 다윗 또한 기브아에서 하나님과 사람, 둘 다 두려워하지도 존중하지도 않는 자기중심적인 한 사람을 만났다. 사울의 병기를 맡은 다윗은 왕의 깊은 곳에 자리 잡은 불안을 보았다. 광야에서 쫓길 때 다윗은 왕을 죽일 기회가 있었으나 그렇게 하지 않았다. 여호와께서 기름 부은 자를 죽일 수 없다는 게 이유였지만, 한편으로 기브아에서 사울을 섬기는 동안 알게 된 그에 대한 깊은 이해도 한몫했을 것이다.

**사무엘의 기름 부음**
외모를 보지 않고 중심을 보고 기름 부음 받은 다윗

## 엘라 골짜기-다윗과 골리앗 삼상 17장: 전쟁은 누가 주관하는가?

### 소렉과 아얄론 골짜기

사울은 아들 요나단과 함께 중앙 베냐민 산지와 믹마스에서 블레셋 군대를 몰아냈다(지도 사무엘상 2). 그러나 블레셋은 여전히 유다의 서쪽 쉐펠라를 위협했다. 쉐펠라는 산지로 진출하는 관문이었기 때문이다.

산지를 향한 첫 단계로 블레셋은 쉐펠라의 주요 골짜기를 일차 목표로 삼았다. 북쪽 아얄론 골짜기는 벧호론을 경유해서 중앙 베냐민 산지를 향하는 전략적인 접근로다. 가까이 지방 도로와 해변길이 교차하는 게셀은 아얄론 골짜기의 중요한 길목이다. 쉐펠라의 두 번째 골짜기는 소렉 골짜기다. 벧세메스와 딤나가 위치한 소렉 골짜기의 나할은 소렉 시스템을 이루어 예루살렘에 직접 접근하기 매우 어렵게 만든다. 엘라 골짜기는 후사 능선(Hushah ridge)을 경유하여 베들레헴, 벧술 능선을 지나 헤브론까지 접근이 가능하게 한다. 엘라 골짜기를 통제하는 사람은 서쪽으로부터 유다 남부와 북부를 공격하기 위한 가장 효과적인 위치를 점하는 셈이다.

지도 사사기 5는 단 지파가 거주하던 남쪽 쉐펠라에 있는 유다의 영토를 보여 준다. 이 지도는 전략적으로 중요한 엘라 골짜기에서 이스라엘과 블레셋 사이의 대결을 보여 준다.

### 엘라 골짜기에서 대결한 이스라엘과 블레셋

성경은 쉐펠라에서 일어났던 블레셋과 이스라엘의 특별한 대결을 구체적으로 진술하지 않는다. 이미 알고 있는 선지식을 가지고 양측의 전쟁 장면을 이해하는 것은 어렵지 않을 것이다. 블레셋은 의심의 여지없이 미스바 근처와 믹마스에서의 패배에 이를 갈았을 것이다.

블레셋은 새롭게 산지 진입을 위한 돌파구로 엘라 골짜기를 선택했다. 골짜기 전체를 조망할 수 있는 아세가와 능선은 적진을 잘 살필 수 있는 장소였다. 소고와 능선은 블레셋에게 좋은 전진기지 역할을 했다. 블레셋 진영인 에베스담밈의 위치는 알려지지 않았지만 소고와 아세가 사이 왼쪽이나 오른쪽 산지 자락일 가능성이 높다(삼상 17:1). 블레셋 군대는 유리한 고지를 점할 수 있는 엘라 골짜기를 침략의 발판으로 삼고

**엘라 골짜기와 유다 산지**
중간에 보이는 엘라 골짜기의 오른쪽이 블레셋이 진을 친 소고이고 왼쪽이 이스라엘이 진 친 맞은편 산이다.

싸우기도 전에 항복을 강요할 만큼 자신만만했다.

반면에 이스라엘은 위험을 무릅쓰고 골짜기 속으로 혹은 쉐펠라의 낮은 언덕 위로 가지 않으면 안 되었다. 이곳은 매복이 힘들고 블레셋에게 쉽게 포위될 수 있는 위치였다. 이스라엘이 포진한 장소는 블레셋 군대가 위치한 계곡과 경사진 경작지 엘라 골짜기의 바로 동쪽 유다 산지의 가장자리였다.

이런 위기에서 사울이 취한 전략이 무엇인지 알려진 바가 별로 없다. 물론 산지의 서쪽 측면에서 승리를 거두어 유다를 포함한 모든 지파에게 인정을 받으려 했다. 그러나 의도대로 잘되지 않았다. 방어보다 공격을 택했더라도 결과는 동일했을 것이다. 블레셋은 이스라엘의 백성과 왕, 하나님을 계속 모욕했다. 하지만 이스라엘은 매번 블레셋에 효과적으로 대응하지 못했다. 미스바와 믹마스 전투에서 얻은 자신감은 순식간에 사라졌다. 많은 군사에 담대하던 요나단조차 거대한 골리앗 앞에서 주눅이 든 모양이었다.

이때 사울의 병기를 맡은 다윗은 광야에서 아버지의 양 떼를 치느라 바빴다. 이새의 관심은 징병 나간 세 아들에게 집중되어 있었다. 이새는 세 아들을 위한 군수품뿐 아니라 이 아들들의 안전을 책임지는 군대 천부장에게도 아부성(?) 군수품을 보낸다.

## 다윗과 골리앗: 하나님의 이름으로!

이제 성경에서 가장 잘 알려진 이야기인 다윗과 골리앗의 대결이 펼쳐진다. 자세한 내용이 사무엘상 17장에 있다. 또한 사무엘상 18:1-16, 30을 읽고 이 장의 나머지도 훑어보라. 읽는 동안 주의 깊게 지도 사무엘상 3에 그려진 배경을 보라. 엘라 골짜기가 유다의 방어에 필수적인 장소임을 기억하라. 특별히 엘라 골짜기가 무너지면 베들레헴이 직격탄을 맞기에 이새의 아들들도 전쟁에 적극적으로 참여했고 이새는 군수물자를 공급했다.

블레셋의 군대는 소고 쪽에 진을 치고 이스라엘은 반대편 산지에 진을 쳤다. 다음 지명 중 소고와 아세가를 찾고 각 진영이 어디에 위치했는지 보라.

> **1** 블레셋 사람들이 그들의 군대를 모으고 싸우고자 하여 유다에 속한 소고에
> 모여 소고와 아세가 사이의 에베스담밈에 진 치매 **2** 사울과 이스라엘 사람들
> 이 모여서 엘라 골짜기에 진 치고 블레셋 사람들을 대하여 전열을 벌였으니 **3**

/
다윗은 믿음과 기동력, 익숙한 물매로 골리앗을 이겼다.

//
쉐펠라 라기스에서 발견된 전쟁용 물맷돌(대영박물관)

> 블레셋 사람들은 이쪽 산에 섰고 이스라엘은 저쪽 산에 섰고 그 사이에는 골짜기가 있었더라 삼상 17:1-3

두 진영 사이에는 엘라 골짜기를 흐르는 개천이 있었다. 골리앗은 개천 앞에서 며칠을 위협했다. 군수물자를 가지고 온 다윗은 형들에게 욕을 먹으면서도 사울왕 앞에까지 가서 참전 의지를 보인다. 밑져 봤자 본전이라는 생각으로 사울은 소년 다윗을 참전시킨다. 다윗은 돌 5개를 고른 뒤 이렇게 말한다.

> 다윗이 블레셋 사람에게 이르되 너는 칼과 창과 단창으로 내게 나아 오거니와 나는 만군의 여호와의 이름 곧 네가 모욕하는 이스라엘 군대의 하나님의 이름으로 네게 나아가노라 삼상 17:45

다윗은 골리앗을 만났을 때 그의 강점을 사용했다. 자신을 얕잡아 보는 골리앗에게 말로 압도하고, 스피드에서 압도했다(삼상 17:48). 그리고 양을 칠 때 익힌 물맷돌 실력으로 골리앗의 약점인 투구 아래 인중을 노렸다. 물맷돌은 이마를 치고 나온 게 아니라 이마에 정확히 박혔다. 골리앗은 쓰러졌고 다윗을 치려던 칼은 결국 자신의 머리를 베는 칼이 되었다. 블레셋은 여지없이 무너져 사아라임 가는 길부터 가드와 에그론까지 도망했다(삼상 17:52).

21세기 최고의 유적 중 하나로 사아라임이 있다. 사아라임은 단어 그대로 두 개의 성문을 가진 성으로 엘라 골짜기 북쪽 능선 키르벳 케이야파에서 발견되었다. 신기하게 다윗 시대의 주거층이 주로 발견되어 당시 생활상과 종교를 알려준다. 사진에서 보듯 사아라임에서 보면 다윗의 전쟁터가 분명히 보인다. 소고에서 사아라임을 지나 엘라 골짜기 하류로 내려가면 가드가 나오고 약간 북쪽으로 올라가면 에그론이 나온다. 둘 다 쉐펠라에 있는 블레셋의 도시다.

17장의 위치가 다윗을 선택하기 전이라면 사울이 '이 소년이 누구의 아들이냐?'라는 말이 자연스럽고, 사울의 궁전에서 연주를 했다면 그를 악사 정도로 생각했다가 다윗의 가문에 대해 궁금해서 질문했을 것이다. 그런데 사울이 다윗을 더 주목하게 된 사건이 일어난다.

## 여인들의 노래: 아, 천천 만만 삼상 18:6-16

베들레헴의 시골 소년 다윗이 왕이 받아 마땅한 명예를 얻었을 때 사울의 실망감을 생각해 보라. 전쟁의 승리가 사울에게 좋기도 했지만 나쁘기도 했다. 전쟁을 마치고 기브아로 가는 길은 유다 지파의 땅이었다. 그곳에서 여인들이 이렇게 노래했다.

> 여인들이 뛰놀며 노래하여 이르되 사울이 죽인 자는 천천이요 다윗은 만만이로다 한지라 삼상 18:7

연주하는 다윗
(예루살렘 다윗의 무덤 앞)

사울왕은 남쪽 거대 지파인 유다에서 인물이 나오고 그에게 만만을 돌리는 노래를 듣고 심히 불쾌했다. 심지어 왕권의 위협까지 느꼈다. 별 뜻 없이 부른 여인들의 노래가 다윗을 위험에 빠뜨리는 결정적인 계기가 되었다. 사울은 다윗을 함정에 빠뜨려 어떻게든 죽이려 했지만 그때마다 더 혁혁한 공을 세우는 다윗을 보면서 불안했다. 전쟁 전에는 악신이 내릴 때마다 다윗의 연주가 위안이 되었지만, 전쟁 후 다윗을 시기하기 시작한 사울은 다윗이 켜는 연주를 듣고 위안은 커녕 격동이 되어 두 차례나 다윗을 향해 창을 던졌다. 얼마나 힘차게 던졌던지 창이 돌로 된 벽에 박히기까지 했다(삼상 19:10).

**사아라임성에서 본 엘라 골짜기**
'두 개의 성문'이라는 뜻의 사아라임은 정확히 두 개의 문과 다윗 시대의 유적만이 주로 발견되었다. 건너편의 진한 녹색 산이 블레셋이 진을 쳤던 소고다.

여기서,
묵상

**다윗의 힘은 무엇인가?**

> 요나단이 자기의 무기를 든 소년에게 이르되 우리가 이 할례 받지 않은 자들에게로 건너가자 여호와께서 우리를 위하여 일하실까 하노라 여호와의 구원은 사람이 많고 적음에 달리지 아니하였느니라 삼상 14:6
> (다윗이) 또 여호와의 구원하심이 칼과 창에 있지 아니함을 이 무리에게 알게 하리라 전쟁은 여호와께 속한 것인즉 그가 너희를 우리 손에 넘기시리라 삼상 17:47

다윗과 요나단은 비슷한 말을 한다. 두 사람은 전쟁은 하나님께 속한 것이기에 그 구원은 여호와께서 결정함을 믿었다. 과거 여호수아와 갈렙이 가졌던 믿음의 눈이었다.

그러나 다윗의 믿음은 요나단보다 한 단계 더 나아갔다. 요나단은 많고 적은 수에는 두려워하지 않았으나 크고 작은 크기에는 두려움을 느꼈다. 반면 다윗은 둘 모두에 개의치 않았다. 사무엘이 기름을 부을 때 보았던 것처럼 다윗은 중심을 보는 눈을 가진 인물이었다. 거기에 평소에 훈련한 물맷돌 실력이 전쟁을 승리로 이끄는 데 견인차 역할을 했다. 믿음에 기초한 실력은 다윗의 힘이었다. 그의 강점은 작은 일에도 최선을 다하여 최고의 실력으로 끌어올리는 것이었다. 이 힘은 앞으로 감히 어느 누구도 당하지 못하는 사람으로 다윗을 성장시켰다.

## 다윗의 도피 생활 삼상 18-26장: 다윗을 다윗 되게 만든 최고의 훈련

### 다윗의 업적

사무엘과 요나단, 다윗의 도움으로 사울이 이룩한 업적은 상당하다. 요단강 동쪽 암몬 족속과 모압 족속으로부터 오던 압력은 현저히 줄어들었다. 그리고 블레셋이 산지에서 물러났다. 남쪽 네게브 부근에서 위협하던 아말렉이 일시적이나마 제거되었다. 쉐펠라에서 블레셋의 침입도 차단되었다. 단지 북쪽 특히 이스르엘 골짜기를 경계해야 할 일만 남았다. 이스라엘이 아벡에서 패배한 후 블레셋이 북쪽 해변길을 계속 통제했기 때문이다.

## 다윗의 피난

그러나 사울의 관심은 떠오르는 유다의 샛별 이새의 아들 다윗을 통제하는 데 쏠렸다. 이 주제는 사무엘상 18-26장을 길게 장식한다. 여기에 유다 지역의 지리 정보가 자세히 소개되었다.

다윗은 사울왕의 방해에도 불구하고 미갈과 결혼하여 사울왕의 사위가 되었다. 사울의 왕권을 강화하는 데 기여할 수 있는 결혼이었지만 에브라임 지파와 유다 지파에 끼여 눈치를 보던 사울에게는 인척관계가 오히려 위협적이었던 듯

**사무엘상 3:**
**다윗의 도피 생활**
다윗의 도망 생활은 그를 최고의 지도자로서 역량을 갖추게 하는 훈련이었다.

하다. 사울은 다윗을 죽이기로 결심하고 여러 번 시도한다. 그러나 되레 사울을 피한 다윗의 도망 생활은 다윗을 다윗 되게 만든 최고의 훈련이 되었다. 다음 지명을 따라 움직이며 다윗이 어떻게 성장해 가는지 주목해 보라.

**최초의 수도 기브아**
다윗은 이곳에서 결혼하고 얼마 동안 군대장관으로 일했다.

### 기브아 삼상 18:1-19:17

기브아에서의 사건은 사울이 다윗에게 부정적인 태도를 취했음을 보여 준다. 다윗이 미갈의 도움을 받아 피신할 때 우상이 있었던 것으로 보아 다윗의 신앙은 이때까지는 문제가 있었다. 그러나 도피 생활이 그를 최고의 왕으로 세웠다.

**기브아에서 본 남쪽 방향**
요나단과 만났던 출발이라는 뜻의 에셀 바위가 이 근처에 있었을 것이다.

### 라마 나욧-영적 충전 ① 삼상 19:18-24

기브아에서 라마로 간 다윗은 몇 가지 사건을 겪었다. 다윗과 사무엘은 라마에 있는 나욧(들판)이라는 곳으로 이동했다. 이것은 지명이 아니라 라마 근처의 들판인 듯하다. 아마도 사무엘이 제자와 함께 은둔했던 곳으로 라마의 북동쪽 와디 수웨닛을 전망할 수 있는 경사지와 같은 도시 외곽이었을 것이다. 사울왕이 두 번 군사를 보내고 자신이 직접 가서 다윗을 체포하려는 시도가 무위로 끝났다. 오히려 사무엘의 영적 집회에 참석한 모든 이가 은혜를 받고 자신도 벌거벗고 예언하는 일이 벌어지면서 '사울도 선지자 중에 있는가?'라는 조롱을 받았을 뿐이다. 얼마나 영성이 없었으면 그런 비아냥을 들었을까? 반면 다윗은 이 집회에서 영적 충전을 하고 망명생활을 시작한다.

기브아와 예루살렘 사이의 놉에는 성막이 있었고 그곳에서 다윗은 안식일에 바꾸는 묵은 진설병을 얻어먹었다.

### 기브아-요나단 ② 삼상 20장

다윗은 라마에서 기브아 혹은 그 근처에 있던 요나단에게 갔다. 사무엘상 20장의 사건은 모두 기브아 주변에서 일어났다. 다윗을 향한 요나단의 깊은 헌신은 사울의 고정관념을 깨는 것이었다. 요나단은 아버지 사울을 목숨 걸고 설득했으나 실패했다. '출발의 돌'이라는 의미를 가진 에셀 바위에서 요나단은 다윗을 만나 그를 보내 준다. 이후 다윗이 광야에서 도피 생활하는 중에 힘들 때마다 요나단이 실질적인 힘을 보태 주었다(삼상 23:15-18). 원수의 목전에 상을 베푸시는 하나님의 은혜였던 것이다. 어려울 때 의지할 수 있는 친구가 있다는 것이 큰 힘이 된다. 다윗과 요나단의 약속은 훗날 요나단의 아들 므비보셋을 평생 돌보고 다윗 이후에도 베냐민 지파가 유다 지파와 동행함으로 결실을 맺는다.

## 놉-진설병 ③ 삼상 21:1-9, 22:6-19 24일

놉은 예루살렘 동쪽의 감람산 능선 중 한 곳이다. 오늘날 히브리 대학교 전망대나 빅토리아 병원이 있는 곳이라고 추정한다. 놉 성소에서 다윗은 진설병과 앞으로 수개월간 사용할 골리앗의 칼을 받았다. 이때가 진설병을 바꾸는 안식일이었는데 성경은 이 일을 잘못이라 하지 않는다. 예수님도 안식일 문제로 논쟁할 때 다윗의 진설병 사건을 언급하면서 안식일이 생명을 위하여 있는 것이라고 말씀하셨다.

다윗은 말씀을 상징하는 진설병을 먹고 성령의 검인 말씀으로 무장한 뒤 길을 나섰다. 사울의 가축을 돌보는 목자장인 에돔 사람이 놉에서 일어난 이 일을 보고했다. 이때 사울은 사람뿐만 아니라 하나님에 대한 경외심마저도 버리고 제사장을 잔인하게 학살했다. 학살을 표시하기 위해 놉에 빨강으로 밑줄을 그어라(삼상 22:19).

## 가드-미친 척 ④ 삼상 21:10-15

다윗은 사울에게서 피할 장소로 블레셋 영토보다 더 좋은 곳이 없다고 생각했다. 그러나 골리앗의 고향으로 골리앗의 칼을 가지고 도망한 다윗은 스파이로 오해를 받아 곤욕을 치렀으나 미친 척하는 꾀를 써서 재빨리 빠져나왔다. 이것이 얼마나 위기였던지 다윗은 시편 34, 56편에서 구원 사건을 처절하게 기록했다. 다윗의 미친 척하는 연기가 얼마나

## : 24일

**오늘 읽을 분량**
**성경** 삼상 21-28, 시 56, 34, 57, 142, 63, 52, 7, 54
**본서** 213-225쪽

**성경의 맥 잡기**

1. 다윗이 라마나욧, 기브아에 이어 놉에서 진설병, 가드 도피와 미친 체(시 34, 56)
2. 아둘람 굴 400명 합류, 모압과 광야 요새 도피, 헤렛 수풀, 그일라, 십 황무지, 엔게디 동굴, 바란 광야, 블레셋 가드 도피

**신구약 연결 포인트**

1. 놉 진설병 사건은 막 2:23-28 안식일 논쟁의 배경으로 사용된다.
2. 그일라에서 아비아달이 제사장 에봇을 가져옴으로 그리스도권인 왕, 선지자, 제사장이 합세한다.

**묵상 가이드**

1. 기나긴 도피생활은 다윗을 최고의 왕으로 만드는 훈련이 되었다.
2. 두 번째 블레셋 가드에 가서 1년 4개월 있는 동안 다윗은 블레셋의 철기 문명과 전법을 배웠다.

/
다윗이 피신한 1차 장소가 블레셋의 가드다.

//
가드의 더위에 지친 개는 스스로 물통으로 들어갔다. 다윗은 가드에서 위기에 처하자 사울이 미친 때를 회상하고 개 거품을 흘리면서 미친 척하여 위기에서 벗어났다.

/
엘라 골짜기 상류에 위치한 아둘람에 위기에 빠진 다윗의 가족을 불러 모았다.

//
**아둘람 굴**
아둘람에는 400명이 충분히 들어갈 굴이 많다.

감쪽같았는지 블레셋 사람들은 귀신 들린 자를 죽이면 옮는다고 생각해 다윗을 살려 줬다. 다윗이 이렇게 연기를 잘한 데는 사울의 도움이 크다. 아마 사울이 미친 때를 재연했으리라. 그는 도피 처음부터 하나님을 의지하지 않고 사람을 의지하려다가 큰 어려움을 당한 셈이다.

## 아둘람-400명 ⑤ 삼상 22:1-2

유다의 쉐펠라 아둘람 굴에서 다윗은 중요한 결정을 내렸다. 사울이 다윗은 물론이고 그의 아버지의 온 집을 가만두지 않을 것이라 생각해 부모와 일가친척을 그가 있는 곳으로 불렀다. 지도에서 아둘람과 베들레헴 사이의 길을 보라. 가족이 오는 길에 400명의 무리가 함께했다. 다윗은 로빈후드처럼 오합지졸의 무리를 인내와 지혜로 훈련해야 했다. 환난당하고 빚지고 마음이 원통한 약하고 까다로운 자를 다루는 제왕 훈련을 받은 셈이다. 열등감 많은 이 사람들을 다스리지 못하면 한 나라를 세울 자격이 없음을 알았다. 다루기 힘든 이들은 십여 년 다윗과 함께하면서 잘 훈련된 정예병사로 조직된다. 물론 이후 그들이 다윗을 돌로 치려 한 사건도 있었지만, 이런 어려움을 해결해 가는 과정에서 결속력이 강한 천하무적의 군대로 발전했다. 특히 누님의 아들이던 요압과 아비새, 아사헬 등은 군대장관으로 자라 다윗왕국의 군사력을 책임지게 된다(삼하 23:8-39).

## 모압 미스베-부모 의탁 ⑥ 삼상 22:3-4

다윗은 우선 부모의 안전을 확보해야 했기에 친지를 데리고 모압 땅으로 갔다. 모압은 증조할머니 룻의 고향이다. 다윗은 사울을 섬기는 동안 모압을 향한 어떤 군사 행동에도 연루되지 않았기 때문에 협조를 확신했다. 아마도 잘 아는 유다 광야와 엔게디를 경유하는 도로를 따랐을 것이다. 염해의 해안을 따라 강한 요새(오늘날의 맛사다)로 알려진 크고 높은 바위 지대 아래를 지나 우측으로 돌아 모압을 향해 건너갔을 것이다. 그러나 이후 모압과의 관계는 극히 악화되어 다윗이 왕으로 등극한 다음 모압을 토벌하고 잔인하게 죽인다.

> 다윗이 또 모압을 쳐서 그들로 땅에 엎드리게 하고 줄로 재어 그 두 줄 길이의 사람은 죽이고 한 줄 길이의 사람은 살리니 모압 사람들이 다윗의 종들이 되어 조공을 드리니라 삼하 8:2

전승에 의하면 이 일은 모압왕이 다윗의 아버지를 모살했기 때문이라고 한다.

## 강한 요새-시 18 ⑦ 삼상 22:4-5

다윗은 모압에서 돌아오는 길에 '강한 요새' 혹은 성채(히브리어로 메쭈다)로 갔다. 그것은 주후 1세기 역사가 요세푸스(Josephus Flavius)의 '마사다 이야기'에 잘 나타난다. 이곳은 헤롯 대왕의 궁궐이 있으며 로마 군대에 대항한 유대 저항의 마지막 거점이었다. 이에 대한 묘사가 다소 과장일지라도 요새의 특징을 잘 보여 준다.

> 정상의 둘레가 약 1300m, 높이가 400m인 결코 작지 않은 이 바위산은 (정상의 가장자리에서 볼 때) 너무 깊어서 사람이 그곳의 바닥을 볼 수 없는 협곡에 의해 둘려 있다. 양편은 너무나 가파르기 때문에 겨우 기어 올라갈 수 있는 형세를 가진 두 바위 절벽을 제외하고 어떤 생물도 오르기에 불가능하다. 오르는 길 중 하나는 동쪽의 아스팔티티스 호수(염해)에 면하며 계속해서 방향이 바뀌는 뱀과 같아 '뱀길'이라 불린다. 가파른 절벽이 나타나 가기 힘들다. 지그재그로 가던 길이 다시 험하게 길어진다. 두려움 없이 이 길을 가던 사

/ 모압 미스베로 추정되는 모압의 수도 길하레셋은 현재 카락(Karak)으로 불리는 십자군 요새다.

// '요새'라는 뜻의 마사다는 다윗이 피신한 요새로 추정된다. 그는 가장 안전한 곳에서도 여호와가 진정한 요새임을 고백한다.

람도 틀림없이 한 발씩 한 발씩 주의 깊게 디디면서 나아가야 할 것이다. 사방에 있는 갈라진 틈과 절벽은 너무나 위협적이어서 아무리 용감한 사람이라도 오르기를 포기하고 싶은 유혹을 받는다. 다른 길은 서쪽에서 오르는데 좀 더 수월하다. 이 길을 따라 오른 후에… 뾰족한 정상 대신에 확 트인 넓은 정상에 도착하게 된다(요세푸스의《유대 전쟁사》중 맛사다에 관한 설명, 7.280-84/8.3).

강한 요새의 자연경관이 다윗과 사람들에게 준 영감이 시편에 담겨 있다(시 18, 31, 71, 91, 144편).

> **1** 나의 힘이신 여호와여 내가 주를 사랑하나이다 **2** 여호와는 나의 반석이시요 나의 요새시요 나를 건지시는 이시요 나의 하나님이시요 내가 그 안에 피할 나의 바위시요 나의 방패시요 나의 구원의 뿔이시요 나의 산성이시로다 시 18:1-2

다윗의 위대함은 어렵고 위험할 때만 하나님을 부른 게 아니라 이렇게 안전한 요새에서도 주님을 사랑한다고 고백하고 의뢰함에 있었다. 그는 강한 요새에서 떠나 아직 위치가 확인되지 않은 헤렛 수풀에 이르렀다.

### 헤렛 수풀-교제 ⑧ 삼상 22:5

다윗이 유다 지역의 헤렛 수풀로 움직인 것은 선지자의 명령 때문이었다.

> 선지자 갓이 다윗에게 이르되 너는 이 요새에 있지 말고 떠나 유다 땅으로 들어가라 다윗이 떠나 헤렛 수풀에 이르니라 삼상 22:5

헤렛 수풀이 어딘지는 확실하지 않지만 인구 밀도가 있는 곳으로 사람들과 소통할 수 있는 장소임에는 틀림없다. 요새는 안전하지만 왕이 될 사람이 있을 장소는 아니었다. 그래서 하나님은 위험하더라도 사람들과 소통하고 교제할 수 있는 장소로 다윗을 보내셨다. 사도들의 신앙고백처럼 '성도의 교제'는 하나님 나라의 필수 요소다.

헤렛 수풀에서 다윗은 블레셋이 다시 움직여 쉐펠라 지역을 침략했다는 소식을 들었다. 때는 늦은 봄, 쉐펠라 계곡에서 곡식을 수확해 타곡을 하던 때였다. 블레셋은 소고를 넘어 엘라 골짜기의 깊숙한 유다 산지 기슭에 자리 잡은 그일라로 침입했다. 다윗은 빨리 군대를 이동해 블레셋을 저지해야 한다고 생각했다. 그러나 다윗의 사람들은 사울이 언제 그의 목숨을 노릴지 모르는 상황에서 전쟁에 나가는 것은 위험하다고 보고 다윗의 이 같은 계획에 반대했다. 다윗은 여호와께 기도해 확신을 얻은 다음, 따르는 자들과 함께 유다 산지를 넘어 쉐펠라로 내려갔다. 만일 사울에게 붙잡힌다면 반역의 책임을 져야 했다. 평안하고 모든 것을 가졌을 때 돕는 것이 진정한 도움이 아니라 어렵고 힘들 때 섬기는 것이야말로 참 섬김이라고 할 수 있다.

헤렛 수풀 근처의 목자

### 그일라-에봇 ⑨ 삼상 23:1-13

다윗이 그일라를 구원했다는 소식을 접하고 사울왕은 그일라로 출발했다. 적이 아니라 다윗을 쫓다니, 왕으로서 취할 자세가 아니었다. 더구나 이즈음 사울은 기브아에서 더 이상 돌이킬 수 없는 실수를 한다. 다윗을 모르고 도운 제사장들을 죽이라고 한 것이다. 부하들이 두려워 이 일에 나서지 못하자 에돔 사람 도엑이 제사장 85명을 죽였다. 다윗은 이 소식을 듣고 이렇게 탄식했다.

> **1** 포악한 자여 네가 어찌하여 악한 계획을 스스로 자랑하는가 하나님의 인자
> 하심은 항상 있도다 **2** 네 혀가 심한 악을 꾀하여 날카로운 삭도같이 간사를
> 행하는도다 **3** 네가 선보다 악을 사랑하며 의를 말함보다 거짓을 사랑하는도
> 다(셀라) **4** 간사한 혀여 너는 남을 해치는 모든 말을 좋아하는도다 시 52:1-4

이 와중에 다윗은 큰 소득을 얻었다. 놉 제사장들이 사울왕에게 살해당할 때 도망한 아비아달이 에봇을 가져온 것이다(삼상 23:6). 에봇은 제사장이 겉옷에 입는 조끼인데 이것을 얻었으니 결국 제사장권을 가지게 되었다는 의미다. 이를 통해 다윗의 임시정부가 완성되었다. 기름 부음 받은 다윗왕, 갓 선지자, 아비아달 제사장이 포진하고 행정, 사법, 입법이 갖추어진 하나님이 인정한 정부를 갖추게 된 것이다.

사울이 추적해 올 때 다윗은 이전과 달리 에봇을 가진 제사장에게 하나님의

뜻을 묻는다. 사법권의 질서를 인정하는 태도다. 에봇의 결과로 그일라 사람들이 다윗을 내줄 것이라는 말씀을 받고 피한다. 도피 중에 목숨을 걸고 도왔던 그일라에게 배신당했을 때 그 심정이 어땠을까? 사랑은 주는 것이지 바라는 것이 아니다.

### 십 황무지(셀라하마느곳) ⑩ 삼상 23:14-29

이 시기 다윗과 추종자의 위치를 알기는 쉽지 않다. 십 황무지는 오늘날 다양한 유목민의 고향 역할을 하는 '십'의 동쪽 어디쯤이다. '십' 사람은 유다 지파이지만, 아말렉 족속을 격퇴시킨 사울에게 고마움을 느꼈다. 사울이 아말렉 전투를 승리로 이끌고 세운 승전비가 근처 갈멜에 있다. 한편으로는 다윗의 피신을 도운 혐의로 몰살당한 놉 제사장 소식도 작용했을 것이다. 존경심의 발로에서였는지 혹은 두려움에서였는지 십 사람은 사울에게 자신과 같은 지파인 다윗의 소재를 알려 주었다(삼상 23:19).

다윗은 그동안 광야의 지리에 밝아 사울의 추적을 잘 따돌렸으나 현지인의 도움을 받고 쫓는 사울을 피하기는 어려웠다. 일촉즉발의 위기에서 다윗을 구한 것은 역시 하나님이었다. 블레셋의 침입으로 사울이 포위를 풀고 전쟁터로 가야 했던 것이다. 이때 다윗은 자신의 힘과 지략으로 도망치며 안전을 유지한 줄 알았는데 전적인 하나님의 은혜임을 깨달았다. 그리고 그곳을 '분리하는 바위, 도피하는 바위'라는 뜻의 '셀라하마느곳'이라 칭했다(삼상 23:28).

### 엔게디-옷자락 ⑪ 삼상 24장

다윗은 다시 이동해야만 했다. 이번에는 좀 더 동쪽 염해 위 황무지로 이동했다. 개역성경에는 히브리어 여시몬을 '광야'로 번역하였으나 여기서는 '여시몬'이라는 지명으로 번역하는 것이 좋겠다(RSV). 지명이 말해 주듯 (여시몬의 뜻은

/
**십 산지**
십 사람들은 아말렉을 친 사울과 고발하지 않아 죽은 놉 제사장들을 생각하고 다윗을 고발했다.

//
지형을 잘 아는 놉 사람들의 협조로 포위당한 다윗은 하나님의 극적인 도움으로 바위 하나 차이로 구원받아 이 근처 바위를 '분리하는 바위'라는 '셀라하마느곳'이라 불렀다.

'황량한 광야') 목동과 염소 떼도 좀체 가지 않는 곳이다.

메마르고 황량한 염해의 서쪽 해변을 따라 아름답고 생기가 넘치는 '엔게디'가 있다. 여러 오아시스가 제공하는 신선한 물이 해저 400m의 열기에도 푸른 숲을 이루게 한다. 엔게디의 바로 남쪽 나할 아르곳은 광야를 향하여 깊게 파여 있다. 계곡의 절벽은 해수면 위 1000m까지 고도가 상승하고 절벽 사이에는 샘에서 기원하는 물줄기가 활기차게 흐른다.

사울의 옷을 자르는 다윗

나할 아르곳은 베들레헴의 동쪽 광야와 십과 마온의 광야를 나누는 자연 경계다. 베들레헴과 드고아에서 십과 마온까지 이어 주는 도로는 나할의 바로 북쪽을 달린다. 엔게디의 바로 북쪽에는 작은 샘이 있는데 그 샘은 오늘날 나할 다윗으로 알려진 작은 나할 속으로 흘러든다. 아마 다윗과 추종자는 가까스로 사울의 군대를 피하고 여기에 은둔했을 것이다.

사울은 블레셋을 물리치고 돌아와 다윗이 엔게디에 있다는 소식을 들었다. 그는 정예병 3천 명을 데리고 다윗을 추격했다. 다윗의 고향인 베들레헴을 거쳐 늙은 아버지 이새를 모시고 모압으로 피난한 길을 따라 엔게디로 향했다.

다윗은 하나님이 임명한 왕을 하나님처럼 대했다. 왕의 옷자락을 자르는 것조차도 꺼렸다. 사울이 용변을 보고 나가자 다윗은 반대편으로 올라간다. 사진에서 보듯 엔게디는 대화는 주고받을 수 있지만 붙잡을 수는 없는 깊은 계곡을 끼고 있다. 엔게디 사건에서 사울을 향한 다윗의 존경과 관심이 증명된다.

사울을 감동시켜 축복의 말까지 듣는 다윗에게서 '원수를 사랑하라'는 말씀을 묵상해 본다.

엔게디를 떠난 후 다윗과 추종자는 다시 '강한 요새'를 올랐다. 거대한 절벽과 깊이 침식된 계곡의 조화는 영적으로 예민한 다윗의 마음속에 강렬한 인상을 남겼을 것이다. 가파른 경사지(1200m까지 고도가 올라간다)의 현란한 광경과 그가 직면한 도전은 아마도 젊은 다윗에게 불가능한 조건에서 이스라엘을 이끈 여호수아의 초기 시절을 떠올리게 했을 것이다. 그래서 시편 27, 37편이 여호수아 1장과 동일한 주제를 포함하고 있다는 사실은 놀랄 일이 아니다. 두 젊은이가 하나님께 용기와 힘을 구했기 때문이다. 이것은 특히 조언자이자 이스라엘의 영적 아버지인 사무엘이 라마에서 죽었다는 소식을 접한 다윗에게 더욱 그러하였다(삼상 25:1).

/
**엔게디의 게디**
들염소인 게디가 엔게디에 많이 서식한다.

//
**엔게디 계곡**
가운데 동굴이 있었고 한 명은 왼쪽 한 명은 반대쪽으로 갔다면 서로 이야기 할 수는 있지만 쫓아갈 수 없는 지형에서 사울과 다윗의 대화가 오갔다.

///
엔게디는 '게디의 샘'으로 광야의 샘이 나오는 곳이며 자연 동굴이 많다.

## 바란 광야/마온 광야-나발 ⑫ 삼상 25장

다윗과 그의 사람들은 유다의 남동쪽 마을을 향하여 이동했다. 바란 광야(어떤 사본에는 마안/마온으로 나타난다)의 위치는 마온과 갈멜의 동쪽 혹은 남동쪽 어디일 것이다. 창세기에 나오는 같은 지명의 지역(동명이지)은 훨씬 남쪽에 존재한다.

이 흥미로운 피신 이야기를 통해 모든 유다 사람이 다윗을 지지한 것이 아님을 볼 수 있다. 이 장에 언급되어 있는 양과 농업 생산물의 조화가 지역성을 설명한다. 다윗의 무리가 지킨 규율이 있었는데 그것은 사막의 습격자들처럼 행동하지 말고 오히려 농부와 목동을 보호하는 것이었다.

그런데 갈멜 사람 나발이 다윗의 명예를 실추시키자 다윗은 그를 불신했다. 이때 나발의 아내 아비가일이 지혜롭게 처신함으로써 모든 유다, 특히 나발이 속한 갈렙 족속과 불화할 위기를 모면할 수 있었다. 시편 53편의 "어리석은 자"는 원어로 '나발'이다. 어리석은 나발은 얼마 지나지 않아 죽게 되었고, 다윗은 아비가일을 아내로 맞아 세력을 얻었다. 아비가일의 지혜는 후에 다윗이 왕이 될 때 결정적인 역할을 한다. 아무리 정의롭다고 하더라도 입다처럼 동족을 죽인 일은 왕이 되는 결격사유가 될 수 있었다.

> **30** 내 주를 이스라엘의 지도자로 세우실 때에 **31** 내 주께서 무죄한 피를 흘리셨다든지 내 주께서 친히 보복하셨다든지 함으로 말미암아 슬퍼하실 것도 없고 내 주의 마음에 걸리는 것도 없으시리니 삼상 25:30-31

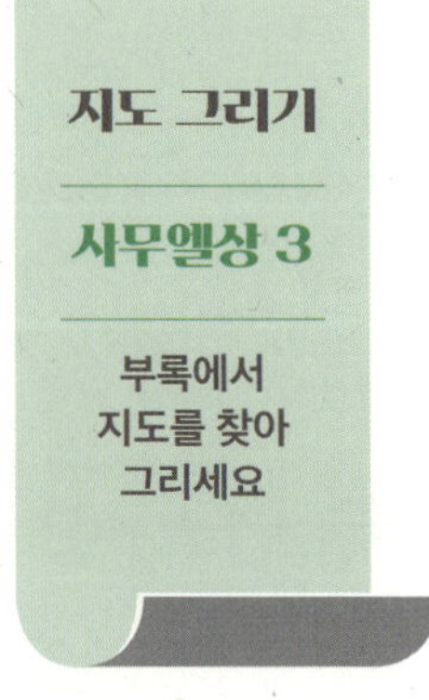

지도 그리기

사무엘상 3

부록에서 지도를 찾아 그리세요

## 십 황무지-(창과 물병) ⑬ 삼상 26장

다시 십 사람들이 사울에게 다윗의 소재를 보고했다. 광야(황무지)라 번역된 '여시몬'은 사울의 추격과 다윗의 도주 중 지리적인 면을 고려하게 한다. 이미 십 사람들 때문에 위험에 빠진 다윗은 정탐꾼을 보내는 등 사울의 추격을 따돌리는 데 신중을 기한다. 결국 다윗은 사울이 위험 속에서 다시 피할 수 있도록 한다. 마지막 대화가 계곡 양편에 선 다윗

과 사울 사이에서 이루어졌다. 이때 사울은 뜻을 굽혀 더 이상 다윗을 추격하지 않는다. 이 장의 마지막 부분에서 두 사람은 서로 자기 길로 떠나고 다시는 만나지 않는다.

/ 마온은 갈멜 사람 나발의 목초지였다.

// **십의 들판**
다윗은 아비가일과 그 친척을 얻은 후 얻은 정보력과 담력으로 십에서 사울의 물병과 창을 가져왔다.

## 가드-망명 ⑭ 삼상 27:3

다윗과 사울 그리고 그들이 헤어진 후의 이야기는 지도 사무엘상 4, 사무엘상 2에서 계속된다. 블레셋의 가드는 다윗이 사울을 피해 들어갔던 곳이다. 가드에 머무는 동안 다윗은 철기를 배우고 전법을 익히는 절호의 기회를 가졌다.

## 시글락-아말렉 ⑮ 삼상 27:6, 30:1-6

가드에서 나온 다윗이 군대를 동원하여 아말렉을 치면서 블레셋의 국경을 보호하는 동시에 유다의 변경을 지켰다. 잠시 자리를 비우는 사이 아말렉이 쳐들어와 복수하려 했지만 다윗이 돌아와 전세를 역전시켰다. 이를 통해 전쟁의 규칙을 세우고 유다 사람들에게 탈취물을 돌려줌으로써 유다왕이 되는 발판을 마련한다. 위기를 기회로 살린 것이다. 이 이야기는 성경의 어느 곳보다 유다와 주변에 대해 잘 설명하고 있다. 다윗의 피난 생활은 다윗을 다윗 되게 했다. 이 기간 동안 사람을 다루는 법, 전쟁하는 법, 철기 문화 등을 익힌 것이다.

/ **가드로 가는 길**
10년 정도 도망 생활을 한 다윗은 블레셋에 망명했다. 이때 600명이 함께했다.

// **시글락과 들판**
시글락은 블레셋의 가장 남쪽 변방이었고 아말렉을 방어하는 성이었다. 이곳을 다윗이 얻음으로 유다 땅이 되고 또한 유다 남쪽까지 보호하게 되었다.

| 다윗의 블레셋 시글락 생활 |

# 왕으로서의 훈련을 마치다

**성경** 사무엘상 27, 29-30장 **연대** BC 1004년

**핵심 본문** 시글락 생활, 사울왕의 죽음

**지도** 사무엘상 4

다윗은 시글락에서 16개월 동안 생활했다. 사무엘상 마지막 장을 장식한 활동 무대는 두 지역인데, 그중 하나가 다윗이 가드왕 아기스에게 받은 남쪽의 시글락이다. 이곳에서 다윗은 블레셋이 만족할 만한 군사 행동을 취했다. 나머지 한 지역은 북쪽의 이스르엘 골짜기다. 베냐민 지파의 사울왕은 이스르엘 골짜기에서 블레셋 방어군을 조직한다. 만일 사울이 이 방어에 성공했다면 해변길에서 왕의 대로를 연결하는 하롯 골짜기를 지킴으로써 블레셋 통제하에 있던 갈릴리 산지 지파와 요셉의 집을 연결했을 것이다. 과거 드보라 전쟁도 이런 상황이었다. 남과 북, 두 곳에서 벌어진 사건을 서로 연결해 보자.

## 다윗의 피난 생활-블레셋 남쪽 시글락을 지킴 삼상 27장

### 다윗의 선택

일단 사울의 위협에서 피한 다윗은 두 번째로 광야에 머물렀다. 이때 다윗은 가족을 데리러 요단 동편 모압으로 이동할 것인가, 아니면 해안

평야 블레셋과 합류할 것인가를 놓고 선택의 기로에 섰다. 다윗은 이 결정에 신중을 기했을 것이다. 비록 모압이 요단 동편 가도를 관할하지만 유다와 멀리 떨어져 있으므로 다윗에게 정치적 기회를 거의 제공하지는 못한다. 사울에게서 피하는 것이 유일한 관심이었다면 모압으로 건너갔을 것이다. 그러나 다윗은 일신의 안전보다 더 많은 것을 염두에 두고 호랑이 굴로 들어갔다. 그리고 호랑이조차 일시적인 우방으로 만들어 버렸다.

블레셋의 팽창 정책은 계속되었다. 유다의 서쪽과 요셉 지파의 북쪽에서 이스라엘과 계속 분쟁을 일으켰다. 블레셋은 북쪽의 해변길을 따라 영토를 확장할 때도 네게브 남쪽의 경계를 소홀히 할 수 없었다. 아말렉 족속의 지속적인 위협을 무시할 수 없었기 때문이다. 사울왕과 대결을 앞뒀을 때도 그랬다. 더욱이 가드왕 아기스는 영토가 네게브 북쪽 가장자리 시글락까지 확장되었기 때문에 남쪽 경계에 특별한 관심을 가

**사무엘상 4:**
**블레셋 군대의 다윗 거절과**
**아말렉 추격**
다윗은 블레셋의 전쟁에 협조하는 척하면서 실리를 얻었지만, 시글락에 쳐들어온 아말렉 때문에 위기를 겪는다.

시글락에서 만난 목자와 개

졌다(지도 여호수아 4).

다윗의 탁월한 군사 감각은 이제 필요한 유다 근처의 군사기지를 얻기 위해 발휘된다. 그는 사울의 위협에서 벗어난 블레셋 남쪽에서 블레셋 변방을 보호하는 동시에 유다 지파의 남쪽을 방어해 주었다.

## 시글락의 다윗

지도에서 보면, 북서쪽 모서리인 가드와 아스돗 사이의 해안 평야와 시글락 남서쪽은 서로 지척이다. 그러나 중요한 차이가 있다. 시글락은 서쪽 네게브에 있다. 산지에서 내려오던 작은 나할이 브솔강으로 흘러 들어가기 전에 모인 가장자리다. 시글락은 네게브 분지의 거의 대부분을 덮는 미세한 갈색 풍적토에 들어섰다.

시글락과 아스돗 사이의 북쪽은 블레셋 평야라고 부른다. 이곳은 유다 산지에서 쓸려 내려온 기름진 토양으로 비옥하다. 시글락의 북쪽 평야 주변에는 블레셋의 아스돗과 가드, 에글론이 있다. 시글락의 북쪽이 남쪽보다 좋은 농경지를 제공하는 까닭에 가드와 연결된다. 두 도시는 동쪽 쉐펠라 평야의 기름진 토양을 이용해 농업을 했다.

시글락에서 가드까지는 38km가량 떨어져 있다. 만약 시글락과 가드가 서로 인접해 있었다면 가드왕은 다윗에게 남쪽 측면을 보호해 달라고 요청하지도 않았을 것이고, 다윗 역시 가드왕을 속이지 못했을 것이다. 그의 전쟁은 주로 자신의 지파 유다 백성을 위한 정복 활동과 겹쳤기 때문이다(삼상 27:10).

## 시글락에서의 정책

가드에 있으면서 블레셋의 철기 문명과 전법을 익힌 다윗은 자신만의 활동 근

/
**시글락에서 본 남방 지역의 특징**
먼지 날리는 토양으로 광야를 이루었다.

//
**시글락 들판**
네게브에 풍년이 들면 들판이 황금색으로 바뀐다.

거지가 필요했다. 그래서 가드가 가장 필요로 하는 남쪽 방어선에 위치한 시글락을 근거지로 택했다. 가드왕은 이를 흔쾌히 허락했다. 서로 윈윈하는 정책이었기 때문이다. 사무엘상 27장은 다윗이 가드왕 아기스와 네게브 사람을 다루는 지혜와 정치력을 설명하고 있다. 아기스는 다윗이 네게브에 행하는 군사 활동을 매우 어리석은 것으로 간주했다.

> 아기스가 다윗을 믿고 말하기를 다윗이 자기 백성 이스라엘에게 심히 미움을 받게 되었으니 그는 영원히 내 부하가 되리라고 생각하니라 삼상 27:12

그러나 네게브 사람들은 다윗의 보호에 대해 점점 더 감사하게 되었다. 특히 이 일은 사울왕이 북쪽 이스르엘 평야에 관심을 쏟는 중에 남쪽 아말렉의 위협이 재개된 상황에서 벌어진 일이다. 다윗의 전략은 중동 사람들에게 익숙한 속임수 전술(bluff tactics)이다. 지도 사무엘상 2를 보면서 사무엘상 27-28장을 읽어 보라. 다윗과 아기스가 나눈 대화가 놀랍다. 다윗은 신뢰를 유지하기 위해 사울왕에 대항하는 전쟁에 동행하자는 아기스의 요구에 응한다. 결코 내키지 않았겠지만 다른 블레셋 방백들이 수용하지 않으리라는 것을 계산에 넣은 처신이라 여겨진다.

## 아벡-블레셋 방백들이 다윗을 거절하다 삼상 29장 25일

아벡은 해변길을 따라 북쪽을 향하는 군대가 집결하기에 가장 적합한 장소다. 여기서 블레셋 방백은 이스라엘과 싸울 군대를 점검했다. 아기스와 함께 이스라엘을 치기 위해 아벡으로 진군하는 다윗의 심정은 어땠을까? 일찍이 아벡 전투에서 엘리의 두 아들이 죽고 하나님의 언약궤를 빼앗기지 않았는가.

다윗은 내적 고심에도 불구하고 전쟁의 타당성을 지지했다. 그렇지 않으면 모든 것을 잃을 수도 있었기 때문이다. 다윗의 예상대로 다른 블레셋 방백들은 다윗의 참전을 거절했다. 블레셋은 가드, 에그론, 아스돗, 아스글론, 가사의 5개 도시 연맹 국가로서 다윗이 전쟁에 참전하려면 이 다섯 도시의 동의를 얻어야 했다. 그러나 블레셋은 다윗이 골리앗을 죽

## : 25일

**오늘 읽을 분량**

**성경** 삼상 29-31, 삼하 1-10, 시 60, 5, 110

**본서** 225-259쪽

**성경의 맥 잡기**

1. 아말렉의 시글락 침노 사건과 사울왕의 전사 소식
2. 예루살렘 수도 천도 후 블레셋의 2회 침공과 언약궤 이동
3. 성전 건축 계획과 다윗의 언약, 주변 국가 점령 전쟁

**신구약 연결 포인트**

1. 시글락 도피는 이삭과 예수님의 어린 양 죽음을 읽은 에티오피아 내시와 연결된다.
2. 다윗의 언약은 영원히 견고한 왕의 약속이었고 예수님이 오심의 약속이었다.

**묵상 가이드**

1. 다윗은 3회 즉 사무엘에 이어 유다인, 이스라엘 전체에게 기름 부음을 받았다.
2. 언약궤는 중심 이동이며, 죄송한 마음에 하나님의 성전을 세우려다 다윗의 언약 축복을 받는다.

아벡성
법궤를 빼앗아 북쪽 길을 얻은 블레셋은 이곳에 모여 작전회의를 갖고 다윗을 돌려보내기로 결정한다.

인 용사임을 기억했다. 더구나 믹마스와 게바에서 그들의 용병인 히브리인들이 요나단을 도와 적으로 돌변해서 블레셋에 커다란 낭패를 안긴 일을 잊을 수 없었다. 똑같은 실수를 다시 하지 않기 위해 가드를 제외한 나머지 도시 왕들이 다윗을 거절했다.

사무엘상 29장에는 다윗과 아기스가 나눈 대화가 소개되어 있다. 다윗은 전쟁에 참여하지 않으면서도 아기스를 민망하게까지 만드는 속임수를 구사한다.

> 8 다윗이 아기스에게 이르되 내가 무엇을 하였나이까 내가 당신 앞에 오늘까
> 지 있는 동안에 당신이 종에게서 무엇을 보셨기에 내가 가서 내 주 왕의 원수
> 와 싸우지 못하게 하시나이까 하니 9 아기스가 다윗에게 대답하여 이르되 네
> 가 내 목전에 하나님의 전령같이 선한 것을 내가 아나 블레셋 사람들의 방백
> 들은 말하기를 그가 우리와 함께 전장에 올라가지 못하리라 하니 삼상 29:8-9

## 아말렉 족속의 시글락 기습 삼상 30장

다윗이 사울과 싸우기 위해 블레셋에 협조했다면 이후 닥칠 일은 상상하기도 어렵다. 하나님의 은혜로 다윗은 전쟁을 피하고 자신의 근거지로 돌아올 수 있었다. 그런데 이게 웬일인가. 다윗이 아벡에 있는 동안 시글락에서는 끔찍한 사건이 발생했다. 블레셋과 사울왕이 이끄는 이스라엘이 북쪽에서 전쟁한다는 정보를 듣고 상인이자 유목민인 아말렉이 유다의 남쪽 산지를 기습하고 다윗의 시글락까지 약탈해 간 것이다. 다윗 일행은 하늘이 무너지는 것 같은 절망을 느꼈다. 어렵게 마련한 터전이 완전히 불타 없어져서 남은 것이라곤 폐허뿐이었다.

불행 중 다행으로 사람은 죽지 않고 생포되어 끌려간 것을 알았다. 다윗의 아내와 자식도 잡혀갔다. 순식간에 가족을 잃은 군사들은 지도자 다윗에게 원망의

/ 시글락의 불탄 흔적

// 시글락의 흑마
울 기력이 없어서 울지 못할 만큼 슬픔에 잠긴 백성은 다윗을 원망하며 그를 죽이려 했다. 외로운 다윗은 여호와를 힘입어 용기를 냈다.

화살을 쏘았다. 다윗 역시 망연자실하여 멍하니 산지를 바라보다가 산지를 거닐던 선조 아브라함과 이삭, 해변길로 팔려 간 요셉, 네게브를 넘어 가나안을 정탐한 여호수아 등을 떠올렸을 것이다. 그리고 그들이 바랄 수 없는 중에 하나님을 믿고 신뢰함으로 승리한 사실에 주목했을 것이다. 다윗은 사무엘이 가르치려던 것처럼 여호와를 믿고 다시 독수리가 날개 치며 올라가는 것과 같이 새 힘을 얻었다.

4 다윗과 그와 함께한 백성이 울 기력이 없도록 소리를 높여 울었더라 6 백성
들이 자녀들 때문에 마음이 슬퍼서 다윗을 돌로 치자 하니 다윗이 크게 다급
하였으나 그의 하나님 여호와를 힘입고 용기를 얻었더라 삼상 30:4, 6

여기서,
묵상

**온유함으로 승리하라**

다윗은 아말렉이 그와 군사들의 가족을 생포해 가는 생애 최고의 시련을 당했다. '여호와를 힘입었다'는 말은 '그의 하나님 여호와 안에서 강하게 되었다'라는 뜻이다. '마음을 강하게 하다'는 말이 어디에서 나왔는지 기억해 보라(수 1:6). 다윗이 시련을 당한 곳은 이삭이 우물을 팠다가 그랄(블레셋)에 밀려서 다니던 땅이다. 다윗 시대로부터 천 년이 흐른 어느 날 이곳으로 에티오피아 내시가 지나갔다. 빌립 집사가 그에게 다가갔을 때 에티오피아 내시는 이사야서 53장을 읽고 있었다. 어린양이 도살장에 끌려가는 내용이었다.

시글락은 가사로 내려가는 길에 있다. 이 지역에서 만나는 이삭과 다윗, 예수님의 공통점은 온유한 자라는 것이다. 우물에 대해 주권을 주장할 수 있었던 이삭, 사울왕을 죽일 수 있었던 다윗, 천사를 동원해 잡으러 온 무리를 칠 수 있었던 예수님…. 모두 얼마든지 힘을 쓸 수 있었으나 절제하고 온유함으로 승리를 거둔 인물들이다. 그런 점에서 네게브는 온유한 자의 땅이다. 약육강식의 세상에서 당신은 온유함으로 승리하고 있는가?

## 사울왕의 죽음과 다윗의 성장

사울왕과 블레셋 방백이 북쪽 이스르엘 골짜기에서 전투하는 동안에 벌어진 시글락 참사는 어떻게 보면 다윗이 유다와 네게브 사람들에게 헌신을 증명할 수 있는 기회였다. 하지만 이런 해석은 모든 참사가 끝난 뒤에나 할 수 있는 얘기다. 만일 다윗이 아말렉을 추격했으나 끝내 가족을 구하지 못했다면 다윗의 지도력은 다시 재기하기 힘들 만큼 곤두박질쳤을 것이다.

당시 세간의 관심사는 '이스라엘이 남쪽의 아말렉 족속과 북쪽의 블레셋의 침입에 어떻게 대처하느냐'였다. 다윗의 군대가 아말렉 족속을 추격하는 일은 간단하지 않았다. 추격은 이스라엘의 남쪽 경계인 브솔강을 넘어서 북쪽 시내 반도까지 계속되었다. 너무 지친 병사들을 도중에 남겨 두어야 할 지경이었다.

다윗은 아말렉 대열에서 벗어난 한 종을 선대해서 그들의 정보를 빼낸 다음 아말렉 족속을 따라잡아 치명적인 일격을 가했다. 더구나 전쟁에 참전한 사람과 참전하지 않은 사람들 간에 일어난 갈등을 지혜롭게 대처했다.

전쟁에서 승리한 후 네게브와 남부 유다에 보인 다윗의 관용은 차기 지도자로서 능숙한 정치력을 잘 보여 준다. 약탈당한 물건을 돌려준 도시 명단을 지도에서 찾아보라. 다윗이 후에 유다의 왕이 되었을 때 이들이 취했을 행동은 상상하기 어렵지 않다. 큰 어려움이 전화위복(轉禍爲福)의 기회가 되었다.

다윗은 브솔 시냇가에 지친 사람들 200명을 두고 아말렉을 추격했다.

26 다윗이 시글락에 이르러 전리품을 그의 친구 유다 장로들에게 보
내어 이르되 보라 여호와의 원수에게서 탈취한 것을 너희에게 선사
하노라 하고 27 벧엘에 있는 자와 남방 라못에 있는 자와 얏딜에 있
는 자와 28 아로엘에 있는 자와 십못에 있는 자와 에스드모아에 있는
자와 29 라갈에 있는 자와 여라므엘 사람의 성읍들에 있는 자와 겐
사람의 성읍들에 있는 자와 30 홀마에 있는 자와 고라산에 있는 자와
아닥에 있는 자와 31 헤브론에 있는 자에게와 다윗과 그의 사람들이
왕래하던 모든 곳에 보내었더라 삼상 30:26-31

/
브솔 시내

//
다윗이 아말렉을 추격한 브솔 시내 길

다윗은 북쪽 수넴을 향한 블레셋과 이스라엘의 전력을 잘 알고 있었다. 사울왕의 군대가 블레셋의 상대가 되지 못할 것도 알았을 것이다. 사울왕이 포로가 되거나 죽을 것이라는 것과, 베냐민 지파를 기반으로 한 왕정이 지속되기 힘든 지경에 이르렀음을 알았을 것이다. 사무엘은 다윗을 왕으로 기름 부었고 왕세자 요나단은 다윗에게 충성을 맹세했다. 다윗은 시간이 임박했음을 알았던 게 분명하다. 따라서 헤브론을 포함한 남쪽 유다 산지에서 백성의 환심을 사 둘 필요가 있었다. 그러나 다윗은 아말렉 족속에 대한 승리와 임박한 이스라엘의 왕 등극을 마냥 기뻐할 수 없었다. 친구 요나단이 사울왕과 함께 북쪽에서 죽었기 때문이다.

## 사울왕의 최후를 접한 다윗

사무엘상 30장을 주의 깊게 읽어라. 사무엘상 31장과 사무엘하 1장을 읽으면 사울의 마지막을 이해하게 될 것이다. 사무엘하 1:17-27의 '다윗의 애곡'을 꼭 읽으라. 다윗의 내적 감정이 표출되어 있다. 여기에는 다윗이 거둔 승리를 축하하는 효과음도 찾아볼 수 없다. 이스라엘의 왕을 무찌른 블레셋의 승리와 뒤따를 전과에 다윗은 기뻐할 수 없었다. 그는 블레셋 땅에서 낙담하며 애곡했다.

다윗은 또한 기브아에서 요나단과 나눈 우정을 회고했다. 그리고 믹마스와 엘라 골짜기에서 블레셋과 싸우던 시절을 상기했다. 요나단과 다윗은 사무엘의 가르침을 완전히 이해했다.

/
**서쪽 이스르엘성에서 본 길보아산**
사울이 길보아산에서 전사했다는 소식을 다윗이 들었다.

> 너희 마음을 여호와께로 향하여 그만을 섬기라 그리하면 너희를 블레셋 사람의 손에서 건져내시리라 삼상 7:3

이 말씀은 다른 어떤 것보다 BC 11세기 후반, 즉 사사 시대와 블레셋의 위협이 상존한 수십 년 동안 이스라엘의 영혼을 사로잡았다. 지금 남쪽 시글락에서 다윗은 길보아산 전투에서 블레셋의 손에 요나단이 전사했다는 소식을 접했다.

**지도 그리기**

**사무엘상 4**

부록에서 지도를 찾아 그리세요

**궁금해요**

## 고난은 성장의 약재료인가?

예측하기 힘든 다양한 경험을 하는 동안 다윗은 인격적으로 성장하게 되었다. 때때로 다윗은 사무엘이 그의 머리 위로 기름을 부은 일이 과연 성취될 것인지를 의심했다. 사울왕에게 쫓겨 다니는 신세가 되었을 때나 동족인 유다 지파에게조차 거절당했을 때는 더욱 그랬다.

그러나 그에게 닥친 시련은 그가 인내하게 만들었고, 하나님에 대한 신실한 신앙을 증명하게 만들었다. 그리고 그가 통치할 국가의 지리를 익히고 정치적 감각을 길러 주었다. 뿐만 아니라 아말렉 족속과 블레셋 사람들, 400명의 피난민과 함께하며 그들과 소통하고 민심을 알아갔으며, 네게브, 쉐펠라, 산지 등의 역동성도 익혔다. 이때 주요 가도를 점령하고 영향력을 극대화하려는 블레셋의 야심을 간파했으므로 훗날 그곳을 이스라엘의 땅으로 만드는 데 주력할 수 있었다.

다윗은 이제 역사상 가장 위대한 왕이 되기 위한 완벽한 훈련을 마쳤다. 하나님의 훈련은 완벽했고 다윗은 너끈히 합격했다.

| 사울왕의 종말 |

# 하나님을 떠난 사람의 마지막

**성경** 삼상 28-31장 **연대** BC 1004년

**핵심 본문** 사울왕의 최후

**지도** 사무엘상 2

## 블레셋과의 마지막 전쟁

지도 사무엘상 2로 다시 돌아가 사울왕의 마지막 생애를 보자. 약한 가문 출신인 사울은 한 번의 성공으로는 왕으로서의 자질을 증명할 수 없었다. 계속된 성공을 통해 다른 지파에게 왕권을 인정받을 필요가 있었다. 그럼에도 사울은 사무엘의 충고와 경계에 귀 기울여야 했다. 하지만 사울은 주변의 눈치를 보느라 영적으로 해이해졌고, 결국 사무엘에게 버림을 받았다. 낙심한 사무엘은 비밀리에 젊고 새로운 왕을 찾아 그에게 기름을 부었다. 그가 바로 다윗이다. 사울은 사무엘에게 버림받은 데다 유다 지파 이새의 아들 다윗이 부상하자 악한 영에 시달렸다.

사무엘상은 블레셋의 북진 정책을 잘 설명하고 있다. 베냐민 산지에 진출한 블레셋을 축출시키는 데 성공한 사울은 이제 북쪽 이스르엘 평야에 신경 써야 했다. 사울의 통치가 안정될수록 더 이상 산지에서 승산이 없다고 느낀 블레셋은 이스르엘, 하롯, 벧산 평야에 나타나 이스라엘 북쪽 지파를 위협했다. 북쪽 산지(갈릴리)와 남쪽 산지(사마리아, 유다 산지)를 분리시켜 놓으려는 전략이었다. 블레셋은 이미 아벡을 점령하고 므깃도와 수넴을 거쳐 벧산에 이르는 길을 통제했다. 이스라엘은 곤경

사울의 최후가 된 길보아산 전투

에 처했다. 사사 시대 동쪽 미디안 족속의 침략을 받았을 때와 같은 상황이었다. 사울은 이스르엘 남동쪽에 위치한 하롯샘 위 길보아산에서 마지막 전투를 준비한다. 같은 장소에서 기드온은 300용사를 뽑은 적이 있다.

## 길보아산-사울의 죽음: 하나님이 떠난 사람의 종말 삼상 31장; 대상 10:1-14

이제 무대는 구약성경에서 가장 빈번하게 언급되는 곳으로 이동한다. 사울의 군사행동은 해변길과 이스르엘 골짜기는 물론 벧산까지 통치권을 견고히 하여 남과 북을 갈라놓아 이스라엘의 힘을 현저히 약화시키려는 블레셋의 전략을 저지하는 데 있었다. 지도 사사기 3과 사사기 4에서 살펴본 사사 시대의 전쟁을 기억한다면 이곳에서 블레셋의 견고한 힘을 분쇄하기 위한 움직임을 쉽게 이해할 수 있다.

/

**서쪽 므깃도에서 본 이스르엘 골짜기**
오른쪽 산이 길보아산으로 사울의 군대가 진쳤고, 가운데 산지가 모레산으로 블레셋이 진쳤다. 기드온 전투 때와 위치가 같았다.

//

**동쪽 하롯샘에서 본 이스르엘성**
사울은 산지에서 가까운 이스르엘성에 진쳤다. 후에 아합은 이곳을 병거성으로 만든다.

사울은 이때 베섹 가까이에 있는 길보아산 아래 이스르엘에 군대를 모았다. 과거 베섹에서 군대를 모아 요단 동편 암몬을 물리친 적이 있던 사울은 하롯샘, 모레산, 이스르엘 골짜기가 한눈에 들어오는 해발 497m의 길보아산에 진을 쳤다. 이런 배경을 이해하고 사무엘상 28, 29, 31장을 읽어라. 가능하다면 역대상 10장도 보라. 그리고 사울의 입장에 서 보라. 사울이 북쪽에서 블레셋을 다시 만나리라고 상상이나 했겠는가?

이스르엘 마을 뒤에 길보아산이 있다. 유사시 이스라엘군이 피할 수 있는 피난처다. 여기서 하나님의 응답을 듣지 못한 사울은 답답한 마음에 자신이 쫓아냈던 점쟁이 무당을 찾아갔다. 지도에서 엔돌의 위치를 찾아보라. 사울이 간 엔돌은 블레셋 진영 근처에 위치했다. 사울은 블레셋 킬러 다윗을 쫓아냈다. 우림과 둠밈으로 물을 수 있는 제사장들을 죽였다. 그러니 선지자들도 그와 함께할 수 없었다. 스스로 자신의 수족을 잘라 낸 셈이다. 하나님이 떠나자 그는 신접한 여인에게라도 의지하려 했다. 신접한 여인이 사무엘을 불러냈지만 그는 사무엘을 가장한 귀신의 영이다. 왜냐하면 하나님의 영은 생명과 평안을 주지만 악한 영은 절망과 사망을 주기 때문이다(롬 8:6).

사울은 패할 줄 알면서 전쟁에 임했다. 객관적으로 보아도 블레셋의 병거 부대와 이스라엘의 보병은 상대가 되지 않았다. 더구나 그 옛날 드보라 때처럼 비가 오지도 않았다. 하나님에게서 어떤 도움도 기대할 수 없었던 것이다.

결국 전쟁에서 패한 사울은 아들들을 전투에서 잃고 자신의 목숨도 위험해졌다. 궁수에게 중상을 당한 사울은 무기 든 자에게 죽여 주기를 요청했으나 그마저 거절당하자 스스로 칼에 엎드려 죽었다. 이렇듯 그의 비참한 죽음은 그가 뿌린 죄악과 잔인함의 결과였다. 그리고 그의 죽음은 가족의 몰락을 가져왔을 뿐

/
**남쪽에서 본 엔돌**
유적이 있는 다볼산은 블레셋이 진을 친 모레산의 동쪽 기슭에 위치한다. 적군을 피해 신들린 여인을 찾아가는 비참한 사울을 보는 듯하다.

//
**사울왕이 못 박힌 벧산성**
해변길에서 동쪽 왕의 도로로 나가는 중요한 교통 요지다.

아니라 이스라엘을 블레셋의 수하에 들어가게 했다. 그의 시체는 골리앗처럼 목이 잘려 블레셋 신당에 바쳐졌다. 그의 몸은 저주의 상징처럼 골짜기의 대표적인 도시인 벧산성 위에 못 박혔다.

이 소식을 들은 길르앗 야베스 주민들은 17km 떨어진 요단강 넘어 벧산으로 밤새도록 달려와 사울의 시체를 수습해 야베스에서 화장을 치르고 에셀나무 아래 장사하고 7일간 금식했다(삼상 31:12-13). 왜 길르앗 야베스 사람들이 위험을 무릅쓰고 사울과 요나단의 장례를 치러 주었을까?

적군이 득실거리는 성에 길르앗 사람들이 죽음의 위협을 무릅쓰고 시신을 수습하러 간 이 사건은 이들의 끈끈한 관계를 잘 보여 주는 장면이다. 사울은 왕이 되자마자 길르앗 야베스 사람을 암몬 족속의 위협에서 구해 주었다. 사울이 속한 베냐민 지파는 길르앗에서 아내 400명을 구하였다(삿 21:1-14). 사울은 왕이 되어 길르앗 야베스를 구하였고, 베냐민 외가는 죽음을 각오하고 사울 가족의 시체를 장사지내 주었다.

여기서,
묵상

### 우리는 사울을 비난할 수 있을까?

사울의 이야기를 마치며 연민의 정을 금할 수 없다. 가장 미약한 지파 출신의 왕으로서 자신의 지파를 세우랴 다른 지파의 눈치를 보랴 힘을 다해 뛰어다녔을 모습이 선하다. 이렇듯 동분서주(東奔西走)했지만 어깨에 놓인 짐이 무리였던지 사무엘에게 거절당하고 아들 요나단에게 전과(戰果)를 빼앗겼다. 게

다가 강한 유다 지파 출신인 다윗이 출현하자 쇠약해져 정신분열까지 일으켰다. 단순하고 준비되지 못한 순박한 시골 청년에게 산더미 같은 문제는 정신분열증을 일으킬 만했다.

에브라임 지파와 관련된 마지막 전투는 100% 불리했다. 산지에서 겨우 방어에 성공한 민병대가 중무장한 블레셋 군대를 이길 수는 없었다. 추락한 위신을 세우기 위해 전쟁을 통해 전과를 세우고자 한 그 무거운 부담감이 자신이 쫓아낸 신접한 여인을 찾아가 운명을 점치게 했다. 그러나 그 결과는 맥이 빠지는 것이었다. 하나님이 떠난 인간의 말로란 이렇다.

그런데 과연 우리는 사울을 마냥 비난할 수만 있을까? 당신이 사울이라면 이보다 더 잘할 수 있었을까? 요세푸스의 말대로 사울이야말로 최고로 용감한 전사였다. 그는 죽음을 부르는 전쟁인 줄 알면서도 피하지 않았다. 사울이 나에게 주는 교훈은 무엇인가? 그의 결정적인 잘못은 무엇인가(삼상 15:19)?

> 어찌하여 왕이 여호와의 목소리를 청종하지 아니하고 탈취하기에만 급하여 여호와께서 악하게 여기시는 일을 행하였나이까 **삼상 15:19**

---

궁금해요

## 사울은 왜 처음과 마지막이 달랐을까?

사울이 처음 왕이 되었을 때를 돌아보자. 그는 이스라엘에서 가장 출중한 청년이었다. 키 크고 잘생긴 그를 보고 모두 왕이 될 만한 인물이라고 입을 모았다(삼상 9:2) .

이스라엘의 미스터코리아 사울이 왕이 되었다. 인기도 많아서 여인들이 '오빠' 부대까지 만들어 흠모했을 만하다. 그런데 그의 인격은 어땠나? 사무엘에 자신을 소개하던 모습을 보라.

> 사울이 대답하여 이르되 나는 이스라엘 지파의 가장 작은 지파 베냐민 사람이 아니니이까 또 나의 가족은 베냐민 지파 모든 가족 중에 가장 미약하지 아니하니이까 당신이 어찌하여 내게 이같이 말씀하시나이까 삼상 9:21

가문에 힘은 없었으나 가족이 초라하지는 않았던 사울은 그가 왕이 될 것이라는 사무엘에게 자신을 최대한 낮추어 말한다. 키 크고 잘생긴 사울은 겸손하기까지 했던 것이다. 이런 사람을 하나님은 왕으로 삼으셨다. 하나님이 어떤 사람을 왕으로 삼는가는 사무엘이 범죄한 사울에게 말하는 장면에서 알 수 있다.

> 17 사무엘이 이르되 **왕이 스스로 작게 여길 그때에 이스라엘 지파의 머리가 되지 아니하셨나이까** 여호와께서 왕에게 기름을 부어 이스라엘왕을 삼으시고 18 또 여호와께서 왕을 길로 보내시며 이르시기를 가서 죄인 아말렉 사람을 진멸하되 다 없어지기까지 치라 하셨거늘 19 어찌하여 왕이 여호와의 목소리를 청종하지 아니하고 탈취하기에만 급하여 여호와께서 악하게 여기시는 일을 행하였나이까 삼상 15:17-19

**기브아에서 바라본 서쪽 베냐민 산지 능선 지역**

중앙 산지의 중심에 위치한 베냐민은 거대 지파인 남쪽의 유다와 북쪽의 에브라임에 신경을 많이 써야 하는 위치였다. 사울은 둘 사이에서 많은 업적을 이루었지만 하나님께 인정받는 데는 실패했다.

하나님의 기준은 외모가 아니었다. 그의 중심이었다. 그렇기에 하나님보다 사람을 두려워하고 자신의 명예를 소중히 여기게 된 사울을 하나님은 버리셨다. 그리고 다윗을 택하실 때 하나님은 사무엘에게 다음과 같이 말씀하셨다.

> 여호와께서 사무엘에게 이르시되 그의 용모와 키를 보지 말라 내가 이미 그를 버렸노라 내가 보는 것은 사람과 같지 아니하니 사람은 외모를 보거니와 나 여호와는 중심을 보느니라 삼상 16:7

## 사진으로 보는 사울의 생애

동쪽, 야베스 길르앗

남쪽, 하윌라에서부터 애굽 앞 술까지

북쪽, 길보아산 전투

사울의 고향 기브아와 사울왕의 동서남북

서쪽, 엘라 골짜기

**동쪽, 야베스 길르앗**
첫 전투이자 최고의 승리를 거둔 지역으로 사울의 외가였다. 이곳 사람들은 사울이 죽었을 때 장사지내 주었다.

**북쪽, 길보아산 전투**
동쪽에서 본 길보아산으로 이곳에서 사울은 블레셋과 전투하다 전사하였다.

**사울의 고향 기브아와 사울왕의 동서남북**
힘이 약했던 베냐민 지파에서 왕이 된 사울은 동서남북으로 다니며 이스라엘의 일을 처리하느라 바빴다. 그는 카리스마로 자신의 능력을 보여 주어야만 했기 때문이다.

**남쪽, 하윌라에서부터 애굽 앞 술까지**
아말렉 족속을 쳐서 아각왕을 사로잡았다.

**서쪽, 엘라 골짜기**
유다 지파를 돕기 위하여 사울이 나선 전쟁에서 다윗이 골리앗을 죽여 승리를 얻었다.

# 역사와 묵상

01 역전의 하나님은 예배를 멸시한 홉니와 비느하스의 엘리 제사장 집안을 폐하고 원통함에 소리도 못 내어 기도하던 여인의 기도로 태어난 사무엘을 전환기 인물로 택하셨다. 그리고 블레셋 민족의 아벡 전투를 결정적인 전환점으로 삼으셨다. 에브라임 지파의 실로에서 가져온 법궤는 아벡에서 빼앗겨 블레셋의 아스돗과 가드, 에그론을 거쳐 유다 지파의 벧세메스와 기럇여아림으로 옮겨진다. 이 이동은 에브라임 지파에서 유다 지파로 중심이 이동하는 상황이라고 할 수 있다. 아벡은 신약 시대 사도 바울이 로마로 가는 길에 들렀던 안디바드리라는 이름으로도 등장한다. 두 사건의 공통점은 중심 이동이다. 하나님은 지금도 자신에게 신실하지 않은 사람들을 떠나 이동하신다. 지금 하나님의 관심은 어디로 이동하시는가?

02 언약궤를 운반하던 암소들은 새끼를 뒤로하고 울면서 벧세메스로 와서 언약궤를 전달한 뒤 자신을 산 제물로 드린다(삼상 6:14-15). 그곳은 아마도 삼손의 아버지 마노아가 기묘자라는 천사에게 예배했던 바위이거나 그 근처이리라. 암소들은 자신이 드려질 예배의 장소를 알고 있었을까? 나는 벧세메스를 향하던 암소같이 말씀을 전하다 산 제물로 드려지는 소보다 나은 삶을 살 수 있을까?

03 사울은 샌드위치 지파인 베냐민 출신으로 왕이 되었다. 하나님은 가장 약한 자를 들어 왕이 되게 하셨다. 사사 시대 베냐민의 에훗처럼 오랜 기간 평화를 유지할 수 있는 기회가 왔다. 그러나 그는 사람의 소리에 귀를 기울였고 자신의 욕심을 이기지 못했다. 사람이 원하는 왕의 수준에 도달하려다 정신병에 걸렸다. 제사장 무리를 죽이는 최악의 악행을 저지르기까지 했다. 자초한 대로 그는 전쟁에서 비참한 죽음을 맞았다. 초심을 잃은 왕, 이는 솔로몬 이후 반복되는 권력자들의 약점이었다. 여호와 경외를 지혜의 근본으로 삼고 있는가?

---

04 "사람은 외모를 보거니와 나 여호와는 중심을 보느니라"는 말씀을 하신 후 다윗에게 기름이 부어졌다. 엘라 골짜기 전투에서 사람들은 거대한 골리앗이 두려워 떨었지만 다윗은 하나님을 희롱하는 골리앗을 보며 그를 죽은 목숨과 같다고 여겼다. 그리고 다윗은 고작 물맷돌을 가졌을 뿐이지만 자신이 가진 것이 만군의 여호와의 이름이라고 선포하였다(삼상 17:45). 내가 가지고 싸우는 무기가 나사렛 예수 이름인가, 아니면 물맷돌과 같은 보이는 물질과 인맥인가?

---

05 다윗의 도피생활은 제왕으로 가는 훈련 과정이었다. 목동으로 시작하여 고난을 겪을 때마다 한 단계씩 성장했다. 다윗의 강점은 바로 도피생활 중에도 교훈을 얻고 믿음을 성장시키는 것이었다. 믿음은 말씀과 고난을 먹고 성장한다. 다윗은 고난의 각 과정마다 어떤 교훈을 얻었는가? 나의 삶과 비교해 보자. 과거만 보아도 나를 향한 하나님의 계획을 알 수 있다.

---

# 사무엘하 / 역대상

|  | | | | | | | | | | |
|---|---|---|---|---|---|---|---|---|---|---|
| 역사 | 연대 | 애굽-20왕조, 람세스 4-11세(BC 1153-1070) 이후 세 번째 중간기 쇠퇴기<br>이스라엘-다윗왕(BC 1004-965) | | | | | | | | |
| | 사건 | 블레셋 정복에 이어 모압, 암몬, 아람, 에돔 정복,<br>베니게와는 화친, 남북 제국들은 혼돈기 | | | | | | | | |
| 지리 | | 시글락 | 헤브론 | 예루살렘 | 랍바암몬 | 마하나임 | 아벨벧마아가 | 기브아 | 예루살렘 | 모리아산 |
| 성경 | 장 | 1 | 5 | 7 | 10 | 15 | 19 | 21 | 22 | 24 |
| | 주제 | 사울 애가 유다왕 | 이스라엘 왕 | 다윗 언약 | 암몬 전쟁 밧세바 | 압살롬 반란 | 세바 반란 | 기근 | 다윗의 노래 | 인구조사 아라우나 타작마당 |

사무엘하 개요

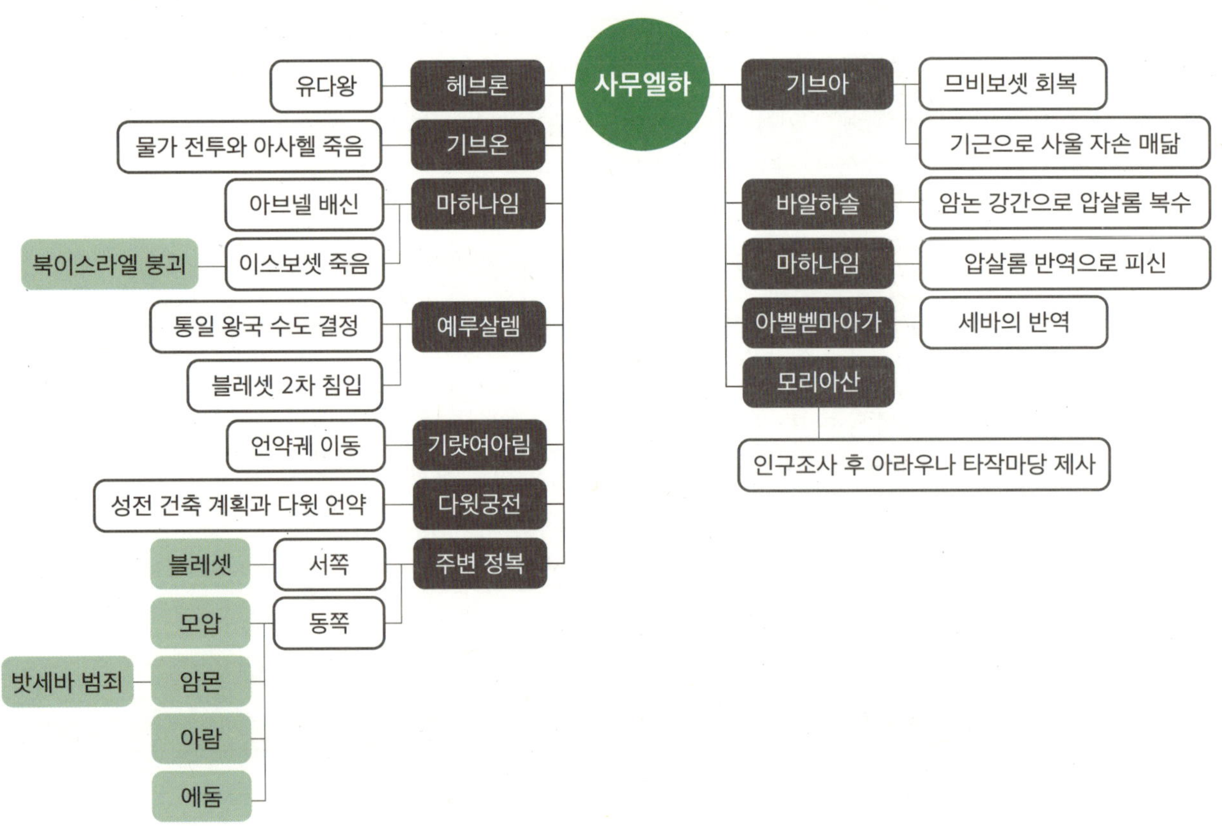

# 하나님 손에 붙들린 리더

**성경** 사무엘하 1-24장 **연대** 주전 11세기 후반-10세기 초반

**역사적 배경** 애굽-20왕조, 람세스 4-11세(BC 1153-1070) 이후 세 번째 중간기 쇠퇴기
이스라엘-다윗왕(BC 1004-965)

**핵심 본문** 이스라엘 왕이 된 다윗, 언약궤 이동, 사방 정복 활동, 밧세바 범죄, 압살롬 반역

**지도** 사무엘하 1

## 다윗의 애가 삼하 1장

시글락에서 당한 위기를 전화위복의 기회로 삼은 다윗은 북쪽 이스르엘 골짜기에서 일어난 전쟁 소식을 듣게 된다. 도피생활 중에 얻은 첫 아내가 이스르엘 여인 아히노암이었다(삼상 30:5; 삼하 3:2). 특히 그녀는 장자 암논을 낳아 중요한 위치를 차지하게 된다. 이스르엘의 아히노암은 아말렉의 손에서 구원하였는데 사울은 이스르엘 전투에서 전사하였다. 이 소식을 전한 이가 다름 아닌 아말렉 사람이었다. 아말렉 사람이 사울왕의 왕관과 팔의 고리를 가져와서는 사울이 죽어 갈 때 자신이 죽였다고 말했다. 사무엘상 저자의 기록과는 배치되는 말이다. 아무래도 아말렉인이 자신의 공적을 드러내기 위해 다윗에게 거짓말한 듯하다. 그러나 그는 그 때문에 다윗의 손에 죽고 말았다.

아말렉을 헤렘으로 하나님께 드리라는 사무엘의 경고에도 불구하고 사울은 아말렉 사람들을 살려 두어 결국 그 족속에 의해 수치를 당했다. 훗날 사울과 같은 지파인 모르드개와 에스더를 궁지에 몰아넣은 하만이 아말렉 후손인데, 이를 통해 사울의 쓴 뿌리가 자손대대로 걸림돌이 되어 나타났다고 할 수 있다.

**서쪽에서 본 길보아산**
다윗이 사울과 요나단이 죽은 이 산을 저주해서인지 지금까지 민둥산으로 남아 있다.

다윗은 사울의 죽음과 함께 요나단의 죽음도 접했다. 그는 즉시 애가를 지어 사울과 요나단을 추모했다.

> 17 다윗이 이 슬픈 노래로 사울과 그의 아들 요나단을 조상하고
> 19 이스라엘아 네 영광이 산 위에서 죽임을 당하였도다 오호라 두 용사가 엎드러졌도다
> 21 길보아산들아 너희 위에 이슬과 비가 내리지 아니하며 제물 낼 밭도 없을지어다 거기서 두 용사의 방패가 버린 바 됨이니라 곧 사울의 방패가 기름 부음을 받지 아니함 같이 됨이로다
> 25 오호라 두 용사가 전쟁 중에 엎드러졌도다 요나단이 네 산 위에서 죽임을 당하였도다 삼하 1:17, 19, 21, 25

다윗은 사울의 세 아들이 죽었지만 사울과 요나단을 조상한다. 그리고 애꿎은 길보아산을 저주한다. 이스르엘 골짜기의 남쪽 경계이자 에브라임 산지의 북쪽 경계인 길보아산은 과거 기드온에게 큰 승리를 안겨 준 곳이다. 그러나 다윗은 사울과 요나단이 죽었다는 이유로 이곳을 저주하여 제물 낼 밭도 없으리라고 한다. 사진에서 보듯 의도적인지는 몰라도 이스라엘 정착민들은 길보아산에 어떤 나무도 심지 않았거니와 스스로 자라지도 않는 산이 되었다.

사무엘상 14:47-48에서 보듯 사울은 제한된 재원을 가지고 수많은 업적을 이룩했다. 그러나 아말렉 전투에서 사울은 사무엘과 여호와의 기대에 부응하지 못했다. 운명적인 길보아산 전투에서 사울과 요나단이 죽음으로써 이스라엘에 큰 위기가 닥쳤고 동시에 이스라엘을 앞으로 누가 다스릴 것인가에 관심이 집중되었다. 베냐민 지파의 사울은 그나마 남북의 균형을 이루는 적합한 인물이었지만 이제 남쪽의 다윗이 유력한 지도자로 떠오르고 있었다. 상대적 우위에 있던 에브라임 지파로서는 이 점이 탐탁지 않았을 것이고, 어떻게든지 북쪽에 유리한 지도자나 최소한 남북 균형을 이룰 왕이 등장하기를 원했을 것이다. 이렇게 지파 간 갈등이 첨예화되는 시점에서 다윗은 어떻게 처신했을까?

## 유다왕 다윗: 지파 연합을 위해 최선을 다하다

### 헤브론-유다왕 다윗 삼하 2:1-7

사무엘과 사울왕의 죽음은 이스라엘에 심각한 지도력 진공 상태를 초래했다. 뿐만 아니라 이스르엘 골짜기에서의 패배는 블레셋이 해변길에서 동쪽 왕의 대로까지 나가는 길을 열어 주는 결과가 되었다. 잇사갈과 므낫세 지파 땅뿐 아니라 동쪽 므낫세 반 지파의 땅도 블레셋에게 개방해야 했다. 당장 사울왕의 시체를 요단 동편으로 가는 길에서 가장 큰 성인 벧산에 못 박은 것만 보아도 동편 진출로가 블레셋 수하에 들어갔음을 보여 준다. 얼마 전 아벡 전투에서 에브라임 산지의 깊숙한 실로를 내주더니 이제는 북쪽 이스르엘 골짜기 전체를 내주게 된 것이다.

사무엘과 사울왕은 아벡 전투의 수치를 어느 정도 회복해 놓았다. 최소한 산지로 올라온 블레셋은 막았으나 해안 평야와 이스르엘 골짜기에서 병거를 가지고 움직이는 블레셋은 당할 수가 없었다.

### 헤브론의 재빠른 대응

이 같은 불확실한 정세에서 남쪽 유다의 중심 도시인 헤브론이 재빠르게 대응했다. 그들은 이제껏 에브라임 지파의 영향 아래 있던 베냐민 지파의 왕정을 추종했다. 그러나 사울왕이 죽자 헤브론 사람들은 다윗을 유다의 집을 다스리는 왕으로 기름 부었다. 헤브론의 재빠른 대응에 다른 지파들은 아무런 이의도 제기하지 못했다. 다윗은 유다와 이스라엘에서 왕이 될 만한 가장 유력한 후보자였기 때문이다.

다윗은 헤브론에서 7년 반 동안 통치했다. 앞의 5년 반 동안은 알려진 바가 전혀 없으나 마지막 2년은 매우 어려웠다. 다윗은 이 침묵의 5년 반 동안 이스라엘 왕국을 강대국으로 올려놓을 계획을 세웠을 것이다. 지파 간의 알력은 어떻게 해소할 것인지, 정치와 종교의 기초를 놓을 새 수도는 어디로 정할 것인지를 놓고 심사숙고했을 것이다. 이 같은 추정은 다윗이 온 이스라엘의 왕으로 등극하고 나서 곧바로 수도 이전을 실행한 것으로 뒷받침된다.

다만, 헤브론에서 수도를 옮기는 일은 신중해야 했다. 헤브론은 유명한 도시였다. 족장들과 관계된 전통을 따지자면 세겜과 벧엘 등에 버금가는 선산이 위치한 곳이었다. 가데스의 정탐꾼이 방문한 처음과 마지막 성이기도 했다. 가나안에서 여호수아가 초기 정복 활동을 펼칠 때 갈렙은 정탐꾼으로 방문했던 헤브론으로 돌아왔다(지도 여호수아 2 참고). 유다 산지와 네게브를 연결하는 헤브론은 더없이 중요한 전략적 요충지였다. 일찍이 헤브론의 지리적인 위치는 앞에서 간략하게 논하였다. 헤브론은 유다 남쪽 산지의 계곡과 계단식 농경지로 된 고원(1000m)에 위치해 있다.

헤브론은 몇몇 능선 도로를 제외하고는 고립된 성에 가깝다. 남쪽으로는 건조한 네게브 분지, 동쪽으로는 유다 광야에 이어 염해의 가파른 절벽이 심각한 교통 장애를 일으킨다. 다만 북쪽으로 족장의 도로가 베들레헴, 예루살렘, 베냐민 산지와 연결시켜 준다. 이곳이 좋은 토양, 충분한 강우량, 목축을 위한 초지, 안전한 산지라는 점에서 좋은 장소임에는 틀림없지만, 이스라엘 전체와 소통하고 통치하기에는 세겜의 여러 이점과 비교가 되지 않는다. 정치적인 면만 보면 베냐민 산지와 벧엘 지역이 훨씬 좋은 위치를 점하고 있다. 다윗은 그런 까닭에 안전하고 풍요로운 땅을 넘어 전체와 소통할 수 있는 곳을 수도로 삼고자 했다.

## 마하나임-북쪽 지파가 이스보셋을 왕으로 세우다 삼하 2:8-11

블레셋에 패한 충격이 대단했던지 5년 반 동안 북쪽에는 지도자가 없었다(삼하 2:10-11). 유다의 왕이 된 다윗이 명분과 실력을 갖추었어도 이스라엘은 힘의 균형을 위해 다윗을 인정하기보다 사울의 아들 이스보셋을 왕으로 세웠다. 사울의 군대장관 아브넬이 실권을 잡고 북쪽과 동쪽의 지지를 받으며 들어선 정부는 요단강 동편 마하나임에 자리 잡았다. 이렇듯 사울의 아들 이스보셋이 마하나임에서 즉위했다는 사실은 요단강 서쪽 에브라임 산지에 새 정부가 들어설 수 있는 상황이 아니었음을 짐작케 한다. 아마도 유다 혹은 블레셋의 압력으로 사울왕조는 더 이상 베냐민에서 존속할 수 없었을 것이다. 깊게 팬 길르앗의 얍복강 옆 마하나임은 혼돈 상황을 수습할 시간을 벌 수 있는 동시에 블레셋의 침략에서 안전을 제공하는 좋은 피난처가 되었다.

이스보셋은 마하나임에서 왕으로 옹립되었지만 실권은 사울의 군대장관 아브넬에게 있었다. 이스보셋은 실제로는 이스바알(=바알의 사람)이었다. 그러나 바알을 혐오스럽게 생각하던 대부분의 성경 기자는 이스보셋(치욕

**웰컴 투 헤브론**
다윗은 갈렙처럼 조상들의 무덤이 있는 헤브론을 첫 수도로 택했다.

의 사람)으로 불렸다.

## 기브온 물가 전투-아사헬 죽음 삼하 2:12-3:39

헤브론에서 유다의 왕이 된 다윗과 북쪽 지파를 대표하는 마하나임의 이스보셋 군대는 한동안 심각한 힘겨루기를 했다. 둘 간의 유명한 전투는 기브온 못가에서 벌어졌다. 기브온 못을 중심으로 양쪽에 서 있던 아브넬과 요압의 군대는 잔인한 용기를 자랑하며 상대방의 옆구리를 찔러 죽이는 전쟁을 벌였다. 요압의 승리로 끝났지만, 이 전투에서 요압의 막내 동생 아사헬이 아브넬에게 죽자 요압은 아브넬을 자신이 감당해야 할 피의 보복자인 고엘로 여기게 되었다.

> 각기 상대방의 머리를 잡고 칼로 상대방의 옆구리를 찌르매 일제히 쓰러진지라 그러므로 그곳을 헬갓 핫수림(날카로운 칼의 밭)이라 일컬었으며 기브온에 있더라 삼하 2:16

아브넬은 자신의 고향인 베냐민 산지를 떠나 요단 동편 은신처인 마하나임으로 갔다. 그리고 그곳에서 아브넬의 정치적 계략과 전쟁, 심각한 개인적 반목 등이 몇 년 동안 지속되었다. 무능한 이스보셋의 왕국은 자멸하였다. 아브넬은 북쪽 지파들을 설득하여 명분과 실력을 갖춘 다윗을 왕으로 세우는 데 앞장서게 된다. 자신의 군주를 정면으로 무시하는 행위였다.

평화조약을 위해 찾아온 아브넬을 다윗은 극진히 환영하고 대접했다. 이때 다윗이 7년 반 동안 갈고닦으며 기다려 온 이스라엘 연합의 꿈이 물거품이 될 위기에 놓이는 사건이 터지고 만

**서쪽에서 본 마하나임**
동쪽에서 내려오는 얍복강이 'ㄷ'자를 그리며 브누엘을 만들고 반대 모양으로 마하나임을 만들어 천연 요새로 만든다. 이스보셋은 길르앗의 안전한 요새 중 하나인 마하나임에 수도를 두었다. © 구글어스

헬갓 핫수림의 현장인 기브온 물가로 내려가는 통로

**남서쪽에서 본 기브온**
기브온은 남쪽 유다와 북쪽 이스라엘이 힘겨루기를 하는 장이 되었다.

/ 아브라함, 이삭, 야곱이 묻힌 선산과 같은 헤브론의 막벨라 굴

// 막벨라 굴의 바로 서쪽 건물이 다윗의 배려로 마련된 아브넬의 무덤이자 이스보셋의 무덤이다.

다. 요압이 자신의 동생을 죽인 피의 보복으로서 마하나임으로 돌아가는 아브넬을 죽이고 만 것이다. 다윗은 힘이 없어서도 아니고 명분이 없어서도 아니고 단지 북쪽 지파가 자발적으로 그를 인정할 때까지 기다려 온 터였다. 그런데 요압이 그 평화사절단장 격인 아브넬을 죽이다니! 다윗은 북쪽 지파들에 자신의 진심을 보여 주려 노력한다. 일단 금식하고 애가를 쓰며 아브넬을 선산인 막벨라 굴이 있는 곳에 장례를 치러 줬다. 지금도 아브라함 무덤 앞에 있는 아브넬의 무덤을 볼 때 다윗이 얼마나 지파 연합을 위해 최선을 다했는지를 본다.

### 여기서, 묵상

요압은 동생의 기업 무르는 자였기에 아브넬을 죽였다. 당연한 것처럼 보이지만 아브넬은 공인으로 온 평화사절이었다. 다윗은 최선의 정치력을 발휘해 모두가 인정하는 왕국을 만들고자 했으나 요압은 개인적인 원한에 사로잡혀 다윗의 계획을 무산시킬 위기를 초래했다. 개인보다는 하나님 나라를 먼저 구하는 자, 그 사람이 다윗이었다.

### 북이스라엘의 붕괴: 이스보셋의 죽음 삼하 4장 과 다윗의 등극

실세가 없어진 이스보셋은 거의 자포자기 상태였다. 이때 브에롯 사람 림몬의 아들 레갑과 바아나가 이스보셋을 죽였다. 3년 기근이 사울이 기브온 사람들을 죽인 데서 연유하였다는 성경 기사를 참고한다면(삼하 21:1), 기브온 족속의 4개 도시 중 하나였던 브에롯 출신의 레갑과 바아나는 기브온 족속일 가능성이 크다(삼하 4:2-3). 그들은 사울이 자신의 족속을 죽이고 베냐민 경내에서 쫓아낸 원한을 품고 이스보셋을 죽였을지도 모른다. 그러나 이 일도 자칫 다윗의 사주로 일어난 일이라 생각되기 쉬웠다. 다윗은 지혜롭게 처신하여 그들이 가져온 이스보셋의 머리를 아브넬 무덤에 같이 매장해 주었다.

연합을 깨는 일련의 사건들이 일어날 때마다 통일 왕국으로 가는 길이 멀어진 듯했지만 다윗은 지혜롭게 위기를 극복했다. 다윗의 이 같은 모습이 북쪽 지파를 안심시켰다. 마땅한 지도자를 찾지 못하던 북쪽 지파는 다윗의 뛰어난 지도력에 항복하여 그들의 왕이 되어 달라면서 다음과 같이 말한다.

> 이스라엘 모든 지파가 헤브론에 이르러 다윗에게 나아와 이르되 보소서 우리는 왕의 한 골육이니이다 삼하 5:1

이로써 마하나임에 망명 중이던 베냐민 지파를 기반으로 한 왕정은 끝이 난다. 다만 요나단의 절름발이 아들 므비보셋만이 생존했다. 비범한 정치 감각과 카리스마를 지닌 지도자 다윗은 모든 사람들(특히 적들)과 좋은 관계를 맺었다. 그를 광야에서부터 죽기까지 따라다니던 사람들도 처음에는 적대적이던 사람이었다. 결국 다윗은 단에서 브엘세바까지 온 이스라엘의 왕으로 세워졌다. 너무 원수를 배려하고 사랑해 주는 것이 문제가 될 정도였다. 그러나 다윗이야말로 "원수를 사랑하라"는 예수님의 말씀을 가장 잘 실천한 사람이다. 그렇기에 압살롬이 반역할 때 얼마 전까지 적의 수도였던 '마하나임'에 피신할 수 있었다.

## 온 이스라엘의 왕이 되다 : 탁월한 지혜와 능력으로 다스림

### 예루살렘-다윗성 삼하 5:6-12; 대상 11:4-9, 14:1-2 : 새 정치의 수도

다윗이 선택한 새로운 수도는 에브라임 산지와 유다 산지가 만나는 지점인 예루살렘이었다. 당시 베냐민 지파까지도 에브라임 통제하에 있었기에 베냐민 산지도 에브라임 산지로 불렸다(삼상 1:1). 예루살렘은 사실 베냐민 지파 땅이었지만 여부스 족속이 점하여 유다와 베냐민의 완충 지역이 되고 있었다.

지도 사무엘하 1에서 베냐민 지파의 지리적 이점에 주목하라. 이는 왜 다윗이 활동 무대를 베냐민 지경으로 옮겼는가를 이해하는 데 중요한 단서를 제공한다. 지도 사무엘하 1에서 세겜에서 헤브론에 이르는 족장의 도로, 즉 산지의 남북 도로를 볼 수 있다. 다시 여리고에서 벧엘을 거쳐 딤낫세라에 이르는 동서 연결을 보라. 또한 여리고에서 베냐민 산지 지대 라마를 거쳐 서쪽으로 위 벧호론까지 내려가는 도로를 보라. 다시 여부스족이 왜 예루살렘에 거하면서 유다와 에브라임의 완충지대 역할을 했는지도 생각해 보라. 마지막으로 유다 산지 남쪽의 헤브론이 소외된 배경과 함께 중앙 베냐민 산지 지대의 모든 접근로를 비교하라.

다윗은 베냐민 산지의 전략적인 중요성을 사울의 군대장관으로 기브아에 머물면서 알았을 것이다. 단순한 목동이 아니라 골리앗을 비롯한 수많은 블레셋 대적과 싸웠고, 사울을 피해 도망 다니면서 베냐민의 방어와 연결성이 얼마나 중요한가를 깨달았을 것이다. 다윗은 이스라엘의 왕으로 기름 부음을 받자 재빨

유다왕 다윗의 수도는 헤브론, 북이스라엘 이스보셋의 수도는 동쪽 마하나임, 통일왕국의 수도는 예루살렘이다.

리 베냐민을 손에 넣었다. 중앙의 베냐민 산지를 통제한다는 것은 블레셋이 산지로 쳐들어오는 것을 방어하는 것보다 중요했다. 이것은 또한 이스라엘이 해변길과 여리고를 통과하여 요단 동편으로 가는 길을 확보하는 일이었다. 다윗의 결단은 그의 뛰어난 지리 감각을 보여 준다.

### 베냐민과의 문제

그러나 베냐민을 지배하고자 한 다윗의 계획은 여러 문제에 직면한다. 첫째는 '사울 집안을 어떻게 처리할 것인가'이고, 둘째는 '북쪽의 주도권을 잡고 있는 에브라임 지파가 유다 지파인 다윗이 수도를 베냐민 지파에 두는 것을 허락하느냐'였다.

다윗은 첫 번째 문제를 일찌감치 사울과 요나단의 장례식에서 푼다. 사울을 장사 지낸 야베스 길르앗에 전령을 보내 그들을 격려했고(삼하 2:5), 나중에는 사울과 요나단의 뼈를 추려 고향에 안치시켰다(삼하 21:12). 뿐만 아니라 인척관계를 이용해 베냐민과의 유대를 확고히 한다. 아브넬이 평화사절로 오기 전에 다윗은 자신의 첫 아내였던 사울의 딸 미갈을 돌려보낼 것을 요구한 것이다(삼하 3:14).

두 번째 문제를 해결할 구실을 찾기는 그리 어렵지 않았다. 유다 지경에서 힌놈의 골짜기만 넘으면 나오는 예루살렘은 이방인 여부스족이 점령하고 있었기 때문이다. 유다 사람들은 이미 한 번 점령한 바 있으나(삿 1:8) 베냐민은 정복하지 못했다(삿 1:21). 다윗의 첫 번째 수도인 헤브론보다 이스라엘의 중심에 위치한 예루살렘은 베냐민 산지의 첫 번째 방어선이자 훌륭한 수도 후보지다. 이 움직임을 알아차린 에브라임 지파는 북쪽과 요단 동편 통치권을 사울의 후계자를 왕으로 세운 정부에 주려 했다. 그러나 다윗의 번뜩이는 기지와 능력으로 그들은 다윗을 왕으로 인정할 수밖에 없었다. 에브라임이 뭔가 해 보려는 순간 다윗은 이미 기반을 구축해 에브라임이 손쓸 방도가 없도록 했다. 예루살렘성을 차지하는 방법도 특이했다.

> 그날에 다윗이 이르기를 누구든지 여부스 사람을 치거든 물 긷는 데로 올라가서 다윗의 마음에 미워하는 다리 저는 사람과 맹인을 치라 하였으므로 속담이 되어 이르기를 맹인과 다리 저는 사람은 집에 들어오지 못하리라 하더

/
**예루살렘 다윗성의 상수도 시설**
워런 수구(Warren's Shaft)가 다윗이 침략 시 이용했던 굴로 추정된다.

//
**다윗성의 워런 수구**
거의 직각으로 된 수구를 요압이 기어 올라와 여부스 성을 정복했다.

라 삼하 5:8

여부스 사람들은 예루살렘성이 견고하여 소경이나 지체부자유자라도 적군을 막을 수 있다고 호언장담했다. 목동이었을 때부터 예루살렘을 잘 알았던 다윗은 작전의 명수였다. 그는 예루살렘성의 기혼 샘이 취약점이라는 것을 알았다. 전쟁이 나면 문을 닫고 성 안쪽의 물 긷는 곳으로 나와 물을 얻는 상수도 시설도 알고 있었다. 호언장담하던 여부스 사람들은 요압을 앞장세운 기습부대에 당해 하룻밤도 안 돼 정복되고 말았다. 교만은 멸망의 선봉이다.

베냐민이 정복하지 못한 여부스 족속의 예루살렘은 유다와 베냐민의 완충지대이자 에브라임이 유다의 팽창을 저지하는 지점이기도 했다. 유다가 베냐민 지경을 차지했다는 것은 이스라엘에서 힘의 우위를 점했다는 의미였다. 다윗은 이스라엘 전체의 지지를 받아 왕위에 올라 허니문 기간이 지나기 전, 에브라임이 정신 차리지 못할 정도로 재빨리 이 완충지대를 차지하여 수도로 삼았다. 사무엘하 5:5-10에 나오는 다윗의 이동을 읽어 보라.

## 두로왕 히람의 협력

다윗의 등극을 기뻐한 의외의 사람이 두로왕 히람이었다. 다윗이 왕이 되자 두로왕이 그를 위해 왕궁을 지어 주려 했다. 이는 베니게의 수도 두로왕 히람이 다윗이 블레셋을 이길 인물임을 알아차렸거나, 역대상 13, 14장에서 언약궤를 옮기는 사건과 블레셋과 전쟁을 치른 것의 순서를 바꾼 것처럼 다윗이 블레셋을 이긴 것이 순서상 먼저가 되어 히람이 그 때문에 다윗에게 왕궁을 지어 주겠다고 했을 수 있다.

이스라엘이 아벡과 이스르엘 골짜기에서 블레셋에게 패하자 그 불똥은 그보다 북서쪽에 위치한 베니게에게 튀었을 것으로 추정된다. 두로가 블레셋의 통제하에 들어간 것이다. 그런 차에 다윗이 혜성처럼 나타나 블레셋을 무찌른다는 소식이 들리자 두로왕 히람이 단숨에 다윗에게 달려갔을 것이다. 그리고 그들의 주특기인 백향목을 이용한 건축술을 제공하는 것으로 다윗과 평화협정이자 화친조약을 체결하려 했다고 볼 수 있다. 다윗은 자신의 안전을 위해 블레셋을 쳤을 뿐인데 덤으로 주변 나라에서 조공까지 드리겠다 하니 이 어찌 '내 잔이 넘치나이다'라고 고백하지 않을 수 있겠는가?

> 두로왕 히람이 다윗에게 사절들과 백향목과 목수와 석수를 보내매 그들이 다윗을 위하여 집을 지으니 삼하 5:11

## 다윗의 통일 왕국을 좌절시키기 위한 블레셋의 침략 삼하 5:17-25; 대상 14:8-17

### 블레셋의 정책

이때까지 블레셋은 다윗의 왕국을 위협적으로 보지 않았다. 사울의 죽음 이후 블레셋은 가나안의 주요 도로를 통제했다. 해변길에서 멀찍이 떨어진 헤브론에서 다윗이 유다왕이 되었다는 것이 블레셋으로선 위협이 되지 않았다. 그러나 예루살렘 북쪽의 게바에 수비대를 주둔시킨 경험이 있는 블레셋은 다윗이 이스라엘 세력을 하나로 규합하고, 예루살렘을 수도로 삼고, 베냐민 산지와 그 도로를 중심으로 세력을 확장하자 위험하다고 여기기 시작했다. 블레셋은 다윗의 팽창을 저지하지 않으면 후에 더 큰 화근이 되리라는 것을 알았다.

### 예루살렘 침공

블레셋은 예루살렘의 남서쪽 쉐펠라를 통해 다윗의 통일 왕국을 약화시키거나 파괴하기 위해 적어도 두 번 이상 침략했다. 두 번의 군사 행동 모두 예루살렘 남서쪽의 경사진 르바임 골짜기에서 벌어졌다. 예루살렘에서 벧세메스에 이르는 소렉 골짜기 중 예루살렘 남서쪽 골짜기의 상류를 르바임 골짜기라고 부른다. 르바임 골짜기에 접근하기 위해 그리고 이스라엘 군대의 매복을 피하기 위해 아마도 블레셋은 엘라 골짜기(지도 사무엘하 1의 소고 곁)와 후사 사이의 능선 길을 이용했을 것이다. 능선 길에서 북동쪽으로 가면 르바임 골짜기에 이를 수

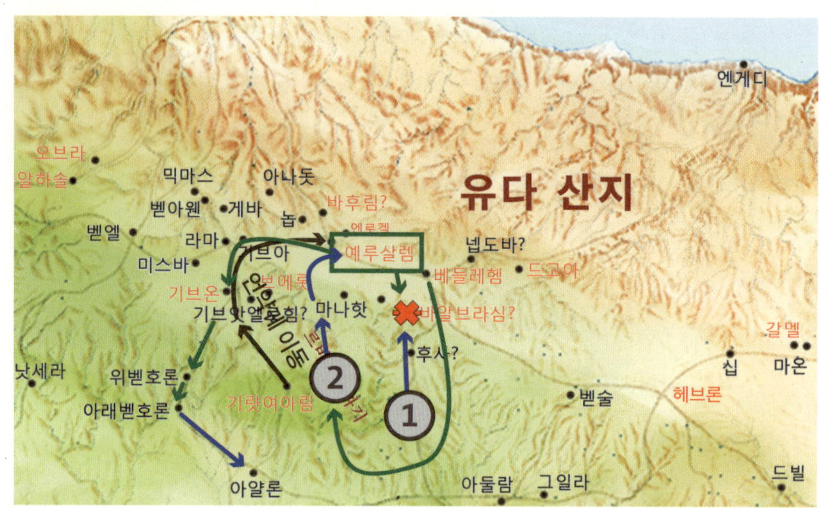


블레셋의 침공과 언약궤의 이동

있다. 이 골짜기에서 블레셋은 다윗의 새 수도 예루살렘에서 유다의 베들레헴과 헤브론으로 이르는 길을 차단하려 했다.

첫 대결에서 다윗은 정면 돌파로 블레셋을 격퇴시켰다. 산지 아래에서 올라오는 적을 위에서 치는 일은 그리 어렵지 않았다.

> 다윗이 바알브라심에 이르러 거기서 그들을 치고 다윗이 말하되 여호와께서 물을 흩음같이 내 앞에서 내 대적을 흩으셨다 하므로 그곳 이름을 바알브라심이라 부르니라 삼하 5:20

그러나 두 번째 전투에서는 블레셋 진영의 뒤로 돌아 포위하고 남서쪽에서 공격하라는 여호와의 작전 명령이 하달되었다(삼하 5:23). 이 작전은 다윗의 군대가 월등한 군사력을 가지고 있지 않으면 역공당하기 쉬웠다. 다윗은 오래전 피신한 아둘람에 진을 쳤다. 그는 갑자기 고향 베들레헴의 우물물이 먹고 싶었다. 이 사실을 알고 3인의 용사가 적진을 뚫고 들어가 물을 떠온다. 참으로 기막힌 충성이지만 이 일을 계기로 블레셋을 뚫을 수 있다는 확신도 생겼을 수 있다. 방어적인 자세만 취하던 이스라엘이 드디어 공격적인 위치에 서게 된 것이다. 다윗의 군대는 블레셋에 있으면서 철기 문명과 그들의 전법을 익혔을 뿐 아니라 600명이 동고동락하면서 강력한 팀워크를 만들어 냈다.

다윗은 블레셋이 올라온 길을 따라 쳐들어가서 주요 남북 능선 도로인 왕의

/
**남서쪽에서 본 르바임 골짜기**
블레셋은 비교적 오르기 쉬운 소렉 골짜기 상류의 르바임 골짜기를 통해 다윗의 통일 왕국 수도인 예루살렘을 침략했다.

//
다윗성 입구

도로를 따라 공격해 나갔다. 예루살렘의 서쪽은 소렉 골짜기이므로 블레셋이 도주하기에 여의치 못했다. 산지를 빠져나가는 유일한 출구는 북쪽 베냐민 산지를 향하다 거기서 서쪽 기브온과 아얄론 골짜기를 통과하여 게셀을 향하는 것이다. 블레셋은 오래전 여호수아가 기브온 전투에서 가나안 연합군을 물리치고 추격하던 도로를 따라 도망쳤다(지도 여호수아 3). 또한 이 길은 미스바에서 사무엘에게 패해 도망가던 길이고(지도 사무엘상 1), 요나단과 사울에게 믹마스에서 아얄론까지 추격당한 길이다.

과거 당했던 동일한 도로를 따라 다윗이 블레셋을 추격함은 하나님의 은혜일 뿐 아니라 더 이상 블레셋이 다윗의 상대가 될 수 없음을 의미했다. 게바에서 게셀에 이르는 정벌을 통해 다윗은 중앙 산지를 손에 넣었다. 블레셋은 결국 다윗에게 굴복했다(삼하 8:1). 이제 새로운 정권과 새 수도는 확고해졌다. 다윗은 지파 간 갈등을 줄이기 위해 예루살렘을 어느 지파의 땅이 아닌 수도라는 의미로 '다윗성'이라고 명명했다.

## 다윗 언약: 영원한 왕위를 약속하시다

### 언약궤 이동: 예루살렘이 통일 왕국의 종교 수도가 되다 삼하 6장; 대상 13, 15-16장

다윗은 여러 어려움을 이기고 예루살렘을 정치적 수도로 안착시키는 데 성공했다. 그러나 그는 여기서 만족하지 않았다. 사울이 하지 않았던 놀라운 일을 계획한다. 다윗은 예루살렘을 정치 수도로 삼은 뒤 바로 종교적인 중심지로 만들 계획이었다. 그래서 언약궤를 바알레유다라 불리던 기럇여아림에서 예루살렘으로 옮겨 오려 했다.

기럇여아림은 기브온 족속이 사는 땅이다(수 9:17). 여호수아가 기브온 족속을 하나님의 집을 위하여 나무를 패며 물을 긷는 자로 삼은 후(수 9:23) 기브온 족속은 언약궤와 깊은 관계를 가지게 되었다. 언약궤는 기브온 족속의 기럇여아림에서 20년 이상 머물렀다(삼상 7:2). 솔로몬이 일천번제를 드린 성막이 있었던 장소도 기브온 족속의 산당이었다.

다윗이 이때 기럇여아림에서 언약궤를 옮기려 한 데는 정치적 의도가 있었을지도 모른다. 하지만 하나님께서 거절하셨다. 베레스웃사에서 언약궤를 옮기던 소가 뛰어 웃사가 죽는 일이 일어난 것이다. 다윗은 이때 영문을 몰랐으므로 하나님께 서운한 마음을 가졌으나, 오벳에돔이 축복을 받은 이야기를 듣고는 자신의 잘못을 돌아보게 되었다. 다윗은 하나님의 법궤란 하나님이 땅에 오심(임재)을 상징하는 것임을 깨달았다. 따라서 법궤를 모셔 온다는 것은 다윗 자신이 아니라 하나님이 진정한 왕임을 고백하는 의식이었다. 그러므로 이방인처럼 언약궤를 소로 옮겨선 안 되고 제사장이 짊어져야 했다. 다윗은 시편에서 여호와는 '나의 왕'임을 수없이 고백했다. 그리고 이 고백은 이스라엘의 왕이 된 뒤에도 계속되었다.

하나님은 아비멜렉이 바알브릿의 돈을 힘입어 왕이 되는 것을 거부하셨다. 사울은 하나님의 말씀을 듣지 않고 백성의 말에 귀를 기울여 하나님을 왕으로 인정하지 않는 모습을 보였다. 그러나 광야에서 훈련받은 다윗은 이 시험에 합격하여 세력을 얻자마자 언약궤를 새 수도 예루살렘으로 옮겨 왔다. 이는 에브라임의 실로에 있던 하나님의 성전이 유다의 새 수도 예루살렘으로 옮겨졌음을 의미했다. 즉 이스라엘의 중심이 에브라임에서 유다로 옮겨졌음을 의미한 중요한 사건이었던 것이다.

언약궤는 이스라엘의 중심이다. 그러므로 다윗은 그 중심을 예루살렘으로 옮기려 했다.

기럇여아림에서 예루살렘에 이르는 가장 편리한 도로는 기브온과 중앙 베냐민 산지를 경유하는 길이다. 언약궤를 옮기기 위해 이 길을 선택했다면 베냐민 사람은 다윗이 흥분하여 열광적으로 춤추는 모습을 보았을 것이다. 모두가 즐거워하는 이때 베냐민 출신인 미갈은 친척들에게 경박한 모습을 보인 다윗을 나무랐다(삼하 6:16). 그녀는 진정한 왕이 누구인지 모르고 하나님 앞에 우리가 어떤 존재인지 깨닫지 못하였다.

## 여기서, 묵상

다윗의 위대함은 환난 때에 하나님을 찾는 모습을 넘어 평안하고 자신이 왕이 되었을 때도 하나님을 왕으로 인정하는 태도에 있다. 시편 23편 다음에 나오는 24편은 아마도 예루살렘성에 언약궤가 들어올 때 부른 노래가 아닐까 한다. 다윗은 언약궤가 올 때 성막을 덮은 막을 드는 장면을 보면서 문들아 머리 들라고 선언하고 만왕의 왕은 하나님이심을 고백했을 것이다.

> 9 문들아 너희 머리를 들지어다 영원한 문들아 들릴지어다 영광의 왕이 들어가시리로다 10 영광의 왕이 누구시냐 만군의 여호와께서 곧 영광의 왕이시로다 시 24:9-10

문들아 머리를 들어라! 다윗은 언약궤를 다윗성으로 모셔 옴으로써 예루살렘을 정치적인 수도에 이어 종교적인 수도로 만들었다.

### 다윗 궁전-다윗 성전 건축 삼하 7장; 대상 17장

블레셋을 이기고 두로왕 히람이 보내 준 건축자들이 백향목궁을 완성했을 때 다윗의 참 모습이 나온다. 그는 나단 선지자를 불러 이렇게 말한다.

> 왕이 선지자 나단에게 이르되 볼지어다 나는 백향목궁에 살거늘 하나님의 궤는 휘장 가운데에 있도다 삼하 7:2

다윗은 하나님께 죄송했다. 예전에는 하나님도 휘장 가운데 있고 자신도 천막에서 살았다. 그러나 이제 자신은 백향목궁에 머무는데 하나님의 언약궤가 휘장 가운데 있는 것이 너무 죄송했다. 그래서 시편 132편에서 이렇게 노래한다.

> 4 내 눈으로 잠들게 하지 아니하며 내 눈꺼풀로 졸게 하지 아니하기를 5 여호와의 처소 곧 야곱의 전능자의 성막을 발견하기까지 하리라 하였나이다 시 132:4-5

**헤롯의 성전(신약시대)**
다윗은 자신의 궁전이 완성되자 그에 비해 초라한 성막 보기가 죄송스러워 성전 건축을 다짐한다.

그는 잠도 자지 않고 졸지도 않을 정도로 여호와의 처소를 마련하려 했다. 나단 선지자는 이 말을 듣고 너무 기뻐했다. 그러나 하나님은 다윗에게 더 놀라운 계획을 가지고 계셨다.

> 11 너를 모든 원수에게서 벗어나 편히 쉬게 하리라 여호와가 또 네게 이르노니 여호와가 너를 위하여 집을 짓고 12 네 수한이 차서 네 조상들과 함께 누울 때에 내가 네 몸에서 날 네 씨를 네 뒤에 세워 그의 나라를 견고하게 하리라 13 그는 내 이름을 위하여 집을 건축할 것이요 나는 그의 나라 왕위를 영원히 견고하게 하리라 삼하 7:11-13

하나님은 다윗에게 성전 건축을 중지시키신 후 하나님이 먼저 다윗의 집을 짓겠다고 하신다. 여호와 하나님이 세울 다윗의 집은 다윗왕가가 세워져 영원히 견고하게 되는 것이었다. 그리고 여호와의 전은 다윗의 다음 왕이 짓게 될 것이다. 이 얼마나 놀라운 축복인가? 구약의 어느 누구한테도 하지 않던 영원한 왕위를 약속하신 것이다. 이것이 그 유명한 다윗의 언약이며 이 언약에 근거하여 예수님은 다윗의 후손으로 이 땅에 오셨다.

## 다윗의 정복활동: 동쪽 이방을 정복하다 삼하 8장; 대상 18장

다윗은 서쪽과 동쪽, 북쪽을 향해 통치권을 확장하려고 예루살렘과 베냐민 산지로 진출했다. 지도 사무엘하 1을 살펴보면 다윗의 총체적인 계획에서 베냐민 산지와 접근로의 전략적 중요성이 드러난다. 블레셋이 두려워하던 일이 실제로 일어났다. 일단 다윗이 새로운 정치와 종교의 수도를 세웠기 때문에 요단 동편 길과 서쪽 해변길로 가는 도로가 열렸다. 이제 이 길을 따라 동서에 있는 나라를 정리해야 진정한 평화를 얻을 수 있었다.

언급한 대로 가장 힘든 적인 블레셋을 정복한 후 동쪽 모압을 정복하기 시작했다. 다윗은 모압을 쳐 땅에 누이고 두 줄 길이는 죽이고 한 줄

궁금해요

## 하나님이 원하던 왕의 자질은 무엇일까?

중심을 보시는 여호와는 다윗의 마음을 받으셨다. 다윗은 아무것도 하지 않고 결심만 했을 뿐인데 그것을 받으시고 다윗의 언약을 세우셨다. 그러면 다윗은 이 언약을 받고 어떻게 했을까? 그의 마지막 유언과 같은 말씀을 보면 다윗이 이 언약을 받고 평생 무엇을 했는지 알 수 있다.

2 내가 이미 내 하나님의 성전을 위하여 힘을 다하여 준비하였나니 곧 기구를 만들 금과 은과 놋과 철과 나무와 또 마노와 가공할 검은 보석과 채석과 다른 모든 보석과 옥돌이 매우 많으며 3 성전을 위하여 준비한 이 모든 것 외에도 내 마음이 내 하나님의 성전을 사모하므로 내가 사유한 금, 은으로 내 하나님의 성전을 위하여 드렸노니 14 나와 내 백성이 무엇이기에 이처럼 즐거운 마음으로 드릴 힘이 있었나이까 모든 것이 주께로 말미암았사오니 우리가 주의 손에서 받은 것으로 주께 드렸을 뿐이니이다 역대상 29:2-3, 14

다윗은 수많은 정복활동과 무역을 통해 얻은 부로 하나님의 성전을 짓는 준비를 했다. 21세기 최고의 발굴로 꼽히는 키르벳 케이야파(Qeiyafa)는 사아라임으로 추정된다. 이곳의 지층은 다윗 시대가 주를 이룬다. 이곳에서 발견된 귀중한 유물 중 하나가 성전 모형이다. 솔로몬 성전이 세워지기 전의 쉐펠라 엘라 골짜기 한 도시에서 두 개의 성전 모형이 발견되었다. 다윗이 성전을 얼마나 사모하면서 준비했는지를 증명하는 증거가 아닐까. 모든 것이 주께로 말미암았기에 주께 드릴 뿐이라는(롬 11:36) 철저한 하나님 주인 의식은 하나님이 그렇게 원하던 왕의 자질이었다. 교회 건축은 이런 마음으로 시작해야 하지 않을까?

길이는 살렸다. 이는 모압 사람의 2/3를 죽였다는 의미로 풀이된다. 그렇다면 다윗은 왜 이렇게 모압 사람들에게 잔인했을까? 얼마 전 다윗은 부모를 모압왕에게 부탁했다. 그러나 전해 오는 말에 의하면, 모압 사람들은 모압 여인 룻의 손자인 다윗의 부친 이새와 그 아내를 해하였다고 한다. 이에 대한 보복으로 다윗은 힘을 얻자마자 피의 보복을 했다고 전해진다.

두 번째 정복은 북동쪽 아람 지역인 소바왕 하닷에셀이었다. 하닷에셀 전쟁은 사무엘하 10장의 암몬 전쟁과 연결된다. 암몬을 도우러 온 하닷에셀 지역의 군대는 결국 암몬 정복 후에 정벌 대상이 되었다. 이때

**해변길 표시석**
해변길을 따라 북진하던 블레셋을 다윗이 정복함으로써 자동으로 북쪽 지역을 얻게 되었다.

**하맛의 풍차**
오론테스강이 흐르는 하맛은 하닷에셀의 정적이었다.

다메섹에서 북쪽 183km에 위치한 하맛왕 도이가 자신의 적인 하닷에셀을 쳐 준 다윗에게 은그릇과 금그릇, 놋그릇을 많이 가져와서 성전 건축에 바쳤다. 하닷을 가로지르는 오론테스강은 안디옥까지 흘러간다.

하닷에셀 전투는 다시 남쪽 에돔과 연결된다. 북동쪽 전투에 몰두하고 있을 때 남동쪽의 에돔이 군사를 일으켰다.

(다윗이 교훈하기 위하요 지은 믹담, 인도자를 따라 수산에듯에 맞춘 노래. 교육을 위한 다윗의 믹담 시. 다윗이 아람 나하라임과 아람 소바와 싸우는 중에 요압이 돌아와 에돔을 소금 골짜기에서 쳐서 1만 2000명을 죽인 때)

**1** 하나님이여 주께서 우리를 버려 흩으셨고 분노하셨사오나 지금은 우리를
회복시키소서 **9** 누가 나를 이끌어 견고한 성에 들이며 누가 나를 에돔에 인
도할까 **10** 하나님이여 주께서 우리를 버리지 아니하셨나이까 하나님이여
주께서 우리 군대와 함께 나아가지 아니하시나이다 시 60:1, 9-10

수백 km 떨어진 장소에서 벌어진 전쟁은 다윗의 군대를 흐트러뜨려 힘을 뺐다. 이때 요압이 와서 아주 훌륭하게 전쟁을 수행했다. 이 전쟁의 일등공신은 왕의 대로였다. 요압의 군대가 왕의 대로를 따라 재빠르게 달려와 반란을 진압함으로써 소금 골짜기 이상으로 반란이 확산되지 않도록 막을 수 있었던 것이다.

서쪽은 블레셋을 치고 두로에서 화친 조약을 맺음으로 안전을 확보했고, 동쪽은 모압과 암몬 그리고 소바왕과 함께 에돔을 침으로 정복 활동을 마칠 수 있었다. 이제 동서남북, 내부와 외부 모든 곳에 평화가 왔다.

다윗의 정복전쟁이 이처럼 성공적일 수 있었던 것은 주변 열강이 잠잠했기에 가능했다. 북쪽의 앗수르는 아직도 내부 정비 중이었고, 애굽은 이미 쇠퇴일로에 있었다. 하나님은 하나님의 사람들이 그의 뜻 안에 있을 때 주변 나라를 잠잠하게 하신다. 세상의 역사는 큰 나라 중심으로 기술하지만 성경은 하나님께서 그의 백성의 태도에 따라 큰 나라도 움직이심을 증언한다. 그런데 이 정복전쟁 중에 다윗은 치명적인 실수를 저질렀고, 이는 그의 평생에 오명이 되었다.

## 요나단과의 언약을 지키다

### 사울의 집안 관계 삼하 9장

주변 나라를 평정한 다윗은 다시 내부 문제를 살펴야 했다. 예루살렘은 여전히 베냐민 땅이었고 그들을 달래는 정책이 필요했다. 왕국이 안정을 찾자 다윗은 요나단과의 언약을 떠올렸다. 살아생전에 요나단은 다윗과 함께 두 사람 사이에 평화가 있을 것을 언약했다(삼상 20:42, 23:18). 다윗은 이 언약을 기억해 내고 요나단의 아들 므비보셋을 찾아 궁에 들이고 아들처럼 대접하는 한편, 사울의 재산도 회복해 주었다. 몰락한 사울의 집은 더 이상 다윗의 적수가 되지 못했다. 다윗의 이 같은 호의는 후대에 왕국이 분열되었을 때 베냐민이 유다 편에 서도록 하는 데 영향을 주었을 것이다.

### 사울 집안의 죄와 벌 삼하 21장

그러나 사울 집안을 징계해야 할 일이 생겼다. 사울은 제사장들을 죽였을 뿐 아니라 여호수아가 언약을 맺고 살려 준 기브온 족속들을 죽였다. 이미 언급한 대로 이스보셋의 죽음도 이 일과 관련이 있다(삼하 4:2-3). 기브온 족속이던 브에롯 사람들은 자신의 땅을 베냐민 지파에게 빼기고 해변길 근처 깃다임으로 쫓겨난 상태였다. 여호와를 두고 맹세한 언약을 파기한 일은 다윗 시대에 3년 기근으로 나타났다. 사울은 이스라엘과 유다 족속을 향한 열심 때문에 그들을 죽이려 했던 것이다.

다윗은 기브온 족속에게 속죄할 방법을 구했다. 그들은 사울 집안의 사람 7명을 목매어 달라고 요청했다. 결국 사울 집안 중 7인이 나무에 달려 죽었고 저주는 풀렸다. 다윗은 이때 사울의 뼈와 요나단의 뼈를 가져다가 그들의 선산에 묻고 죽은 자들도 베냐민 땅 셀라 기스의 묘에 장사했다. 할 수 없이 징계해야 했지만 징계 후에 호의를 베풂으로 베냐민을 달래는 정책을 폈다.

**북서쪽에서 본 브에롯**
사울은 베냐민 산지에 위치한 기브온 족속을 쫓아냈다.

**다윗성의 동쪽 '실로'로 추정되는 성벽**
왕궁은 정상에 있고 신하의 집은 그 아래에 있어 쳐다보기 쉬웠다.

암몬의 랍바 전쟁

## 다윗 인생의 최대 실수와 비극

### 암몬-전쟁, 다윗과 밧세바 삼하 10-11장 26일

밧세바 사건은 동쪽 정복 활동 중에 일어났다. 이스라엘과 평화 관계를 유지하던 암몬은 왕권이 바뀌자 다윗왕국에 실수를 저질렀다. 그들을 조문한 이스라엘의 사신에게 하의와 수염을 잘라 수치를 준 것이다. 수치를 당한 다윗의 신복들은 수염이 자랄 동안 예루살렘에 올라오지 못하고 여리고에 머물러야 했다(삼하 10:4-5).

암몬이 이스라엘을 향해 전쟁을 선포한 것이나 다름없는 이 일로 인해 다윗은 요압과 아비새를 군장으로 삼아 군사를 파견했다. 암몬이 아람 용병까지 끌어들여 대항했지만 수십 년간 팀워크로 다져진 강력한 다윗 군대에는 역부족이었다. 요압은 따로 들에 있던 아람 사람들과 싸우고 아비새는 랍바 암몬성에 있던 암몬과 싸워 1차 승리를 거두었다. 그러나 난공불락의 암몬성은 공격하지 못하고 오랜 기간 포위한 채 식

량이 떨어져 항복하기를 기다리는 지루한 공성전을 폈다. 전쟁 중에 다윗은 예루살렘 다윗성에 있었다.

이스라엘의 주요 도시가 다 그렇지만 다윗의 궁궐도 성의 높은 곳에 있었다. 그리고 성 아래에 있던 이스라엘의 전형적인 집은 4개의 방을 가진 구조로 한쪽은 지붕이 없었다. 이곳에서 음식을 하거나 몸을 씻는다. 다윗은 근동 특유의 낮잠(오후 2~4시)을 자고 일어나 해질 무렵 옥상에 올라갔다. 그곳에서는 유다 광야도 잘 보이지만 성 주변의 모든 집이 한눈에 들어온다. 영이 맑을 때는 멀리 유다 광야로 지나가는 양을 보고 시편 23편과 같은 신앙고백의 시를 남기던 다윗이었다. 그러나 주변 국가가 수중에 들어왔다는 승리감에 도취된 다윗에게 보인 것은 지붕 사이로 목욕하는 여인의 모습이었다. 순간 욕정이 일어 다윗은 왕의 직권으로 여인을 불러 동침했다. 그리고 여인은 이 단 한 번의 동침으로 임신을 하게 된다.

이 여인이 다윗의 군대 30용사 중 하나인 우리아의 아내 밧세바다(삼하 23:39; 대상 11:41). 다윗성에 살 수 있는 사람은 다윗의 군대 최측근이라야 가능했다. 다윗은 헷 사람 우리아를 불러 술에 취하게 했다. 그러나 그는 왕궁에서 20~30m도 안 되는 집에 들어가지 않았다. 전쟁 중인 군인에게 가정생활은 사치라고 생각했기 때문이다. 그러나 우리아의 충성은 결국 죽음을 불렀다. 다윗이 우리아를 그의 아내와 동침시키려는 계략에 실패하자 요압을 시켜 그를 사지에 몰아넣도록 일을 꾸민 것이다. 요압은 다윗의 지시에 따라 암몬 성문 앞까지 우리아를 보내 죽음에 이르게 한다. 이때 다른 병사들도 목숨을 잃고 만다. 자기의 허물을 덮기 위해 충신을 죽인 다윗의 죄는 씻기 힘든 것이었다.

## : 26일

**오늘 읽을 분량**

**성경** 삼하 11-24, 시 51, 3, 18

**본서** 260-277쪽

**성경의 맥 잡기**

1. 다윗의 범죄와 회개 그리고 그 대가, 압살롬 반란
2. 다윗의 인구조사와 아라우나 타작마당 제사

**신구약 연결 포인트**

1. 다윗이 압살롬을 피해 도피할 때 언약궤를 돌려보낸 지점이 겟세마네로 추정
2. 인구조사 결과로 얻은 모리아 산 아라우나 타작마당은 여호와 이레의 장소로 성전이 세워지고 예수님이 죽으신 장소

**묵상 가이드**

1. 다윗의 범죄는 이웃의 아내를 탐냄(10계명), 간음(7), 거짓말(9), 살인(6), 도적질(8)을 연속으로 범하는 죄였다.
2. 다윗이 사울과 다른 점은 하나님을 왕으로 모셨기에 죄를 지적받았을 때 회개할 줄 아는 것이다.

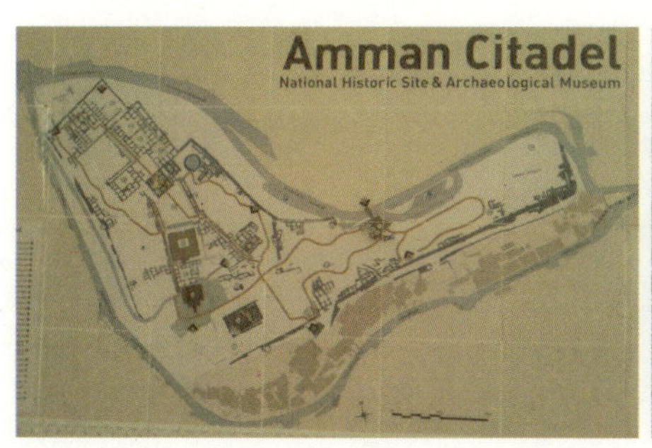

/
**랍바 암몬성**
얍복강이 시작되는 물들의 성인 랍바는 난공불락의 성이었다.

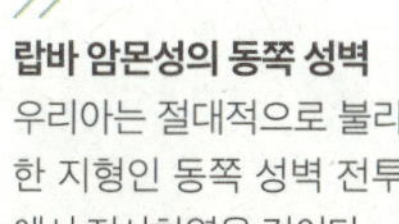

//
**랍바 암몬성의 동쪽 성벽**
우리아는 절대적으로 불리한 지형인 동쪽 성벽 전투에서 전사하였을 것이다.

다윗은 범죄함으로 자신의 충성스런 부하들을 죽게 만들었다.

다윗이 사람을 보내 그 여인을 알아보게 하였더니 그가 아뢰되 그는 엘리암의 딸이요 헷 사람 우리아의 아내 밧세바가 아니니이까 하니 삼하 11:3

34 (다윗의 30용사는) 길로 사람 아히도벨의 아들 엘리암과 39 헷 사람 우리아라 이상 총수가 삼십칠 명이었더라 삼하 23:34, 39

## 여기서, 묵상

다윗은 그의 영적 상태에 따라 보는 것이 달랐다. 시편 18편에서 요새에 오른 다윗은 힘이 되신 여호와를 보았다. 그러나 영적 게으름에 빠진 다윗은 육신의 정욕의 눈으로 탐욕의 대상을 보았다. 내가 높이 올라 보기 원하는 것은 무엇인가? 하나님을 찬양하는 마음에 있는지, 아니면 두리번거리며 무엇을 보고자 하는 마음이 있는지 살펴보자. 우리아를 죽인 일은 다윗의 평생과 후세에까지 기억되는 잘못이었다. 이는 첫째로 하나님의 왕권을 인정하지 않은 직권 남용 죄(1~3계명)이고, 6계명(살인), 7계명(간음), 8계명(도적질), 9계명(거짓말), 10계명(이웃을 탐냄)을 범한 총체적인 죄였다.

**우슬초**
우슬초는 솜털이 많아 붓과 같은 역할을 하여 물을 뿌리는 데 사용되었다.

### 다윗의 회개 삼하 12장

이 일로 다윗은 나단 선지자에게 호된 질책을 받았다. 사울과 다윗의 다른 점이 여기서 분명히 드러난다. 둘 다 죄를 지었다. 굳이 따지자면 다윗의 범죄가 더 무거워 보인다. 하지만 두 사람의 해결 방식은 전혀 달랐다. 사울의 죄를 보여 주는 사무엘상 13:13-14, 15:17-31과 다윗의 죄를 보여 주는 사무엘하 11:1-12:15을 비교해 보라. 두 사람의 죄는 종교적인 죄와 도덕적인 죄로 나눌 수 있다. 두 사람은 똑같이 죄에 대해 질책을 들었다. 그런데 회개에서 두 사람이 크게 갈린다. 다윗은 즉시 회개한 데 반해 사울은 변명으로 일관했다. 시편 51편을 보면 다윗의 회개가 나타난다. 나단 선지자의 질책을 듣고 다윗은 영적인 민감함을 회복할 수 있었다.

(다윗이 밧세바와 동침한 후 선지자 나단이 그에게 왔을 때)

7 우슬초로 나를 정결하게 하소서 내가 정하리이다 나의 죄를 씻어 주소서 내가 눈보다 희리이다

10 하나님이여 내 속에 정한 마음을 창조하시고 내 안에 정직한 영을 새롭게 하소서

11 나를 주 앞에서 쫓아내지 마시며 주의 성령을 내게서 거두지 마소서

12 주의 구원의 즐거움을 내게 회복시켜 주시고 자원하는 심령을 주사 나를 붙드소서

13 그리하면 내가 범죄자에게 주의 도를 가르치리니 죄인들이 주께 돌아오리이다

시 51:7, 10-13

회개를 했지만 죄악은 평생을 따라다니는 가시가 되었다. 다윗이 받은 징계로 밧세바가 낳은 아들이 죽었다. 그러나 하나님을 감동시킨 회개를 통해 다윗은 솔로몬을 위로의 아들로 선물받았다. 선지자 나단은 그 아이의 이름을 '하나님께 사랑받은 자'라는 뜻의 '여디디야'라 불렀다.

/ 압살롬이 암논을 죽인 바알하솔산

// 요압이 지혜로운 여인을 구한 드고아

/
압살롬의 외할아버지가 왕이었던 그술의 수도로 추정되는 벳새다 성문. 벳새다는 베드로, 안드레, 빌립의 고향이다.

## 참혹한 죄의 대가: 암논의 강간과 압살롬의 복수, 지파의 반란

### 암논의 강간 삼하 13장

죄를 지은 뒤 회개하면 끝나는 게 아니다. 그에 합당한 대가가 따른다. 아버지의 음란한 뒷모습을 보고 장남 암논이 이복동생 다말을 강간했다. 다윗은 분노했지만 자신의 약점 때문인지 합당한 징계를 내리지 못했다. 다말의 친오빠인 압살롬이 아버지의 미적지근한 처신에 실망해서 자신이 직접 나섰다. 벧엘 옆 에브라임 산지에서 가장 높은 바알하솔에서 양털 깎는 축제를 연 뒤 암논을 살해한 것이다.

압살롬은 이 일로 외할아버지의 나라 그술로 도망갔다. 그술은 갈릴리 바다 북쪽 벳새다를 수도로 하는 곳으로 추정된다. 최근 발굴을 마친 벳새다 지역에서 발견된 가나안 시대의 성문은 압살롬과 깊은 관련이 있다. 아마 이런 성문에서 백성의 마음을 빼앗아야겠다고 생각했을지도 모른다. 얼마 후 압살롬은 요압의 계략으로 다윗성으로 돌아왔다. 이때 드고아의 지혜로운 여인이 요압의 계략을 위해 나섰다. 여인은 다윗의 이야기를 다른 사람의 이야기인 것처럼 말해서 다윗이 스스로 돌아보게 했다.

선지자 아모스가 드고아 출신이다. 드고아는 광야와 접하고 있으며, 여호사밧 전투 후 재물을 모았던 브라가 골짜기가 있는 곳으로 유명하다.

/
**북동쪽에서 본 다윗성의 동쪽 면**
압살롬은 궁전 옥상에서 백주에 다윗의 후궁들과 동침하여 왕이 된 것을 과시했다.

### 압살롬의 음모 삼하 14장

압살롬은 그술에서 돌아왔지만 다윗은 그의 얼굴을 보지 않았고 군대장관 요압도 외면했다. 이번에도 압살롬은 직접 나서서 요압의 밭을 불태우면서까지 그를 만나 담판을 지어 아버지 다윗을 만났다. 이후 압살롬은 다윗왕의 암묵적인 승인하에 성문 앞에서 재판을 하며 지내다, 다말의 사건 때처럼 뚜렷한 태도를 보이지 않고 방관만 하는 아버지에 반발하여 반란을 일으켰다. 이 반란에 다윗의 친구이자 참모인 아히도벨이 모사로 동참했다. 아히도벨은 밧세바의 외할아버지로 그의 손녀사위가 다윗에 의해 죽은 것을 잘 알았을 것이다.

다윗에게 원한을 품고 있던 그는 압살롬을 도와 반역을 일으킨 뒤, 다윗의 후처를 대낮에 사람들 앞에서 강간하여 왕권을 차지했음을 보이라는 패륜적인 전략을 펴기도 했다.

여기서, 묵상

다윗은 지붕을 거닐다 우리아의 아내인 밧세바와 간음하였는데 그의 아들이 그 지붕에서 아버지의 아내들을 대낮에 강간한다. 참 슬픈 역사다. 나단 선지자가 다윗을 향하여 외친 여호와의 말씀이 너무도 잔인하게 이루어지고 있다. 죄는 끔찍한 결과를 가져온다.

> 너는 은밀히 행하였으나 나는 온 이스라엘 앞에서 백주에 이 일을 행하리라 하셨나이다 하니 삼하 12:12

### 헤브론-압살롬의 반란 삼하 15장

압살롬은 서열상 세자에 해당하는 인물이었다. 그는 성문에서 민심을 얻은 후 자기 사람들을 헤브론으로 불러 반역을 일으켰다. 압살롬은 왜 헤브론에서 반역을 일으켰을까? 헤브론은 다윗이 네게브에서 활동할 때부터 장로들과 친밀한 관계를 유지했던 곳이고, 다윗의 아내 아비가일과 인척 관계에 있는 곳이며, 통일 왕국을 이루기 전 7년 반 동안 다스리던 곳이었다. 다윗을 절대적으로 지지하던 도시가 바로 헤브론이었던 것이다. 그런데 헤브론이 도리어 반역을 주도해 다윗을 죽이려고 했다.

역사의 아이러니일까? 이것이 어떻게 가능했던 걸까? 먼저 당시의 군제를 생각해 보자. 다윗 시대의 군대는 어떤 형태였는가?

다윗에겐 그가 사울을 피해 다닐 때부터 같이해 온 600명의 친위대가 있었다. 이들은 처음에 피난민이었으나 차츰 경험이 풍부한 정규군으로 성장했고 여기에 이방인도 가세했다. 직업군인이 없었던 당시 그레데 사람과 블레셋 사람, 가

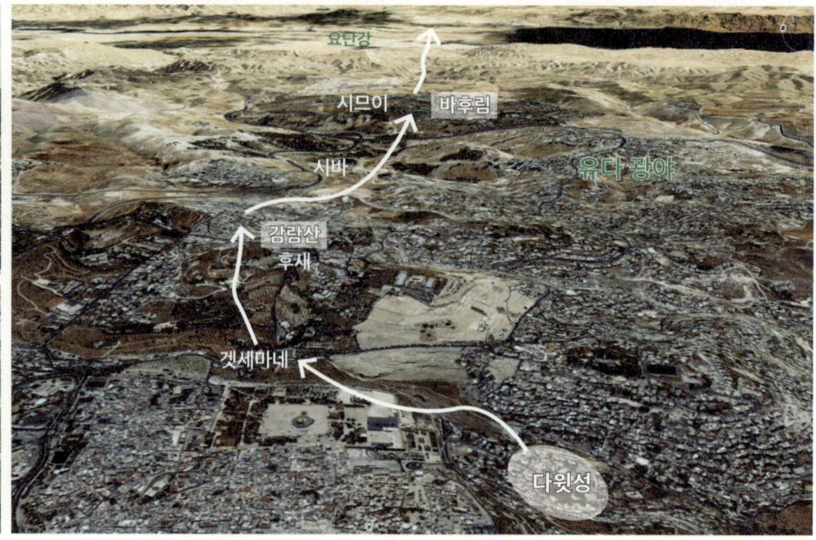


/
남서쪽에서 바라본 기드론 시내 너머의 감람산. 이는 다윗의 첫 피신 길이다. 감람산 아래 건물이 겟세마네다.

//
동쪽에서 본 다윗성 가는 길에 압살롬의 기념비라고 알려진 탑이 있다.

///
압살롬의 반란을 피하여 도망하는 다윗의 경로 © 구글어스

드에서 온 사람들로 구성된 이방인 부대는 다윗의 충복이 되었다. 그들은 생업에 종사하다가 전쟁이 발발하면 군인이 되었다. 현대의 예비군과 같은 형태다. 이런 형태의 군제가 모세 때부터 계속되었다. 그들에게 정식 무기가 있을 리 없으니 미약하기 그지없었다. 사울 시대 초기에도 사울과 요나단만이 정식 무기를 가졌을 뿐이었다. 나머지는 농기구를 변형했다든지 돌팔매를 사용했을 것이다.

> 싸우는 날에 사울과 요나단과 함께한 백성의 손에는 칼이나 창이 없고 오직 사울과 그의 아들 요나단에게만 있었더라 삼상 13:22

향토 예비군은 당시엔 보편적인 군제였다. 로마도 대제국이 되기 전까지 시민군이었다. 시민군도 장점이 있겠으나 만약 지역의 민심을 잃으면 군사를 잃는 치명적인 단점이 있다. 압살롬은 이 점을 간파하여 먼저 민심을 빼앗았다. 당시 성문에서 재판이 이루어졌기에 압살롬은 성문 앞에서 왕을 대신하여 재판하였다(룻기의 보아스와 기업 무를 자가 만나는 장면을 상상하라). 민심을 모은 압살롬은 헤브론으로 갔다. 그곳은 예전의 수도이지만 민심이 압살롬에게 있었다.

다윗이 헤브론에서 민심을 잃게 된 주요 원인은 무엇인가? 잘 생각해

보면 단순하다. 오늘날 수도를 대전으로 옮긴다면 서울의 민심은 어떻게 될까? 서울 시민은 정부에 반감을 가질 것이다. 수도가 지방으로 격하되는 것을 좋아할 사람은 없다. 다윗 시대에 그 파급 효과는 더 심했다. 유다의 자존심인 헤브론이 제2의 도시로 전락하자 경제적인 부는 예루살렘으로 집중되고 무역로가 지나는 북쪽 지파는 날로 부유해졌다. 헤브론은 자존심도 경제력도 쇠퇴일로였다. 다윗은 통일 국가의 세금을 지파별로 공평하게 거두어 옛 도읍에 대한 배려도 하지 않았다.

어떤 아마추어 역사가는 가이사(카이사르)가 무수한 스캔들을 일으킨 바람둥이였음에도 누구의 원한도 사지 않은 것은 그가 어떤 여자도 무시하지 않았기 때문이라고 했다. 그러나 다윗은 헤브론을 무시했고 압살롬은 그 점을 이용해 헤브론의 민심을 자기한테로 돌려놓을 수 있었다. 압살롬의 반역이 성공할 수 있었던 이유다.

다윗의 도망 길에 동참한 사람은 이방인 친위대다. 가드에서 온 600인이 다윗과 함께했다. 옛 동료인 이들은 다윗이 끝까지 사울을 기름 부은 자로서 예우한 것을 곁에서 지켜보았다. 이들이 부족한 다윗을 왕으로서 경외한 데는 다윗이 보여 준 모범이 작용했을 것이다.

> **14** 다윗이 예루살렘에 함께 있는 그의 모든 신하들에게 이르되 일어나 도망하자 그렇지 아니하면 우리 중 한 사람도 압살롬에게서 피하지 못하리라 빨리 가자 두렵건대 그가 우리를 급히 따라와 우리를 해하고 칼날로 성읍을 칠까 하노라 **18** 그의 모든 신하들이 그의 곁으로 지나가고 모든 그렛 사람과 모든 블렛 사람과 및 왕을 따라 가드에서 온 모든 가드 사람 육백 명이 왕 앞으로 행진하니라 삼하 15:14, 18

여기서,
묵상

### 법궤와 겟세마네

법궤가 움직이는 일련의 사건은 신약의 사건과 관련 있다. 법궤를 메고 사독과 아비아달이 기드론 시내를 건너 따라왔다(삼하 15:23-

겟세마네에서 다윗과 예수님은 배신의 괴로움을 당했다.

**예루살렘 모리아산에서 본 감람산의 눈물교회**
예수님이 눈물을 흘렸다던 눈물교회 지역은 다윗도 울면서 올랐던 길이다.

24). 기드론에서 감람산으로 가는 길에 고고학적으로는 증명되지 않은 압살롬의 기념비라는 건물이 있다. 압살롬은 생전에 자기 이름을 전할 아들이 없다면서 자기 기념비를 세웠다(삼하 18:18).

'기드론 시내 건너'란 어디를 말하는가? 성경은 다윗이 성에서 얼마 떨어진 어느 곳(벧메르학, 멀리 있는 궁)에 머문 후(삼하 15:17) 기드론 시내를 건넜다고 한다(삼하 15:23). 그리고 거기서 얼마 머물다가 감람산 길로 올라가 광야로 향했다(삼하 15:30). 그러므로 법궤가 머문 장소는 감람산 올라가기 전 감람산 기슭임에 틀림없다. 바로 겟세마네다. 마가의 다락방에서 성찬식을 마친 예수님은 다윗이 도망하던 길을 걸어 감람산에 오셨다. 그리고 언약궤가 머물던 그곳에서 땀방울이 핏방울 되기까지 기도하셨다. 말씀이 육신이 되신 예수님은 기쁨의 법궤가 아닌 슬픔의 법궤였다. 다윗은 법궤를 예루살렘으로 돌려보냈다. 그리고 울면서 맨발로 감람산을 올랐다. 예수님과 다윗은 모두 가장 가까운 사람에게 배신을 당했다. 그리고 고난의 길을 갔다.

> 다윗이 감람산 길로 올라갈 때에 그의 머리를 그가 가리고 맨발로 울며 가고 그와 함께 가는 모든 백성들도 각각 자기의 머리를 가리고 울며 올라가니라 삼하 15:30

---

## 마하나임-다윗의 피신과 내전 삼하 16:1-19:8

헤브론의 반란은 다윗에겐 큰 위협이었다. 헤브론에서 예루살렘까지는 반나절이면 도착할 수 있었으므로 나팔을 불어 군사를 모집해 전쟁을 준비할 시간이 없었다. 다윗은 할 수 없이 도망가야 했다. 그는 그런 중에도 계속해서 하나님의 은혜를 구했다. 언약궤를 돌려보내면서도 하나님께서 자신을 긍휼히 여기면 돌아오게 할 것이라고 했다. 베냐민 시므이의 저주 앞에서도 그는 이렇게 말했다.

> 11 또 다윗이 아비새와 모든 신하들에게 이르되 내 몸에서 난 아들도 내 생명을 해하려 하거든 하물며 이 베냐민 사람이랴 여호와께서 그에게 명령하신

압살롬과의 전투

> 것이니 그가 저주하게 버려두라 12 혹시 여호와께서 나의 원통함을 감찰하
> 시리니 오늘 그 저주 때문에 여호와께서 선으로 내게 갚아 주시리라 하고 삼하
> 16:11-12

다윗은 또한 위기 중에도 지혜를 잃지 않았다. 하나님의 은혜에 그의 지혜를 더했다. 제사장 아비아달과 사독에게 궁에서 일어나는 일을 보고하도록 했고, 다윗의 친구 아렉 사람 후새를 궁전으로 보내 아히도벨의 계략을 무산시키도록 조치했다. 아니나 다를까, 이 작전은 성공했다. 후새는 아히도벨의 계략을 보기 좋게 무산시킨 뒤 그 정보를 제사장들에게 전달했다. 제사장들은 그의 아들들인 아히마아스와 요나단을 전령으로 삼아 이를 다윗에게 전달하도록 했는데, 이때 베냐민 바후림의 어느 여인이 압살롬에게 쫓기는 이들을 우물에 숨기고 그 위에 찧은 곡식을 널어 발각되지 않도록 해 주었다.

지도에서 다윗의 무리와 전령이 움직인 경로를 보라. 광야 중간께 갔던 다윗은 혹시 아히도벨의 기습 전투가 재개될지 몰라 새벽까지 걸어 요단강을 건넜다. 이는 거의 이틀을 걸어야 하는 거리인데 나귀 등을 사용해 빠르게 움직여서 한밤에 요단을 건널 수 있었다.

아히도벨은 그가 세운 계략이 압살롬에게 채택되지 못하자 고향 길로로 내려가 목매어 죽고 말았다. 가룟 유다와 같은 배반자가 최후를 맞은 것이다. 원한에 사무쳐 앞뒤 안 가리고 복수하려는 사람은 실패는 곧 죽음이라는 극단적인 선택밖에 보이지 않는 모양이다.

다윗은 길르앗 지역에 도착한 뒤 거기서 가장 안전한 마하나임으로 갔다. 마하나임은 과거 사울의 아들 이스보셋이 2년간 수도로 삼았던 곳이다. 아래의 사진에서 보듯 마하나임은 이보다 더 안전한 곳은 없다 싶을 만큼 3면 이상이 얍복강으로 둘러싸인 천연 요새였다.

압살롬은 다윗이 남긴 후새의 말을 따라 군대를 모아 막강한 힘을 과시하며 전쟁에 나섰다. 원한에 사무친 아히도벨은 자주 '내가'라는 말을 사용하면서 다른 사람들의 심기를 불편하게 했는데 후새는 다윗을 은근히 높이면서 그를 두렵게 만들고, 또 상대방의 공명심을 부추겨 '당신이' 하는 전체 전략을 부추겼다. 압살롬은 교만한 지혜자의 말보다 겸손한 음모자의 계략을 택했다. 그는 이스라엘 무리와 함께 길르앗 땅을 향했다.

한편, 암몬 사람과 길르앗 사람 바르실래가 마하나임에 도착한 다윗에게 군수물자와 편의 물자를 모두 제공해 주었다. 다윗은 이때 원수의 목전에서도 상을 베푸시는 주님을 경험했다.

얍복강 아래 숙곳이 있는 에브라임 수풀에서 전쟁이 벌어졌다. 에브라임 땅이 아닌데도 에브라임 수풀인 것은 모압이 아닌데도 모압 평지라고 부르는 것과 비슷하다. 수풀 이름이 예전 입다가 에브라임을 죽였던 일을 상상하게 한다. 잘 훈련된 다윗의 정예군과 오합지졸의 이스라엘 군대는 상대가 되지 않았다.

요단강 근처 물이 있는 곳에 테레빈이라는 상수리나무가 많았던 것 같다. 그런데 이 나무를 지날 때 주의해야 한다. 상수리나무 아래가 평평하여 지나기 쉬

/
**서쪽에서 본 브누엘과 마하나임**
가운데 길의 오른쪽 산이 이스보셋의 수도이자 다윗이 피신한 마하나임이다.

//
압살롬이 상수리나무라 불리는 테레빈나무 아래를 지나다 머리카락이 걸려 몸이 나무에 대롱대롱 매달리는 낭패를 당했다.

운 듯 보이지만 양들이 앞발을 들고 아래 잎사귀를 뜯어 먹은 데만 깔끔하고 나머지는 나뭇가지가 거칠어 지날 때 머리를 상하게 했다. 압살롬은 심지어 이 거친 나뭇가지에 머리카락이 걸려 목숨을 잃었다. 나귀를 타고 가다 걸려서 오도 가도 못한 신세가 되자 요압이 압살롬을 죽인 것이다.

다윗은 정치가다. 압살롬은 그의 아들일 뿐 아니라 전쟁 이후 평화를 위해 중요한 인물이었다. 당시 혈통적으로 장자인 압살롬을 살리면 전쟁 후 반역한 유다를 품을 수 있었다. 그러나 요압은 다윗의 간구에도 '적은 죽인다'는 군인정신으로 압살롬을 죽였다.

다윗은 승리했다. 그러나 슬픈 승리였다. 장자를 죽이면서까지 죄의 대가를 치르는 전쟁이었기 때문이다. 전쟁을 승리로 이끈 다윗의 군대가 민망히 여길 만큼 다윗이 비통에 젖어 있자 요압은 그를 꾸짖었고 그제야 다윗은 정신을 가다듬고 반란과 전쟁을 수습했다.

다윗은 먼저 유다 지파를 달래기 위해 자신의 작은누이의 아들인 아마사를 군대장관으로 세운다. 아마사는 압살롬 반란군의 군대장관으로 큰누이의 아들 요압과는 이종사촌이었다. 아마사를 군대장관으로 세운 것은 요압을 견제하기 위함이지만 유다 지파를 품기 위한 시도였다. 그런 다음 다윗은 유다 지파에 사람을 보내 자신을 예루살렘으로 모셔 가는 데 앞장설 것을 요구한다.

## 예루살렘으로 복귀하는 길 삼하 19:9-43

다윗은 예루살렘으로 복귀하는 길에 공과를 계산한다. 다윗을 저주했던 시므이는 베냐민 지파 사람들과 와서 다윗에게 용서를 구했다. 다윗은 시므이 개인이 아니라 베냐민과 화친을 맺는다는 차원에서 그를 참아 주었으나 죽기 전 시므이에게 보복하라고 유언했다.

또한 다윗은 피난 중에 요나단의 아들이자 절름발이였던 므비보셋에 대해서도 부정적인 말을 들었다. 그러나 나중에 돌아와서 보니 므비보셋은 왕이 돌아오는 날까지 수염도 깎지 않고 옷도 빨지 않는 태도로 자신의 진실을 증명했다. 므비보셋과 그의 종 시바의 관계는 이해하기 힘든 부분이 있지만 전반적으로 므비보셋이 진실하다고 판단한 것 같다. 그러나 다윗이 이미 시바에게 말한 것을 취소할 수 없었기에 재산을 반씩 나누도록 하였다.

길르앗 사람 바르실래는 다윗이 마하나임에 있는 동안 그를 섬긴 자였다. 다윗이 예루살렘으로 돌아가면서 보답하고자 바르실래에게 같이 가자 하였으나 바르실래는 자신 대신 그의 아들 김함을 데려가 달라고 요구한다. 다윗은 김함을 예루살렘으로 데려와 왕의 식탁에서 먹도록 대우하였고, 죽음을 앞두고는 솔로몬에게 김함을 부탁했다. 어려울 때 도움을 준 바르실래가에 다윗은 깊이 감사했다.

### 세바의 반역 삼하 20장 : 아마사 죽음

사무엘하 19:41-20:2의 내용은 다윗이 예루살렘으로 돌아가는 중에 유다 사람과 이스라엘 사람 사이에 주도권 싸움이 벌어진 것을 다루고 있다. 이때 압살롬이 반역을 일으킨 원인이 자신이 남쪽 유다의 민심을 잃었기 때문인 것으로 판단한 다윗은 은근히 유다 편을 들었다. 그러자 이번에는 북쪽 지파에서 반역이 일어났다. 반역을 일으킨 세바가 베냐민 출신이었다는 사실이 흥미롭다.

지파 중심의 사회에서 중앙 집권적 통일 국가를 이루기란 이처럼 힘든 일이었다. 이쪽을 돌보자니 저쪽이 울고 저쪽을 돌보자니 이쪽이 불만을 가지는 바람에 다윗은 수십 번 사면초가(四面楚歌)의 어려움을 느꼈을 것이다. 베냐민 지파 비그리의 아들 세바는 북쪽으로 가면서 사람들을 모아 봉기하였다. 북쪽 지파가 다윗에게서 벗어나려는 시도였다.

그러나 다윗은 안정된 군사력으로 이들을 곧 제압했다. 이때 아마사가 다윗이 명령한 기일을 넘기며 지체하자 다윗은 요압의 동생 아비새를 장관으로 임명해 세바를 진압하라고 명령했다. 아마사는 압살롬의 반역에 가담한 이후 군대가 그를 따르지 않았던 것 같다. 아비새가 군대를 모아 바로 출발하자 요압이 다시 실세가 되었다. 요압은 베냐민 기브온 큰 바위 곁에서 칼로 아마사의 배를 찔러 죽였다. 요압에게 아마사는 이종사촌 지간이긴 하나 적장이었고 자신의 직위를 빼앗

**서쪽에서 본 아벨 벧마아가**
세바는 이스라엘의 가장 북쪽 성까지 와서 항전하다 이 성의 지혜로운 여인에게 죽임을 당해 요압에게 넘겨졌다.

세바의 반란과 다윗의 인구 조사 경로

은 정적이었다. 요압은 이후 이스라엘의 가장 북쪽 단 지경의 아벨 벧마아가까지 추적해 세바가 숨어 들어간 성읍을 토성을 둘러 정복하고자 했다. 정세가 기울었음을 판단한 아벨 벧마아가의 지혜로운 여인이 중재에 나서 세바를 제거함으로써 북쪽에 안정을 가져왔다.

남쪽 유다의 드고아 여인도 그랬고 북쪽 아벨 벧마아가의 여인도 그랬듯이 지혜로운 여인은 역사의 흐름을 바꾸어 놓는다.

## 아라우나 타작마당 **삼하 24장; 대상 21장** : 인구 조사

다윗은 헤브론에서 7년 반을 다스린 다음 예루살렘으로 수도를 천도했다. 이곳에서부터 다윗은 영토를 확장했다. 단에서 브엘세바까지가 이스라엘 사람들이 정착한 일반적인 경계였다.

다윗은 말년에 인구 조사를 실시했다. 이스라엘의 인구 조사는 여호와의 명령에 의하여 실시된 적이 있는데(민 1:1-3), 출애굽기 30:12을 보면 인구 조사를 할 수 있다고 되어 있다. 그러나 인구 조사의 의도와 방법을 지킬 것을 명시하고 있다. 주변 국가가 세금과 군사력을 증강할 목적으로 인구 조사를 시행하기 때문이다. 그렇기에 하나님은 인구 조사는 레위인이 하며(민 1:3), 조사받는 각 사람

**이스라엘의 화폐인 반 세겔**
다윗 당시에는 화폐보다는 은을 달아 주었다.

이 속전(히브리어로 코펠)을 내라고 하셨다.

하나님께서 인구 조사받은 자마다 생명의 속전(헬라어 '뤼토스-뤼오'로 '풀어 주다'에서 유래)을 바치도록 한 이유는 온역(질병)을 당하지 않기 위함이었다. 자신이 장성하여 이제 이스라엘 공동체의 어엿한 일원으로 계수받게 된 것이 전적으로 하나님의 은혜임을 깨닫고 그 은혜에 감사하는 마음으로, 또한 자신의 생명을 보존해 주신 하나님의 구속을 인정하는 마음으로 속전을 지불하라는 의미일 것이다. 이는 또한 만일 감사하지 않으면 하나님의 진노를 당하게 되리라는 것을 뜻한다. 즉 이스라엘 백성은 하나님께 속한 자들임을 고백하는 신앙 고백을 가지고 인구 조사를 하라는 것이다. 그러나 다윗은 어땠는가? 요압이 인구 조사를 하고 보고한 내용을 보면 이스라엘에서 칼을 빼는 담대한 자를 조사하는 인구 조사였다. 즉 군사력을 계수하기 위한 인구 조사였던 것이다.

> 5 요단을 건너 갓 골짜기 가운데 성읍 아로엘 오른쪽 곧 야셀 맞은쪽에 이르
> 러 장막을 치고 6 길르앗에 이르고 닷딤홋시 땅에 이르고 또 다냐안에 이르러
> 서는 시돈으로 돌아 7 두로 견고한 성에 이르고 히위 사람과 가나안 사람의
> 모든 성읍에 이르고 유다 남쪽으로 나와 브엘세바에 이르니라 8 그들 무리가
> 국내를 두루 돌아 아홉 달 스무 날 만에 예루살렘에 이르러 9 요압이 백성의
> 수를 왕께 보고하니 곧 이스라엘에서 칼을 빼는 담대한 자가 팔십만 명이요
> 유다 사람이 오십만 명이었더라 삼하 24:5-9

그러나 이 일은 다윗의 문제가 아니라 이스라엘의 문제였다. 여호와께서 기름부은 종 다윗을 이스라엘이 두 번이나 대적한 일은 따로 대가를 치러야 했다(삼하 24:1). 그래서인지 이 사건은 다윗의 실수나 그 집의 재앙보다는 민족의 재앙으로 나타난다. 다윗의 인구 조사는 출애굽기 30:12처럼 온역 재앙으로 나타나 3일 안에 7만 명이 죽는 결과를 가져왔다(삼하 24:15).

> 네가 이스라엘 자손의 수효를 조사할 때에 조사받은 각 사람은 그들을 계수할 때에 자기의 생명의 속전을 여호와께 드릴지니 이는 그것을 계수할 때에 그들 중에 질병(온역)이 없게 하려 함이라 출 30:12

여기서,
묵상

### 최고의 신앙고백

다윗은 생애 마지막까지 하나님이 참된 이스라엘의 왕이심을 깨달아야 했다. 그 깨달음이 절정에 이르렀을 때 죄 중에 은혜가 더하였다. 온역(질병)을 멈춘 장소가 우연인지 의도적이었는지 모르지만 아브라함이 이삭을 드린 모리아산이었다. 하나님은 모리아산에서 아브라함의 말년에 최고의 신앙 고백을 받으셨다(창 22:9-13). 그리고 이번에는 다윗의 말년에 최고의 신앙 고백을 듣는다.

다윗은 아라우나 타작마당을 사서 인구 조사에 대한 속죄제를 드렸다. 이때 여호와는 불로 응답해 주셨다.

> 16 천사가 예루살렘을 향하여 그의 손을 들어 멸하려 하더니 여호와께서 이 재앙 내리심을 뉘우치사 백성을 멸하는 천사에게 이르시되 족하다 이제는 네 손을 거두라 하시니 여호와의 사자가 여부스 사람 아라우나의 타작 마당 곁에 있는지라 17 다윗이 백성을 치는 천사를 보고 곧 여호와께 아뢰어 이르되 나는 범죄하였고 악을 행하였거니와 이 양 무리는 무엇을 행하였나이까 청하건대 주의 손으로 나와 내 아버지의 집을 치소서 하니라 삼하 24:16-17

아브라함이 이삭을 낳고 행복감에 젖었을 때 하나님은 그의 가장

**아라우나 타작마당이었던 황금돔 성전산 지역**
여호와 이레의 땅 모리아산은 아라우나 타작마당으로 이용되다 솔로몬에 의해 성전산으로 바뀌었다.

사랑하는 이조차 하나님께 속한 것임을 주장하셨고, 다윗이 인구 조사를 하여 왕국을 자신의 것으로 생각하려 할 때 모리아산에서 진정한 주인이 누구인가를 확인시켜 주셨다. 이 장소는 결국 여호와를 위한 제사의 장소로 준비되었다(여호와 이레). 하나님은 아라우나 혹은 오르난 타작마당의 제사를 불을 내려 응답해 주셨다.

> 다윗이 거기서 여호와를 위하여 제단을 쌓고 번제와 화목제를 드려 여호와께 아뢰었더니 여호와께서 하늘에서부터 번제단 위에 불을 내려 응답하시고 대상 21:26

아론의 위임식에 불을 내려 응답하신 하나님이 다윗에게도 응답하셨다. 이 기념비적인 장소를 아라우나에게 은 50세겔에 샀다. 역대기 기자는 금 600세겔에 그 자리를 샀다고 하였다. 아마도 사무엘하에서는 타작마당을, 역대기에서는 모리아산을 구입했을 가능성이 크다. 이 산 위에 솔로몬은 성전을 지어(대하 3:1) 법궤를 안치하고 이스라엘의 진정한 주인이 하나님 되심을 만대에 선포하였다.

> 솔로몬이 예루살렘 모리아산에 여호와의 전 건축하기를 시작하니 그곳은 전에 여호와께서 그의 아버지 다윗에게 나타나신 곳이요 여부스 사람 오르난의 타작 마당에 다윗이 정한 곳이라 대하 3:1

기혼 샘이 있던(창 2:13) 예루살렘은 에덴동산의 가장 유력한 후보지다. 아브라함은 이곳에서 이삭 대신 제물로 드려질 양을 보고 '여호와 이레'라 불렀다(창 22:14). 다윗은 이 땅을 속전의 대가를 주고 사서 제사를 드릴 때 불로 응답받았다. 솔로몬이 이 위에 세운 성전에 예수님이 오셨고, 이 성전 남쪽 산헤드린 공회에서 사형 선고를 받아 화목제물로 죽으셨다. 요한계시록 21:2에서는 새 예루살렘이 내려옴을 보여 주신다. 성부 하나님의 돌판과 성자 예수님의 죽으심과 부활, 성령 하나님이 임하신 그곳이야말로 삼위일체 하나님이 계신 처소요, 진정한 성전의 표상이라고 할 수 있다.

## 다윗의 통치 요약

구약과 신약에서 언급되는 비중을 볼 때 다윗의 생애와 통치를 요약하는 것은 필수적이라 생각된다. 목동으로서, 왕으로서 다윗은 이스라엘 역사에서 독보적 위치를 차지하는 인물이다. 다윗은 약하고 천대받는 자가 하나님의 절대적인 은혜로 강한 자를 능가하는 인물이 되는 본보기가 되었다. 광야의 목동(이새의 막내)이 혹은 쉐펠라의 골리앗 앞에 선 소년 다윗이 장차 이스라엘의 왕이 되리라곤 그 누구도 상상하기 힘들었다. 선지자 사무엘이 베들레헴에서 다윗에게 기름을 부었어도 등극은 막연했다(삼상 16:1-13).

다윗은 시작은 미미했으나 결국 군사적 천재이자 탁월한 정치가이며 존경받는 지도자로 성장했다. 그는 유다의 메마른 광야에서 시작하여 남으로는 애굽 시내, 북으로는 메소포타미아 유브라데강까지 이르는 지역을 다스리는 왕이었다. 그러한 위치, 명성, 성공과도 바꿀 수 없는 것이 다윗이 하나님의 영에 민감하고 하나님만을 일평생 의지한 사람이라는 점이다.

지도 그리기

사무엘하 1

부록에서 지도를 찾아 그리세요

# 시편

## 서론 27·28·29·30일

시편은 모세 시대부터 포로기까지 긴 역사의 결정체다. 역사 순서대로 기록되지도 않았고, 형식이 시이기 때문에 시편을 역사와 지리로 보는 데는 한계가 있다. 시편 1:1의 미드라쉬 해석을 보면, 시편은 "모세가 이스라엘에게 다섯 권의 율법책을 준 것같이 다윗도 이스라엘에게 다섯 권의 시편을 주었다"고 한다. 시편은 모세오경처럼 5권으로 구성되었으며 시편 150편 중 다윗이 73개, 아삽이 12개, 고라 자손이 10개, 솔로몬(72, 127편), 에스라 사람 헤만(88편), 에스라 사람 에단(89편), 모세의 시(90편), 아무런 제목이 없는 시가 50개다. 회당에서는 모세오경을 153개로 나누고, 150개의 시편들과 함께 3년 주기로 봉독한다. 시편의 구조를 김정우 교수는 다음과 같이 나누었다.

역대상은 아담부터 다윗왕까지의 이야기가 기록되어 있다.
시편과 함께 해당 역대상 본문을 찾아 읽으면, 지금까지 사무엘상에서 읽었던 감동을 다시 되새길 수 있을 것이다.

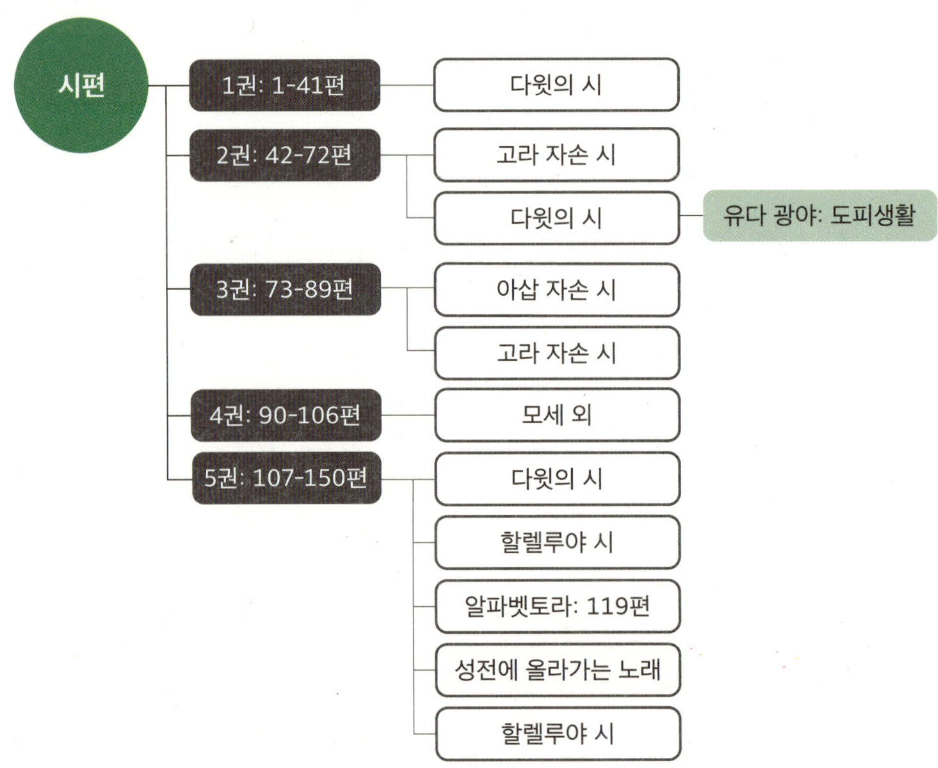

| | | |
|---|---|---|
| 제1권(1-41편) | 1-2 | 시편 전체 서론 |
| | 3-41 | 다윗 시편 |
| 제2권(42-72편) | 42-49 | 고라 시편(아삽 시 50편으로 결론 맺음) |
| | 51-72 | 다윗 시편(솔로몬의 72편으로 결론 맺음) |
| 제3권(73-89편) | 73-83 | 아삽 시편 |
| | 84-89 | 고라 자손의 시들(86편 제외) |
| 제4권 (90-106편) | 90-107 | 서로 이어진 시 (105-107 편) |
| 제5권 (107-150편) | 108-111 | 다윗의 시 |
| | 111-118 | 할렐루야 시들 첨가 |
| | 119 | 알파벳 토라 시편 |
| | 120-134 | 성전에 올라가는 노래(135-137편 첨가) |
| | 138-145 | 다윗의 시 |
| | 146-150 | 할렐루야 시편으로 마침 |

시편이 역사의 순서를 무시했어도 배경 없는 시가 있을 수 없듯이 각 시는 시대를 품고 있고 시인의 삶을 기초로 지어졌다. 시편 23편의 다윗의 시에서 보듯 그가 목자 생활을 했던 경험이 시에서 자연스럽게 배어 나온다. 다만 시의 배경을 밝히는 일에 집착하다 보면 시인의 의도를 왜곡할 수 있기에 주의해야 한다. 분명한 배경을 밝힌 시편을 위주로 살펴보았을 때 단연 돋보이는 시가 다윗의 도피생활과 왕이 된 후 겪은 역경 중에 지은 시들이다. 다윗의 시를 보면서 그가 바라보았던 환경과 지리적 배경을 알아보자. 대체로 다윗이 어렵게 피난생활 중에 지은 시가 제목의 주를 이룬다.

/
**다윗 묘 앞의 하프를 켜는 다윗상**
다윗은 왕이자 시인이었다.

//
**성년식을 맞아 성경 읽기 테스트를 하는 소년**
말씀을 읽고 노래하는 자가 성년이 될 수 있다.

## : 27일

**오늘 읽을 분량**

**성경** 대상 1-15, 시 132

**본서** 278-298쪽

### 성경의 맥 잡기

1. 아담부터 바벨론 포로 귀환까지의 거대한 족보 이야기
2. 사울왕의 죽음과 다윗의 등극과 용사들, 예루살렘 수도 이전과 언약궤 이동

### 신구약 연결 포인트

1. 역대상의 족보와 마태복음 1장의 족보, 누가복음 3장의 족보를 비교
2. 언약궤를 옮기던 길이 예수님이 부활 후 엠마오로 가시던 길

### 묵상 가이드

1. 그동안 공부했던 모든 정보를 동원하여 족보와 역사와 지리를 연결해 보라.
2. 사무엘하와 역대상의 공통점과 차이점은 무엇인가? 역대상은 포로 귀환 후의 기록이다.

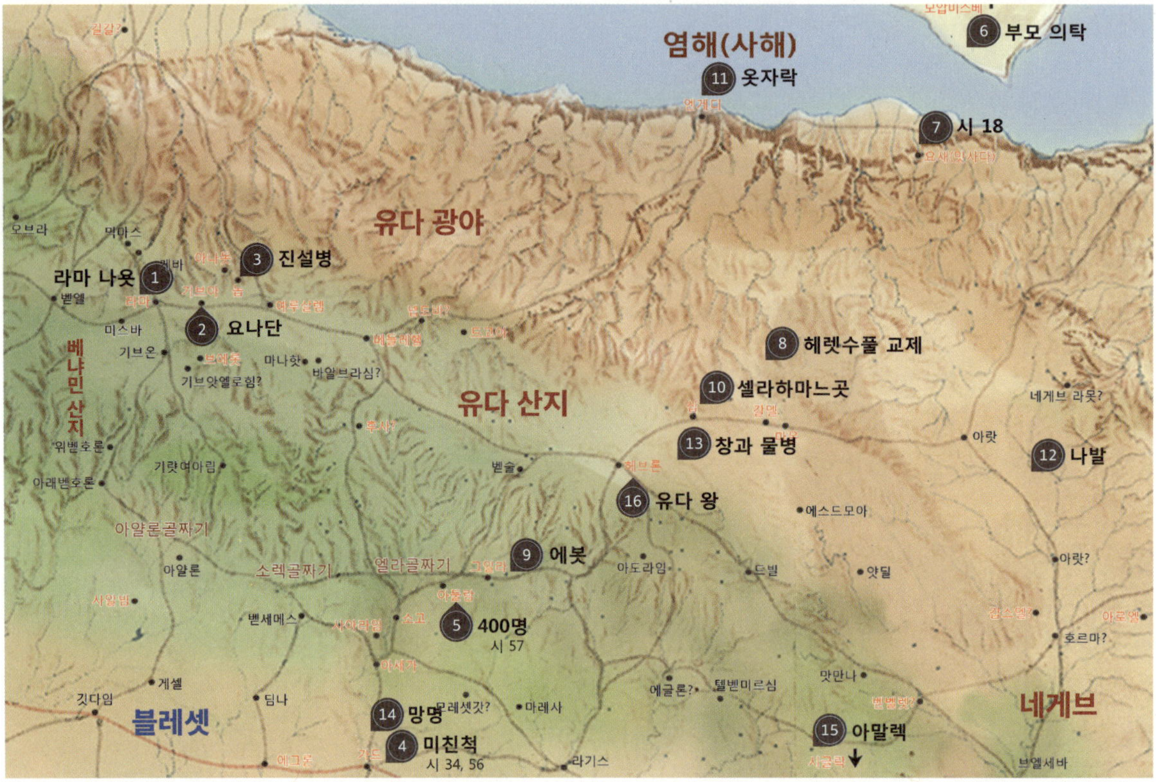

염해(사해)
6 부모 의탁
11 옷자락
엔게디
7 시 18
유다 광야
오브라
믹마스
게바
라마 나욧
1
3 진설병
벧엘
라마
2 요나단
미스바
기브온
베냐민 산지
기브앗엘로힘?
마나핫
바알브라심?
유다 산지
8 헤렛수풀 교제
10 셀라하마느곳
13 창과 물병
12 나발
네게브 라못?
아랏
윗벧호론
아래벧호론
기럇여아림
벧술
헤브론
16 유다 왕
에스드모아
아얄론골짜기
아얄론
소렉골짜기
엘라골짜기
9 에봇
아도라임
드빌
얏딜
아랏?
벧세메스
소고
5 400명
시 57
호르마?
게셀
깃다임
딤나
블레셋
14 망명
모레셋갓?
마레사
에글론?
텔벧미르심
맛만나
네게브
15 아말렉
4 미친척
시 34, 56
라기스
브엘세바


## 다윗의 도피생활 관련 시편

| | | | |
|---|---|---|---|
| 기브아 | 59편 | 사울이 사람을 보내어 다윗을 죽이려고 그 집을 지킨 때에 | 삼상 19:11-17 |
| 가드 | 34편 | 다윗이 아비멜렉 앞에서 미친 체하다가 쫓겨 나서 지은 시 | 삼상 21:10-15 |
| 가드 | 56편 | 다윗이 가드에서 블레셋인에게 잡힌 때에 | 삼상 21:10-15 |
| 아둘람 | 57편 | 다윗 시편(솔로몬의 72편으로 결론 맺음) | 삼상 22:1-2 |

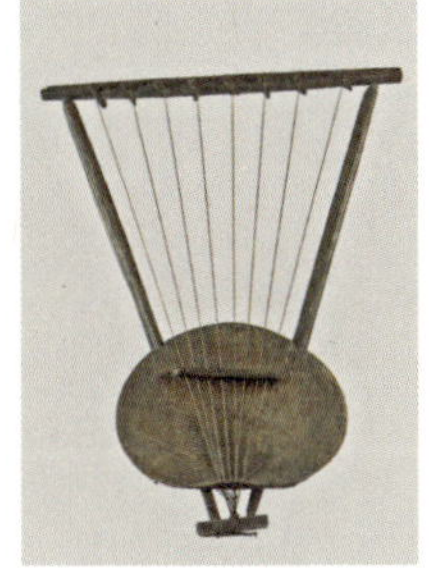

다윗이 가지고 다니면서 연주했을 법한 비파. (세계기독박물관)

내 영광아 깰지어다 비파야, 수금아, 깰지어다 내가 새벽을 깨우리로다 시 57:8

| | | | |
|---|---|---|---|
| 아둘람 | 142편 | 다윗이 굴에 있을 때에 지은 기도 | 삼상 22:1-2 |
| 유다 광야 | 63편 | 유다 광야에 있을 때에 | 삼상 22:4-5 |
| 기브아 | 52편 | 에돔인 도엑이 사울에게 이르러 다윗이 아히멜렉의 집에 왔다고 그에게 말하던 때에 | 삼상 22:6-23 |

| 기브아? | 7편 | 베냐민인 구시의 말에 따라 여호와께 드린 노래 | 삼상 23:7 ? |
|---|---|---|---|
| 십 | 54편 | 십 사람이 사울에게 이르러 말하기를 다윗이 우리가 있는 곳에 숨지 아니하였나이까 하던 때에 | 삼상 23:15-29 |

## 다윗이 왕이 된 후에 기록한 시편

| 아람 | 60편 | 다윗이 아람 나아라임과 아람소바와 싸우는 중에 요압이 돌아와 에돔을 소금 골짜기에서 쳐서 만 이천 명을 죽인 때에 | 삼하 8:3-18 |
|---|---|---|---|
| 예루살렘 | 51편 | 다윗이 밧세바와 동침한 후 선지자 나단이 그에게 왔을 때에 | 삼하 12:1-23 |
| 마하나임 | 3편 | 다윗이 그의 아들 압살롬을 피할 때에 | 삼하 15:13-17:29 |
| 예루살렘 | 18편 | 여호와께서 다윗을 그 모든 원수들의 손에서와 사울의 손에서 건져 주신 날에 다윗이 이 노래의 말로 여호와께 아뢰어(다윗의 승전가) | 삼하 7:1; 삼하 22:1-51 |

위 시편에서 7편 외에는 대부분의 역사 지리 배경은 사무엘상하에서 언급하였다. 그러나 73편의 다윗의 시 중에는 구체적인 상황을 제목에서 언급하지 않았지만 내용을 통하여 그 배경을 충분히 알 수 있는 중요한 시편들이 있다.

# : 28일

**오늘 읽을 분량**

**성경** 대상 16-27, 시 23, 24

**본서** 278-298쪽

### 성경의 맥 잡기

1. 다윗의 언약과 성전 건축 준비, 아람, 암몬, 블레셋 정복
2. 다윗의 인구조사와 오르난 타작마당 응답

### 신구약 연결 포인트

1. 다윗의 소원은 성전 건축, 예수님의 오심을 준비하는 일
2. 오르난 타작마당의 불 응답은 예수님의 죽으심으로 휘장이 찢어짐과 비교

### 묵상 가이드

1. 다윗의 행적에서 사무엘하와 역대상의 차이점은?
2. 왕이 된 다윗이 성전 건축과 그곳에서 일할 조직에 얼마나 심혈을 기울였나를 보라.

/
가드와 동굴과 관계되는 시를 썼을 것으로 추정되는 아둘람 굴

//
**에돔의 소금 골짜기 부근에서 맞는 일몰**
다윗은 이때 남북의 도전을 받고 힘들어했다.

///
**얍복강을 지나 오른쪽 마하나임으로 오르는 길**
다윗은 압살롬을 피해 야곱이 넘던 얍복강을 지나며 야곱에게 응답하신 이스라엘의 하나님을 부르지 않았을까.

## : 29일

**오늘 읽을 분량**

**성경** 대상 28, 시 6, 11-13, 15-17, 21, 25-26, 28, 31-32, 35-36, 38-39, 41, 55, 58, 61-62

**본서** 278-298쪽

**성경의 맥 잡기**

1. 통치 말년 성전 건축을 지시
2. 다윗의 시들 모음

**신구약 연결 포인트**

1. 예수님은 성전을 삼 일에 짓겠다고 하심(요 2:20)
2. 다윗의 위 시 중 11, 26, 35, 41편 등이 예수님과 연관된 시로 추정

**묵상 가이드**

1. 다윗은 건축만 안 했지 모든 준비를 마쳤고 전쟁의 전리품 전부를 성전 건축에 쏟아 부었다.
2. 다윗은 시인이었고 노래하는 자였다. 주어진 시간 동안 최선을 다하여 재능을 최고조로 올렸다.

# 배경을 통해 상황을 알 수 있는 시편

## 시편 23편, 광야에서 목자와 양의 관계

1 여호와는 나의 목자시니 내게 부족함이 없으리로다
2 그가 나를 푸른 풀밭에 누이시며 쉴 만한 물가로 인도하시는도다
3 내 영혼을 소생시키시고 자기 이름을 위하여 의의 길로 인도하시는도다
4 내가 사망의 음침한 골짜기로 다닐지라도 해를 두려워하지 않을 것은 주께서 나와 함께하심이라 주의 지팡이와 막대기가 나를 안위하시나이다
5 주께서 내 원수의 목전에서 내게 상을 차려 주시고 기름을 내 머리에 부으셨으니 내 잔이 넘치나이다
6 내 평생에 선하심과 인자하심이 반드시 나를 따르리니 내가 여호와의 집에 영원히 살리로다 시편 23:1-6

다윗의 시로 가장 유명한 23편은 이스라엘의 유다 광야를 이해할 때 시의 묘미를 알 수 있다.

유다 광야는 유다 산지의 동쪽 경사지를 말한다. 동쪽으로 내려가는 경사로는 24km 내에 1200m를 내려가면서 3~5단계의 급경사를 지난다. 특히 마지막 염해 앞에서는 40m까지 이르는 절벽을 내려가야 한다. 여호사밧왕이 찬양대를 앞세우고 모압의 연합군을 치러 갈 때 모압 연합군은 마지막 경사지에서 시스 고개를 넘어오려 기다리다가 자중지란

/ 목자들은 눈이 어두운 양들을 푸른 초장으로 인도한다. (사진_염태공)

// **목자가 양 떼를 이끈다**
양은 청력 외에 좋은 것이 별로 없지만 목자에 순종적이라 지구상 가장 많은 짐승 중 한 종이 되었다.

에 빠져 자멸하였다(대하 20:1-26). 유다 광야는 산지로 많은 골짜기가 있는데 이는 예루살렘이 있는 산 능선 지역에서 내린 비가 기드론 골짜기 등과 같은 와디를 통하여 흘러내려 깊은 골짜기를 형성하기 때문이다. 산지의 물은 광야로 스며들어 염해(사해) 앞에서 샘으로 터져 나오기도 하는데 하사손다말이라 불리는 엔게디가 대표적인 유다 광야의 오아시스라 할 수 있다. 엔게디 근처에는 많은 자연동굴이 있어서 도망자들의 도피처로 이용되는가 하면, 쿰란처럼 수도자들의 처소로 이용되기도 했다. 유다 광야 동굴 중 가장 유명한 곳은 아무래도 2천 년 전 성경이 보관되었던 곳이다.

농업적으로는 유다 광야의 오아시스에서 얼마의 종려나무를 통해 열매를 거둘 수 있었다. 그러나 무엇보다 유다 광야는 목축을 위한 초장을 제공한다. 겨울에 잠깐 오는 비는 일시적으로 푸른 초장을 만들지만 봄이 되면서 불어오는 남풍과 동풍은 나무들을 자라지 못하게 만들고 풀들을 건초로 만든다. 이런 과정에서 양들이 목자를 절대적으로 의지할 수밖에 없는 환경이 조성된다.

일단 양들은 색맹이다. 그래서 푸른 풀과 건조한 누런 풀을 구분하지 못한다. 특히 여름엔 건초 색과 돌, 흙의 색이 동일해져서 양들은 멀리서는 풀과 흙, 돌을 구별하지 못한다. 이때 목자가 미리 봐 둔 초지로 양을 인도한다. 푸른 풀이 있을 때도 양들은 기억력이 좋지 못해 자기 집도 찾아 들어가지 못하므로 목자는 초지가 형성되는 지역으로 인도해야 한다. 쉴 만한 물가도 마찬가지다. 샘물이 어디에 있는지 기억하지 못하는 양은 목자의 인도를 받아야 한다. 거기다 양은 몸에 공격 무기가 없다. 뿔도 돌돌 말려 공격이 불가능하고 다른 동물에 비해 잘 달리지도 못한

## : 30일

**오늘 읽을 분량**

**성경** 대상 29, 시 64-65, 69-70, 86, 101, 103, 108-109, 122, 124, 131, 138, 140, 143-145

**본서** 278-298쪽

### 성경의 맥 잡기

1. 다윗이 모든 예물을 드리며 모든 것이 하나님 것임을 인정함
2. 다윗의 시 모음 중 다수는 다윗의 시라기보다는 다윗을 위한 시다.

### 신구약 연결 포인트

1. 대상 29:14은 모든 것이 주께로 말미암음을 인정하고 있고, 롬 11:36이 이를 인정하고 인용
2. 시 119은 다윗의 삶과 예수님의 고난을 일치시킴

### 묵상 가이드

1 솔로몬을 도울 신하들과 언약을 맺고 자신이 준비한 모든 예물을 드려 성전 건축을 준비한다.
2 다윗의 시들 중 120편에서 134편까지의 시는 성전에 올라가는 노래다.

/
**양을 경계하는 양치기 개들**
외부인이나 들짐승이 접근하면 목숨 걸고 지킬 뿐 아니라 양 떼의 이탈을 막아 목자에게 인도한다.

//
**물가로 인도되는 양 떼**
양은 눈이 어둡고 기억력이 좋지 않아 물가로 가지 못하지만 목자를 따라 가면 무엇이든 얻을 수 있다.

다. 들짐승을 만나면 그대로 죽는 수밖에 없다. 그래서 목자는 물을 얻으러 들어간 깊은 골짜기에서 특히 긴장한다. 긴 지팡이와 근접전을 할 수 있는 막대기로 무장하고 혹시 물가에서 나타날 하이에나, 늑대, 표범 심지어 사자나 곰과 대결할 준비를 해야 한다. 목자의 결연한 의지를 보면 들짐승들이 감히 양 떼에 근접할 수 없다.

양들이 유다 광야에서 살아남으려면 목자를 의지하는 수밖에 없다. 그래서 다윗이 외치는 "여호와는 나의 목자시니"라는 말은 '여호와는 나의 생명이시니'라는 고백이요, 내가 여호와를 떠나서 하루도 살 수 없는 존재라는 고백이다. 예수님의 길 잃은 한 마리 양의 비유는 유다 광야를 고려할 때 매우 절박한 상황이다. 양이 그날 구원 받지 못하면 집을 찾아 돌아오지 못하므로 죽은 목숨이나 마찬가지다. 그렇기에 어떻게든 그를 구원하려는 목자의 심정은 절박할 수밖에 없다.

## 여기서, 묵상

이렇게 약한 양이 지구상에서 가장 많은 가축 중 하나가 되었다. 가장 약하고 어리석은 양이 이렇게 많은 이유가 무엇일까? 양은 귀가 좋다. 그래서 목자의 음성을 듣는다. 양은 순종적이다. 목자가 죽이려 할 때도 아무 소리도 내지 않는다. 그의 순종적인 기질은 목자의 절대적인 보호를 받아 번성하게 된다. 성도가 양이라는 사실은 이처럼 장점과 단점을 동시에 갖고 있음을 의미한다. 만약 장점을 살려 청종하지 못하면 그는 하루도 세상에 존재하기 힘든 위태로운 상황임을 기억해야 한다.

목자는 예수님이요, 양은 성도다. 그렇다면 목회자는 무엇일까? 양치기 개

/ 다윗은 양을 치면서 시를 만들고 악기로 노래하였다.

// 문들아 머리 들지어다! 법궤가 들어올 때 성막의 천으로 된 문이 들어 올려지는 광경이 연상된다.

가 딱 어울린다. 그래서 나는 스스로 '양견'이라 부른다. 선한 목자에게로 인도하는 양치기 개는 너무 무서우면 양이 도망가고, 너무 친하면 양이 통제가 안 된다. 그래서 외롭다. 양치기 개들은 양들이 풀을 뜯을 때 자기들끼리 모임을 갖는다. 목회자들끼리 위로를 받는 시간이다.

---

## 시편 24편, 다윗성 언약궤 입성식

7 문들아 너희 머리를 들지어다 영원한 문들아 들릴지어다 영광의 왕이 들어가시리로다
8 영광의 왕이 누구시냐 강하고 능한 여호와시요 전쟁에 능한 여호와시로다
9 문들아 너희 머리를 들지어다 영원한 문들아 들릴지어다 영광의 왕이 들어가시리로다
10 영광의 왕이 누구시냐 만군의 여호와께서 곧 영광의 왕이시로다(셀라) 시 24:7-10

사무엘하 6장에서 이미 언급하였듯이 다윗은 언약궤를 기럇여아림에서 새로운 수도 예루살렘으로 옮겨 올 때 이 노래를 불렀을 것이다. 문들이 머리를 드는 모습은 성막 문이 위로 들리는 모습을 연상하게 한다.

## 시편 132편, 다윗의 언약 삼하 7장; 대상 17장

다윗은 예전에는 하나님도 휘장 가운데 있고 자신도 천막에 살았는데 이제 자신은 백향목궁에 머무는데 하나님의 언약궤는 휘장 가운데 있는 것이 너무 죄송했다. 그래서 시편 132편에서 이렇게 노래한다.

**다윗성 남서쪽 성벽**
다윗이 언약궤를 모셔 오면서 예루살렘은 역사상 가장 중요한 도시가 되었다.

다윗이 궁전에 비해 초라해 보이는 성막을 짓고자 했을 때 하나님은 그 마음을 기뻐하여 다윗의 언약이라는 축복을 주셨다.

1 여호와여 다윗을 위하여 그의 모든 겸손을 기억하소서
2 그가 여호와께 맹세하며 야곱의 전능자에게 서원하기를
3 내가 내 장막 집에 들어가지 아니하며 내 침상에 오르지 아니하고
4 내 눈으로 잠들게 하지 아니하며 내 눈꺼풀로 졸게 하지 아니하기를
5 여호와의 처소 곧 야곱의 전능자의 성막을 발견하기까지 하리라 하였나이다
6 우리가 그것이 에브라다에 있다 함을 들었더니 나무 밭에서 찾았도다
7 우리가 그의 계신 곳으로 들어가서 그의 발등상 앞에서 엎드려 예배하리로다
8 여호와여 일어나사 주의 권능의 궤와 함께 평안한 곳으로 들어가소서
9 주의 제사장들은 의를 옷 입고 주의 성도들은 즐거이 외칠지어다
10 주의 종 다윗을 위하여 주의 기름 부음 받은 자의 얼굴을 외면하지 마옵소서
11 여호와께서 다윗에게 성실히 맹세하셨으니 변하지 아니하실지라 이르시기를 네 몸의 소생을 네 왕위에 둘지라
12 네 자손이 내 언약과 그들에게 교훈하는 내 증거를 지킬진대 그들의 후손도 영원히 네 왕위에 앉으리라 하셨도다 시 132:1-12

다윗의 언약은 사무엘하 7장에 기록되어 있다. 이때 얻은 약속이 시편 132편 11-12절에 언급된다. 2-5절의 언급이 다윗이 여호와의 집을 지으려는 의도를 말한 것이라면 성전에 올라가는 노래인 132편은 다윗이 성전을 지으려 한 때를 추억하게 한다.

다윗은 두로왕 히람이 보내 준 건축자들이 백향목궁을 완성했을 때 나단 선지자를 불러 이렇게 말한다.

> 왕이 선지자 나단에게 이르되 볼지어다 나는 백향목궁에 살거늘 하나님의 궤는 휘장 가운데에 있도다 삼하 7:2

하나님을 먼저 높이는 다윗의 이 마음이 하나님의 영광이었고 기쁨이었다. 이 마음 때문에 그는 다윗의 언약이라는 약속을 받게 되었다.

## 여기서,
## 묵상

다윗은 찬송과 그의 삶에서 진정한 왕은 자신이 아니라 만군의 여호와임을 분명히 하였다. 영광(카보드)은 무겁다라는 '카베드'에서 왔다. 하나님께 무게를 두는 행위가 영광이다. 우선순위를 하나님께 두며, 그분에게 나의 관심을 두는 삶이 영광의 삶이다. 다윗은 그런 면에서 언제나 하나님께 무게를 둠으로써 하나님을 영광의 왕으로 인정한 인물이다.

/
암사슴의 발은 높은 곳을 자유롭게 뛴다.

### 시편 18편, 다윗의 승전가

다윗이 사울과 모든 원수의 손에서 구원받고 주변을 평정했을 때 부른 노래다.

1 나의 힘이신 여호와여 내가 주를 사랑하나이다

2 여호와는 나의 반석이시요 나의 요새시요 나를 건지시는 이시요 나의 하나님이시요 내가 그 안에 피할 나의 바위시요 나의 방패시요 나의 구원의 뿔이시요 나의 산성이시로다

9 그가 또 하늘을 드리우시고 강림하시니 그의 발아래는 어두캄캄하도다

10 그룹을 타고 다니심이여 바람 날개를 타고 높이 솟아오르셨도다

19 나를 넓은 곳으로 인도하시고 나를 기뻐하시므로 나를 구원하셨도다

28 주께서 나의 등불을 켜심이여 여호와 내 하나님이 내 흑암을 밝히시리이다

/
마사다라 불리는 요새에서 바라본 유다 광야

//
**마사다 요새**
다윗은 천연 요새인 이곳에서 머물면서 하나님이 진정한 요새이심을 노래했다.

/
**유대 광야에서 본 먹구름과 무지개**
다윗은 천둥번개와 함께 떠오르는 무지개를 보면서 하나님의 일하심을 노래하곤 했다.

/
쿰란에서 만난 무지개

/
**세겜의 그리심산과 에발산**
두 산은 남북을 나누고 그 가운데로 해변길을 가는 길이 열린다.

33 나의 발을 암사슴 발 같게 하시며 나를 나의 높은 곳에 세우시며
34 내 손을 가르쳐 싸우게 하시니 내 팔이 놋 활을 당기도다 시 18:1-2, 9-10, 19, 28, 33-34

이 시는 유다 광야의 천혜 요새인 마사다에서 읽고 노래하면 마음에 확 다가온다. 마사다는 다윗이 모압에 부모님을 두고 피신하였던 곳이다(삼상 22:4). 다윗의 위대함은 골리앗처럼 위험한 적과 싸울 때뿐 아니라 요새라는 뜻을 가진 마사다같이 안전한 곳에 있을 때도 요새나 반석이 나의 피난처가 아니라 여호와가 반석이고 산성임을 분명히 했다. 평안할 때 잘하는 사람이 진짜 신앙인이다.

유다 광야에서 가끔 들이닥치는 먹구름과 천둥번개 그리고 무지개는 시편을 이해하는 데 도움이 된다. 유난히도 요란하게 내리는 산지의 비와 우박은 사람을 두렵게 하지만 자주 드리워지는 무지개는 아름다운 활과 같이 우리를 도우시는 하나님을 바라보게 한다.

## 시편 108편, 다윗의 찬송시

시편 108편은 다윗의 업적을 노래하는 최고의 시다. 다윗은 이스라엘 지파와 주변 국가의 상황을 모두 다루고 있다.

7 하나님이 그의 성소에서 말씀하시되 내가 기뻐하리라
내가 세겜을 나누며 숙곳 골짜기를 측량하리라
8 길르앗이 내 것이요 므낫세도 내 것이며
에브라임은 내 머리의 투구요 유다는 나의 규이며
9 모압은 내 목욕통이라 에돔에는 내 신발을 벗어 던질지며
블레셋 위에서 내가 외치리라 하셨도다 시 108:7-9

이 환희의 외침은(다윗에게 돌려진) 시편 32편에서 절정에 이른다.

10 악인에게는 많은 슬픔이 있으나 여호와를 신뢰하는 자에게는 인자하심이 두르리로다

11 너희 의인들아 여호와를 기뻐하며 즐거워할지어다 마음이 정직한 너희들
아 다 즐거이 외칠지어다 시 32:10-11

BC 11세기 후반에 베들레헴의 다윗은 예루살렘을 정치, 종교적 중심지로 키웠고, BC 1세기에 이스라엘의 정치, 종교적 중심지에 다윗의 자손 예수께서 이스라엘의 진정한 부흥을 일으키러 오셨다. 헤롯 대왕이 로마의 그늘 아래서 통치할 당시에 요셉과 마리아는 유다의 베들레헴으로 왔다. 사무엘이 다윗을 만나러 온 곳이다. 사무엘은 다윗에게 기름을 붓고 돌아가며 스스로 의심했을 것이다. 요셉과 마리아도 사무엘과 같은 의문을 가지며 베들레헴으로 향했다.

## 역사시

역사서에도 시편이 있다. 찬양과 노래는 하나님을 찬양하는 자연스런 표현이기에 산문에서도 드러날 수밖에 없다. 대표적인 예를 보자면, 바다의 노래(출 15:1-18), 법궤의 노래(민 10:35-36), 발람의 신탁(민 23-24장), 모세의 노래(신 32장), 모세의 축복(신 33장), 드보라의 노래(삿 5장), 한나의 노래(삼상 2:1-10), 이미 언급한 아브넬, 사울 등과 같은 인물이 죽었을 때 부른 애가, 승리 후 부른 승전가들이 있다. 반면 시편에서 시 형식을 취하지만 역사를 언급하는 역사시들도 있다. 대표적인 예로 78편을 꼽을 수 있다.

### 시편 78편

구약의 모든 상황과 사건은 신약과 깊은 관계가 있다. 이런 배경을 잘 알고 있던 사도 바울은 사무엘, 요나단, 요셉, 마리아와 심지어 나사렛 예수(히브리어 이름으로 여호수아)를 고린도 교회 성도들에게 보내는 그의 편지(고린도전서)에서 요약했다.

25 하나님의 어리석음이 사람보다 지혜롭고 하나님의 약하심이 사람보다 강
하니라 26 형제들아 너희를 부르심을 보라 육체를 따라 지혜로운 자가 많지
아니하며 능한 자가 많지 아니하며 문벌 좋은 자가 많지 아니하도다 27 그러

나 하나님께서 세상의 미련한 것들을 택하사 지혜 있는 자들을 부끄럽게 하
려 하시고 세상의 약한 것들을 택하사 강한 것들을 부끄럽게 하려 하시며 28
하나님께서 세상의 천한 것들과 멸시 받는 것들과 없는 것들을 택하사 있는
것들을 폐하려 하시나니 29 이는 아무 육체도 하나님 앞에서 자랑하지 못하
게 하려 하심이라 고전 1:25-29

이와 같은 주제가 에브라임(요셉의 집)과 유다 사이에 오래 지속된 경쟁을 요약하는 시편 78편에도 나타난다. 시편에서 전쟁에 대한 에브라임의 태도는 과거 역사 속에서 증명된 것처럼 '하나님이 누구신가'를 인정하는 것이 아니었다.

9 에브라임 자손은 무기를 갖추며 활을 가졌으나 전쟁의 날에 물러갔도다 10
그들이 하나님의 언약을 지키지 아니하고 그의 율법 준행을 거절하며 11 여
호와께서 행하신 것과 그들에게 보이신 그의 기이한 일을 잊었도다 시 78:9-11

시편 78:60-64절(블레셋의 침략)에서 표현된 이스라엘의 위협은 골리앗 앞에 선 어린 목동의 단순한 신앙 고백으로 극복된다(삼상 17:41-47).

다윗이 블레셋 사람에게 이르되 너는 칼과 창과 단창으로 내게 나아오거니와 나는 만군의 여호와의 이름 곧 네가 모욕하는 이스라엘 군대의 하나님의 이름으로 네게 나아가노라 삼상 17:45

시편 78편을 닫는 절은 혼란기에 백성을 위한 지도자로서 다윗을 선택한 하나님의 놀라운 섭리를 강조한다.

**동쪽에서 바라본 예루살렘**
유다 지파 다윗을 택한 상징이 예루살렘이다.

67 또 요셉의 장막을 버리시며 에브라임 지파를 택하지 아니하시고

68 오직 유다 지파와 그가 사랑하시는 시온산을 택하시며
69 그의 성소를 산의 높음같이, 영원히 두신 땅같이 지으셨도다
70 또 그의 종 다윗을 택하시되 양의 우리에서 취하시며
71 젖 양을 지키는 중에서 그들을 이끌어 내사 그의 백성인 야곱, 그
의 소유인 이스라엘을 기르게 하셨더니
72 이에 그가 그들을 자기 마음의 완전함으로 기르고 그의 손의 능숙
함으로 그들을 지도하였도다 시 78:67-72

**엔돌**
사사 기드온의 전쟁터인 엔돌 등이 시편에서 노래되었다.

목동이자 왕인 다윗이 누구인가를 알려면 그의 심령 깊이 자리 잡은 믿음과 이스라엘의 하나님에 대한 흔들리지 않는 확신을 가장 잘 드러내고 있는 그의 시를 묵상하지 않고는 완전할 수 없다. 시편 23과 78편의 52-55절은 상통하며 메아리친다.

52 자기 백성은 양같이 인도하여 내시고 광야에서 양 떼같이 지도하
셨도다
53 그들을 안전히 인도하시니 그들은 두려움이 없었으나 그들의 원
수는 바다에 빠졌도다
54 그들을 그의 성소의 영역 곧 그의 오른손으로 만드신 산으로 인도
하시고
55 또 나라를 그들의 앞에서 쫓아내시며 줄을 쳐서 그들의 소유를 분
배하시고 이스라엘의 지파들이 그들의 장막에 살게 하셨도다 시
78:52-55

그 외에도 역사적인 사건들을 노래한 많은 시들이 있다. 사사 기드온 전쟁을 연상케 하는 시편 83:9-10의 엔돌과 미디안 족속의 언급이라든지, 포로 이후 남방의 시내를 생각하며 빨리 돌아오기를 원하는 시편 126편 같은 시들이 그런 경우다.

### 출애굽 언급 시

시편 90편은 모세가 출애굽을 노래한 대표적인 시인데 이밖에도 시편

에는 모세와 출애굽 상황을 노래한 시가 많다.

애굽에서 장자를 친 재앙은 시편의 주요 노래 제목 중 하나다.

시 77:20 주의 백성을 양 떼같이 모세와 아론의 손으로 인도하셨나이다

시 78:12 옛적에 하나님이 애굽 땅 소안 들에서 기이한 일을 그들의 조상들의 목전에서 행하셨으되

시 80:8 주께서 한 포도나무를 애굽에서 가져다가 민족들을 쫓아내시고 그것을 심으셨나이다

시 103:7 그의 행위를 모세에게, 그의 행사를 이스라엘 자손에게 알리셨도다

시 105:26 그리하여 그는 그의 종 모세와 그의 택하신 아론을 보내시니

시 106:32 그들이 또 므리바 물에서 여호와를 노하시게 하였으므로 그들 때문에 재난이 모세에게 이르렀나니

시 114:1 이스라엘이 애굽에서 나오며 야곱의 집안이 언어가 다른 민족에게서 나올 때에

시 135:8 그가 애굽의 처음 난 자를 사람부터 짐승까지 치셨도다

시 136:10 애굽의 장자를 치신 이에게 감사하라 그 인자하심이 영원함이로다

## 시편 126편, 네게브 특징이 잘 나타난 시

1 여호와께서 시온의 포로를 돌려보내실 때에 우리는 꿈꾸는 것 같았도다

2 그때에 우리 입에는 웃음이 가득하고 우리 혀에는 찬양이 찼었도다 그때에 뭇 나라 가운데에서 말하기를 여호와께서 그들을 위하여 큰 일을 행하셨다 하였도다

3 여호와께서 우리를 위하여 큰 일을 행하셨으니 우리는 기쁘도다

4 여호와여 우리의 포로를 남방 시내들 같이 돌려보내소서

5 눈물을 흘리며 씨를 뿌리는 자는 기쁨으로 거두리로다

6 울며 씨를 뿌리러 나가는 자는 반드시 기쁨으로 그 곡식 단을 가지고 돌아
오리로다 시 126: 1-6

**브엘세바 남쪽 와디의 위기 상황**

왼쪽에서 오른쪽으로 가면서 물이 점점 많아져서 헬기가 구조해야 할 만큼 급박한 상황이 된다. 시인은 이런 거세고 빠른 속도로 자신을 고향에 보내달라고 노래한다.

창세기에서 네게브의 특징을 언급하면서 잠깐 다룬 시편 126편은 네게브 특징을 기초한 시다. 네게브에서 잡혀 간 시인이 자신의 고향 시냇가와 농토의 특징을 생각하면서 이렇게 시를 썼다. 헤브론 산지에서 비가 내리면 갑자기 쏟아져 내려오는 냇물은 냇가를 가득 채우곤 한다.

다음 연속 사진에서 보듯 냇가를 건너다 가운데 갇힌 사람은 어떤 노력에도 점점 거세지는 물살에서 헤어나지 못하고 결국 군용헬기가 구조해야 하는 처지가 되었다. 시인은 고레스가 포로에서 해방시켜 줄 때 꿈꾸는 것 같은 기쁨을 노래하면서, 자신의 고향 남방(=네게브)의 시내처럼 빨리 돌려 달라고 한다.

또한 시인이 참을 수 있던 힘을 고향 농사에 비유한다. 네게브는 강수량이 연간 200mm 전후를 오간다. 200mm 이하면 사막이 되고, 그 이상이면 농토가 되는데 네게브는 이 사이를 오간다. 그러므로 하나님이 비를 내려 주셔야만 농사할 수 있는 지역이다. 다행히 농지가 기름져서 비만 오면 최고의 수확을 거둘 수 있다. 이삭이 100배의 축복을 받을 수 있던 것도 이런 지역적 특징 때문이다. 포로로 잡혀 간 시인은 비만 오면 100배의 수확을 거둘 수 있다는 소망을 가지고

왼쪽은 브엘세바에서 동쪽으로 흐르는 여름 시냇가와 주변이다. 오른쪽도 같은 지역을 겨울에 멀리서 촬영한 것이다. 비에 따라 남방의 분위기는 완전히 바뀐다.

70년을 견딘 후 하나님이 해방시켜 주자 기쁨으로 단을 거두는 기쁨을 누렸다. 시인은 눈물을 흘리며 믿음의 씨를 70년간 뿌렸더니 기쁨으로 그 곡식 단을 가지고 돌아오는 기쁨을 노래한다.

### 일반 계시를 노래한 시

자연만물을 보면서 하나님을 찬양한 시들이 많다. 그중 사슴 등을 사용하여 자신의 신앙을 노래하는 시도도 자주 보인다.

시 50:1 전능하신 이 여호와 하나님께서 말씀하사 해 돋는 데서부터 지는 데까지 세상을 부르셨도다

시 66:1 온 땅이여 하나님께 즐거운 소리를 낼지어다

시 96:1 새 노래로 여호와께 노래하라 온 땅이여 여호와께 노래할지어다

시 96:9 아름답고 거룩한 것으로 여호와께 예배할지어다 온 땅이여 그 앞에서 떨지어다

시 98:4 온 땅이여 여호와께 즐거이 소리칠지어다 소리 내어 즐겁게 노래하며 찬송할지어다

시 100:1 온 땅이여 여호와께 즐거운 찬송을 부를지어다

시 113:3 해 돋는 데에서부터 해 지는 데에까지 여호와의 이름이 찬양을 받으시리로다

시 135:7 안개를 땅 끝에서 일으키시며 비를 위하여 번개를 만드시며 바람을 그 곳간에서 내시는도다

시 148:3 해와 달아 그를 찬양하며 밝은 별들아 다 그를 찬양할지어다

/
**갈릴리 바다 일출**
시인에게 이렇게 해가 뜨고 지는 광경은 하나님을 느낄 수 있는 풍경이었다.

//
사슴이 시냇물을 찾기에 갈급함같이

## 시편 42편, 유다 광야의 사슴들

1 하나님이여 사슴이 시냇물을 찾기에 갈급함같이 내 영혼이 주를 찾기에 갈
급하니이다
2 내 영혼이 하나님 곧 살아 계시는 하나님을 갈망하나니 내가 어느 때에 나
아가서 하나님의 얼굴을 뵈올까
3 사람들이 종일 내게 하는 말이 네 하나님이 어디 있느뇨 하오니 내 눈물이
주야로 내 음식이 되었도다
4 내가 전에 성일을 지키는 무리와 동행하여 기쁨과 감사의 소리를 내며 그들
을 하나님의 집으로 인도하였더니 이제 이 일을 기억하고 내 마음이 상하
는도다
5 내 영혼아 네가 어찌하여 낙심하며 어찌하여 내 속에서 불안해하는가 너는
하나님께 소망을 두라 그가 나타나 도우심으로 말미암아 내가 여전히 찬송
하리로다 시 42:1-5

시편 42편은 2권이 시작되는 시이자, 성전에서 찬양을 담당하던 고라 자손이 부르는 노래다. 예루살렘에서 정문 방향을 쳐다보면 감람산이 보인다. 감람산 남쪽 기드론 골짜기 쪽으로는 유다 광야가 보인다. 예루살렘의 바로 동쪽은 유다 광야다.

광야에서 살아가는 사슴들의 생태를 잘 아는 시인은 1절에서 시냇물을 찾기에 갈급한 사슴의 모습을 그린다. 사실 유대 광야에 물이 없는 것은 아니다. 문제는 물이 있는 곳에 들짐승들이 포진해 있다는 점이다. 물을 먹으러 내려오는 시점을 기다려 공격하기에 물이 있어도 가지 못하고, 가더라도 불안하다. 보호자 되시는 하나님을 갈망하고 바라며 갈급하게 여호와를 찾는 마음, 이 마음은 복되다. 예수님은 이 마음에 대하여 이렇게 말씀하신다.

의에 주리고 목마른 자는 복이 있나니 그들이 배부를 것임이요 마 5:6

여기서,
묵상

**하나님은 얼마나 크신 분인가?**

하나님은 어떤 분이신가? 창세기 1장에서 온 우주(하늘과 땅, 천지天地)를 지으신 하나님이라고 말씀한다. 우주가 얼마나 큰가를 보고 하나님이 얼마나 크신 분인가를 생각해 보라. 우리나라에서 이스라엘까지 가려면 비행기로 약 15시간 걸린다. 거의 지구의 반이 못 된다. 그러면 비행기로 지구를 한 바퀴 도는 데는 최소한 30시간 이상이 걸린다. 빛은 1초에 지구를 7바퀴 반을 돈다. 이런 빛의 속도로 1년을 가는 거리를 1광년이라 한다. 과학자들이 추정하기로 우주의 길이가 약 1000억 광년이다. 우리가 속해 있는 은하계는 지름이 10만 광년, 두께가 5000광년에 약 1000억 개의 은하계를 가지고 있다고 한다. 인간의 두뇌로는 상상할 수 없는 크기다.

우주를 지으신 하나님은 얼마나 크신 분인가? 사실 시간과 공간을 뛰어넘어 계시는 하나님이기에 측정이 불가능하다. 당연히 그분의 생각도 알 수가 없다. 한 신학자는 하나님은 인간에게 말씀하실 때 더듬으신다고 한다. 너무 크신 분이 작은 인간에게 자신의 뜻을 표현하기가 불가능하기 때문이다. 하나님은 역사로 그분의 뜻을 우리에게 보여 주셨다. 다윗 시대에 몰랐던 우주를 우리는 발전된 문명으로 점점 파악해 가고 있다. 이제 다윗이 추상적으로 고백했던 하나님의 크심을 조금 더 구체적으로 선포할 수 있다. 밤하늘에 빛나는 별빛이 지구상에 오는 시간에도 훨씬 못 미치는 시간을 살고 있는 우리를 그분이 주목하고 계심은 얼마나 큰 은혜인가?

**성전에 올라가는 계단**
리듬을 타듯 계단은 보폭이 짧게, 길게 번갈아 놓여 있다.

## 성전에 오른 노래들

### 시편 133편 다윗의 시, 곧 성전에 올라가는 노래

1 보라 형제가 연합하여 동거함이 어찌 그리 선하고 아름다운고
2 머리에 있는 보배로운 기름이 수염 곧 아론의 수염에 흘러서 그의
옷깃까지 내림 같고
3 헐몬의 이슬이 시온의 산들에 내림 같도다 거기서 여호와께서 복
을 명령하셨나니 곧 영생이로다 시 133:1-3

1절은 '히네, 마 토브, 우 마 나임! 쉐벧 아힘 감 야하드'라는 노래 가사로 유명하다. 성전에 오르는 노래는 운율이 있어 성전 앞 계단의 모양과 관련이 있을 듯하다. 남쪽에서 성전으로 오르는 길은 짧게 3~4칸을 오르다 넓은 계단이 나오고 다시 짧은 계단이 나오는 구조로 되어 있다. 133편의 2-3절은 신약에서 자세히 다루겠지만, 2절은 아론의 위임식 장면을 연상케 한다. 3절의 헐몬의 이슬은 이스라엘의 가장 높은 북쪽 산의 이슬을 말하는데 이 이슬이 시온, 예루살렘의 산들에 내리는 모습을 노래하고 있다. 예수님이 변화산으로 추정되는 헐몬산(헤르몬산)에 올라 별세에 대해 말씀하시고 시온산인 예루살렘으로 향하신다. 그 길은 먼 십자가의 길이었다. 이 길 뒤에는 여호와의 복이 있으니 바로 영생의 복이다(3절). 많은 이들이 성전에 오르면서 부르던 이 노래는 예수님이 이 노래를 부르며 시온에 오르시면서 성취되었다. 이 길에서 베다니의 마리아는 아론의 위임식을 연상케 하는 최고의 향유 옥합을 예수님께 부어 예수님을 기름 부음 받은 자, 즉 그리스도가 되게 하였다.

키노르라고 부르는 성경의 수금은 시편 연주에 자주 사용된다. (세계기독교 박물관)

## 시편의 송영

시편은 5권으로 되어 있다. 그리고 각 권의 마지막은 송영으로 되어 있다. 그중 최고의 송영은 시편 150편이다. 그동안 사용한 모든 악기를

//
**유대인이 만든 소고인 '토프'**
미리암도 이런 수금을 사용했을 것이다. (세계기독교박물관)

//
**큰 소리 나는 제금**
로마 시대에 사용되었던 심벌즈. (세계기독교박물관)

동원해 하나님을 찬양하는 시다.

> 1 할렐루야 그의 성소에서 하나님을 찬양하며 그의 권능의 궁창에서 그를 찬양할지어다
> 2 그의 능하신 행동을 찬양하며 그의 지극히 위대하심을 따라 찬양할지어다
> 3 나팔 소리로 찬양하며 비파와 수금으로 찬양할지어다
> 4 소고 치며 춤 추어 찬양하며 현악과 통소로 찬양할지어다
> 5 큰 소리 나는 제금으로 찬양하며 높은 소리 나는 제금으로 찬양할지어다
> 6 호흡이 있는 자마다 여호와를 찬양할지어다 할렐루야 시 150:1-6

성소에서 하나님을 찬양할 때 3절에서 나팔인 관악과 비파와 수금인 현악으로 찬양한다. 이어서 타악기인 소고를 더하고 현악과 퉁소인 관악을 더한다. 마지막으로 크고 높은 소리 나는 제금까지 동원하여 최고의 찬양을 드린다. 시편의 결론은 하나님 찬양이다. 이사야의 말대로 우리는 찬양하기 위해 지음 받은 존재들이다.

/
성년식 행사를 위해 나팔을 불고 북을 치면서 성전산 쪽으로 입장하고 있다. 과거 이스라엘의 흥과 노래를 엿볼 수 있는 광경이다

> 이 백성은 내가 나를 위하여 지었나니 나를 찬송하게 하려 함이니라 사 43:21

# 역사와 묵상

01 다윗은 헤브론에서 7년 반 동안 남쪽 유다의 왕으로 있었다. 다윗에게는 힘도 명분도 있었다. 그러나 지파색이 강한 이스라엘이 자발적으로 돌아오기를 5년 반 동안 기다렸다. 북쪽 지파는 이스보셋을 왕으로 세웠지만 그 왕국은 자멸하고 말았다. 자발적 하나됨이 완성될 즈음에 초를 친 사람이 요압이다. 군인정신이라는 명목으로 개인적인 복수와 지위를 유지하기 위해 다윗이 통일 왕국을 이루는 일에 번번이 찬물을 끼얹었다. 반면, 요압은 다윗의 정복 활동에는 큰 도움을 주었다. 다윗의 정복전쟁에서 용맹하게 싸워 혁혁한 공을 세웠다. 내부적으로는 무한 인내로 품고 외부적으로는 단호하게 정복하는 다윗의 모습은 하나님이 자기 백성과 세상에 대해 취하시는 태도다. 당신은 하나님의 이 같은 태도를 당신의 삶에서 어떻게 나타내고 있는가?

---

02 다윗은 왕이 되자마자 예루살렘으로 수도를 옮겼다. 예루살렘은 여부스 족속이 차지한 남과 북의 완충지대였다. 원래 베냐민 땅이던 이곳을 유다 자손인 다윗이 정복하고 예루살렘이라는 이름 대신 다윗성이라 명하여 지파색을 없앤 수도로 삼았다(삼하 5:9). 예루살렘을 정치적인 수도로 삼은 뒤 기럇여아림에 있던 언약궤를 예루살렘으로 옮겨 와 종교적인 수도로도 삼았다(대상 13:6). 그가 예루살렘으로 들어오는 언약궤를 보고 기뻐하는 마음은 시편 24편에 표현되어 있다. 진정한 영광의 왕이 여호와 하나님 되심을 알고 '문들아 머리 들어라. 영광의 왕이 들어오시도다!' 하며 감격의 찬양을 불렀다. 이 마음으로 찬양해 보라.

---

03 다윗이 블레셋을 이기자 어부지리 격으로 이익을 본 나라는 두로와 시돈이다. 두로왕은 그 고마움을 갚기 위해 다윗에게 백향목궁전을 선물한다(삼하 5:11). 다윗은 궁전에 들어갈 때 하나님의 천막집을 보고 죄송한 마음에 성전 건축을 결심하나 하나님은 거절하시고 오히려 다윗을 축복하신다(삼하 7:2-16). 이것이 다윗의 언약이다. 사무엘하 7장에서 주님의 것을 소중히 여기는 다윗의 마음에 부어진 축복을 묵상해 보라.

---

04 다윗은 말년에 하나님 앞에 치명적인 실수를 한다. 탐욕, 간음, 거짓말, 살인으로 이어지는 평생에 지우지 못할 죄를 범한다. 그러나 그가 사울과 달랐던 점은 '회개'다. 시편 51편을 보고 죄 가운데 더 큰 은혜를 받는 비결이 무엇인가 살펴보라.

---

05 죄의 결과는 참혹했다. 장남이 여동생을 강간하여 동생 압살롬에게 살해당했고, 압살롬은 아버지 다윗을 몰아내려 반역했다. 다윗은 인생에서 가장 힘든 시기를 보내야 했다. 그러나 그 와중에도 지혜를 잃지 않았고 이스라엘의 하나됨을 위해 노력했다. 반역을 한 남쪽 유다를 달래려다 북쪽 지파가 반발해서 세바의 반란이 일어나 겨우 진압했다. 이번에는 다윗에게 반역한 이스라엘을 벌하려는 인구 조사를 시행하기도 했다. 역전의 하나님이 모든 것을 합력하여 선을 이루었지만 다윗의 말년은 죄의 대가를 치르느라 힘든 시기를 보내야 했다. 당신은 대가를 치르는 삶을 사는가 아니면 상급을 쌓아 가는 삶을 사는가?

---

06 깎아지르는 절벽들로 둘러싸인 마사다(요새)는 어떠한 적도 위협이 될 수 없을 만큼 안전하다. 그러나 다윗은 그러한 성이 자신의 요새가 아니라 주님만이 나의 요새, 반석, 산성이라고 고백했다. 어려울 때뿐 아니라 평안하고 안전할 때 더욱 주님을 사랑한다고 고백하면서 그를 의지하였다. 시편 18편을 읽으며 다윗의 신앙고백이 내 고백이 되게 하라.

---

07 광야를 바라보면서 다윗의 시 23편을 묵상하라. 유다 광야에서 목자와 양은 생명의 관계다. 눈이 어두워 풀을 찾을 수 없고 기억력이 없어 물가를 찾지도 집에 돌아올 수도 없는 양은 공격 무기도 없어 사망의 음침한 골짜기를 혼자 지날 수 없다. 오직 목자의 지팡이와 막대기가 그를 보호한다. "여호와는 나의 목자시니…"는 광야 초지에서 목자가 양의 생명이듯 '여호와는 나의 생명이시다'는 고백이다. 나와 목자의 관계는 어떠한가? 광야에서 목자와 양의 관계를 보셨던 예수님은 선언하신다. "나는 선한 목자라 선한 목자는 양들을 위하여 목숨을 버리거니와…"(요 10:11). 힘들고 지쳐 무엇을 해야 할지 모를 때 사람들은 광야로 나온다. 세상의 모든 소리를 차단하고 그분의 음성을 들어 보라. "나는 너를 위하여 목숨을 버린 목자란다."

---

# 색인

MEMO